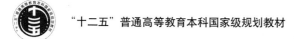

"十二五"普通高等教育本科国家级规划教材

面向 21 世纪课程教材
信息管理与信息系统专业教材系列

薛华成 ◎ 主编

管理信息系统

Management Information Systems

第 6 版（简明版）

清华大学出版社
北京

内 容 简 介

本书是《管理信息系统》(第6版)的简明版。在保留原书的特色和风格的基础上,删减了部分较烦琐的逻辑推导,以管理和技术结合、科学和艺术结合的观点将管理信息系统这个社会-技术系统进行全面深刻的介绍,讲解通俗易懂,易教易学。

全书分为5篇:第1篇介绍管理信息系统的定义、概念和结构,以及管理、信息和系统的基本知识;第2篇介绍信息技术,包括计算机系统、软件、数据管理技术,以及网络的概念和应用;第3篇介绍应用系统,包括职能、层次、流程、行业和智慧支持系统;第4篇介绍信息系统的建设和管理,包括:信息系统的规划,信息系统的分析、设计、实施和管理;第5篇介绍企业信息内容管理,以及怎样做个优秀的信息系统分析员。

本书适用于非管理信息系统专业的本科生、大专生、MBA以及各类干部培训。

本书封面贴有清华大学出版社防伪标签,无标签者不得销售。

版权所有,侵权必究。举报:010-62782989,beiqinquan@tup.tsinghua.edu.cn。

图书在版编目(CIP)数据

管理信息系统:简明版/薛华成主编.—6版.—北京:清华大学出版社,2013(2023.7重印)
(面向21世纪课程教材·信息管理与信息系统专业教材系列)
ISBN 978-7-302-33095-0

Ⅰ.①管… Ⅱ.①薛… Ⅲ.①管理信息系统—高等学校—教材 Ⅳ.①C931.6

中国版本图书馆 CIP 数据核字(2013)第 152997 号

责任编辑:高晓蔚
封面设计:傅瑞学
责任校对:宋玉莲
责任印制:杨 艳

出版发行:清华大学出版社
网　　址:http://www.tup.com.cn, http://www.wqbook.com
地　　址:北京清华大学学研大厦A座　　　　邮　编:100084
社 总 机:010-83470000　　　　　　　　　　邮　购:010-62786544
投稿与读者服务:010-62776969, c-service@tup.tsinghua.edu.cn
质量反馈:010-62772015, zhiliang@tup.tsinghua.edu.cn
课件下载:http://www.tup.com.cn,010-83470332

印 装 者:三河市铭诚印务有限公司
经　　销:全国新华书店
开　　本:185mm×230mm　　印 张:25　　插 页:1　　字 数:539千字
版　　次:1988年5月第1版　　　2013年8月第6版　　印 次:2023年7月第14次印刷
定　　价:45.00元

产品编号:049590-02

简明版前言

《管理信息系统》自1988年至今已出版6版，印数达120多万册，曾获国家优秀教材奖、全国畅销书奖，并被列为"十一五"、"十二五"国家级规划教材。本次出版的简明版是在原书基础上的压缩提炼。

简明版保留了原书的特色和风格：视野高远、概念深刻透彻、定义严格准确、逻辑清晰、结构合理，以管理和技术结合、科学和艺术结合的观点将管理信息系统这个社会-技术系统作出全面深刻的介绍，讲解通俗易懂，易教易学。

简明版将原书中较深的逻辑推导部分作了删减，并未影响本书的概念深度及其实用意义。删减的部分，如：第2章中关于"新三论"和非线性科学的阐述；第3章中关于全情报价值、信息熵、信道、编码和解码的阐述；第8章中关于主生产计划的经验图表法、管理系数法和最优化方法的介绍；第9章中关于终端用户运算资源的介绍；第13章中关于目标优先权和项目优先序的介绍；第16章中关于模块功能与处理过程设计；第16章关于用FrontPage模板定义网站的过程。另外，对少数内容进行了更新和改写，如第12章决策支持系统更新为计算机智慧和智慧支持系统；第13章、第18章、第19章进行了改写。简明版较适用于非管理信息系统专业的本科生、大专生、MBA以及各类干部培训。

本书全面介绍管理信息系统的定义、概念、结构、技术、应用及其对组织和社会影响。全书分为5篇：第1篇介绍管理信息系统的定义、概念和结构，以及管理、信息和系统的基本知识；第2篇介绍信息技术，包括计算机系统、软件、数据管理技术，以及网络的概念和应用；第3篇介绍应用系统，包括职能、层次、流程、行业和智慧支持系统；第4篇介绍信息系统的建设和管理，包括：信息系统的规划，信息系统的分析、设计、实施和管理；第5篇介绍企业信息内容管理，以及怎样做个优秀的信息系统分析员。

本书由薛华成主编。第1篇、第3篇、第4篇的第13章、第5篇由复旦大学薛华成教授编写；第2篇由复旦大学张成洪教授编写；第4篇中第14~17章由清华大学姜旭平教授编写。由于我们水平有限，加之时间紧迫，新的内容实在太多，难以概括，错误之处在所难免，敬请读者批评指正。

薛华成

于复旦大学
2013年6月

前言 PREFACE

1984年本人在清华大学担任专业教研室主任,领导创建管理信息系统专业时,与汪授泓老师合编了管理信息系统讲义,各部委和大专院校纷纷采用,印数达8 000多册。

在清华大学出版社的支持下,由本人和汪授泓老师联合编著了初版的《管理信息系统》,于1988年5月发行,经过多次印刷,印数近5万册。该书版权还被我国台湾儒林出版社购买,取名《管理资讯系统》,1992年11月出版,在台湾地区发行。

1989年本人在复旦大学作为系主任,领导复旦初建管理信息系统专业时,担任了国家教委管理工程类教学指导委员会委员,在该委员会支持下,《管理信息系统》(第2版)被列入"八五"教材规划,由本人担任主编,清华大学姜旭平副教授、中国纺织大学归瑶琼教授参编,并列为"高等学校试用教材"。第2版于1993年6月问世,印数超过20万册,于1995年12月获第三届普通高校优秀教材二等奖。

1999年国家教委组织编写"面向21世纪课程教材"时,本书被选入其中,作为信息管理与信息系统专业本科教材。经修改,第3版面世,发行54万册,并获2000年全国畅销书奖。

进入21世纪以后,本人在澳门科技大学担任行政与管理学院院长,致力于第三次领导创建管理信息系统专业。信息技术突飞猛进,管理信息系统应用范围大大扩展,广大读者迫切要求见到反映与时俱进的新版教材。《管理信息系统》(第4版)于2003年12月出版;之后《管理信息系统》(第5版)作为国家"十一五"规划教材于2007年8月出版。至此,《管理信息系统》累计已发行120万册。

现在《管理信息系统》(第6版)面世了。本书仍保留原书的特色和风格。在此基础上,吸收了近年来海内外管理和信息技术的新知识,增加了新内容,包括对管理信息系统的重要性和概念的新理解,数据仓库、网络和云计算的新知识,增加了流程等新的应用系统,加强了信息系统规划的阐述,加入了企业信息管理的内容,加强了信息系统分析员修养的论述等。

本书的特点在于从管理出发,强调管理信息系统是个社会-技术系统。本书把管理和技术相结合,科学和艺术相结合,深刻阐述管理信息系统的本质、性质和内容。既重视学生的知识和智商的培养,也重视学生的能力和情商的培养。本书定义严格,逻辑清晰,讲述通俗易懂,易教易学,可供有关专业本科生、MBA学生、教师、经理和干部学习参考。为方便教学，还为教师提供电子课件。

  本书由薛华成主编。第1篇、第3篇、第4篇的第13章、第5篇由薛华成教授编写；第2篇由复旦大学张成洪副教授编写；第4篇的第14~17章由清华大学姜旭平教授编写。

  由于作者水平有限，加之时间紧迫，错误之处在所难免，敬请读者批评指正。

薛华成

于复旦大学

2011年9月

目 录 CONTENTS

第1篇 基本概念篇

第1章 绪论 ·· 3

1.1 什么是管理信息系统 ··· 3

1.2 当代经济和社会发展趋势 ··· 4

1.3 管理信息系统的重要性及其对企业管理的影响 ··· 7

1.4 如何学习管理信息系统 ··· 19

第2章 管理信息系统的定义和概念 ·· 24

2.1 管理信息系统的定义 ·· 24

2.2 管理信息系统的性质 ·· 26

2.3 管理信息系统的概念 ·· 27

2.4 管理信息系统的开发 ·· 34

2.5 管理信息系统的学科内容及与其他学科的关系 ·· 36

第3章 管理信息系统的三个理论来源 ·· 41

3.1 管理理论的回顾 ·· 41

3.2 信息理论的回顾 ·· 46

3.3 系统理论的回顾 ·· 62

第2篇 技 术 篇

第4章 计算机系统和硬件 ·· 79

4.1 计算机的发展 ··· 79

4.2 计算机的运算基础 ··· 83

4.3 网络计算的模式 ·· 92

4.4 计算机硬件 ·· 96

第5章 计算机软件 ·· 109

5.1 软件的概念 ··· 109

5.2 系统软件 …… 111
5.3 程序设计语言 …… 118
5.4 软件开发方法和工具 …… 124

第6章 数据库和数据仓库技术 …… 128
6.1 企业数据处理方式 …… 128
6.2 文件组织 …… 130
6.3 数据库系统 …… 136
6.4 数据仓库和商业智能 …… 147

第7章 通信与网络 …… 153
7.1 计算机通信网络系统 …… 153
7.2 计算机通信网络的概念与实现技术 …… 156
7.3 通信网络的应用 …… 170
7.4 电子商务用的网络技术 …… 176

第3篇 应用系统篇

第8章 职能信息系统 …… 189
8.1 市场信息系统 …… 189
8.2 财务信息系统 …… 196
8.3 生产信息系统 …… 200
8.4 人力资源信息系统 …… 206

第9章 层次信息系统 …… 209
9.1 基层信息系统 …… 209
9.2 中层信息系统 …… 213
9.3 高层信息系统 …… 214

第10章 流程信息系统 …… 219
10.1 上游供应链系统 …… 220
10.2 中游企业管理系统 …… 223
10.3 下游客户关系管理系统 …… 224

第11章 行业信息系统 …… 229
11.1 制造业企业信息系统 …… 229

11.2 商业行业信息系统 ………………………………………………… 230
11.3 金融行业信息系统 ………………………………………………… 237

第12章 计算机智慧和智慧支持系统 …………………………………… 239

12.1 结构化智慧系统和专家系统 ……………………………………… 239
12.2 半结构化智慧系统和决策支持系统 ……………………………… 241
12.3 非结构化智慧系统 ………………………………………………… 244

第4篇 开 发 篇

第13章 信息系统规划 …………………………………………………… 249

13.1 什么是战略规划 …………………………………………………… 250
13.2 什么是管理信息系统的战略规划 ………………………………… 255
13.3 早期管理信息系统规划的主要方法 ……………………………… 258
13.4 信息系统规划方法的演进 ………………………………………… 263
13.5 基于BPR的信息系统规划 ……………………………………… 265
13.6 信息系统规划和企业形象系统 …………………………………… 268

第14章 信息系统开发方法 ……………………………………………… 270

14.1 开发方法发展的回顾 ……………………………………………… 270
14.2 系统开发过程中的认知方法 ……………………………………… 273
14.3 对象/需求调查 …………………………………………………… 282

第15章 系统分析 ………………………………………………………… 293

15.1 系统调查 …………………………………………………………… 293
15.2 组织结构与功能分析 ……………………………………………… 295
15.3 业务流程分析 ……………………………………………………… 298
15.4 数据与数据流程分析 ……………………………………………… 300
15.5 功能/数据分析 …………………………………………………… 305
15.6 新系统逻辑方案的建立 …………………………………………… 309

第16章 系统设计 ………………………………………………………… 315

16.1 系统总体结构设计 ………………………………………………… 315
16.2 代码设计 …………………………………………………………… 322
16.3 数据结构和数据库设计 …………………………………………… 326
16.4 输入输出设计 ……………………………………………………… 330

16.5 系统设计报告 ··· 335
16.6 企业营销网站的创建与运作 ·· 336

第17章 系统实施、评价与运行管理 ·· 347
17.1 系统实施 ·· 347
17.2 选择管理软件产品导入 ··· 352
17.3 系统运行管理制度 ·· 357
17.4 信息系统的评价体系 ··· 358

第5篇 管 理 篇

第18章 企业信息管理 ·· 363
18.1 企业信息管理的内涵 ··· 363
18.2 信息内容管理 ·· 365
18.3 企业知识管理 ·· 366
18.4 企业信息策略管理 ·· 370
18.5 企业信息部门的组织 ··· 375
18.6 企业信息系统建设管理——管理信息系统的成功之路 ·············· 376

第19章 做一个优秀的系统分析员 ··· 381
19.1 系统分析员的知识架构 ·· 381
19.2 系统分析员的能力和修养 ··· 382
19.3 建造企业良好的道德和法律环境 ·· 385
19.4 妨碍成长的一些道德的窘境 ··· 388
19.5 小结 ·· 389

参考文献 ·· 390

Part 1 第 1 篇

基本概念篇

第 1 章　绪论
第 2 章　管理信息系统的定义和概念
第 3 章　管理信息系统的三个理论来源

当今世界已由工业经济转向以信息和知识为基础的服务经济。在美国,1976年白领人数超过蓝领人数;目前,75%的产品是知识产品,70%的人力是知识工作者,信息技术的投资占了总投资的70%,这意味着大多数人从事的是信息工作,大多数的经济成果来自信息。当你游历美国的时候,会发现一栋栋高楼大厦,白天里面坐满了白领人员,晚上灯火通明;而走到乡间,你会看到到处是树木和草坪,没什么人在劳作。你会怀疑他们吃什么?美国的农民只占总人口的3.2%,解决全国3亿多人的吃饭问题绰绰有余,并且还出口很多农产品。在工业企业中,一线工人只占10%,市场和营销人员占20%~30%,研究与开发人员却占60%~70%。

企业由产品经营到资本经营,由资本经营到信息经营。美国制造业的财富份额由60%降至6%。90%以上的财富将集中于信息经济中。资本经济"一本万利"已并非财富神话,信息经济将创造"无本万利"的挣钱机会。

康柏公司树品牌、扩市场、建渠道,大量利用OEM(委托生产)、ODM(委托设计),用信息和品牌赚钱。培生(Pearson)出版集团出售版权给其他出版社而分享利润,靠版权赚钱。麦当劳允许任何人经营它的快餐,只要你投资按麦当劳的标准建店,采用麦当劳的方式和形象经营,所有的费用均由被授权经营方支出,而利润要与麦当劳对半分,麦当劳"不劳而获",靠无形资产赚钱。美国人总是在知识产权上"找麻烦",我们认为他们在小题大做,殊不知,知识产权是他们的命根子,丢掉了知识产权就丢掉了他们的饭碗。在信息时代,只有创新才能获取高额的附加利润,如果说过去资本主义社会是靠"商品掠夺"或"资本掠夺"的话,那么未来的世界将主要靠"信息掠夺"。1997年席卷亚洲的金融风暴,从某种意义上说,就是信息社会对工业社会的掠夺。

总之,当代的社会是:科技进步,产品不断更新;交通便捷,地理位置已不成障碍;企业跨国,商业的国界已经消失;市场全球化;竞争激烈化;企业国际化;经济信息化;运营虚拟化;战略短期化;管理过程化;组织扁平化;职能综合化。

企业就在这样一种严酷的环境中挣扎生存。

信息技术已成为企业竞争获胜的武器。

已进入信息与知识世纪的今天,经济信息化,市场全球化,管理越来越复杂,管理的业务已非手工系统所能应付,因此,解决这些问题毫无疑问地要应用信息系统。各企业、组织的领导和经理们无不强调信息系统的重要性。每年数以亿计的资金投入全世界各企业、组织的信息系统建设中。但是效果却没那么理想。50%的系统失败了,80%的系统未达到期望的要求。投资到信息系统建设的钱,有的连个回响也没有,这种现象被许多人称为"IT(信息技术)投资的黑洞"。这究竟是为什么呢?其关键在于没有确切了解管理信息系统的概念。因此,我们把管理信息系统的定义和概念放在了本书的最前面。

CHAPTER 1 第1章

绪　　论

本章介绍什么是管理信息系统。从当代经济发展趋势分析,讲述管理信息系统的重要性,介绍其对企业管理的影响。因为企业是当今经济的独立的单位,是经济社会的细胞,它最具复杂性,所以本书常以企业作为管理的对象举例,其他的,如政府和教育部门,均可以此为基础举一反三。本章最后介绍对管理信息系统人才的要求及其培养。

1.1　什么是管理信息系统

管理信息系统,从字面上理解就是,用于管理的处理信息的系统,或者说用系统的方式,通过信息媒介控制,达到管理的目的。它由三个概念元素组成,即管理、信息和系统。

"管理"一词在中国字中有深刻的意义。"管",指的是中空之物。中间是空的,一些物质就可以从中通过,例如可以通水、通气。所以"管"就是沟通的意思。"理",指的是纹理,是理顺、分析的意思,就是经过分析后得到有条有理的结果。"管"和"理"放在一起,就是沟通和分析之意。按这个说法,管理就是收集信息、分析事物。这样一来,管理就不能成为目的了,因为把沟通和分析作为目的显然是太一般化了。所以在用管理一词时,必须和它的接受物联系起来。例如,企业的财务管理、市场管理、生产管理、人力资源管理等。在西方的管理理论中有另一种描述,把管理说成"通过他人完成工作"(getting things done through other people)。这从另一个角度说明了管理的特质,管理是管人的,不是自己直接去完成某项工作。通过管人去完成某件事情,多数情况比自己完成还难,但它放大了完成的事情的效果,所以我们要提高管人的能力。

信息是经过加工后,能够对决策者的行为产生影响的数据。例如,行驶中的汽车的仪表盘数据不是信息,只有司机看到并据此做出加速或减速的行为,这时的仪表盘数据才是信息。只有人们得到了信息,才可能产生行动。信息好像是处于想法和行动之间的媒介。当代的管理越来越依靠信息。因而,通过信息进行控制的程度表示了管理的现代化水平的高低。人类的早期,所有决策均为经验决策。人们根据自身对环境的观察,在自己的记忆中搜索过去的经验,加以判断,随即作出决策。几乎没有一个搜集信息的阶段。随着事物的复杂化,这种小作坊式的决策已不能适应需要,人们开始了手工收集信息的阶段。在军队里设置了参谋部,在进行决策前由参谋人员将相关信息提交给决策者,再加上决策者的经验,然后作出决策。这时实际上收集信息已由决策过程中分离出来,成为一个独立的阶段。随着IT应用于信息的收集,大量的历史和环境的信息可以保存在数据库中。计算机还有着强大的搜索、比较、综合、分析的能力,信息分析能力得到了大大的加强,甚至可以模拟输出的结果。IT用于信息的收集,提升了信息收集阶段的重要性和水平,它已经向决策阶段延伸,能实现辅助决策的功能。信息收集阶段变成了信息收集与分析阶段,或者叫做信息支持阶段。当代的决策几乎都有很长、很复杂的信息准备阶段,它已由个人经验信息阶段,经过独立的信息收集阶段,发展到信息收集和分析阶段,或信息支持阶段。决策的执行也大量地依靠信息来完成。近期的发展更显示了数据的重要,许多学者估计现在已进入了"大数据时代",收集有关事务的全部信息,就可以得到问题的解决方法,因而提出了数据治国,更显信息的重要。

系统是为了某种目的而相互联系的部件的总体。系统必须要有部件,部件必须相互联系,联系必然形成整体,整体能够达到一定的目的。这里目的、部件和整体是必备的因素。管理信息系统是一个由计算机硬件、软件和数据组成的系统,又是由人、组织和机器组成的系统,所以它不仅是个机器系统,而且是一个包括人在内的人-机系统。那种把管理信息系统仅当成机器系统的看法,由于忽视了人的因素,常常造成管理信息系统的失败。信息系统的总体趋势是将原来由许多人做的工作,逐渐转移给机器去做。这样,决定什么工作由机器来做,什么工作由人来做比较合适,就必须考虑人的行为问题。人被引入系统中就把系统变得异常复杂了。要考虑人的生理、心理、利益和感情问题等。例如,在流程改造时,有些人担心自己的工作被替代,而让自己去做不喜欢的工作,甚至造成失业,这时就要说服他们,系统替代了他们的枯燥工作,将会给他们带来有兴趣的工作。在系统设计时就应考虑如何安排他们。机器作出的科学决策,可能和某些人的利益冲突,遭到他们的反对,这时就要善于调解引导,要让各方利益得到平衡。在建设和使用系统中均应考虑这些问题。机器属于技术系统,人是社会的人,所以,管理信息系统是个社会-技术系统,而不是一个单纯的技术系统。

管理信息系统是将旧的经济形式转化为新的经济形式的工具,是将旧的社会模式建设成新的社会形态的工具。它是一种先进的生产力,是科学发展观的一个重要的组成部分。这种观念十分重要,现在许多经理、官员,甚至学者往往忽视信息系统的作用,尽管信息处理的落后已经严重影响了他们的经营、管理和研究工作,他们还总是顾不上关心信息系统的应用。如果企业领导都能像部队领导那样重视信息技术应用,他们说"IT就是生命",我们就应当说"IT就是财富",或许信息系统的推广应用就容易得多了。

1.2 当代经济和社会发展趋势

经济发展经过了农业经济、工业经济和后工业经济,向着信息经济和知识经济的方向发展。但对于什么是信息经济,什么是知识经济的理解却千差万别。对于什么是信息产品,什么是知识产品的认识也有差别。认定一个社会是什么经济形态,主要根据国内生产总值（GDP）中的成分和就业人数的比例来判断。在农业社会，GDP 中的 50% 以上来自农产品，就业人数中 50% 以上为农民；在工业社会，GDP 的 50% 以上来自工业品，50% 以上的就业人口为工人；而在信息社会，GDP 的 50% 以上应来自信息产品，50% 以上的就业应为信息工作者。这里有个问题就是，什么是信息产品？我们认为的信息产品应当是信息内容的产品，而不是信息技术的产品，也就是说，不是计算机、通信设备和电子办公设备等，因为这些东西的生产和一般的机电设备的生产没有多少差异。信息内容的产品包括书籍、软件、报纸、通信传媒服务、订票服务和第三方物流服务等。它们的输入是数据，输出是有用的信息。知识经济是以知识产品为主的经济。什么是知识产品？那种认为知识产品是知识含量高的产品的说法显然是不可取的。因为知识的含量是相对的。想当年工业化初期的蒸汽机，它的知识含量也是很高的，它的卡诺循环的原理比现代计算机的"0101"的知识含量要高得多。我们认为，知识产品是信息产品的提升，是由信息中得到的新发现，是创新的东西。例如，论文、专利、作品版权、创意设计，以及一些咨询报告、研究报告等才是知识产品。它们的价值应当只包括它们的初创价值，不包括以后的复制价值。复制就是信息产品了。知识产品的产值要超过 GDP 的 50%，50% 的人要从事知识工作，这可能吗？从事知识工作的人要超过全体劳动者的 50%，那会有饭吃吗？

  在作者初到美国留学时，第一个想到的就是这类问题。我看到商店中物质非常丰富，工业化生产效率非常高，交通非常发达，物流非常顺畅。城市的大楼中灯火辉煌，人头攒动，而广阔的田野中人烟稀少，有许多林旁田地退耕还草，政府补贴，种草美化环境。全美 400 万农业劳力，生产的粮食喂饱 3 亿人后，还绰绰有余，拼命地寻找途径向国外促销。美国当时先进企业的一线人员只占企业职工的 10%，销售和管理人员占 20%～30%，而研发人员却占 70%，也可以说大部分已是信息工作和知识工作了。1976 年美国全国的白领人员已经超过了蓝领人员。未来的企业已不像现在的企业，而更多的像现在的学校和研究所。已有的历史事实说明，技术和生产力的发展可以把原来不可想象的事情变成现实。随着 IT 技术的新发展，需要人做的工作将越来越多地被 IT 控制的机器所代替。机器人甚至可以做家务、扫地、煮饭，甚至帮主人搬家具上楼。人们的工作将向高端，向信息和知识需求，向文化艺术追求转移。劳动生产率极大提高，物质极大丰富，人们的吃穿问题将不成问题。从需求的角度可以说，人们将由"吃穿经济"，转到"住行经济"，再转向"健乐经济"。人们的需求正由物质需求向精神需求转移，物质经济形态将向精神经济形态转移。

  随着经济形态的转移，经济的经营方式，或者说获利方式也会转移。先进的经济形态向落后的经济形态获取利益，也可说是进行"掠夺"。在奴隶社会，人们采取的是"武力掠夺"。一个部落和另一个部落之间，没有什么规则可以遵循。胜利者可以随意处置被征服者。先是把他们统统杀掉吃掉。随着生产的发展，他们觉得不合算，不如把他们当成奴隶，强迫他们劳动，占有他们的剩余价值，在对他们的管理上也是采取武力和酷刑。随着经济的进步，掠夺的方式由武力转向经济形式。在农业社会初期开始了"换物"掠夺，在不平等的换物中占取多余价值。强势的一方占优,也往往伴以武力。例如,英国以鸦片换取大量中国的丝绸、茶叶。中国不愿意换,英国就以武力征服,签订不平等条约,强制实行。资本主义初期,物品变成了商品,他们就依靠"商品掠夺"。强势的一方以他们经济和技术上的优势,生产质优价廉的物品,作为专为出卖挣钱的商品,卖给对方,掠夺对方的价值。这种方式要将大量的货物从远方船运过来,耗费大量的费用和时间。于是,商品输出者想到,为何不把资本输出?在对方当地采购原料并制造,再卖给当地,然后把资本汇回即可,这样就省去了运来运去的麻烦。这就是资本主义中期所形成的资本输出方式,或者叫"资本掠夺"。随着信息和知识经济的发展,赚钱的方式已由武力掠夺、商品掠夺、资本掠夺转向信息和知识掠夺,要求接受方为信息和知识产品付费。过去的规则失灵了,新的信息规则浮现出来了:

(1) 信息(知识)产品的研发成本很高,边际成本或销售成本接近于零。

(2) 信息(知识)产品的产量无限制,生产企业只有第一,没有第二。

(3) 追求第一,产品无限细化,最终导致个人化。

(4) 产品的价值不是取决于生产的成本,而是基于顾客的期望。

(5) 同样的产品可有不同的价格,极端至一个人一个价。

(6) 信息产品是经验产品,只有在消费后才知其价值,要想办法让顾客在未消费前了解它。因此要在"给出内容"和"赚到钱"之间作出平衡。

(7) 信息产品是知识产品,只有学会了才会用。安装和学习付出得越多,锁定得越深,转移成本越高。

(8) 信息经济是注意力经济。广告铺天盖地,信息无所不在,信息过载,导致了注意力的贫乏。帮助别人收集、分析信息,甚至已成为一种专门行业。

基于信息产品的这种性质,人们在经营信息商品时总结出了一套策略,如果不了解它就会认为不合常理。举例如下:

(1) 同样一本书卖给图书馆一个价,卖给教授一个价,卖给学生又一个价。

(2) 微软做了个专业版软件,把它"捅几个洞",当成学生版廉价卖出。

(3) 对老顾客收高价,对新顾客收低价。

(4) 麦当劳开始在上海开店,它不用投入资金,只要投入它的品牌即可。谁愿意与其合作开店,就要出资200万元。他帮你设计建造店面,教你食品的生产和销售,这些费用还要由你支付,包括培训讲课的费用,而所获得利润却要对半分。你想不通,不服气,想自己生产"洋白劳",但不懂选址,不懂装修,不懂制作,不懂销售,结果生意不好,"劳了也白劳"。这叫靠品牌赚钱。

(5) 中国的出版社要影印美国的教科书。美国的出版方规定了约束条件,例如,最新版要滞后影印,只许在中国销售,以避免产品回流到美国,影响其既有市场。他提供一本样书,由你照排、编辑、印刷、装订、销售,你还要支付给美国出版方版税。这叫靠版权赚钱。

我们许多人不懂信息的价值,认为美国人整天叫嚷保护知识产权是没事找事,殊不知信息和知识产权是他们的命根子,没了这些,他们真的要担心"吃"什么了。

世界已经由武力掠夺、物品掠夺、商品掠夺、资本掠夺,到现在的信息和知识掠夺。武力掠夺、物品掠夺已经一去不复返了;商品掠夺、资本掠夺已经衰退。资本创造的"一本万利"的时代已经成为历史,信息和知识创造的"无本万利"的时代已经出现端倪。不认识到这个规律,我们就会在它的面前迷失方向。在战场上,和机器人、无人机作战,你不能不认为"信息就是生命";在企业,面对信息和知识的掠夺,你不能不相信"信息就是金钱";在政府,你也要相信"信息就是权力"。

当今世界的金融危机,实际上也是对信息经济不了解的表现。资本经营到了不通过实物,以资本赚取资本时,资本经营已经变成了信息经营,成为一种虚拟经济。它放大了实体经济的问题,这种危机的降临再一次提醒我们要很好地研究信息经济,研究新经济的规律,要用信息控制信息,才能保证经济的可持续发展。

信息不仅在微观上能帮助企业提高效率和效益,从宏观上说,信息和知识更是未来社会的产品。信息本身就是一个大产业,哪个国家搞得好,哪个国家就能经济繁荣,民富国强。世界上每年有上千亿美元的市场额。信息系统已逐渐变成一种基础设施。当年克林顿政府号召建设美国全国信息高速公路,成为美国最大的工程建设项目,大大拉动了美国经济的增长,创造了近年来美国经济增长最快、失业率最低的时期。我国台湾目前有7%的在校大学生是在资讯(信息)管理专业学习。由此也可以看出信息系统在经济中的重要作用。

人们的需求从物质转向精神,世界的经济将由物质经济转向精神经济。精神经济不只是信息和知识经济,艺术将是精神经济的最高形式。只有艺术的高度才能达到真正的完美,才能满足人们的最高追求。一般的产品被赋予了艺术的价值,它的价值就会脱离实体,变成"无价"之宝。最近,中国的一个瓷花瓶被拍出4 300万英镑的价钱,约合4.6亿元人民币,这就是一个很好的实证。瓷瓶本来是用品,也可以变成艺术品;椅子本来是坐的,也可以变成看的;体育是健身的,也可以变成观赏的。追求艺术,追求完美,将成为人类未来的巨大需求。

1.3 管理信息系统的重要性及其对企业管理的影响

前节已述,管理信息系统是先进生产力,是科学发展观。正像IT是企业过程重组的使能器一样,管理信息系统是经济发展和社会进步的使能器。管理信息系统能帮助企业提高效益和效率,能帮助企业获得战略优势,从而使国家经济繁荣,社会稳定。反过来说,由于管理信息系统不到位,许多事情做不成或做不好,将会导致经济的停滞,社会矛盾的增加,甚至影响国家的稳定。请看以下几个事例。

例1-1 2007年4月,"五一"黄金周前夕,人们准备外出旅游,股市也表现强劲,银行的柜台前挤满了取款的人群,百姓对银行的服务产生了不少的抱怨。中央银行为了体现关心民生,为民服务,宣布了一系列政策,如提高取款机的取款上限,开通取款机的跨行转款业务等,这些便民利民的措施确实得到了百姓好评。但是,技术上有些能实现,如提高取款上限;有些则不能,如跨行转账。主要是由于 IT 系统不能支持相关功能,这就是 IT 管理问题。如果在各银行初建系统时,加入这种功能是很容易的,现在系统已经建成,再去改动就不是一件容易的事了。这是 IT 的规划问题。现在没有这种功能,引起转账速度减慢,每天不知要损失多少资金。

例 1-2 "春运"难题。每年春节前夕,回家探亲的大量旅客都会遇到火车票一票难求的问题,票贩子趁机发财,"黄牛"屡禁不止。警察忙得不可开交,不断加班、加人仍无济于事,百姓无不抱怨。简直已经进入了"三老胡同"——老问题、老议论、老解决不了。管理专家认为这是一个不难解决的问题,只要看看民航就行了,那里为什么没有"黄牛"呢?为什么不像民航一样用实名制呢?原因很简单,没有强大功能的 IT 系统。这一 IT 系统是个复杂的系统,不是说有就有。它需要一大笔经费,需要 2~3 年的时间。而管理部门没有长远的规划,一直下不了决心,问题也就一直拖下去。这是典型的 IT 管理问题。不善于看到未来的需求,不善于设立目标,不善于组织资源,因而也就不善于变革现实。在本书第 6 版出版两年多以后,我们高兴地看到 2013 年的"春运"由于采用了网络实名制购票,基本上消灭了"黄牛"。

例 1-3 2007 年 8 月以后,先是猪肉涨价,接着是蔬菜、汽油。猪肉一涨价,带动所有食品涨价;汽油一涨价,带动了许多服务的连锁反应。房地产发展方面,政府提高地价,以为可以减少开发商的暴利,抑制房价过快增长,结果是开发商转嫁给顾客,房价增长更快。这些问题的关键均在于没有依靠生产率的提高来消化成本的上涨。蔬菜在农村只卖 0.2 元,到了城市就成了 2 元。低效而漫长的供应链,层层附加了商品的价值。美国超市里卖的蔬菜瓜果比农民自己开车到路边摆摊卖的还便宜。因为,超市从最好、最便宜的货源地区批量采购,直接运到超市,而且无人看摊,大大节约了成本。提高劳动生产率的观念在美国深入人心,甚至养成习惯,形成文化。每个人都在想我做事的方法能不能再改进一点,能不能再快点、再好点。

作者亲历了一个小故事:

美国的西瓜又大又甜。在超市当时的售价为 3 美元,农民地摊为 4 美元。由于太大,我一个人一周也吃不完,长期放在冰箱中也不新鲜,于是想买半个。然而我走进超市一看,大为吃惊,半个和一个价钱一样。我跑去找经理理论,看他是否搞错。经理一脸沉着,说没错:

"你是刚到美国的吧?从哪里来?做什么呀?"

"由中国来,在对面的大学管理学院做访问副教授。"我心平气和地回答。

"那你应当知道呀!"他惊讶地叹道。

"很抱歉,我真不知道。"

"真不知道,那我就告诉你了——这一刀切下去有劳动含量在里面。"

受到他的启发,我买半个还是一个的问题也已解决了。我决定买半个,因为如果我吃不完,去扔掉那半个也有劳动在里面。

虽然我们看到美国人在生活上浪费很大,但他们在生产上却是"斤斤计较"。而看到我国生产上的浪费、供应链上的浪费,简直令人痛惜万分。如果我们能在提高企业内部效率上"斤斤计较",在供应链上下大功夫,利用IT提高劳动生产率,我们将能大大地节约资源,降低成本,缓和涨价压力,惠及民生,促进经济繁荣、国家稳定。

例 1-4 2010年的上海世博会创造了许多的世界第一,如参展国数第一、参观人数第一等。中国人在国内就可欣赏到世界各地的风土人情,欣赏各国文化和工农信息业的新成就和对未来世界的美好梦想。展会也组织得很好,有条不紊,没有出现任何安全问题,深受国内外人士赞扬。服务人员的热情和"小白菜"(志愿者)的服务态度,均给国际友人深刻的印象。上海世博会大大地提高了中国的形象和地位,是一届非常成功的世博会。但是,在参观者的感触中,却有让人感到美中不足的问题——"排队问题"。不少馆要排队四五个小时,有的馆甚至要排队七个多小时。有许多游客"畏队而退"。不少人也感慨中国的老百姓真好,觉悟真高,热情照样不减。为什么这个问题不能解决呢?如果我们能做到完全个性化的服务,做到每人每馆的预约,每个人的排队时间不就可以大大减少了吗?为什么不能把因排队而损失的时间的机会价值降到最小呢?要知道这个价值是相当可观的。即使不能减少时间,如能减少枯燥的排队,而增加在园内的休闲时间也好。原因也很简单,IT系统水平不够。当然也有个投资效益问题,这也是个IT规划问题。

例 1-5 澳门和珠海间的拱北关口,号称世界最忙的关口,前两年拥挤不堪,在早晚高峰,排队常在半小时以上。该关口提升了设备能力,采用了指纹识别自助通关,无人验证,一大排几十个闸口,每个闸口几秒钟就通过一个人,一下子把大多数的常客分流出去,大大地减少了排队的时间。拱北关口现在敢于规定:排队超过15分钟,就可投诉,他们立即多开闸口。他们得出一个结论:"哪里有排队,哪里就有信息系统用武之地。"

信息系统对当代企业的影响是多方面的,可以归纳列举以下几个方面。

1.3.1 对运营管理的影响

管理信息系统对管理的影响是自下向上发展的。

首先,是对生产管理或者运营管理产生影响。这时它的影响的主要目标是提高效率,而提高效率主要体现在减少人力和提高劳动生产率上。这时衡量管理信息系统是否成功的标志是减少了多少人力,节省了多少人的工资。用每年节省的工资去回收计算机的投资,看几年能收回。如果3年能收回,技术经济分析就认为是可行的。即

$$T = C/W < 3$$

式中:T——回收年限;

C——购买计算机的硬软件费用;

W——每年节省的工资总额。

在计算机应用的早期年代,达到这个指标是不容易的。例如,在中国,20世纪60年代末,一个工人的最低工资是40元,一年总共480元。一台DJS130计算机的价格是40万元。要想3年回收成本,需要减少多少工人呢?

$$X = W/480 = (C/T)/480 = 277.78(人)$$

也就是说,用一台计算机要省去差不多278人才算是经济的,这显然是很困难的。但是到了今天,情况就完全不同了。和DJS130同等甚至更高能力的计算机差不多只有5 000元。而一个工人的最低工资大约是每月1 000元。用一台计算机节省一个人,投资回收期也就半年,所以现在用计算机来提高劳动生产率是十分合算的。提高劳动生产率虽然是初期的目标,但在今天是最基本的,是一个不可忽视的方面。例如,在20世纪末,美国通用汽车公司对其财务部门实行BPR,结果把原有的500人减到125人,劳动生产率差不多提高了4倍。还是这个通用汽车公司,在21世纪初,由于不持续提高劳动生产率和不持续创新,使其产品成本提高,又没有有效益的新产品,没有进行制度创新,其本土企业跌到了破产的边缘。

在运营领域,应当确信提高生产率是永恒的真理,成本的降低是无限的。曾经成功的美国通用汽车公司,一旦放松,已经跌到破产的边缘。而持之以恒的沃尔玛,现仍风光全球。提高运营效率的最大的思想障碍是把困难推给别人。责怪别国的币值低估,责怪社会的就业政策。科学发展观本来就要求在这种环境下,能够改善内部管理,持续地提高劳动生产率,降低成本。

其次,MIS用于管理以提高效益。开始用于管理的信息系统主要是数据处理系统。顾名思义,数据处理系统就是比人处理数据来得快。过去100人计算3个月的数据量,现在可能几个人几个小时就处理完了。业务数据的处理,严格地说还不是管理,对管理上的数据加快处理也是很有用的。如一个大型企业要排一个年度计划,用传统方法,十几个人差不多要干3个月,而现在用了计算机信息系统2~3人1~2天即可完成。有时在计划执行的过程中,情况发生了变化,需要对计划进行一些调整,用信息系统作调整计算只需几个小时即可。这又提高了效益。

用管理信息系统来提高计划效率的好处还不只在于节省人力、加快速度,它还可以多做出几个方案,从中选择一个最好的,这就是提高效益。信息系统可以制定计划,一个原因是利用信息系统速度快的优点和它可以模拟计划的执行、预先估计效果的能力,在制定计划的时候多制定几个方案,进行比较,从中选择最好的,从而提高效益,进而可以使有限的资源得到有效的利用。例如,同样的设备可以产出最大;同样的产品量,可以达到产出时间最短;同样数量的原料,可以计划生产出价值最高的产品组合。计划做得好,就可以大大地提高效益。对生产管理影响的另一方面是可以进行计划的控制。发现问题及时纠正,从而也提高了效益。例如,如果知道明天某些机床可能窝工,及时调整安排上了新工作,闲置的资源就增加了产出,提高了效益。在企业中用做计划工作的信息系统很多,如材料需求计划(material requirement planning,MRP)、制造资源计划(manufacturing resources planning,MRPⅡ)、企业资源计划(enterprises resources planning,ERP)等。这些系统现在甚至快成了像水电一样的公用设施,成了每周7天每天24小时离不开的东西。

提高效率和提高效益合到一起,就是我国提出的"减员增效"。管理信息系统能减员增效,因而它是提高生产力的一种手段,也可以说它是先进生产力的代表。推行管理信息系统的建设,就是推行先进生产力。反之,没有认识这点,在企业中阻碍管理信息系统的发展,阻碍先进生产力的发展,就不能算是好的先进生产力的代表。当前我国许多企业的领导,由于他们受的是工业化时代的教育,虽然他们主观上很想作为先进生产力的代表,但在客观上表现出保守、无奈,成了推行先进生产力的障碍。这些大多数是认知问题,但也有人有许多糊涂的论点。

(1) 习惯论。习惯论者强调企业已经形成的习惯,或者说是经验。他们认为经验是企业最宝贵的财富,也是最有效的。这话不能说不对,因而也是很迷惑人的。说它是宝贵的财富是对的,说它是最有效的就未必。在经济和社会高速发展的现代,经验在某种情况下已不再是资产而是负债。企业在改变经验上的培训投入越来越增加。培训的主要目的在于否定旧知识,转变旧思想。为什么这种思想还有很大的市场呢?在认识上是由于人的认识惯性,人们自然而然愿意做自己熟悉的事情。在利益上也有保持既得利益的问题,因为他们是旧的利益的创造者和持有者。打破旧的秩序,意味着他们优势的失去,反对是自然的。在先进的生产力的提升中,在管理信息系统的推进中,"千百万人的习惯是一股可怕的力量",是不能忽视的。

(2) 失业论。失业论者认为利用信息系统提高劳动生产率会导致更多的失业,这将造成社会问题。而且,上级行政领导部门也经常希望经济景气,企业能发展,企业能多招工、少裁员,也给企业一定的压力。但是如果以损失劳动生产率来达到高就业,只会导致明天更多的失业。说什么"社会主义的优越性就是3个人的工作5个人做",这更是对社会主义的错误理解。马克思早就说过"社会主义要创造比资本主义高得多的劳动生产率",实际上,高得多的劳动生产率才是社会主义的优越性。只有在十分特殊的情况下,例如战争、自然灾害,实行一些降低效率的高就业政策才是可以理解的,但这个过程应当是短暂的。再说,企业也不是只有把人员辞退才能提高劳动生产率。如果能把生产一线上的人数减少,而让他们转移到企业的"三产",即企业的辅助服务工作,这就既提高了劳动生产率,又改善了企业环境,何乐而不为?

(3) 风险论。应用管理信息系统是有风险的。技术不成熟是风险,人员不接受是风险。过去的统计资料也说明了风险的存在。美国在20世纪60年代应用信息系统有过50%失败的记录,中国应用信息系统的初期,也有过80%不成功的情况。风险确实存在,风险必然导致经济损失。风险论者认为在企业财政拮据的情况下,就不应上管理信息系统项目。殊不知在当代,尤其是在提高效率领域,信息系统的应用成功率已经很高。现在西方流行的企业过程再工程(BPR)已经是个工程项目,工程就意味着可达 90%～100% 的成功率。所以,西方国家的企业恰是在财务困难的时候,想到进行 BPR,这反映出我国整体上的认识和应用水平还有很大的差距,连提高效率的应用也认为没把握,说明我国管理信息系统的应用还处于初级阶段。

以上各种悖论似乎有理,但背后却掩盖了那种无知无能,而且还不想有知有能的惰性。

1.3.2 对管理者行为的影响

管理信息系统在生产管理上能提高效率和效益,成了管理者的重要工具、得力助手,久而久之就改变了管理者的习惯和行为。

对管理行为影响的主要方向是管理科学化。事实上,推行管理信息系统就要求对管理工作本身规范化,也就是首先实现"没有计算机的计算机管理"。要求管理的流程、程序、步骤标准化。要求工序清楚,工时、定额合理准确,这些就导致了管理的科学化,也就促使管理者更加相信科学、学习科学、依靠科学、推行科学。在管理者的思想、观念、行为、举止等方面产生深远的影响,使管理者中的一些糊涂的观念得到改进,例如,命运论、经验论、关系论等一些无所作为的思想得到抑制。

追求管理科学化的过程,追求推行管理信息系统的过程,就是管理者养成学习进取的习惯的过程。任何事物在开始阶段,均表现为艺术形态,随着人们对它的了解的深入,它就逐渐变为科学,然后变为技术。管理信息系统的推行过程就是把事物由艺术变为科学,甚至技术的过程。在这个变革的过程中,管理者要不断地研究如何转变,也就逐渐养成了学习进取的习惯。在企业中也树立了崇尚科学,以知为荣、以能为荣的风尚,把企业变成学习型组织。

对管理者行为影响的另一方面表现为管理者的决策习惯的改变。远古时代的部族社会,统治者的决策方式是"酋长拍脑袋,一人说了算",当然他也是基于自己的经验。到了资本主义初期,甚至现在,我国许多民办企业还是"小老板拍脑袋"的决策方式,说好听点是凭经验。这种方式在今天巨大的投资、庞大的工程建设项目的情况下已经完全不能适应。所以近代管理理论的研究很多在研究决策。实际上这种研究很多不是在研究最后的决策结果本身,而是在研究决策过程。研究出一条好的途径,沿着这条途径,好的决策就可以顺利得出。这条途径一般是首先调查研究、收集资料,然后分析、提出方案,再后进行方案比较、选出较好方案,然后是验证和执行。这是当代的系统决策方式。推行管理信息系统或者借助管理信息系统进行决策都要沿着这条途径。因而管理者如果过去还有一点"拍脑袋"方式的痕迹的话,现在就要改变为科学的、系统的决策方式。决策方式的改变也是对管理者行为影响的一个重要方面。现代管理者遇到了重要的管理问题时,总是不忙先下结论,而是先收集信息,然后依靠管理信息系统和依靠有关专家进行分析,或者请一些外界的咨询公司帮助分析,然后才是研究结论。所以说,遇到问题,先想到收集信息,先想到用管理信息系统,成了现在管理者遇到问题的一种习惯,也就是一种重要的行为影响。

1.3.3 对组织的影响

管理组织是保证管理目标实现的重要手段,是管理的重要问题。由于它和信息技术(IT)相互影响又相互支持,所以和管理信息系统有密切的关系。

从古代作坊式的直线组织到泰勒的直线职能制,虽然有些变化,但变化不大。近来由于生产的发展,信息技术的发达,企业组织面临大变化的前夜,已经出现了各种各样的组织形式,归纳起来可以分为以下几种。

1. U 型组织

U 型组织即直线职能制组织结构(unitary structure),它是一种内部一元化领导的组织形式。

(1) 纯直线制组织,一切均由一个领导说了算,见图 1-1。这种组织在生产企业已几乎绝迹,但在小的个体企业,如小饭馆还广泛存在。它只适用于任务明确,而又要求领导集中、控制严格的情况。这可以说是一种树状组织。在这个组织中,每个职工只有一个领导。

(2) 直线职能制组织,见图 1-2。这里,下属各车间和厂长之间属直线序列,它意味着权力的直接隶属。而职能部门,一般设市场、生产、会计、人事等科室或处室,则不属于直接权力序列,他们无权命令各车间,只有权在全厂制定的规则的基础上办理事务手续。如手续不符合规定,他们可以不予办理;如手续符合规定他们无权不予办理。苏联曾经推行的一长制是比较正规的直线职能制。按其规定职能部门和车间是平级的,而且权力相对小些。这里主要强调职能部门为车间服务。

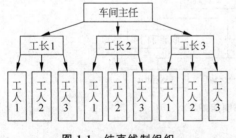

图 1-1 纯直线制组织

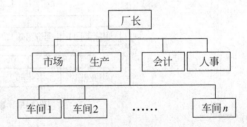

图 1-2 直线职能制组织

职能制的执行往往走样。由于职能部门比较接近领导,而且是全时从事管理工作,因而有为厂长或总经理代行权力的情况,导致他们权力的增长,形成直接对下属亦有领导作用的情况,见图 1-3。这种组织形式的优点是减少了厂长的负担;缺点是增加了车间的负担,而且容易造成"政出多门",办事效率低下等现象。

2. M 型组织

M 型组织(multidimensional structure)又叫矩阵式组织、多维组织。由于组织中职能部门的权力过大和直线组织的分段引起任务的分割,每个功能似乎均有人负责,而无人对整个任务或整个任务的过程负责。为了加强任务过程的负责制,许多企业采取了矩阵式组织;矩阵式组织的一维是直线组织,另一维是任务,这个任务或为产品,或为项目,其形式如图 1-4 所示。

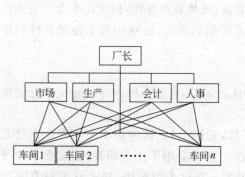

图 1-3 直线职能制组织的变形

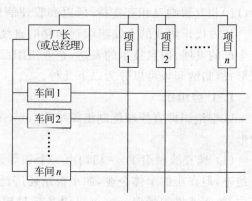

图 1-4 矩阵式组织

无论车间或项目均在职能部门的支持下工作,因而可以认为职能部门处于第三维。这样就形成三维矩阵式组织。

事业部制组织结构,是矩阵式组织在更大范围即大公司范围的实现。其组织结构见图 1-5。

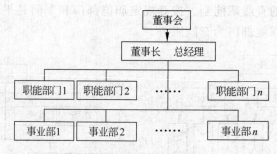

图 1-5 事业部制组织

事业部一般是按产品来划分,如某大型通信设备公司分为程控交换机部、无线寻呼台部等。事业部有较大的自主权,自己下设市场部、生产部等,但下设各事业部不是完全子公司,主要表现在两方面。其一是有些事务还是全公司管,如有的大公司实行后勤的统一支持,有的实行财务系统的统一处理,当然信息基础的统一更是其特点。其二是它有为全公司服务或管理的义务。如交换机公司有为全公司做通信规划和指导实现的义务,有为全公司通信设备维修服务的义务。但它在发展自身产品方面有绝对的决策权,当然它又不能重复生产别的事业部的产品。

可以认为,在内部 M 型组织实现了多元化的领导。一些上级的直接领导关系变成了指导关系,平级之间,在过去的统一领导下的配合关系变成了协调关系。多元化的领导必然意味着权力的下放、决策的下放,这样下级才能主动工作。

随着信息技术的发展,管理的幅度可以扩大,过去一个"头"最合适的下属数只有 7~8 个,否则很难领导深入。现在可以扩充到 30 个,因而组织呈现了扁平化的趋势,也就是在组织结构上有"压扁金字塔"的趋势。扁平化的组织是在决策权下放、协调加强的前提下实现的。反之,只有组织具有这种条件才能实现和运行好扁平化的结构。扁平化的组织结构见图 1-6。

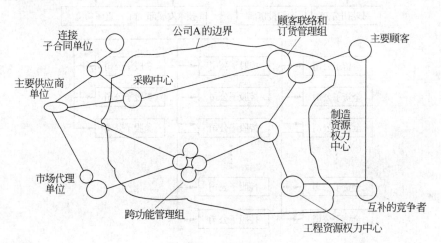

图 1-6 扁平化组织

3. H 型组织

无论是 U 型组织或 M 型组织,对企业顶层来说均是一个"头"的组织,"多头"只表现在中间层,多个事业部,多个项目组等。其进一步发展就成为多头的组织,即 H 型组织(holding company structure),也就是说公司的内部组织有了外部"头"的成分,其形式如图 1-7。

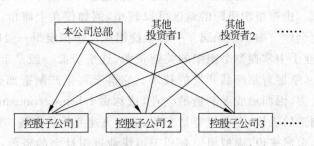

图 1-7 H 型组织

控股子公司实际上只是个利润中心。本公司总部对控股子公司的主要目标就是投资获利。控股子公司本身又有董事会,一切事务包括产品或服务方向、市场、财务等均由自己决定。本公司总部只能通过董事会施加影响,不能直接参与。

由于本公司投资多少的不同,对子公司的影响力也就不同。所以下属子公司又可分为全资子公司、控股子公司和参股子公司,其形式如图 1-8 所示。

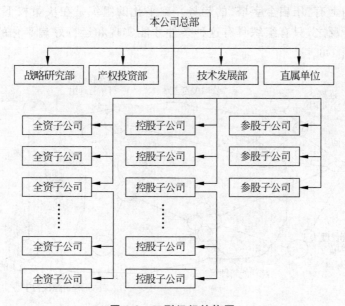

图 1-8 H 型组织结构图

4. V 型组织

H 型组织的进一步发展就是虚拟组织,或叫 V 型组织(virtual organization),虚拟组织又称为动态联盟,它是由多个企业组成的临时性的组织。当一项任务来临时,各企业组成联盟。当任务完成时联盟自动解散,但相互沟通仍然保持,以备以后再次联盟。虚拟组织是"没有组织,胜似组织"。它是当代市场竞争、信息技术发展的产物,它是组织扁平化在企业之间的形式。虚拟组织所跨的地区可以较小,例如仅在上海市;也可以很大,例如全国、全亚洲,甚至全球。虚拟组织属于一种敏捷组织。虚拟组织一般应有一个带头的企业,这个带头的企业手中掌握整个组织的关键资源,这个资源一般是市场和技术,即它掌握着产品的销路,又掌握着新产品开发的技术。它甚至将生产制造部分——这个过去企业必备的资源推出去,因而形成无制造的企业,或称做 fab-less company。其优点在于使企业摆脱了管理制造的机构,企业更容易变革,适应飞速变化的市场。这就是虚拟组织主要的战略优势。从全局来说,虚拟组织有利于很快地重组社会的资源,快出产品,出好产品,适应市场的需要。

由于虚拟组织的出现,企业间的关系发生了很大的变化,许多企业结成了战略伙伴关系,甚至相互竞争的企业也不妨碍在某些项目上实现合作,这就是竞争伙伴关系。虚拟企业,伙伴关系是一个"共赢"的关系,共赢的企业联盟。我们应当关注虚拟企业发展的动向。

管理信息系统对组织形式的影响主要是扁平化和虚拟化,或简称为扁化和虚化。这也是当代管理组织发展的方向。扁平化就是减少管理的层次,扩大管理的幅度,从而简化管理。达到扁平化的条件如下。

(1) 上级要放权。我们常常听人说很忙很忙,怎么办呢? 就是放权。放了权,你不管了,也就不忙了。扁平化要减少层次,上级所要面对的下级数量就要增加。如果还像以前一样的管,显然要管的事就多了。放掉一些权,有些事不管,就可以管更多的下级。

(2) 下级要主动。上级放了权,下级要接权。属于你权限范围的事,就要敢于做主,敢于去做。在扁平化的组织中,下级的主动进取是很重要的。敢于做主,就是把自己权限内的决策作正确,那就要很好地了解全局的方向和战略,了解环境的限制和约束。心里怀着全局,就知道什么事该做,什么事不该做,什么是对的,什么是不对的。

(3) 信息就是命令。下一道工序的需求信息就是对上一道工序的命令。例如,沃尔玛连锁超市的化妆品货架上的商品信息,就是对其供应商 P&G 公司的供货命令。P&G 自己查询沃尔玛数据库中的数据,发现缺货就自动送货上架。协作单位的信息也是相互为命令,完全省掉了送货单位和收货单位的上级的批准程序。

扁平化的组织是一种自适应的组织。也可以说是自组织、自繁殖的组织。组织的架构可以随着环境的变化而自动改变,甚至是自生自灭。例如,一个研究所的课题组,如果它的研究做得好,它的项目会越来越多,人员也会越来越多,经费也会越来越多。如果它做得不好,项目、经费和人员会越来越少,直至课题组取消。

自适应创造了复杂性,使得组织越来越复杂,成为复杂系统。组织中的成员主要是以横向联系为主,其联系则是按成员数 n 的二次方(n^2)增长。对于这样复杂的组织,要想控制和运行得好,只有依靠信息。扁平化的组织应是信息充分的组织。过去由于信息技术的落后,管理信息系统的不发达,许多企图实现扁平化的想法失败了。许多地方矩阵式组织不成功的原因就在于没有信息系统的支持,导致信息不充分所致。自适应、自组织、自繁殖的组织必须是自学习型的组织,学习型组织将囊括所有这些新型组织形式的特点,我们再次概括总结如下:

(1) 组织目标深入基层,深入群众;
(2) 放权适层,越层沟通,权力下放,信息集中;
(3) 自我做主,主动出击;
(4) 横向联系为主;
(5) 信息就是命令;
(6) 协同胜于共同;
(7) 敏捷和智慧的执行过程;

(8) 良好的信息平台、信息集成和监督；

(9) 弹性的上班时间和地点。

按照这个目标要求，学习的时间多也未必是学习型组织，现在的学校也未必是学习型组织。

1.3.4 对企业战略的影响

管理信息系统对企业战略的影响正像 IT 对于战争的影响一样，是关键性的。一个没有管理信息系统武装的企业，面对一个有 MIS 战略优势的企业，简直是不堪一击。他能做到的事情，你不能；你能做到的事情，他都能做到。你的企业就"死"定了。

管理信息系统可以说是企业的战略资源。当战略目标确定以后，资源就成了决定因素。当企业制定战略的时候就要考虑到信息系统战略。企业战略和信息系统战略的关系可用一个图来表示，见图 1-9。

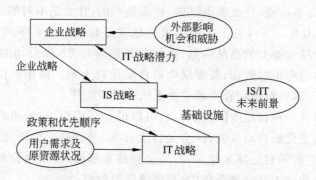

图 1-9　企业战略和信息系统战略关系

图 1-9 说明当企业制定战略时，不仅要考虑到外部的机会和威胁，而且要考虑到 IS/IT 的战略潜力。当企业制定 IS 战略时，要把企业的战略当成自己的目标，同时要考虑到 IT 的发展前景和 IT 基础设施。当企业制定 IT 战略时要把 IS 战略当成自己的指导，同时要考虑到用户的需求和原有的资源。这个图在企业战略和 IT 战略间加入了一个 IS 战略。IS 战略实际上主要制定的是需求计划，也就是根据企业战略我们需要一个什么样的 IT 能力。而 IT 战略实际上主要制定的是供应计划，也就是根据 IS 战略我们如何供应出所要求的 IT 能力，如何建立好 IT 基础设施。

图 1-9 所示的方法无论如何是有先后顺序的，即先制定企业战略，再制定 IS/IT 战略，尽管在制定企业战略时要考虑 IS/IT 的潜力。现在的趋势是将两者合一，即企业战略和 IS/IT 战略变成一个战略，一套人马、同一时间、一起制定。说明 IS/IT 对企业的战略已经有了十分重要的影响，而且看起来这种影响会越来越大。

信息系统在企业中的地位已经发生了根本性的变化。许多企业已经一刻也离不开信息系统，可以说信息系统现在已是企业的生命线，未来更是企业的生长线，是企业的梦想和现实。"未来的企业要想做什么,将取决于它的 IT 系统能做什么。"(What the business could do is decided by what its IT can do.)只有驾驭好 IT,才能更好地把握未来。

1.4 如何学习管理信息系统

管理信息系统是个社会-技术系统,不是知道了就可以了,而是和一般的技术系统有不同的学习思路和学习方法。

学习是为了培养人才。管理信息系统是要培养什么样的人才呢?管理信息系统所要培养的人才是一种信息和知识工作者,一种信息经济所创造的信息人才,总的名称叫系统分析员。他的主要工作是分析情况、提出解决方案、领导实施、改进工作。在一些顾问公司中,职位就是系统分析员,在企业里最合适的岗位是首席信息官(chief information officer,CIO),他和企业中的另两个 O——CEO(chief excecutive officer,首席执行官)和 CFO(chief financial officer,首席财务官)——一起构成企业的最高领导层,俗称企业高管。这种人才要有信息技术和管理的知识,要有规划、实施和管理工程项目的能力,还要有团结协作、信守承诺、廉洁公正等方面的修养。当代的经济发展在人才上,出现了青黄不接的严重情况,一方面大量的大学生找不到工作;另一方面,大量的岗位找不到合适的人才。CIO 就是大量需求,而远远得不到满足的岗位,仅上海几千个企业就需要几千个CIO,而合格者不超过两位数。

管理信息系统的专业目标职业是系统分析员,系统分析员应善于帮助企业领导分析企业环境、确定企业目标、抓住关键因素、改进企业系统;善于提出计算机系统解决方案,选购和运行系统硬件,选购或开发应用软件,善于管理信息资源。所以对系统分析员来说,了解基本组织功能,如市场、财务、制造、供运、会计等,与了解计算机知识是同等重要的;了解组织变化动态学与了解技术技巧一样重要;了解决策和人的行为与了解程序知识一样重要。美国在信息系统方面,三大权威学会 DPMA(Data Processing Management Association)、ACM(Association for Computing Machinery)和 AIS(Association for Information Systems)于 1995 年初,提出了信息系统专业本科生教学计划,名为 IS 95。可作为信息系统分析员专业知识结构的参考,经过修改的 IS 2002,至今仍有参考价值。

IS 2002 认定管理信息系统专业为介于商企和信息技术间的跨学科的系统性边缘性专业,它和其他专业的关系可由图 1-10 表示。

管理信息系统专业属于管理类专业,因而它应具有管理专业所共有的知识与技能,又应具有 IS 专业的知识和能力。其总体培养计划大致包括 4 个模块,见图 1-11。

其中,全校基础文化素质课或通识课包括语文、外语、政治、历史、数学、品德、体育等。

管理学院核心课程是管理学院中任何专业的学生均要学习的课程,是培养管理知识和技能的课程。管理信息系统专业不同于计算机类专业,很大一部分就在于他们学习了管理课程,具有了管理的基本知识和能力。在大多数管理学院,这些课程包括管理学导

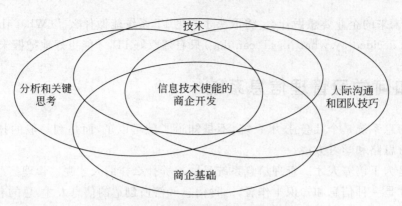

图 1-10　信息系统相关的学科领域

论、会计学、财务学、市场学、运营管理、管理信息系统、统计学、组织行为学、管理沟通以及企业的法律环境等。

第三个模块就是信息系统专业的专业课了。这些专业课由如图 1-12 所示的几个模块组成。

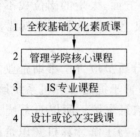

图 1-11　IS 专业学生培养总计划

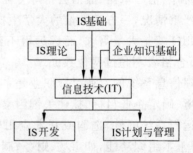

图 1-12　IS 专业课程模块结构

我国有关单位也制定了一些参考计划。如笔者于 2010 年 12 月参加鉴定的由教育部管理科学与工程教学指导委员会委托清华大学陈国青教授进行研究的 CIS 2010 项目,也推荐了一份教学计划。它列出的课程和美国的 IS 2010 7 个核心课程对照如表 1-1 所示。

表 1-1　美国 IS 2010 与 CIS 2010 核心课程对照

美国 IS 2010 核心课程	中国 CIS 2010 对应课程
1. 信息系统基础	管理信息系统
2. 数据和信息管理	信息检索与搜索,数据结构,信息组织,数据库
3. 企业架构	企业信息系统及应用
4. 信息技术基础设施	计算机网络
5. 信息系统项目管理	信息资源管理
6. 系统分析与设计	系统分析与设计
7. 信息系统战略、管理和获建	信息资源管理,商务智能与数据挖掘

系统分析员不仅要有很好的知识,而且应有很好的能力和素质。下面给出一个系统分析员的能力模型,见图1-13。

图1-13显示的主要是4个方面的能力。一是变革能力,它包括窥视未来,改造现实的能力。技巧上包括沟通、归纳、决策和执行。二是科学方法,包括运筹学的知识和方法,以及组织与计划的能力。三是企业知识,包括经济、管理与社会各方面。四是信息技术,包括硬件、软件和网络。

图1-13 系统分析员的能力模型

系统分析员是未来信息社会的知识工作者的代表,他不仅应具有信息社会的知识结构和工作能力,而且还应具有信息社会的思想素质,包括主动精神、创新精神、求实精神、协作精神和刻苦钻研精神等。他应当用科学发展观、先进生产力、先进文化取向和广大人民根本利益的代表要求自己,真正成为用IT技术推动社会发展的带头人。

由于本行业需要的人才的特点,本教材的学法和一般知识教材相比,也有不同之处。学习本教材不仅要学习课本的知识,而且要配合课外的修炼,做到学知识、长能力、炼修养和上水平。

(1) 学知识。知识学习有三个层次:知道(know)、知识(knowledge)和技能(skill)。在知道的层次,一般介绍事物的表层知识,就是知道某种东西的名称和用途,但不一定知其原理。例如,我们知道电灯是用来照明的,开开关就亮,关开关就灭,不一定要知道它的发光原理。在知识层,就要知道一些原理,相信它的逻辑,从而巩固了使用的信念。例如,IT能提高管理的效率和效益,想通了其中的道理,因而成为推广IT管理的倡导者。在技能层,则是能掌握实现IT系统的技术知识,能动手实现使用的IT系统。对于信息管理和信息系统专业的学生,我们的要求一般在知识层。就是说知道名词、用途和一般原理,相信其逻辑,可以说具有信息觉悟,从而能将技术和管理结合起来。

(2) 长能力。就是增长能力。当前我国大学培养的人才的问题在于,情商低于智商,能力低于知识。加强能力的培养实属当务之急。信息管理人才需要的能力,包括预测、规划、计划、设计和实施、评价和管理的能力。

① 预测能力。谁把握未来,谁就能成功。要把握未来,就要有预测的能力。要做好预测最重要的是会收集信息,分析信息。不仅会收集环境情况的活的一次信息,而且会通过数据仓库或网络收集二次信息。分析能力不仅包括应用数学模型的分析能力,而且,也许是更重要的,会通过自己的第六感官,察言观色,作出综合的、折中的、适合的判断。

② 规划能力。"经理是明天的经理,不是今天的经理,更不应是昨天的经理。"规划就是安排未来。现在的许多经理,今天一上班处理的都是昨天剩下的工作,等到快做完时,

已经快下班了,天天如此。规划是要把想象到的、预测到的未来的愿景描述出来,制定出目标,提出实现它们的战略,实现变现。规划不仅有鼓舞人心的目标,而且有切实可行的策略,规划是未来目标的总体动员令。因而,规划有造势的作用,动先造势,势在必行。规划应使人有振奋感、新鲜感,能像一面旗帜,指引企业员工共同迈向未来。以为规划只要将实现的技术目标说明,不一定好读,不一定语言顺畅的理解都是错误的。

③ 计划能力。计划是将规划细化,达到可执行的程度。"21 世纪是个计划的世纪,没有计划了做不到的事情,也没有没计划做到的事情。"计划是可执行力的第一表现。计划已进入工程阶段。计划出的内容就一定要实现。计划不能随意改动,要保持它的严肃性,除非遇到特殊的情况。未完成计划是要追究责任的,在计划未制定前讨论要充分,一旦制定要严肃对待。

④ 设计和实施能力。设计能力包括系统、硬件、软件设计能力等。设计是一种安排,有很多方案可以安排实现要求,安排也是一种艺术,既要达到目标,又要经济适用。管理信息系统不同于许多技术系统,这里面存在人为因素,需要许多协调、折中,严格说只有最适,没有最优。实施的能力也是要求在各种坎坷中闯出一条可行的道路。把设计和实施建立在所有人都听从你的指挥的基础上,没有不失败的。

⑤ 评价和管理能力。评价是根据目标设立一些可测量的指标,用以衡量执行的性能,或者说达到目标的情况。评价在系统初建时需要,在系统建成运行以后也要不断地评价,以便发现问题,及时解决,保证系统安全高效地运行。管理能力就是管理组织、人力、设备按照设计的需要,正确地运转。

能力的锻炼要和实践紧密地结合,课程内有一些团队作业是一种很好的方式,最好多参加设计和实施项目。作为辅助,学生多参加社会工作,也是非常有益的。现在用人单位很看重做过学生工作的学生。最近的小学生调查,90%愿意做学生工作,问为什么?回答是将来要当经理需要这种能力。

(3) 炼修养。管理能力的提高最终取决于管理的修养。修养是作风的根本。一个单位内每个人都有好的修养,则单位就有好的作风。中国古代主张修身为先,"修身、齐家、治国、平天下",现代我们也强调由自己做起。好的校风是学校的生命线,学校最重要的财富是声誉、声誉、还是声誉。学校就好像一个大染缸,学生在其中"染来染去",潜移默化地培养出了好的作风。越在年轻的时候注意修养,修养提高得越快。

(4) 上水平。学知识、长能力、炼修养,总地来说就是使自己和组织上水平。高水平的组织有远见,有大气而不傲气,处事不惊,沉着应对,善于变革,适应环境,使企业能长盛不衰,保持可持续地发展。对个人来说,上了水平就更能从全局整体出发,看到组织或个人的关键问题,善于处理各种矛盾,提出可执行的方案,并善于引导实施,达到成功。这样的人才也就能担当更高层的工作。

学知识、长能力、炼修养和上水平应当是同步进行的,或者说是并行进行的,不是学好了再长,长好了再炼,炼好了再上。越早树立学、长、炼的目标,越早开始学、长、炼,做起来越容易,成效越大。

管理信息系统是未来型、革命型的专业。笔者在某大学任系主任时,曾有过一段有意思的经历。时逢新生专业选择,各系主任热情地为学生作专业介绍。先是会计学专业介绍,"我们是现代化的会计学专业,我们不仅学算盘,还要学一些数学,更多地要学计算机……"接下来是国际商务专业介绍,"我们是国际化专业,从一年级起就强化外语学习,部分课进行全英语教学,将来就业时都在宽敞明亮的涉外办公室工作……"最后轮到我们来介绍了,心想,你们把好词都揽光了,那还有什么好说的,那我们只好不"吝"了,多有得罪了。"我们的专业是未来型、革命型专业,我们要培养学生有远大眼光和创新精神。我们的学生毕业时,走访会计办公室或外贸办公室,他们一定很有感慨地想,怎么搞的,马克思已经过去一百多年了,人们还像他所说的那样,'奴隶般地'束缚于分工中,干着那些没必要人干的工作。我们的学生一定会怀着深厚的无产阶级感情,想法把他们从水深火热中解放出来。这绝不是让他们下岗失业,而是让他们产生像由纺织挡车工下岗,登上蓝天遨游世界一样的兴奋的感觉。这谈何容易,又让别人革命,又要舒舒服服地革命。只能说我们专业的任务是最重的,要学的东西是最多的,又要懂各专业的知识,又要掌握信息系统技术。只有那些不怕苦不怕累的年轻人才愿意投身到这个非常具有挑战性的专业中,我们热情地期待着大家。俗话说'男怕入错行,女怕嫁错郎',今天已是'男女都怕入错行'的时代,希望大家慎重考虑。"结果,出人意料,报读本专业的人数差不多是最多的。

总之,管理信息系统是个社会-技术系统,它是个未来型、革命型的专业。学习管理信息系统就要愿意革命、善于革命,把我们的世界带向未来。信息的号角已经吹响,信息经济的浪潮已席卷全球,中华民族的伟大复兴,中国的轰轰烈烈的社会主义建设热潮,呼唤着千千万万个信息化领军人才,让我们充满信心,不断学习、不断修炼,积极地投入到这个伟大变革中来吧!

习题

1. 当今世界的经济趋势是什么?什么是信息经济?什么是知识经济?
2. 管理信息系统在当今的经济和社会环境中的重要性是什么?
3. 为什么说管理信息系统是社会-技术系统?这种系统和一般系统有何不同?
4. 管理信息系统对现代企业管理的影响是什么?对运营、管理行为、组织、战略等有哪些影响?
5. 什么是学习型组织?现在有哪些对学习型组织的错误理解?
6. 学习管理信息系统的态度和方法与学其他技术学科有什么不同?
7. 管理信息系统人才培养的目标是什么?你打算如何学知识、长能力、炼修养?

CHAPTER 2 第2章

管理信息系统的定义和概念

管理信息系统的英文是 management information systems，简称 MIS。在我国香港、台湾的书中将 information 翻译成资讯，因而它也可称为"管理资讯系统"。本章专门讨论一些管理信息系统的总体上的问题，包括定义、性质、概念、开发过程，以及和其他学科的关系等。

2.1 管理信息系统的定义

已如前章所述，我们认为管理信息系统的定义是：用系统的方式，通过信息媒介控制，达到服务于管理目的的系统。

管理信息系统的概念元素包含管理、信息和系统（图 2-1）。它绝不只是信息，更不只是计算机。它是由管理出发或者说是为管理的目的，通过信息手段来进行计划和控制的系统。

管理信息系统发展至今，其定义已有很多种。有的比较抽象，有的比较具体；有的比较科学，有的比较艺术。早在 20 世纪 30 年代，柏德就写书强调了决策在组织管理中的作用，就有了管理信息系统概念的萌芽。50 年代，西蒙提出了管理依赖于信息和决策的概念。同一时代维纳发表了《控制论与管理》，他把管理过程当成一个控制过程，而控制要依赖于信息。50 年代计算机已用于会计工作，1958 年盖尔写道："管理将以较低的成本得到及时准确的信息，做到较好地控制。"这些都预示着管理信息系统的出现。

图 2-1 管理信息系统的三要素

管理信息系统一词最早出现在 1970 年，由瓦尔特·肯尼万（Walter T. Kennevan）给它下了一个定义："以书面或口头的形式，在合适的时间向经理、职员以及外界人员提供过去的、现在的、预测未来的有关企业内部及其环境的信息，以帮助他们进行决策。"这个定义说明了管理信息系统的主要功能是提供信息。什么时候的信息？是过去、现在和未来的。什么形式的信息？书面的或口头的。关于什么的信息？企业内部和外部环境的信息。什么时间提供？在合适的时间。向谁提供？经理、职员以及外界人员。用来做什么？帮助他们进行决策。很明显，这个定义是出自管理的，而不是出自计算机的。它没有强调一定要用计算机，它强调了用信息支持决策，但没有强调应用模型、应用数据库。所有这些均显示了这个定义的初始性。直到20世纪80年代,1985年管理信息系统的创始人之一,美国明尼苏达大学卡尔森管理学院的著名教授高登·戴维斯(Gordon B. Davis)才给出管理信息系统一个较完整的定义:"它是一个利用计算机硬件和软件,手工作业,分析、计划、控制和决策模型,以及数据库的用户-机器系统。它能提供信息,支持企业或组织的运行、管理和决策功能。"这个定义说明了管理信息系统的目标、功能和组成,而且反映了管理信息系统当时已达到的水平。它说明了管理信息系统的目标是在高、中、低三个层次,即在决策层、管理层和运行层上支持管理活动。它不仅强调了要用计算机,而且强调了要用模型和数据库。它反映了当时的水平,即所有管理信息系统均已用上了计算机。

管理信息系统一词在中国出现于20世纪70年代末80年代初,根据中国的特点,许多最早从事管理信息系统工作的学者(包括笔者在内)给管理信息系统也下了一个定义,登载于《中国企业管理百科全书》上。该定义为:"管理信息系统是一个由人、计算机等组成的,能进行信息的收集、传递、储存、加工、维护和使用的系统。管理信息系统能实测企业的各种运行情况;利用过去的数据预测未来;从企业全局出发辅助企业进行决策;利用信息控制企业的行为;帮助企业实现其规划目标。"朱镕基主编的《管理现代化》一书中定义说:"管理信息系统是一个由人、机械(计算机等)组成的系统,它从全局出发辅助企业进行决策,它利用过去的数据预测未来,它实测企业的各种功能情况,它利用信息控制企业行为,以期达到企业的长远目标。"这些定义指出了当时中国一些人认为管理信息系统就是计算机应用的误区,再次强调了管理信息系统的功能和性质,再次强调了计算机只是管理信息系统的一种工具。对于一个企业来说,没有计算机也有管理信息系统,管理信息系统是任何企业不能没有的系统。所以,对于企业来说,管理信息系统只有优劣之分,不存在有无的问题。

现在,我们又面临了信息系统定义的挑战。许多学者在标新立异,总想肢解、分裂管理信息系统,从而使他们的小枝可以壮大。例如,20世纪70年代末,有人说管理信息系统已经过时,现在应当提决策支持系统(decision support systems, DSS);80年代初美国麻省理工学院(MIT)又提议以信息技术(information technology, IT)替代管理信息系统(MIS),这些均未能得到普遍的支持。以后又有人以信息系统来代替管理信息系统。这种替代在美国得到了普遍的流行。这说明了美国信息系统应用最多的领域是管理方面,所以管理信息系统就可简化为信息系统。但在中国不行,因为从事无线电技术的专业早已抢先占用了信息系统这个名词。也有人用business information systems(BIS)来替代MIS。中文翻译成商业信息系统,那显然窄化了我们的定义,即它不包括政府信息系统、学校信息系统等。况且把business翻译成商业,本身翻译得也不合适。如今,管理信息系统领域出现了许多新名词,如电子商务(E-commerce)、电子企业(E-business)、企业资源管理(enterprises resources planning, ERP)等,按照管理信息系统的定义,这些都不外乎是管理信息系统在新的环境下新的表现形式,统统属于管理信息系统的范畴。

关于管理信息系统定义的这些说法,总地来说分为两种,一种是广义的,一种是狭义的。主张狭义的学者把管理信息系统想象成20世纪60年代的主机带终端的集中式的信息系统,从而认为 MIS 已经过时。主张广义的学者认为,20 世纪 60 年代的系统过时,不等于 MIS 过时,MIS 的定义仍然有效。美国著名学者 Kenneth C. Laudon 和 Jane P. Laudon 教授在 2002 年出版的《管理信息系统》(*Management Information Systems*, 6e)一书中就再次强调 MIS 的定义,说:"信息系统技术上可定义为互联部件的一个集合,它收集、处理、储存和分配信息以支持组织的决策和控制。"2010 年的第 11 版也强调了这种看法:"一个信息系统技术上可定义为相互连结的部件的集合,它可以进行信息的收集、处理、储存和分发,以支持一个组织的决策和控制。除了支持决策、协调和控制,信息系统还可帮助经理分析问题、看清复杂的问题和创造新产品。"Laudon 又说:"由管理的观点,一个信息系统是一个基于信息技术的,针对环境给予的挑战的组织和管理的解答。"这样说来,任何用信息技术解决管理问题的解答均是信息系统。当代信息系统定义之广可想而知。Laudon 还说:"企业信息系统描述了企业经理的希望、梦想和现实。"实际的情况也确实如此。当代的企业要想实现任何期望和梦想,实现任何新战略,没有信息系统的支持是不可能实现的。

2.2 管理信息系统的性质

我国过去许多企业领导受的是工业化时代的教育,对信息知之甚少,对管理信息系统的性质不清楚,因而不善于领导信息系统的建设。他们总以为信息系统就是用用计算机而已。在启动时,他们就请一些计算机专家来讲计算机知识。在应用时,他们既不改变作业流程,更不改变组织,应用效果就很不明显。我们说,管理信息系统不只是计算机应用,它和计算机应用的区别见表 2-1。

表 2-1 管理信息系统和计算机应用的区别

计算机应用	管理信息系统
必须有计算机	不一定有计算机
是个技术系统	是个社会-技术系统
主要内容为软硬件	主要内容为信息
专家队伍建造	管理系统队伍建造

管理信息系统是个社会-技术系统,它也就是属于社会系统,因为它是由人组成,而且有经济和政治活动的系统。我们知道生产力是由生产工具加劳动力组成,生产力和生产关系组成经济基础。经济基础和上层建筑才能组成社会。所以社会系统是最复杂的系统(图 2-2)。

管理系统也是最复杂的系统。绝不能以庸人的见解看待管理工作,认为它是最没学问的。其实,要想用计算机解决现代管理问题,计算机的能力还需要提高几个数量级才行。

图 2-2 社会系统

管理系统是个社会系统,那么管理信息系统是个什么系统呢？由于它是要解决管理问题的,所以它属于社会系统。但管理信息系统应用了大量的计算机设备,设备的复杂程度不断提高,技术的选择、技术的使用和维护都是很重要的问题,管理信息系统不能忽视技术的一面,因而它也属于技术系统,所以最好把它说成社会-技术系统。既有社会的一面,又有技术的一面。在某种程度上说它更为复杂。

管理信息系统一方面涉及人和人的群体、组织;另一方面又涉及计算机系统,因而它是个社会-技术系统。当前许多管理信息系统不成功的主要问题有技术问题,但更多的是忽略了管理信息系统的社会属性。

2.3 管理信息系统的概念

由管理信息系统的定义中我们已得出了一些管理信息系统的概念,下面我们以图的形式给出其总体概念,见图 2-3。

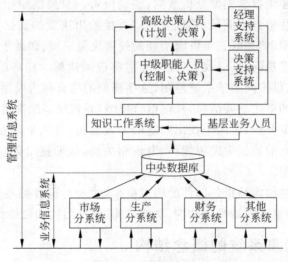

图 2-3 总体概念图

由图 2-3 可以看出,管理信息系统是一个人-机系统。机器包含计算机硬件和软件(软件包括业务信息系统、知识工作系统、决策支持系统和经理支持系统)。各种办公机械和通信设备;人员包括高层决策人员、中层职能人员和基层业务人员。管理信息系统是由这些人和机器组成的一个和谐的配合默契的人-机系统。所以,有人说管理信息系统是一个技术系统,有人说管理信息系统是个社会系统。根据上面所说的道理,我们说管理信息系统主要是个社会系统,然后是一个社会和技术综合的系统。系统设计者应当很好地分析把什么工作交给计算机做比较合适,什么工作交给人做比较合适,人和机器如何联系,从而充分发挥人和机器各自的特长。现在还有一种基于计算机(computer-based)的管理信息系统的说法,就是充分发挥计算机作用的信息系统。为了设计好人-机系统,系统设计者不仅要懂得计算机,而且要懂得分析人。

我们说管理信息系统是一个一体化系统或集成系统,就是说管理信息系统进行企业的信息管理是从总体出发,全面考虑,保证各职能部门共享数据,减少数据的冗余度,保证数据的兼容性和一致性。严格地说,信息只有集中统一,才能成为企业的资源。数据的一体化并不限制个别功能子系统可以保存自己的专用数据。为保证一体化,首先要有一个全局的系统计划,每一个小系统的实现均要在这个总体计划的指导下进行。其次,是通过标准、大纲和手续达到系统一体化,这样数据和程序就可以满足多个用户的要求。系统的设备也应当互相兼容,即使在分布式系统和分布式数据库的情况下,保证数据的一致性也是十分重要的。

具有集中统一规划的数据库是管理信息系统成熟的重要标志,它象征着管理信息系统是经过周密设计而建立的,它标志着信息已集中成为资源,为各种用户所共享。反过来说,如果没有集中共享的数据库,数据还没有成为企业的资源。数据库有自己功能完善的数据库管理系统,管理着数据的组织、数据的输入、数据的存取,使数据为多种用户服务。

管理信息系统还用数学模型分析数据,辅助决策。只提供原始数据或者总结综合数据对管理者来说往往感到不满足,管理者希望直接给出决策的数据。为得到这种数据往往需要利用数学模型,例如联系于资源消耗的投资决策模型、联系于生产调度的调度模型等。模型可以用来发现问题,寻找可行解、非劣解或最优解。在高级的管理信息系统中,系统备有各种模型,供不同的子系统使用,这些模型的集合称为模型库。高级的智能模型能和管理者以对话的形式交换信息,从而组合模型,并提供辅助决策信息。数学模型不仅用于解决问题的决策分析,也用于找出问题的发现分析,这就是现在最流行的数据挖掘,即在一大堆杂乱如麻的数据中发现规律,发现相关性,从而提出创新性的想法,萌发出创新性解决问题的思想。

管理信息系统的结构是指各部件的构成框架,由于对部件的不同理解就构成了不同的结构方式,其中最重要的是概念结构、功能结构、软件结构和硬件结构。

2.3.1 管理信息系统的概念结构

从概念上看,管理信息系统由四大部件组成,即信息源、信息处理器、信息用户和信息管理者,见图 2-4。

这里,信息源是信息产生地;信息处理器担负信息的传输、加工、保存等任务;信息用户是信息的使用者,他应用信息进行决策;信息管理者负责信息系统的设计实现,在实现以后,他负责信息系统的运行和协调。按照以上四大部件及其内部组织方式可以把信息系统看成以下各种结构。

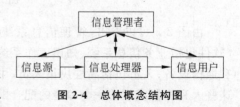

图 2-4 总体概念结构图

首先,根据各部件之间的联系可分为开环和闭环结构。开环结构又称无反馈结构,系统在执行一个决策的过程中不收集外部信息,并且不根据信息情况改变决策,直至产生本次决策的结果,事后的评价只供以后的决策作参考。闭环结构是在过程中不断收集信息、不断送给决策者,不断调整决策。事实上最后执行的决策已不是当初设想的决策,见图 2-5。

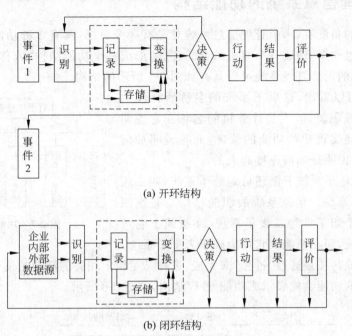

图 2-5 开环与闭环结构

一般来说,计算机实时处理的系统均属于闭环系统,而批处理系统均属于开环系统,但对于一些较长的决策过程来说,批处理系统也能构成闭环系统。

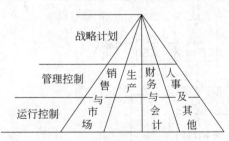

图 2-6 金字塔结构

其次,根据处理的内容及决策的层次来看,可以把管理信息系统看成一个金字塔式的结构,见图 2-6。

由于一般的组织管理均是分层次的,例如分为战略计划、管理控制和运行控制三层,为它们服务的信息处理与决策支持也相应分为三层。由于一般管理均是按职能分条的,信息系统也就可以分为销售与市场、生产、财务与会计、人事及其他等。一般来说,下层的系统处理量大,上层的处理量小,所以就组成了纵横交织的金字塔结构。

管理信息系统的结构又可以用子系统及它们之间的连接来描述,所以又有管理信息系统的纵向综合、横向综合以及纵横综合的概念。不太准确地描述就是:横向综合是按层划分子系统,纵向综合是按条划分子系统。例如,把车间、科室以及总经理层的所有人事问题划分成一个子系统。纵横综合则是金字塔中任何一部分均可与任何其他部分组成子系统，达到随意组合、自如使用的目的。

2.3.2 管理信息系统的功能结构

从使用者的角度看，一个管理信息系统总是有一个目标，具有多种功能，各种功能之间又有各种信息联系，构成一个有机结合的整体，形成一个功能结构（或称为职能结构）。例如，一个企业的内部管理系统可以具有如图 2-7 所示的结构。

由图 2-7 可以看出，这里子系统的名称所标注的是管理的功能或职能，而不是计算机的名词。它说明管理信息系统能实现哪些功能的管理，而且说明如何划分子系统，并说明是如何连接起来的。

实际上，这些子系统下面还可划分子系统，叫二级子系统，不叫孙系统。信息系统的职能结构不是组织结构。例如一个职工考勤二级子系统，在组织上它可能属于生产系统，而在职能上它可能属于人事子系统。

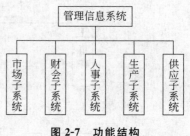

图 2-7 功能结构

职能的完成往往是通过"过程"来完成，过程是逻辑上相关的活动的集合，因而往往把管理信息系统的功能结构表示成功能-过程结构，如图 2-8 所示。

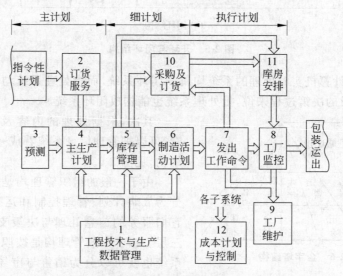

图 2-8 功能-过程结构

这个系统表明了企业各种功能子系统怎样互相联系，形成一个全企业的管理系统，它好像是企业各种管理过程的一个缩影。整个流程自左向右展开，这里企业的主生产计划 4 是根据指令性计划、订货服务以及预测的结果来制定的。通过库存管理，决定需要多少原料、半成品、外购件以及资金,而且确定物料的到达时间及库存水平。要产生这些信息用到的产品数据,由系统 1 得到。根据系统 5 的安排,系统 10 决定何时进行采购和订货手续;系统 11 决定何时何地接收货物;系统 6 决定何时何车间(或工位)进行何种生产工作。系统 6 所安排的仍只是一个计划,只有通过系统 7 发出命令,一切工作才见诸行动。系统 8 在整个工作开始后,不断监视各种工作完成的情况,并进行调整和安排应急计划。最后,进行包装运出。图中还有工厂维护系统 9,是安排大修的。系统 12 是进行成本计划与控制的。这里所画的均是计算机的信息流程,看上去它好像是工厂物理流程的缩影。

2.3.3 管理信息系统的软件结构

支持管理信息系统各种功能的软件系统或软件模块所组成的系统结构,是管理信息系统的软件结构。一个管理系统可用一个功能/层次矩阵表示,见图 2-9。

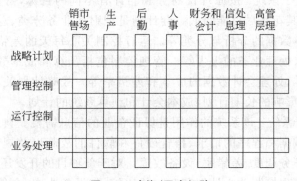

图 2-9 功能/层次矩阵

图 2-9 的每一列代表一种管理功能,图上共有 7 种。其实这种功能没有标准的分法,因组织不同而异。图中每一行表示一个管理层次,行列交叉表示每一种职能子系统。各个职能子系统的简要职能如下:

(1) 销售市场子系统:包括销售和推销。在运行控制方面包括雇用和训练销售人员、销售和推销的日常调度,还包括按区域、产品、顾客的销售数量定期分析等。在管理控制方面,包含总的成果和市场计划的比较,它所用的信息有顾客、竞争者、竞争产品和销售力量要求等。在战略计划方面包含新市场的开发和新市场的战略,它使用的信息包含顾客分析、竞争者分析、顾客评价、收入预测、人口预测和技术预测等。

(2) 生产子系统:包括产品设计、生产设备计划、生产设备的调度和运行、生产人员的雇用和训练、质量控制和检查等。典型的业务处理是生产订货(即将成品订货展开成部件需求)、装配订货、成品票、废品票、工时票等。运行控制要求把实际进度与计划相比较,发现瓶颈环节。管理控制要求进行总进度、单位成本和单位工时消耗的计划比较。战略计划要考虑加工方法和自动化的方法。

(3) 后勤子系统:包括采购、收货、库存控制和分发。典型的业务包括采购的征收、采购订货、制造订货、收货报告、库存票、运输票和装货票、脱库项目、超库项目、库营业额报告、供应商性能总结、运输单位性能分析等。管理控制包括每一后勤工作的实际与计划的比较，如库存水平、采购成本、出库项目和库存营业额等。战略计划包括新的分配战略分析、对供应商的新政策、"自制和购入"的战略、新技术信息、分配方案等。

（4）人事子系统：包括招聘、雇用、培训、考核、工资和福利、解雇等。典型的业务有雇用需求的说明、工作岗位责任说明、培训说明、人员基本情况数据（学历、技术专长、经历等）、工资变化、工作小时和离职说明等。运行控制关心的是雇用、培训、终止、变化工资率、产生效果。管理控制主要进行实情与计划的比较，包括雇用数、招募费用、技术库存成分、培训费用、支付工资、工资率的分配和政府要求符合的情况。战略计划包括雇用战略和方案评价，工资、培训、收益、对留用人员的分析，把本国的人员流动、工资率、教育情况和世界的情况进行比较等。

（5）财务和会计子系统：按原理说财务和会计有不同的目标，财务的目标是保证企业的财务要求，并使其花费尽可能降低。会计则是把财务业务分类、总结、填入标准财务报告，准备预算、成本数据的分析与分类等。运行控制关心每天的差错和异常情况报告、延迟处理的报告和未处理业务的报告等。管理控制包括预算和成本数据的分析比较，如财务资源的实际成本、处理会计数据的成本和差错率等。战略计划关心的是财务保证的长期计划、减少税收影响的长期计划、成本会计和预算系统的计划。

（6）信息处理子系统：该系统的作用是保证企业的信息需要。典型的业务是处理请求、收集数据、改变数据和程序的请求、报告硬件和软件的故障以及规划建议等。运行控制的内容包括日常任务调度、差错率、设备故障。对于新项目的开发还应当包括程序员的进展和调试时间。管理控制关心计划和实际的比较，如设备成本、全体程序员的水平、新项目的进度和计划的对比等。战略计划关心功能的组织是分散还是集中、信息系统总体计划、硬件软件的总体结构。办公室自动化也可算做与信息处理分开的一个子系统或者是合一的系统。当前办公室自动化主要的作用是支持知识工作和文书工作，如文字处理、电子信件、电子文件、数据与声音通信等。

（7）高层管理子系统：每个组织均有一个最高领导层，如公司总经理和各职能领域的副总经理组成的委员会，这个子系统主要为他们服务。其业务包括查询信息和支持决策、编写文件和信件便笺、向公司其他部门发送指令。运行控制层的内容包括会议进度、控制文件、联系文件。管理控制层要求各功能子系统执行计划的总结和计划的比较等。战略计划层关心公司的方向和必要的资源计划。高层战略计划要求广泛的综合的外部信息和内部信息，这里可能包括特级数据检索和分析，以及决策支持系统。它所需要的外部信息可能包括竞争者的信息、区域经济指数、顾客喜好、提供的服务质量等。

对应于这个管理系统，在管理信息系统中的软件系统或模块组成一个软件结构，见图2-10。图2-10中每个方块是一段程序或一个文件，每一个纵列是支持某一管理领域的软件系统。例如生产管理的软件系统是由支持生产管理方面的战略模块、支持管理控制、运行控制以及业务处理的模块所组成的系统，同时还带有它自己的专用数据文件。整个系统有为全系统所共享的数据和程序,包括公用数据文件、公用程序、公用模型库及数据库管理系统等。当然这个图所画的是总的粗略一级的结构,事实上每块均可再用一个树结构表示,每个树结构的叶子均表示一个小的程序模块。

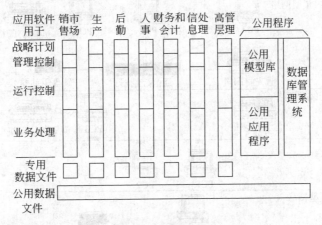

图 2-10　软件结构

2.3.4　管理信息系统的硬件结构

管理信息系统的硬件结构说明硬件的组成及其连接方式,还要说明硬件所能达到的功能。广义而言,它还应当包括硬件的物理位置安排,如计算中心和办公室的平面安排,见图 2-11。

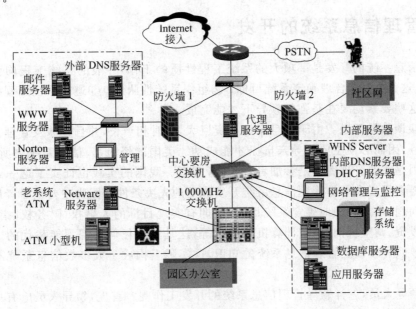

图 2-11　硬件结构

目前我国大多数中小企业应用的是微机网。微机网的结构是由许多台微机通过网络连接起来的。网络的形式有星型、环型和母线型，见图 2-12。

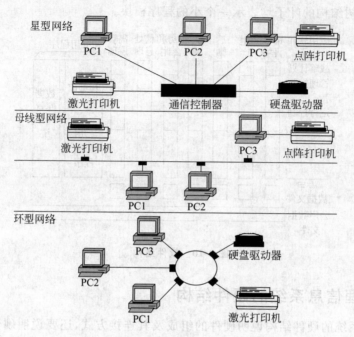

图 2-12 微机网硬件结构

2.4 管理信息系统的开发

管理信息系统的开发是一项大的系统工程性质的工作，一般的系统工程均要有三个成功要素，这就是：①合理确定系统目标；②组织系统性队伍；③遵循系统工程的开发步骤。所有这些要素均要在坚强的领导下才能完成。

首先谈谈领导问题。由于信息系统耗资巨大，历时相当长，并且是涉及管理方式变革的一项任务，因而必须主要领导亲自抓才能成功。美国的经验是，信息系统之所以失败，其关键原因是主要管理者不是参加者，而是旁观者。我国的实践也证实了这一点。因而可以说主要领导者参与是管理信息系统开发成功的先决条件。因为主要领导者最清楚自己企业的问题，最能合理地确定系统目标，他拥有实现目标的人事权、财务权、指挥权，他能够决定投资、调整机构、确定计算机化水平等，这是其他任何人都不能替代的。现在我国许多企业领导较缺乏管理信息系统的知识，这实际上构成了大多数信息系统不成功的主要原因。

作为领导人员，怎样领导管理信息系统的开发工作呢？首先，领导人员应有一些管理信息系统的基本知识，能大概地知道计算机原理和其功能，以及它包括的主要设备；其次，领导人员应有提高自己企业管理水平的设想和运用现代管理科学的设想;再次,领导人员要懂得管理信息系统的开发步骤和每步的主要工作;最后,领导者要会用人,会组织队伍。

领导者推动管理信息系统的第一步是建立一个信息系统委员会。信息系统委员会是领导者的主要咨询机构,又是信息系统开发的最高决策机构,其人员包括对信息系统要求较多的各级管理组织的主要负责人,如财务科、计划科、销售科等。还包括一些有经验的管理专家,例如掌握预测技术和计划技术的专家。还应包括信息系统的系统分析员。信息系统委员会的主要工作是确定系统目标,审核和批准系统方案,验收和鉴定系统以及组建各种开发组织。

在信息系统委员会的领导下要建立一个系统规划组或系统分析组,简称系统组。系统组应有各行各业的专家,如管理专家、计划专家、系统分析员、运筹专家、计算机专家等。这支队伍可以由本单位抽人组成,如宝钢这样的大企业可以做到这样。也可以请外单位的人,如请科研单位、大专院校、咨询公司派出专家和本单位专家结合组成。这样既可以摆脱主观偏见,吸收新鲜思想,又可以避免系统建成后人浮于事而造成负担。

建成队伍后,如果是进行整个企业/组织信息系统的开发,则应首先进行全系统的规划,系统规划是全面的长期的计划,在规划的指导下就可以进行一个个项目的开发。

图2-13画出了系统开发的各个步骤。

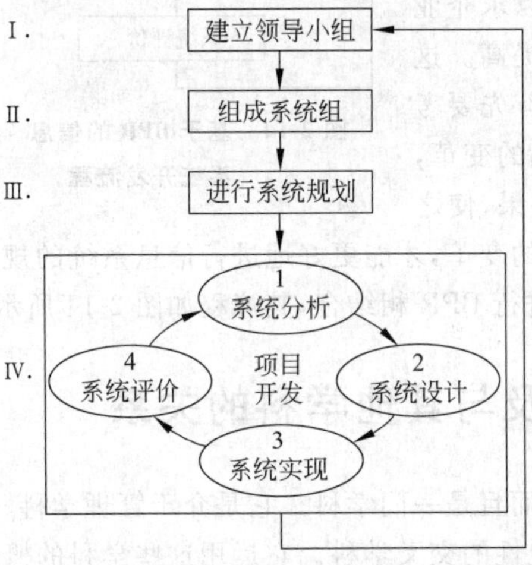

系统规划制定完成后,就可根据规划的要求组织一个个项目的开发。每个项目的开发均可由4个阶段来完成,即系统分析、系统设计、系统实现和系统评价。这4个阶段组成一个生命周期。这个周期是周而复始进行的,一个系统开发完成以后就不断地评价和积累问题,积累到一定程度就要重新进行系统分析,开始一个新的生命周期。一般来说,不管系统运行得好坏,每隔3~5年也要进行新一轮的开发。当然,对几年以后的系统规划也要修订。

图2-13 系统开发步骤

系统规划的主要内容包括企业目标的确定、达到目标方式的确定、信息系统目标的确定、信息系统主要结构的确定、工程项目的确定及可行性研究等。

系统分析的内容包括数据的收集、数据的分析、系统数据流程图的确定以及系统方案的确定等。

系统设计包括计算机系统流程图和程序流程图的确定、编码、输入输出设计、文件设计、数据库设计以及程序设计等。

系统实现包括机器的购买、安装、程序调试、系统的切换以及系统的运行和维护等。

系统评价包括建成时的评价和运行后的评价,发现问题并提出系统更新的请求等。

管理信息系统的开发往往要和企业的变革同时进行,尤其现在,这个趋势更加明显。集企业变革和系统开发于一体的是最近兴起的"企业过程再工程"(business process reengineering,BPR)的高潮。BPR 这个名称的翻译有许多争议,大致有"重构"、"重组"、"重整"等,我们认为翻译应有两个目标:

① 忠于原意;

② 转换容易。

译为"重构"、"重组"、"重整"等虽有原意,但逆向翻译易错,"重构"易翻译为 restructure;"重组"易翻译为 reorganization;而"重整"易翻译为 reintegration。而如果学懂了"再工程"中文词以后,再看到英文 reengineering,很容易理解它们是同一词。另外,翻译成其他的词,漏掉了"工程"的含义也是不妥的。基于这点我们就把它翻译为"再工程"。BPR 是以过程的观点来看待企业的运作,对企业运作的合理性进行根本性的再思考和彻底的再设计,以组织和信息技术为两个使能器(enabler),以求企业的劳动生产率等关键的指标得到巨大的改善和提高。这就是说,在进行信息系统的规划和系统分析时,首先要考虑管理思想、管理方法和管理组织以及管理系统的变革,充分考虑信息技术的潜能,以达到系统的开发效果,使之

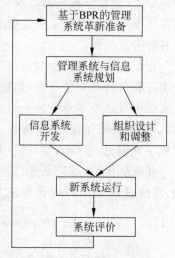

图 2-14 基于 BPR 的信息系统开发流程

合理性最大。以 BPR 为指导思想进行管理系统的变革,才能更好地进行信息系统的规划与开发,因此现在的信息系统开发,趋向与企业进行 BPR 相结合,其流程如图 2-14 所示。

2.5 管理信息系统的学科内容及与其他学科的关系

我们说管理信息系统不仅是一个应用领域,而且是一门学科。它是介于管理学科、数学和计算机学科之间的一个边缘性、综合性、系统性的交叉学科。它运用这些学科的概念和方法,融合提炼组成一套新的体系和方法。为了了解其背景,有必要回顾这些学科的发展过程。

管理作为一种活动,自有人类群体以来就已经存在。但在初始阶段,它只表现为一种经验或艺术。只有到了 20 世纪初,科学管理的产生,逐渐开始了管理科学的研究,也才逐渐形成了学科。

管理科学的发展大致经历了 5 个阶段。

第一阶段是 20 世纪 20 年代,以"泰勒制"为代表的科学管理的出现。它论述了改直线制为职能制、动作和时耗的研究、分工、劳动定额和计件工资,第一次把科学原则引入管

理中。

第二阶段是20世纪30年代,出现"行为科学学派",主张激励人的积极性,甚至鼓吹工人参加管理。

第三阶段是20世纪40年代,出现"数学管理学派",认为生产指挥的问题主要是数学问题。认为只要用数学把计划做好了,一切就搞定了。

第四阶段是20世纪50年代,出现了"计算机管理学派"。这是一股势力,没有明显的代表作,他们把计算机广泛应用于管理,继1954年用于工资管理以后,在20世纪50年代末至60年代初形成了计算机管理的第一次热潮。

第五阶段是20世纪70年代,出现了"系统工程学派"。

后一学派的产生,一般不是对前一学派的否定,而相反是对前一学派的弱点加以改进,使前者的愿望更能得以实现。例如,行为科学能激励工人更好完成定额,更便于科学管理的实现;计算机的出现使数学方法的应用成为可能,促进了应用数学的发展;而系统工程则是集过去之大成,更加综合,更加全面,它主张分析环境,确定系统目标,什么方法合适,就用什么方法。

近年来,也有一些研究人员提出了一些新的想法,但尚处于雏形阶段。例如,有人提出信息管理学派,认为信息是资源,有了信息就有了一切,信息充分了,管理决策自然就产生了。也有人提出了知识管理学派,认为知识是资源,有了知识就有了一切,拥有了知识,就拥有了未来,也就永远立于不败之地。但这些想法都不太完整,也未达到普遍的共识。

计算机科学显然是与管理信息系统关系最密切的学科之一。我们看看计算机技术的发展。

计算机现在已越来越成为管理的重要工具,但是在计算机出现以前,人们已经用工具帮助运算和管理,1929年就出现了机械记账机。所以当第一台电子计算机于1946年问世以后,到1954年,短短9年,计算机就已用于工资计算,即用于管理了。计算机技术与企业管理应用的发展见图2-15。

西方国家在第一台计算机出现以后,能很快用于管理,是由于有了前一阶段的准备。我国由于基础较差,虽然在1958年就研制出计算机,直到1975年才在个别项目上(如生产计划)应用于管理。现在西方国家的会计几乎没有不用计算机的了,而我国企业尚未完全实现会计电算化。发达国家1958年开始进入企业内部管理信息系统研究阶段,由低级到高级逐渐完善。我国在20世纪80年代初有几个企业投入了管理信息系统的系统运行,但也未达到西方20世纪60年代初的水平。管理信息系统包括数据处理系统、信息控制系统以及决策支持系统。国外20世纪70年代和80年代初期多次兴起决策支持系统的研究热潮,虽然取得不少成就,但仍然没有根本性的突破。后来又兴起用专家系统、人工智能以及知识工程解决决策支持的高潮,在此基础上取得了一些实质性突破。

从20世纪70年代末和80年代开始,管理信息系统已经和CAD(计算机辅助设计)、CAM(计算机辅助制造)结合在一起,构成统一的信息系统,称为集成生产系统

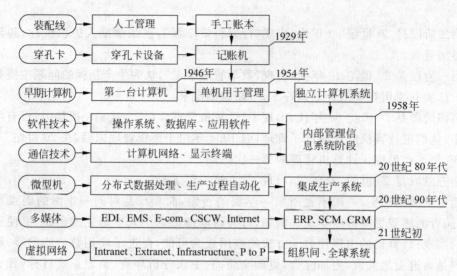

图 2-15 计算机技术与企业管理应用的发展

EDI——电子数据交换；EMS——电子会议系统；E-com——电子商务；
Internet——互联网；ERP——企业资源计划；SCM——供应链管理；
CRM——客户关系管理；Intranet——企业内联网；Extranet——企业外联网；
Infrastructure——信息基础设施；P to P——点对点网络

(integrated production systems)，我国把它称做计算机集成制造系统(computer integrated manufacturing systems, CIMS)，我们把它扩充为计算机集成制造和管理系统(computer integrated manufacturing and management systems, CIMMS)，这可能是 21 世纪的生产力和 21 世纪的管理系统。日本在 1977 年动工兴建，大约在 1985 年完成的无人制造系统就是一例，它是一个制造减速器和冷冻机零件的无人工厂。全厂分 5 个部分，即生产设备、控制中心、供应、发货和管理系统。生产设备包括自动线、自动化仓库、计算机及废料处理。生产设备在无人监视下可 24 小时运行，白天全厂只要 12 人监视和做些准备工作。每台设备上有一台微机，它可提高劳动效率 70 倍，它的计划、供应、发货和质量检查全由计算机完成。它是在政府支持下经过 4 年设计、7 年研制才实现的。我国也在"八五"计划中大力开展这方面的研究工作，技术上取得了可喜成果，部分使用取得明显效果。

20 世纪 90 年代开始，由于微机技术的进步，成本大大降低，性能大大提高，加之网络技术、多媒体技术的成熟，计算机科学在更大更深的范围对管理信息系统产生重大影响。尤其在 1993 年 9 月美国克林顿政府发布了《国家信息基础结构：行动计划》的政府报告，世界各发达国家纷纷响应，掀起建设信息高速公路、信息基础设施的热潮。

信息高速公路改变了企业的外部环境，也改变着企业的内部环境。管理信息系统跨出了企业的界限。运营上推行敏捷制造(agile manufacturing)，企业群体形成了动态联盟,以供应链系统等形式的信息系统把多个企业捆扎在一起。Internet(互联网)、EDI(电子数据交换技术)、EMS(电子会议系统)等均使这些经营方式容易实现。Internet 对企业内部的 MIS 也产生了影响,企业内联网(Intranet)成了研究的热门。Intranet 是把 Internet 的技术用于企业内部,使企业内部各种网络有了统一的界面,大大方便了使用者,使企业更容易实现无纸办公。目前计算机技术的成熟已为管理信息系统的大发展创造了良好的条件。

数学学科和系统学科对管理信息系统也有很大的关系。

数学是关于数与形的科学。它提供了一套表达事物和逻辑推导的工具。科学是对事物进行明其理、控其行的学术。严格地说,任何事物只有能用数学表达,才算真正做到了科学。在管理科学中应用最广的数学是统计学和运筹学,在计算科学中应用最广的数学有离散数学、线性代数和群论、微分和差分方程、概率和模糊数学等。

运筹学不是数学,但是与数学有很密切的关系。生产实际中提出了数学规划问题,但只有在 1947 年美国数学家旦泽(George B. Dantzig)发明了单纯型解法后,才使得数学规划得以广泛应用。传统数学对管理影响较深或者用得最多的要算是概率和统计了。在预测中,应用统计列出模型进行估计,处理数据。在决策中,利用概率进行风险估计和达到期望最大的决策。近年来,随机过程也在管理中得到很多应用。

信息论、控制论和系统论,俗称"老三论",也已成为管理信息系统的理论基础。但是这些学科的发展还远远不能满足管理的要求。随着市场全球化、管理过程化、职能综合化、组织扁平化,许多新的问题出现,呼唤着新的数学。也可以这样说,现代管理呼唤着新的数学,任何新的数学的出现均会在管理中找到用武之地。

继"老三论"之后,对管理信息系统最有影响的理论是模糊数学、"新三论"(突变论、耗散结构论和协同论)以及非线性科学(包括分形、分维和混沌理论)。

模糊数学诞生于 1965 年,其创始人为美国自动控制专家扎德(L. A. Zadch)。开始发展缓慢,20 世纪 70 年代形成高潮。它和概率论相似,都是用确定的数字来表述不确定的现象的,但它的范围更广。概率论往往认为事物和标准本身是确定的,只是这个事情的发生有一定的概率。例如,我们认定 1.7 米及以上是高个子,随便找一个人是高个子,则有一定的概率。模糊数学则认为高个子的概念是模糊的,它给出另一个数字"隶属度"来描述这种模糊性。那么身高 1.7 米的人属于高个子的隶属度为 0.8,说明他模模糊糊地属于高个子。模糊数学也和概率论一样,可以对原始的模糊数据进行运算,通过模糊逻辑、模糊函数,从而得到模糊的结果。根据模糊结果作出模糊的决策。它并不是糊里糊涂的决策,而是有根据的决策。模糊数学在管理上得到越来越多的应用,对管理信息系统也产生着重要的影响。

从根本上影响管理信息系统理论的应当是"新三论",即耗散结构论、突变论和协同论。由于篇幅有限,不再赘述。

未来的世纪是非线性的世纪,未来的管理也是非线性的管理,而未来的管理信息系统也必须在无序中走出自己的有序。

这些标志概括起来说，就是系统的观点、数学的方法和计算机的应用。严格地说，没有这三条就不能算实现了真正的管理现代化。

综上所述，可以看出管理信息系统是基于数学、计算机科学、管理科学的一门综合性、边缘性、系统性的科学。从事管理信息系统的工作，应有一些基本知识的训练、基本技能的训练，还应有一些基本素质和修养的训练。

习题

1. 管理信息系统是什么？它和一般的计算机应用有什么不同？
2. 管理信息系统有几种分类方法？它是根据什么原则进行分类的？
3. 管理信息系统应包括什么子系统？子系统之间是如何相互联系的？
4. 管理信息系统的结构有几个视图？你是否认为还有另外的视图？如果有，是什么？
5. 管理信息系统的开发特点是什么？有几种开发方式？各有哪些长处和缺点？
6. 生命周期开发方式每阶段的重点是什么？请评述生命周期法开发的问题和困难。
7. 管理信息系统是否一门学科？其性质如何？

CHAPTER 3
第 3 章

管理信息系统的三个理论来源

管理信息系统的概念是由三个部分组成,即管理、信息和系统。管理、信息和系统已是发展十分成熟的独立学科。管理信息系统是建筑于其上的系统性、边缘性、交叉性学科。为了理解管理信息系统的概念,首先了解管理、信息和系统的概念是十分必要的。管理信息系统的三个理论来源就是管理、信息和系统理论。

3.1 管理理论的回顾

3.1.1 管理的定义

自有人类以来就有了管理,如中国古代就有《孙子兵法》、《资治通鉴》等。但真正把管理作为概念和理论来进行大量研究还是在 20 世纪初工业革命时代开始的,因而可以说它还是个很年轻的学科。近来关于管理的一些较精确的定义和概念已经出现。

美国著名学者罗宾斯(Robbins S. P.)给管理下了一个定义:管理是通过他人既有效率又有效益地完成活动的过程。效率(efficiency)是指又好又省地完成工作,可以通俗地想象成单位产品的资源消耗最少,单位时间的产出最大。而效益(effectiveness)是指很好地达到目标,其产出是有效的、有用的。效益要求我们做正确的事情(doing the right things);而效率则要求我们正确地做事情(doing things right)。

以上定义是由管理的目标来说明的。如果由另外的角度,可以得到另外的说法。例如,可以由功能、角色和技能出发来得出不同的定义。

由功能出发的定义是由著名的法国实业家亨利·法约尔(Henri Fayol)给出的,他把管理的职能定义为计划、组织、指挥、协调和控制。计划包括定义目标、建立战略、制定计划。组织包括确定由谁来进行何种工作、应用什么样的组织结构、谁来决策、向谁汇报等。指挥包括向下属发令、激励下属、选择最有效的沟通手段、解决矛盾冲突等。协调包括与外单位的沟通,签订协议和合同,保证各自按时按质完成相关工作,以确保总体任务的完成。控制包括监控工作的进行,不断和已定目标相比,保证实现的工作和计划相符。

由角色出发的定义是由亨利·明茨伯格(Henry Mintzberg)给出的,他以管理角色来表示某种管理行为。他把角色分为三类十种。三类是人际关系角色(interpersonal roles)、信息角色(informational roles)和决策角色(decisional roles)。人际关系角色包括三种：一是形象代表者(figurehead)，二是领导者(leader)，三是联络者(liaison)。信息角色包括三种：一是监视者(monitor)，二是传输者(disseminator)，三是发布者(spokesperson)。决策角色包括四种：一是创业者(entrepreneur)，二是麻烦处理者(disturbance handler)，三是资源分配者(resource allocator)，四是谈判者(negotiator)。

由不同的角度来看管理，可以给出管理不同的定义和不同的分类。现在给管理下一个综合的定义：

管理是为了某种目标，应用一切思想、理论和方法去合理地计划、组织、指挥、协调和控制他人，调度各种资源，如人、财、物、设备、技术和信息等，以求以最小的投入去获得最好或最大的产出目标。

最近有一些人非常同意对管理的一种说法，该说法是"管理是通过他人完成工作"(getting things done through other people)。这个定义强调了管理的一个很重要的方面，就是管理是要通过管理人去完成工作，而不是事事都亲自去做。强调了管理者就是要管理人，要更加重视人的工作。

3.1.2 管理的性质

关于管理性质的争论已延续了几个世纪。

首先遇到的问题是：管理是艺术还是科学？由于知识的不全面，有人过分强调它是艺术，有人过分强调它是科学。我们说它既是艺术又是科学。当我们对某种事物不甚了解时，往往把它纳入"艺术"的范畴。例如，孙悟空一个跟斗翻十万八千里，没有任何依据，只是一种想象的描述。如果我们对事物的规律和原理有所知时，就把它纳入"科学"的范畴。例如，第二次世界大战时的导弹，几百公里甚至上千公里外也能发射到，但可能距离目标很近，也可能偏差几十公里。如果我们对某种事物完全了解并掌握了它的规律，那么它就变成一种"技术"或"工程"。例如，当今的导弹，发射几千公里而误差不超过两米。明白了这个道理后，就不会片面地强调管理的科学面或艺术面了。

其次遇到的问题是：管理是定性还是定量？这个问题和第一个问题有关。当我们对一个事物不了解时只能定性，例如，只要能赚钱这个生意就可以做。定性是表示是或否，做或不做。定性分析往往依赖于经验，但经验有时也不仅给出定性，也可能给出量的估计，如成功率大约为70%等。定量多依赖于科学，依赖于数学计算，管理科学和一般管理的一个主要区别就是强调定量方法。随着科学技术的进步，应用科学的方法也可以处理定性的问题。管理科学的定量方法虽然能给出很确定的解答，但这种解答是否一定对，还是个复杂问题。由于原始数据的不准确，或者模型的过于简化，往往使结果不可信。从我国甚至世界的实际情况看，管理科学化虽然是我们追求的目标，但离完全的科学还差得很远，绝不能忽视或轻视管理的经验。

第三个问题是：管理是文科、理科还是工科？在国际上，管理已成为一门独立的学科，我国现在也已把管理学当成一个独立的学科门类，这意味着理、工、农、医、文、法、管都是平行的学科。过去,过分强调分科,而较少强调综合。即使是纯粹的文理科,培养的学生都有片面性。难怪有人说,过去理工科培养的学生呆头呆脑,左脑发达;文科培养的学生滑头滑脑,右脑发达。任何的呆滑都不能成为一个好的管理者,我们需要的管理人才,要左右脑均衡发展,有头有脑,既有智商,又有情商。管理人才应当是能文能武,站得高、看得远、想得深。任何片面的理解都会对管理人才的培养造成干扰。

由此问题派生出来的问题是管理和经济的关系问题。我们说管理不是经济,经济也不是管理。也可能管理是经济的一种手段,经济是管理的一个对象。搞管理的应该懂点经济,搞经济的应该懂点管理,但绝不能把它们视为等同。往往用经济的手段去进行管理,是一放就乱;用管理的思路去指挥经济,是一抓就死。过去我们实行的计划经济,就是错误地用管理的方法去管经济。今天,我们还有许多领导的概念不是十分清晰,在办管理专业时,以为经济学家就是管理学家,就懂管理;在办管理信息系统专业时,以为电脑专家就是管理信息系统专家,其实是找错了门,都对管理专业的发展产生片面性的影响。

3.1.3 主要管理科学家的论点

与管理信息系统关系最为密切的应当说是管理科学,下面简单介绍一些管理科学家的论点。

1. 泰勒

泰勒被西方广泛认为是"科学管理之父"。他做过学徒、普通工人、工长、技工长以及钢铁公司的总工程师。他还有高速切削工具等的发明专利权。泰勒毕生的主要事情是提高生产效率。他所倡导的动作和时间研究、计时和计件工资、职能管理制度,的确为提高生产效率所必需,但他认为科学管理不只这些,他把科学管理的基本原理归纳如下。

(1) 凭科学办事,代替凭粗浅经验办事。
(2) 集体行动协调,避免不相合拍。
(3) 做到彼此合作,而不是个人主义的混乱。
(4) 追求产出最大,而不让它受到约束。
(5) 尽最大可能培养工人,使他们和公司都取得更大的成就。

这些思想实际上也都是现代管理的基本思想。他还主张劳资双方不要把注意力放在盈余分配上,而应把注意力转向增加盈余上。这实际上已有了资本主义后期"把蛋糕做大"的思想。泰勒还认为科学管理是一次思想革命,是雇主和工人如何对待工作,同事如何相互对待的一次思想革命。所以可以说科学管理不仅是生产力的革命,也是生产关系的一场革命。

泰勒有许多追随者,较有名的是甘特,他是一位机械工程师,他创立的计划图表法,至今还是一种流行的简易的方法。还有吉尔布雷恩,他进行动作研究,将砌砖动作从18个减少到5个,从而在不费力的情况下,将劳动生产率提高了一倍。

2. 法约尔

法约尔是现代经营管理理论的创始人,他在 1916 年出版了《工业管理和一般管理》一书。尽管很晚他的思想还未广泛流行,但现代管理的理论模式和他的思想十分吻合,至今才发现,当时他的论述已达到全面的程度。

他提出了以下对主管人员的品质要求和训练。

(1) 体质方面:健康、有活力、有风度。

(2) 智力方面:学习、判断、适应和智能活力。

(3) 精神方面:干劲、负责、坚定、忠诚、机智、尊严、创新精神。

(4) 教育方面:相关知识的广和博。

(5) 技术方面:本职工作的熟练掌握。

他认为对工人最重要的是技术,进入主管层,经营才能越显重要。他的论述至今仍是较全面的论述。

法约尔提出了 14 条一般管理原则。

(1) 劳动分工。

(2) 职权、职责、权责相关。

(3) 尊重、协议、服从、尽力、重视声誉。

(4) 命令统一,一个上级。

(5) 计划统一,指导统一。

(6) 个别服从总体利益。

(7) 报酬公平。

(8) 集中程度。

(9) 等级清晰。

(10) 各有其位,各就其位。

(11) 公道、公正。

(12) 使用期稳定。

(13) 首创精神。

(14) 团结精神。

虽然这些原则显得有些零乱,但的确概括了管理的许多重要方面。

3. 梅奥

梅奥是行为科学学派的主要代表人物,他在 20 世纪 30 年代和西方电气公司合作进行了著名的霍桑试验,结果显示,试验小组无论在照明加强或减弱的情况下,生产率均在提高。其主要原因在于小组成员因试验引人注目而感到自豪。因而士气、关系、社会因素是管理的成功因素。行为科学认为人是社会的人,企业应当为社会作贡献,应关心职工,应当认为职工有权在产出中获得生活资料。他们甚至还鼓吹工人参加管理。

4. 数学管理学派

利用数学和计算机来进行管理是 20 世纪四五十年代的热点。20 世纪 40 年代的苏联，社会蒸蒸日上，工人劳动热情高，干部认真负责，因而他们认为管理的问题主要是计划问题，计划做得好，生产就能搞得好，所以产生了数学管理学派，其代表是康托纳维奇。在 20 世纪 40 年代的美国，由于大批运筹学专家由军队转到了企业，在企业掀起了应用运筹学的高潮，对生产、计划、市场、运输等均产生了很大的影响。

5. 计算机管理学派

继 1954 年计算机成功地运用于工资运算以后，计算机在会计、库存、计划等方面逐渐展开并掀起热潮。20 世纪 60 年代初期是第一次管理信息系统的热潮。当时的一些论点比现在更激进，甚至认为计算机可以代替一切管理。但在 20 世纪 60 年代末期，由于兴建的许多管理信息系统大约有 50% 不成功，使人们陷入了迷惘。人们进行了更多的研究，也出现了各种派别，出现了各种新名词，实际上使管理信息系统的研究更繁荣、更深入。

20 世纪 70 年代以后，系统科学得到很大的发展，将系统理论用于工程，系统工程繁荣一时，也将它用于管理。其代表是 1970 年华盛顿大学教授卡斯特。

后一种学派的产生，一般不是对前一种学派的否定，而相反，是对前一种学派的弱点进行补充，使前者能更好地运作。例如，行为科学激励工人更好地完成定额，更便于科学管理的实现。计算机的出现使数学方法的应用成为可能。而系统工程则是集过去所有成就之大成，什么方法合适就用什么方法，并把它们集成综合，达到更加全面，更加合用。在以上所有理论、思想、方法的影响下，20 世纪 80 年代对管理影响最大的实用技术是 BPR（business process reengineering），它的中文的译法各异，我们将其译为"企业过程再工程"。reengineering 是工程的动名词，说明它所使用的方法是工程方法，不是管理艺术法，或管理科学法。工程法的最大特点是它的精确性、可重复性。BPR 所确定的目标应当是 100% 可完成的，至少也有 90% 以上的概率。

BPR 是由一些信息咨询公司为客户构建系统时积累起来的。较完整的概念归纳是由哈佛大学哈默（Michael Hammer）教授提出的。

BPR 以企业过程为对象，从顾客的需求出发，对企业过程进行根本性的再思考和彻底的再设计；以信息技术（information technology，IT）和人员组织为使能器（enabler），以求达到企业关键性能指标和业绩的巨大提高或改善，从而保证企业战略目标的实现。这里有几个关键点。

（1）出发点——使顾客满意，企业战略发展。

（2）途径——改变企业过程。

（3）手段——以 IT 的应用和人员组织的调整为方法。

（4）特征——企业性能的巨大提高。

美国在许多企业中推行了 BPR，有 1/3 的显著成功者，其效果就十分显著。它可使企业成百倍地提高劳动生产率。未能得到成功的企业主要的问题在于管理，在于人员组织,只有很少数是由于信息技术问题。而在管理中,组织和激励是最重要的问题。BPR和管理信息系统的应用是密不可分的。

我们将管理的理论、方法作个简单的总结,对于掌握未来的管理是很有意义的,见表3-1。

表 3-1 管理科学理论和方法回顾

年　　份	概念或工具	开发倡导者
1940	多技能群组方法	(英)运筹组、布莱开特
1940	生产计划数学	(苏)康托纳维奇
1947	单纯型法	乔·旦泽
1950—1960	PERT、CPM、OR 模拟计算机	欧美
1970	车间调度、库存、预测项目管理、MRP 质量、服务中心批量处理	约瑟福、奥里斯 麦当劳餐馆
1980	制造战略、JIT、TQC,工厂自动化 (CIMS、FMS、CAD、CAM、ROBOTS 等)	哈佛商学院 日本丰田汽车
1990	TQM、鲍尔德雷治(Baldrige)、戴明(Deming) BPR	(美)质量控制学会 ISO 米切尔·哈默

由这个回顾我们可以看到,管理的理论出自生产,由生产逐渐转到经营,由产品转到服务,由低层转到高层。由运营转到战略决策。但生产的管理至今也未完全解决,用信息技术解决生产管理问题,仍然是很复杂很有挑战性的基础工作。

3.2 信息理论的回顾

信息是管理信息系统的最重要的成分。过去有些人对管理信息系统有些错误的理解,把它看成计算机系统,过多地强调了其技术面。殊不知,管理信息系统最重要的成分应当是信息。管理信息系统能起多大作用,对管理能作出多大贡献,都取决于有没有足够的和高质量的信息,而能否得到高质量的信息又取决于工作人员对信息的认识。以下将对信息的基本知识作一些介绍。

3.2.1 管理信息的定义和性质

哲学上的唯物论观点认为,物质、能量和信息是物体存在和运动的三种形式,三者缺一不可。本体论承认它们的存在,是最基本的概念,不能用其他概念解释。从认识论角度看,信息是物体运动的一种反映形式,可以相对独立存在。

在我们的日常生活中,信息一词已被滥用,数据和信息也经常是不分的。但在管理信息系统的概念中,信息和数据的概念是不同的。管理信息概念至少包括以下一些意思:

信息具有"新鲜"和使人"震惊"的感觉;信息可以减少不确定性;信息能改变决策期望收益的概率;信息可以坚定或校正未来的估计等。

1. 管理信息的定义

信息系统中常用的信息可以定义如下:信息是经过加工后的数据,它对接收者的行为能产生影响,它对接收者的决策具有价值。

根据这个定义,行驶着的汽车中的里程表上的数据不是信息,只有当司机看了里程表,并据其作了加速或减速决策的那个数据才是信息。

数据是一组表示数量、行动和目标的非随机的可鉴别的符号。它可以是字母、数字或其他符号,也可以是图像、声音或者味道。数据项可以按使用的目的组织成数据结构。

可以比喻数据是原料,而信息是产品,见图3-1。

与原料和产品的概念相似,一个系统的产品可能是另一个系统的原料。那么一个系统的信息可能成为另一个系统的数据。例如,派车单对司机房来说可能是信息,而对公司副总经理来说,它只是数据。这种情况可用图来说明,见图3-2。

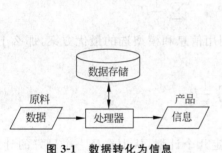

图3-1 数据转化为信息

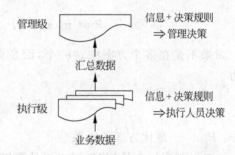

图3-2 一级信息可成为另一级的数据

信息的广义定义至今争论不休,没有定论。有人说信息是消息,有人说信息是知识,有人说是运动状态的反映,当然也有人说是经过加工后的数据。信息是不是物质,信息有无价值,至今也争论不休。总之,信息是一个社会概念,它是人类共享的一切知识、学问以及客观现象加工提炼出来的各种消息的总和。

在管理信息系统学科中认为信息是有价值的。

信息的价值有两种衡量方法:一种是按所花的社会必要劳动量来计算;另一种是按照使用效果来衡量。

按照社会必要劳动量来计算信息产品的价值,其方法和计算其他一般产品价值的方法是一样的。即

$$V = C + P$$

式中:V——信息产品的价值;

C——生产该信息所花成本;

P——利润。

例如书籍的价值就可以这样计算：把生产书所用的纸张、能源、设备折旧和人工费用等算出，就得到成本；再加上按国家规定的合理的利润率算出的利润，就得出书的价值。提供信息服务的各种学习班也可以这样定价：把学习班所需的教材、请教员、做实验、租用教室及其他服务所花费用，加上合理的收益，即得出办班服务的价值，由此可算出学生应交的学费。

按照使用效果来衡量，是确定信息价值的另一种方法。该方法认为信息的价值等于在决策过程中用了该信息所增加的收益减去获取信息所花费用。这里所说的收益是这个意思：如果在设计选择方案时，由于用了信息进行方案比较，在多个方案中选出一个最优的，与不用信息随便选一个方案，两种方案所获经济效益的差额叫收益。

$$P = P_{\max} - P_i$$

式中：$P_{\max}$——最优方案的收益；

P_i——任选某个方案的收益。

比较合理的是用几种方案的期望收益代替 P_i，再书写严格一些：

$$P = \max[P_1, P_2, \cdots, P_n] - \sum_{i=1}^{n} \frac{1}{n} P_i$$

如果不是在多个方案中选一个，而是直接利用信息和模型选的最优方案，那么上式应为

$$P = P_{\mathrm{opt}} - \sum_{i=1}^{n} \frac{1}{n} P_i$$

式中：P_{opt}——最优方案的收益。

在工厂制定生产计划时，可以用计算机多制定几个计划，从中选择一个最好的计划，其收益也应当这样计算。

2. 信息的性质

为了更好地发掘信息的价值，应当更深地了解信息的性质。信息具有以下一些性质。

1) 事实性

信息最早的概念是"关于客观事物的可通信的知识"，通信是把信息用于事实。事实是信息的中心价值。不符合事实的信息不仅没有价值，而且可能价值为负，既害别人也害自己。所以事实是信息的第一和基本的性质。破坏信息的事实性在管理中普遍存在：有的谎报产量，有的谎报利润和成本，有的造假账，这些都会给管理决策带来错误。例如，美国最大的管理咨询公司安达信，帮助安然公司做假账，一旦被戳穿，安达信失去诚信，几乎到了破产的边缘。事实性是信息收集时最应当注意的性质。维护信息的事实性，也就是维护信息的真实性、准确性、精确性和客观性等，从而达到信息的可信性。尤其作为生产信息的信息源单位或信息服务单位，这个问题尤为重要。

信息经济的发展，电子商务的广泛应用，虚假信息成为大敌。网上购物会不会是假货？网上付款是不是假账号？虚拟公司是不是虚假公司？甚至学校文凭是不是假文凭？

论文是不是假论文?"假"信息已经严重地阻碍着经济的发展。打假防骗成了我国持续发展的重要任务。信息的发达,引起了自身的颓化,只有综合治理克服颓化,才能保证持续的发展。保持新的事实性,是信息处理的第一要务。

2) 等级性

管理是分等级的,不同等级的管理要求不同的信息,因而信息也是分等级的。管理一般分为高、中、低三层,相应地,信息也分为高、中、低三层,或者说分为战略级、策略级和执行级。不同级的信息其性质不相同。战略级信息是关系到企业长远命运和全局的信息,如企业长远规划,5~10年的信息,企业并、转、产的信息等。策略级信息是关系到企业运营管理的信息,如月度计划、产品质量和产量情况,以及成本信息等。执行级信息是关系到企业业务运作的信息,如职工考勤信息、领料信息等。不同层次信息属性的比较见图3-3。

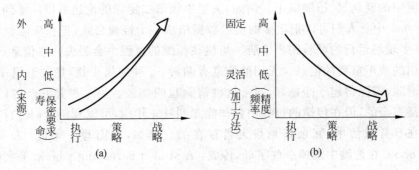

图3-3 不同层次信息的属性比较

由图3-3可以看出:

(1) 从来源上来说,战略信息多来自外部;执行信息多来自内部;而策略信息有内有外。

(2) 可以看出战略信息寿命较长,例如关于公司五年规划的信息至少要保存5年。执行信息则寿命较短,例如,关于考勤的详细信息,每月发完工资以后,信息就不再有保存的价值。而策略信息则处于中间状态。

(3) 从保密程度来看,显然战略级信息要求最高。公司战略对策是公司的生命线,如果泄露出去,有时不只使公司赚不到钱,而且可能使公司垮台。对再友好的单位,战略级信息也是不可泄露的。例如,生产低油耗汽车在石油危机中大发横财的日本丰田汽车公司,在以后石油危机缓解情况下的战略,是绝对不会告诉别人的。策略级信息保密程度要低一些,但也不会轻易泄露,或者有偿转让,或者推迟一段时间。例如,某厂先进铣床结构的信息就属于这类。执行级的信息很零散,很难从中提取有价值的信息,因而保密要求不高。

(4) 关于加工方法。执行级信息的加工方法最固定,例如,会计每月计算工资的方法、仓库发料的手续,都是固定的。策略信息次之。战略信息则最不固定,有时靠人预测,有时用计算机模型计算,所得信息均只能为决策者作参考,怎么用还要由决策者的水平决定。

(5) 从使用的频率上来看。执行信息的频率最高。例如一种质量检查的标准,每天都要用它去衡量加工的产品是否合格。策略信息则次之。战略信息使用频率则最低,例如五年计划的信息可能每年只使用一次。

(6) 在信息的精度上,执行信息精度最高。每天会计的结账,要求分文不差。策略信息次之。战略信息则要求最低,有时一个长期预测有 60%～70% 的精度已很满意,过高地要求战略信息的精度往往会带来假象。

3) 可压缩性

信息可以进行浓缩、集中、概括以及综合,而不至于丢失信息的本质。信息的这种特性很像物质中的液化气、压缩饼干。例如,关于牛顿第二定律的论述可以压缩到一个简单的公式 $f=ma$ 中。人们可以把很多的实验数据组成一个经验公式,把长串的程序压缩成框图,把许多现场运行的经验编成手册。当然在压缩的过程中会丢失一些信息,但丢失的应当是无用的或不重要的信息。无用的信息有两种,一种纯属干扰,像收音机中的杂音,本来就该清除,清除得越干净越好,通常这种清除也叫滤波。另一种是冗余的信息,虽然本质上它是多余的,但在传输的过程中它却能起到补充作用,可以利用它们进行检错和纠错。人们在日常通信中,冗余信息是大量存在的。例如,我们写一句话:A student is reading a book. 在传输中漏掉一些字母,传成:A stud--t is reading a bo-k. 但我们是照样可以看懂的。这里"-"是空格符。冗余信息过多会使人感到啰嗦,信息接收者的水平越高,传输的信息越简练。压缩不重要的信息和压缩无用信息,性质上是完全不同的。它是从管理的目标出发,提取和目标相关的信息,舍弃其他信息。例如,根据企业长远战略规划的需要,在业务信息中综合提炼出战略信息。

压缩在实际中是很有必要的。因为我们没有能力收集一个事物的全部信息,我们也没有能力和必要储存越来越多的信息,这叫信息的不完全性。只有正确地舍弃信息,才能正确地使用信息。

4) 扩散性

信息好像热源散出的热流,它总是力图向温度低的地方扩散,它又好像是桂花树散发出的香味,可以香飘数里。信息的扩散是其本性,它力图冲破保密的非自然约束,通过各种渠道和手段向四面八方传播。信息的浓度越高,信息源和接收者之间的梯度越大,信息的势态越高,信息的扩散力度越强。越离奇的消息,越耸人听闻的新闻,传播得越快,扩散的面越大。中国有句古话"没有不透风的墙",就是说明了没有任何"墙"能挡住信息扩散的威力。

信息的扩散存在两面性:一方面它有利于知识的传播,所以我们有意识地通过各类学校和各种宣传机构,加快信息的扩散;另一方面扩散可能造成信息的贬值,不利于保密,可能危害国家和企业利益,不利于保护信息所有者的积极性。例如,软件盗版不利于软件发展。因此我们又要人为地筑起信息的壁垒,制定各种法律,例如保密法、专利法、出版法等,以保护信息的势态。在信息系统中如果没有很好的保密手段,就不能保护用户使用信息系统的积极性,可能导致信息系统的失败。

5) 传输性

信息是可以传输的,它的传输成本远远低于传输物质和能源。它可以利用电话、电报进行国际国内通信,也可以通过光缆卫星传遍全球。传输的形式也越来越完善,包括数字、文字、图形和图像、声音,甚至味道等。它的传输既快又便宜,远远优于物质的运输。因而我们应当尽可能用信息的传输代替物质的传输,利用信息流减少物流,宁可用多传输10倍的信息来换取少传输1倍的物质。信息的可传输性加快了资源的交流,加快了社会的变化。

6) 分享性

按信息的固有性质来说,信息只能共享,不能交换。我告诉你一个消息,我并没失去什么。不能把这则消息的记忆从我的脑子里抹去。相反物质的交换就是零和的,你的所得,必为我的所失,我给你一支笔,我就失去一支笔,你就得到一支笔,所得与所失之和为零。信息的分享没有直接的损失,但是也可能造成间接的损失。如果我告诉你生产某种药品的药方,你也去生产这种药品,就造成与我的竞争,将会影响我的销路。信息分享的非零和性造成信息分享的复杂性。有时我告诉你信息,我不失你得;有时你得我也得;有时你得我失;有时我不失你也不得。

信息的分享性有利于信息成为企业的一种资源。严格说只有达到企业信息的共享,信息才能真正成为企业的资源。然后,才能很好地利用信息进行企业的计划与控制,从而有利于企业目标的实现。

7) 增值性

用于某种目的的信息,随着时间的推移可能价值耗尽,但对于另一种目的,可能又显示出用途。例如,天气预报的信息,预报期一过就对指导生产不再有用。但和各年同期天气比较,总结变化规律,验证模型却是有用的。信息的增值在量变的基础上可能产生质变,在积累的基础上可能产生飞跃。曾有一位学者把全国每天报纸上刊登的新厂投产的消息收集起来,进行提炼和分析,时间一久就能对全国工业有所估计。原来不保密的东西变成保密的了,原来不重要的信息变成重要的了。

信息增值性和再生性,使我们能变废为宝,在信息废品中提炼有用的信息。

8) 转换性

信息、物质和能源是人类现在利用的三项重要的资源。三者有机地联系在一起,形成三位一体,互相不能分割。有物质存在,必有促使它运动的能量存在,也必有描述其运动状态和预测未来的信息存在。对于一个企业来说,没有材料不能做产品,没有能源不能开工,没有知识和技术也就是没有信息,就不能成功生产。

信息、物质、能源三位一体，又是可以互相转化的。有能源、物质可以换取信息，这是不言而喻的。那么有信息能否转化为物质和能源呢？现在大量的事实已说明了这种转化的可能性。许多企业利用信息技术大大节约了能源。从电网的负荷分配到厂内锅炉汽机的经济运行，从汽车运输的合理调度到汽车上单板机节油器都是用信息技术转化为能源，从而作出巨大贡献的例子。利用信息技术在国际上选择最好的合作伙伴，选择合适的材料源，在国内生产价廉质优的材料源，直到合理的下料，信息都转化为材料，即物质。现在国际经营上有一种说法——"有了信息就有了一切"，就是对这种转化的一种艺术的概括。的确，现在有些公司就是由于掌握了信息，没有钱可以搞到钱，没有设备可以弄到设备，没有人可以招到人，信息使得公司很快发展起来。股市投资更是说明这个问题，只要掌握信息就可搞到钱，有钱就可以买到一切物质和能源。

知识是信息的结晶，因而也有信息的这种性质。"知识就是力量"的说法，也是信息的转换性的一种描述。

3.2.2 信息生命周期的各阶段

信息和其他商品一样是有生命周期的。人的生命周期是出生、成长、工作、退休；一般商品的生命周期是研究、制造、应用和报废；信息的生命周期是要求、获得、服务和退出，见图 3-4。

要求是信息的孕育和构思阶段，人们根据所发生的问题，根据要达到的目标，设想可能采取的方法，构思所需要的信息类型和结构。获得是得到信息的阶段，它包括信息的收集、传输以及转换成合用的形式，达到使用的要求。服务是信息的利用和发挥作用的阶段，这时还要精心维护信息，使之保持最新的状态，准备用户随时使用，以支持各种管理活动和决策。退出是信息已经老化，失去了价值，没有再保存的必要，就把它更新或销毁。

信息生命周期的每个阶段中又包括一些过程，这些过程支持这个阶段的实现。各阶段可能有相同的过程，而且可能不止一次。这些过程包括信息的收集、信息的传输、信息的加工、信息的储存、信息的维护以及信息的使用 6 种，见图 3-5。

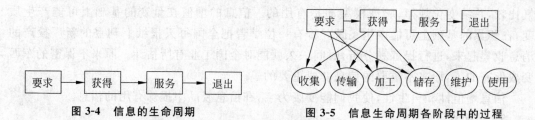

图 3-4　信息的生命周期　　　　图 3-5　信息生命周期各阶段中的过程

例如，在信息的要求阶段就可能包括信息的收集、加工、传输和储存，信息的获得阶段也可能包括收集、传输、加工、储存过程，信息的服务阶段可能包括信息的维护、加工等过程，信息的退出阶段也可能包括信息的加工等过程。不同的过程组成了不同的生命周期阶段。为了更好地了解各阶段的特点，下面介绍各个生命周期中各过程的特点。

1. 信息的收集

1) 信息的识别

信息收集所遇到的第一个问题是确定信息需求的问题或者叫做信息的识别。由于信息的不完全性,想得到关于客观情况的全部信息实际上是不可能的,那种"给我全部情况,我好进行决策"的话等于没说,所以信息的识别是十分重要的。确定信息的需求要从系统目标出发,要从客观情况调查出发,加上主观判断,规定数据的思路。带着主观偏见去收集信息固然不对,但无主观思路规定数据的范围,以相等的权重看待所有信息,则只能是眉毛胡子一把抓,丢了西瓜捡芝麻。信息识别的方法有以下三种。

(1) 由决策者进行识别。决策者是信息的用户,他最清楚系统的目标,也最清楚信息的需要。向决策者调查可以采用交谈和发调查表的方法。交谈是由系统分析员向决策者采访。这种方法有利于阐明意图,减少误解,最容易抓住主要的要求。调查应从上而下,从概括到具体。先由企业领导开始,然后经中层,再至下层管理人员,甚至还可以扩大到全体职工。这样不仅能了解战略信息需要,而且能了解具体任务的信息需要。这种方法的成功与否主要依赖信息分析员的提问水平。其缺点是谈话一般不够严格和确切,因而应进行采访纪要整理,并经受访者确认签字。

调查表是用书面方式进行调查,它比较正式严格,系统分析员可以节省时间。但当决策者的文化水平不高时,往往填写起来很困难,所答非所问,或者调查表长期交不上来。对这些企业进行调查时,最好要事先对决策者进行培训。

这两种方法都是基于一个前提,即决策者对于他们的决策过程比较了解,因而能比较准确地说明他们所需要的信息。由于大多数管理人员对他们的决策过程不十分清楚,他们可能像经济学基本原理所说的那样,"对某一个现象了解得愈少,在描述和解释这种现象时就需要用愈多的变量。"因而这些决策人员可能会采取保险的办法,企图收集有关现象的"全部"信息,结果造成信息系统的困难。管理信息系统的效用如何,主要依赖于对信息需要的识别。过多的信息不仅无益,而且可能引起对有效信息的忽视。

(2) 系统分析员分析和亲自观察识别。所需要的信息由系统分析员根据理论分析和科学设计得到。在收集的时候系统分析员不直接询问信息的需要,而是了解工作。这样管理人员谈论起来往往津津乐道,系统分析员可以由旁观的角度分析信息的需要,并把信息的需要和其用途联系起来,从而收集到所要的信息。对管理工作的描述越到下级越容易,越具体;越到上级其职能越广,越全面,越复杂。很多情况只靠外来人员是很难了解透的,因而选派一些管理人员参加系统分析会有很大好处。

(3) 两种方法结合。先由系统分析员观察基本信息要求,再向决策人员进行调查,补充信息。这种方法虽然浪费一些时间,但了解的信息需求可能比较真实。这里应特别注意,决策者本人对信息的具体要求应当优先考虑,往往这些是重要的信息。

2) 信息的采集

信息识别以后,下一步就是信息的采集。由于目标不同,信息的采集方法也不相同,大体上说有以下三种方法。

（1）自下而上地广泛收集。它服务于多种目标，一般用于统计，如国家统计局每年公布的经济指标。这种收集有固定的时间周期，有固定的数据结构，一般不随便变动。

（2）有目的地专项收集。例如我们要了解企业利润的留成情况，有意识地了解几项信息，发调查表或亲自去调查。有时可以全面调查，有时只能抽样调查。样本最好由计算机随机抽样得到，这样才能真实地反映情况。只选几个好的看看，比不调查还坏。

（3）随机积累法。调查没有明确的目标，或者是很宽的目标，只要是"新鲜"的事就把它积累下来，以备后用，今后是否有用，现在还不十分清楚。如现在有些省市派人每天翻阅全国各地的报纸，发现有什么新产品、新技术、新的经济消息，就把它记下来分类，如判断是有用的，就及时反映给领导。

究竟采用什么方法，与信息源的属性有很大关系。区分信息源有两个标准，一是地点，一是时间。按地点来分可把信息源分为内源和外源，内源数据完全处于自己控制之下，完全可用自己拥有的一切手段去收集，例如定期报表，不定期专项报表，甚至可用计算机联机终端和电子自动化测量装置。外源信息必须依赖外单位，只能从可得到的信息中提取需要的信息。按时间来分，可分为一次信息和二次信息。一次信息是由现场直接采得的信息；二次信息则是各种文件和数据库中存储的信息。二次信息的属性和格式一般不符合系统的要求，因而在使用前一般均要经过变换。

2. 信息的传输

信息传输的理论最早是在通信中研究的。它一般遵守香农模型，见图 3-6(a)。

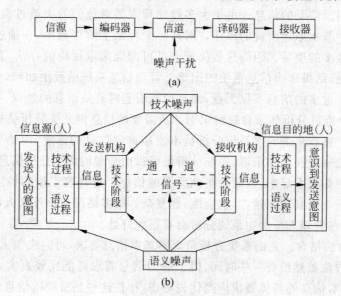

图 3-6 信息传输的一般模型

由图 3-6(a)可以看出，信源发出的信息要经过编码器变成信道容易传输的形式。如在电报传输中首先把报文转成数字码，为了防止出错，往往又加上纠错或检错码。变成电码以后，还需加以调制以便于信息传输。现代的信道形式多种多样，有明线、电缆、无线、光缆、微波和卫星等。无论信道怎么好都可能带来杂音或干扰，它或由自然界雷电形成，或由同一信道中其他信息引起。在接收端首先要经过译码器译码，译码器的作用是解调、解码，把高频载波信号恢复成电码脉冲，用检错或纠错码查错纠错以后舍去这些码，由代码译成文字等。经过译码器后的符号接收者即可以识别了，信息的接收者可能是人，也可能是计算机，他们把信息存储起来就转入下一个阶段。

电信中的信息传输模型和人们之间用语言或文字通信的过程十分相似，所以香农又提出了包括人间通信的信息传输的一般模式，见图 3-6(b)。

从图 3-6(b)可以看出发送者的意图，要通过语言表达的语义过程和语言编码的技术过程的交互作用才能产生信息，这个信息经过发送机构的再次编码和变换，产生适于传输的信号，到接收端接收机构把信号进行变换得到信息，信息再经过接收者的技术过程和语义过程的解码，使接收者能理解发送者的意图。在人工的信道中，信息传输的技术噪声和语义噪声是十分严重的，因而信息的歪曲、走漏、阻塞的现象常有发生。古代有人做了一个实验，他向一个人耳语一句话，让此人再耳语另一个人，传到第一百个人时再返回来告诉自己，结果他自己已听不懂是怎么回事了。人工信道的干扰不仅在于客观水平，而且更为严重的是各环节的人的主观歪曲。如顾客反映服务员态度不好，售货组长可能不向上级汇报，怕影响他们全组的业绩。信息系统人员想把旧机器换成新机器，他就说旧机器能力已达不到要求，其实旧机器的能力还远远没有发挥。社会上的小道消息很多，也是干扰和噪声，可能一个人误传，三个人重复，似乎它就是真理，其实根本没有那么回事。

3. 信息的加工

数据要经过加工以后才能成为信息，其过程如下：

数据 $\xrightarrow{\Delta t_1}$ 预信息 $\xrightarrow{\Delta t_2}$ 信息 $\xrightarrow{\Delta t_3}$ 决策 $\xrightarrow{\Delta t_4}$ 结果

$$t_1 < t_2 < t_3 < t_4 < t_5$$

数据加工以后成为预信息或统计信息，统计信息再经过加工才成为信息。信息使用才能产生决策，有决策才有结果。每种转换均需要时间，因而不可避免地产生时间延迟，这也是信息的一个重要特征——滞后性。信息的不可避免的滞后性要求我们很好地研究，以便满足系统的要求。

按信息是否经过加工来分，可分为一次信息和二次信息。未经加工的信息叫做一次信息。经过加工，不管是经过多少次加工，均叫做二次信息。信息加工的一般模式见图 3-7。

这些加工中，按处理功能的深浅可把加工分为预加工、业务处理和决策处理。其概念可用图 3-8 说明。

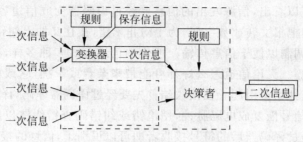

图 3-7 信息加工的一般模式

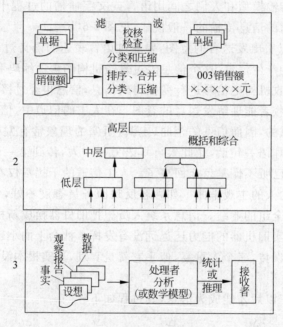

图 3-8 信息处理功能分类

这里第 1 类是对信息滤波和简单整理,实际加工出的是预信息,但已是二次信息。第 2 类是对信息进行分析,概括综合能产生辅助决策的信息。第 3 类通过应用数学模型统计推断可以产生决策信息。

数据处理所用的数学模型主要有统计模型、预测模型、决策模型等。可能要用到一些标准的软件包,如统计包、数学规划软件包、模拟软件包(如 GPSS 等)。为了使计算机有较强的处理能力,现在许多大的处理系统备有三个库,即数据库、方法库和模型库。方法库中备有许多标准的算法,而模型库中存放了针对不同问题的模型,数据库中备有要用的二次数据。这样应用起来就十分方便。

随着技术的发展给数据处理能力的提高提供了广阔的前景,发展中的"人工智能"科学研究机器能否代替创造性的脑力劳动,如诊断、决策、写文章和创造思想等。正在研究的"自组织机"、"自适应系统"、"自学习机"、"启发式程序"等都给机器以学习的能力,使各种思考的工作自动化,使人们可以摆脱许多烦琐和枯燥的编程工作。

4. 信息的储存

信息储存是将信息保存起来,以备将来应用。信息储存和数据储存应用的设备是相同的,但信息储存强调储存的思路,即为什么要储存这些数据,以什么方式储存这些数据,存在什么介质上,将来有什么用处,对决策可能产生的效果是什么等。

数据存储的设备主要有三种,纸、胶卷和计算机存储器。纸是中国发明的,至今已有几千年的历史,现在仍然是储存数据的主要材料,用纸存数据的主要优点是存量大、体积小、便宜、永久保存性好,并有不易涂改性。所以现代控制用各种报表、宣传用的报纸杂志、教育用的书刊都应用纸做成。纸还有一个优点,就是存储数字、文字和图像一样容易。用纸作为储存信息的材料,看来到本世纪末也不会消失。用纸存储的缺点就是传送信息慢,检索起来不方便。所以要掌握纸的特点,在信息系统合适的地方恰当地应用纸,扬长避短。用纸传输信息的形式是多种多样的,与电子计算机结合应用,又发展了纸带、穿孔卡等。用纸存储和传递信息,合适的画面是十分重要的,可惜现在尚处于"艺术阶段",没有很成熟的方法。画面设计得好,既清楚易懂,阅读快,又不易出错,这在信息系统输入输出设计中是一个主要问题。

胶卷,起初用来作为纸的补充,存储图像,以后也用来存储文字和数字。用它存储文字和数字的主要好处是存储密度大,$1cm^2$胶卷上可存1 024页16开纸面信息。因而它可能代替纸存储书籍上的信息内容,所以许多图书馆把许多书拍到缩微胶卷上存放。胶卷的特点是查询容易。其缺点是人阅读时必须通过接口设备,不方便,且价格昂贵。因而现在也只是把最常用的或最贵重的不常用的书籍存入。

计算机存储器主要用来存储变化的业务和控制信息,随着技术的进步其单位成本在不断下降,见图3-9。

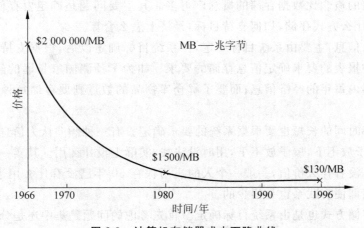

图3-9 计算机存储器成本下降曲线

由图 3-9 可以看出，存储器的单位成本每两年差不多降低一半。单位芯片上的元件数则每年增加一倍。目前，用计算机存储器存储信息的成本已低于纸的成本，只是其读出还不如纸方便。无纸的管理系统已近于实用，但是我们估计它用不着也不可能完全代替纸张。

计算机存储器的形式很多，按其功能主要分为内存和外存。内存放在主机板上，计算机可以只靠电子线路直接存取数据，存取速度极快，而且可随机存取存储器中任何地方的数，且速度一样。内存过去由磁芯做成，现在逐渐为半导体所代替。外存由磁盘、磁带或光盘组成。它存储的数据量大，伴随着机械运动，数据才能被读出，所以读出的速度较慢，而且和数据所在的位置有关。现在一个微机的硬磁盘可以达到几百 GB，一个光盘可以达到 1 000MB(1GB)。

数据存储的介质还有软磁盘、磁卡等，软盘是一种由塑料做成的，类似唱片的盘片，由于它携带方便，现在广泛用来在机器之间作离线通信，俗称"跑盘"。许多国家的邮局已开展了邮寄盘片的业务。但软盘不易于作长期存储用，如要长期存储，每半年应重写一次。

磁卡一般是作为便于携带的存有数据的凭证，例如信用卡、电话卡等，实际上它是一种电子货币。

近年来半导体存储器的发展，不能不令人刮目相看，一个指甲那么大的芯片，装成 U 盘，可存若干 GB 的数据，相当于 100 本 50 万字的中文书。价格大约只有 200 元人民币，比 100 本精装的书要便宜多了。比利用胶卷也要便宜。所以利用数码相机和电子存储，已在大部分情况下可以代替胶卷存储了，只是在分辨率要求很高的情况下，胶卷存储才有意义。因为胶卷存储的分辨率是在银分子级，比现在相当好的 500 万像素的数码相机的分辨率还要高百倍。

对于数据存储设备的总的要求是存储数据量大，价格便宜。某些情况它有特殊要求，如易改性和不易改性。

信息存储的概念比数据存储的概念广得多。其主要问题是确定要存储哪些信息，存储多长时间，什么方式存储，如何支持目标，经济上怎么合算。

要存什么信息，主要由系统目标确定，在系统目标确定以后，根据支持系统目标的数学方法和各种报表的要求确定信息存储的要求。如为了预测国家长远的经济发展，我们要存储几十年内每年的经济信息；而要了解仓库物品的数量则要存储每种产品现在数量的数据。

信息保存时间的长短也要根据系统的要求确定。有一种倾向认为信息只要保留就有好处，结果柜子放不下，屋子放不下，用时没法找，实际上没什么用。其实一般会计账目保存 5~10 年已没有什么价值，一般一个人的病历保存 50 年已没有什么用途，老人的疾病和小孩的疾病即便有联系也是很少的。

信息的存储方式也是由系统目标确定。首先考虑的问题是集中还是分散地存放。对于公用的信息，在有能力提供共享设备的支持下应集中存放，集中存放可以减少冗余。例如图书馆的过期书籍就可以只存一份，国家文件在一个机关中也可以只存一份。应用电子数据库技术可以减少存储信息的冗余量。而在没有设备和非公用的数据的情况下，分散存储是合理的。分散虽然有冗余和不能共享，但它方便了使用者。所以现在愿意使用的方式是既有集中也有分散，了解集中的内容，避免重复，不断综合分散的内容进行集中。最新的信息要分散，老的信息要集中，确定合理的集中与分散的关系是信息存储研究的重要内容。

信息存储应当决定什么信息存在什么介质上比较合适。总地来说凭证文件应当用纸介质存储；业务文件用纸或磁带、光盘存储；而主文件，如企业中产品结构、人事方面的档案材料、设备或材料的库存账目，应当存于硬磁盘，以便联机检索和查询。

总之，信息的存储是信息系统的重要方面，在今天信息爆炸性增长的时代，那种存得越多越好的概念是不对的。即使将来存储技术高度发展的时代，存储越多越好也是不对的。还是一句老话，"只有正确地舍弃信息，才能正确地使用信息。"

5. 信息的维护

保持信息处于合用状态叫做信息维护。从狭义上说它包括经常更新存储器中数据，使数据均保持合用状态。从广义上说它包括系统建成后的全部数据管理工作。

信息维护的主要目的在于保证信息的准确、及时、安全和保密。保证信息的准确性，首先要保证数据是最新的状态；其次数据要在合理的误差范围内。数据不准确的主要原因在于操作过程的不严格，或把错误的数据放进去，或者一种数据放到另一种数据的位置。数据产生错误的主要原因有两个，一是文件报表错；二是转抄数据时产生错误。防止文件报表的错误，主要是靠加强数据收集人员的责任心和采用合适的报表格式。防止转抄错误，要尽量减少转抄，原始材料直送计算机。在输入计算机时，加强校验，如用双人工进行互校、加校验码等。对离奇的数据还可以设一些界限来检验，如某人工资超过异常数值，由程序自动打出提示。保证数据的准确性，还要保证数据的唯一性。应用数据库，容易保证数据唯一性。而应用文件系统，因为一个数据存于几个文件，一个文件修改了，别的文件没有修改，造成不唯一，所以很难判定哪个正确。所以在数据操作时有严格的规程是非常重要的，在程序中放入提示也是重要方法。

保证信息及时性是指信息的维护应考虑能及时地提供信息，常用的信息放在易取的地方，各种设备状态完好，各种操作规程健全，操作人员技术熟练，信息目录清楚，不至于找一个信息半天找不到。保证信息的安全性是，要防止信息由于各种原因而受到破坏，同时采取一些安全措施，在万一信息被破坏后，能较容易地恢复数据。为了保证信息的安全，首先要保证存储介质的环境，要防尘、要干燥，并要维持一定程度的恒温。对于容易丢失信息的介质，如软盘，要定期重录。无论维护得怎样好的数据，总难免因为各种因素而遭到破坏，所以信息维护时往往保存备份，或是保存前几天的业务信息。这样即使今天的信息受到破坏，也可以根据前几天的总账和今天的原始记录恢复现在的总账。为了考虑特殊情况的发生，如火灾、地震、战争等，对于一些重要的信息甚至应考虑存放于不同的地方,也许两地相隔几十千米。

信息的保密性是当前十分关心的问题,随着信息越来越成为一种资源,人们也越来越把它当成一种财产来对待,因而被盗的情况也越来越多。信息被盗就是失窃。盗窃信息的方式很多,如电缆窃听、机内安装窃听器发报机,通过厂家以维护为名,把设备拿走,取出录制的信息。或者把你已抹去的磁带读出,通过终端非法查阅数据库更是常用的方法。为了维护信息的密级,信息系统采用了许多技术。在机器内部可采用密码方式,密码的方式主要有换位、替代和成组替代字母等方法。但是没有不能破的密码,只是破码的时间和成本的问题。因而既使用密码,又广泛使用"通过字"(passwords)。每人自己选设一个通过字,当你要用自己的数据时,机器要问你通过字是什么,如果你回答正确,才能通过。这样就可以保证你的数据不被别人取走。在机器上记录终端试探次数是个好办法,如果谁试探几次就对他进行追究,这样坏人也就不敢多试了。在机器外部也应采取一些办法防止信息失窃,包括应用严格的处理手续,物理上隔绝,不让闲人接触终端和磁带库,整个机房全用铁板屏蔽。所有这些防范的措施均不能防止失窃的根源——人员,所以加强人员的保密教育,慎重选择机要人员,是根本措施。

信息的维护是信息资源管理的重要一环。没有好的信息维护,就没有好的信息使用,就没有好的信息信誉,尤其在当前我国有重使用轻维护这种倾向,信息维护的重要性更要充分强调。

6. 信息的使用

信息的使用包括两个方面,一是技术方面,二是如何实现价值转换的问题。

技术方面主要解决的问题是如何高速度高质量地把信息提供到使用者手边。现代的技术已经发展得相当先进,但远未达到普遍使用的程度。例如,信息的提供已由过去的定期报告,发展到现在的实时检索,提供信息的形式已由过去仅是报告或报表,到现在能提供图形和图像,甚至声音。人机的对话方式也有很大的进展,使得非专业的管理人员可以直接和机器打交道。所以技术可以说已相当先进,当然由于成本问题使其远未普遍使用。

信息价值转化的问题相比之下差得太远。价值转化是信息使用概念上的深化,是信息内容使用的深度上的提高,信息使用深度大体上可分为三个阶段,即提高效率阶段、及时转化价值阶段和寻找机会阶段。

提高效率阶段联系于数据处理阶段,这时使用信息技术的主要目的是提高效率,使手工作业机械化,节省人力。

及时转化价值阶段已认识到管理的艺术在于驾驭信息,已经认识到信息的价值要通过转化才能实现,鉴于信息的寿命有限,转化必须及时。例如某车间可能窝工的信息,知道得早,及时安排插入其他工作,信息就转化为价值。这个阶段可以说信息主要用于管理控制。

在寻找机会阶段,每个企业均在信息汪洋大海中游来游去,哪里有航船,哪里有岛屿,全凭企业驾驭信息能力去发现。这时预测和决策的技术对寻找有所帮助,但远未成功。

许多企业因丢掉了眼前闪过的机会而失败。这个阶段到来的一个特征是信息商品化,信息成为易于存取、易于定价和易于流通的商品,使之不被局部占用。应用信息市场,鼓励采用新技术,放弃过时的技术,应用信息市场化使决策分散化。信息商品化促进信息更好地共享和发挥信息系统的潜力。企业的信息系统在完成本部门的任务后积极提高服务能力,提高信息系统的经济效益。

信息系统是深化信息使用的重要手段,从使用深度上的变化情况看,信息系统的发展经过了6个阶段,叫做诺兰6个阶段,见图3-10。

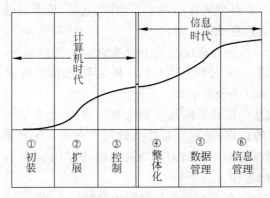

图3-10 诺兰6个阶段

这里,

① 初装——以公司装第一台计算机为标志;

② 扩展——由于任务量的增加,公司购买了越来越多的计算机,应用领域也越来越广;

③ 控制——由于扩展信息系统成本越来越高,机种越来越多,造成混乱,公司开始对信息系统的增长采取控制;

④ 整体化——意味着公司由全局出发对全系统进行更新,把过去分散的系统变成相互内聚的一体化的系统;

⑤ 数据管理——其标志是完全一体化的数据库建成;

⑥ 信息管理——数据处理的技术已经成熟,信息已成为资源,它已为公司各部门所共享,而且为支持公司目标作出贡献。

在③~④阶段之间是一个转折点,它意味着计算机时代的结束和信息时代的到来,这种转换大约发生在1980年。

信息管理阶段要想很好地使用信息,管理要大大加强,管理内容比以前展宽,大致包括以下几个方面。

(1) 人力资源管理。主要包括招聘和留住高质量的系统分析员,这些系统分析员要有一定的知识面和一定的工作业绩。另一方面包括怎么考虑和选择信息系统的负责人。

(2) 硬件、软件管理。信息经理既要看到企业的需要,又要看到技术的进步,他要善于利用先进的硬软件技术来提高企业的生产率,他要考虑到工作负荷和硬软件资源的能力,决定装设和更新设备的时间。

经常评价机器性能是管好机器的前提,在软件资源管理上,由于软件费用比例越来越高,因而软件应尽量采用商用软件包,恰当地利用外来人员,把编程任务交给用户,提高专职程序员效率,以降低软件成本。

(3) 通信管理。未来的信息服务越来越多地应用于通信技术,信息经理要注意开发通信能力,充分利用企业内的自备通信系统,或租用外界公用通信系统,去获得更多的内外信息资源,并使信息资源得到更好的共享。电话、电报、传真等通信设备应与信息系统很好结合,形成一体化的信息系统。

(4) 办公室自动化。信息经理应当为办公室自动化创造条件,从办公机械分散化到电子信件、电子文件管理、业务过程自动化到一体化系统,应把电话、电报、传真、计算机的功能协调好,使经理的部分办公自动化。

(5) 规划管理。信息经理要不断地预测未来的需要,然后提出新系统的规划。系统规划需要 2~3 年经验的积累,识别和吸收关键用户介入系统是系统规划成功的重要条件。一次规划的实现意味着另一次新的规划的开始,因而实际上规划是信息系统经理经常的工作,而不是暂时的工作。

总之,在信息管理时代,信息管理的广义概念包括三方面。

(1) 面向未来的规划管理。信息管理已成为现代管理的一个重要方面。随着信息资源的重要性的增加,信息管理的规划已和企业的战略规划并驾齐驱,成为企业第一把手的重要工作。规划管理也成为企业信息管理中最重要的工作。

(2) 面向信息系统内部的运营管理。随着系统运行的实时化和社会信息基础设施的不断完善,运营的外包已成为十分重要的方法,也成为运营管理的主要内容。外包的管理也凸显其重要性。企业应设立首席信息官(chief information officer,CIO),由他管理和协调用户使用、内部信息部门服务以及外包协调工作。没有这个处于企业领导核心的职位,企业是很难管好信息系统的运营的。

(3) 面向开发的项目管理。由于软件的商品化,开发工具的成熟,供应商外包业务的推广,现在企业内部的信息部门自主开发项目越来越少,代之以进行项目管理。把实施项目开发当成促成企业变革的一种活动,去协调好用户开发、外包、信息部门的集成,从更高层、更战略、更宏观的方面进行管理是当前企业的一项很重要的工作,也是 CIO 的一项重要工作。

3.3 系统理论的回顾

系统的概念是管理信息系统三大基础概念之一。什么是系统呢?系统是由一些部件组成的,这些部件间存在着密切的联系,通过这些联系达到某种目的。因而系统也可以说是为了达到某种目的相互联系的部件的集合。这样说，世界上任何非孤立的事物均是系统。

系统的观点最早可以追溯到 20 世纪 30 年代，当时人们在一些学科的研究中，尤其是在生物学、心理学和社会科学中，发现系统的一些固有性质与个别系统的特殊性无关，也就是说，若以传统的科学分类为基础研究，则无法发现和搞清系统的主要性质。在第二次世界大战前不久，路德维希·冯·贝塔朗菲提出了一般系统概念和一般系统理论，系统才逐渐被人们认为是一种综合性的学科。只有到 1954 年建立了一般系统理论促进协会，系统的研究才进入了一个蓬勃发展的时代。1957 年美国人古德写的《系统工程》一书的公开出版，使"系统工程"一词又被广泛地确认下来。系统工程是用一般系统理论的概念和方法解决许多社会、经济、工程中的共同问题，如能观性、能测性、可控性、可靠性、稳定性、最佳观察等。到了 70 年代随着电子计算机的应用，系统工程的思想有了充分实现的可能性，因而在更多的领域得到应用，由军事、航天，到水利、电力、交通、通信等系统，由技术工程到企业管理、科技管理、社会管理系统，目前可以这样说，系统工程的方法已渗入到一切领域，甚至渗入到我们的家庭生活中。由于系统工程应用得如此广泛，其他学科也吸取了系统工程的方法和思想，今天运筹学、管理科学和系统工程三个词实际上融为一体，指的是一个东西，甚至可以当成一个词来使用。

3.3.1 系统的定义

系统是一些部件为了某种目标而有机地结合的一个整体。这里目标、部件、连接是不可缺少的因素。

按照上述定义来看系统，它有以下特点：

① 系统是由部件组成的，部件处于运动状态；

② 部件之间存在着联系；

③ 系统行为的输出也就是对目标的贡献，系统各主量和的贡献大于各主量贡献之和，即系统的观点 1＋1＞2；

④ 系统的状态是可以转换的，在某些情况下系统有输入和输出，系统状态的转换是可以控制的。

3.3.2 系统的分类

从不同的角度出发，系统分类有不同的方法。

1. 按系统的复杂性分类

从系统的综合复杂程度方面考虑可以把系统分为三类九等，即物理、生物和高级群体三类。物理类分为框架、钟表和控制机械三等；生物类分为细胞、植物和动物三等；高级群体分为人类、社会和宇宙三等，见图 3-11。

由图 3-11 可以看出，系统的复杂性由下向上不断变化。

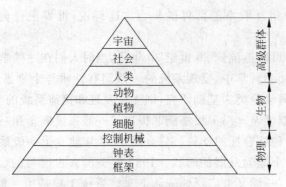

图 3-11　按系统的复杂性分类

(1) 框架：是最简单的系统。如桥梁、房子，其目的是为交通和居住，其部件是桥墩、桥梁、墙、窗户等，这些部件有机地结合起来提供服务。它是静态系统，虽然从微观上说它也在动。

(2) 钟表：它按预定的规律变化，什么时候到达什么位置是完全确定的，虽动犹静。

(3) 控制机械：它能自动调整，如把温度控制在某个上下限内或者控制物体沿着某种轨道运行。当因为偶然的干扰使运动偏离预定要求时，系统能自动调节回去。

(4) 细胞：它有新陈代谢的能力，它能自我繁殖，有生命，是比物理系统更高级的系统。

(5) 植物：这是细胞群体组成的系统，它显示了单个细胞所没有的作用，它是比细胞复杂的系统，但其复杂性比不上动物。

(6) 动物：动物的特征是可动性。它有寻找食物、寻找目标的能力，它对外界是敏感的，也有学习的能力。

(7) 人类：人有较大的存储信息的能力，人说明目标和使用语言的能力均超过动物，人还能懂得知识和善于学习。人类系统还指人作为群体的系统。

(8) 社会：是人类政治、经济活动等上层建筑的系统。组织是社会系统的形式。

(9) 宇宙：它不仅包含地球以外的天体，而且包括一切我们所不知道的任何其他东西。

这里前三个是物理系统；中间三个是生物系统；最高层三个是最复杂的系统。管理系统处于什么位置呢？我们说，管理系统是社会系统，它是属于第八等的系统，是很高级的系统。

2. 按系统的抽象程度分类

按照系统的抽象程度分类，可把系统分为三类，即概念系统、逻辑系统和实在系统。

(1) 概念系统：是最抽象的系统，它是人们根据系统的目标和以往的知识初步构思出的系统雏形，它在各方面均不很完善，有许多地方很含糊，也有可能不能实现，但是它表述了系统的主要特征，描绘了系统的大致轮廓，它从根本上决定了以后系统的成败。

(2) 逻辑系统：是在概念系统的基础上构造出的原理上可行得通的系统，它考虑到总体的合理性、结构的合理性和实现的可能性。它确信，现在的设备一定能实现该系统所规定的要求，但它没有给出实现的具体元件。所以逻辑系统是摆脱了具体实现细节的合理的系统。

(3) 实在系统：也可以叫物理系统，它是完全确定的系统，如果是计算机系统，那么机器是什么型号，用多少终端，放在什么位置等，应当完全确定。这时系统已经完全能实现，所以叫实在系统。

3. 按系统的功能分类

按照系统功能，即按照系统服务内容的性质分类，可把系统分为社会系统、经济系统、军事系统、企业管理系统等。不同的系统为不同的领域服务，有不同的特点。系统工作的好坏主要看这些功能完成得好坏，因此这样的分法是最重要的分法。

4. 按系统和外界的关系分类

按系统和外界的关系分类，可以分为封闭式系统和开放式系统。封闭式系统是指可以把系统和外界分开，外界不影响系统主要现象的复现，如我们在超净车间中研究制造集成电路。开放式系统是指不可能和外界分开的系统，如商店，若不让进货，不让顾客来买东西就不称其为商店。或者是可以分开，但分开以后系统的重要性质将会变化。封闭式系统和开放式系统有时也可能互相转化。我们说企业是个开放式系统，但如果把全国甚至全球都当成系统以后，那么总的系统就转化为封闭式系统。

5. 按系统内部结构分类

按系统内部结构分类，可把系统分为开环系统和闭环系统。开环系统又可分为一般开环系统和前馈开环系统，见图3-12(a)。闭环系统又可分为单闭环和多重闭环系统，见图3-12(b)，闭环中既可能包括反馈，又可能包括前馈。

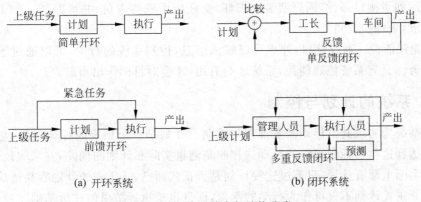

图 3-12 按系统内部结构分类

3.3.3 系统性能的评价

判断一个系统的好坏可以由以下 4 点观察。

(1) 目标明确。每个系统均为一个目标而运动。这个目标可能由一组子目标组成。系统的好坏要看它运行后对目标的贡献。因而目标明确合适是评价系统的第一指标。

(2) 结构合理。一个系统由若干子系统组成,子系统又可划分为更细的子系统。子系统的连接方式组成系统的结构。连接清晰,路径通畅,冗余少等,以达到合理实现系统目标的目的。

(3) 接口清楚。子系统之间有接口,系统和外部的连接也有接口,好的接口其定义应十分清楚,见图 3-13。

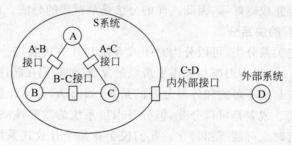

图 3-13 系统接口图

例如,世界各国组成的系统,各国之间发生交往均要通过海关进行,海关有明确的人员和货物的出入境规定。再如,工厂和原料供应单位,工厂和运输部门之间接口都有明确规定。例如,一个玻璃厂委托铁路运玻璃,按照铁路规定,玻璃要用木架装好,内填稻草或其他填料,铁路要保证防震达到一定水平。工厂有责任包装好,铁路有责任维护好。如果工厂包装达到了接口条件,因野蛮装卸损坏,责任应由铁路方负,并应赔偿。如工厂包装未达到要求,责任应自负。

(4) 能观能控。通过接口,外界可以输入信息,控制系统的行为,可以通过输出观测系统的行为。只有系统能观能控,系统才会有用,才会对目标作出贡献。

3.3.4 系统的计划与控制

任何系统为实现其目标均需要计划与控制。计划是一个预定的行动路线,它表示出目标和为达到这些目标所必需的行动。控制是测量实际和计划的偏差,并采取校正行动。任何组织实际上都有计划,只不过这种计划是否正式而已,非正式的计划容易造成不一致和不完全。正式计划不仅可作为行动的纲领,而且也是执行结果的评价基础。

设置目标是计划的第一步。计划中所用的名词十分混乱,我们将它们稍加区分,较精确的定义示于表 3-2。在制定计划中上述名词的相互关系见图 3-14。

表 3-2　有关系统的概念的定义

名　　词	定　　义
使命	成立该组织的根由,如创办某名校的根本缘由是培养顶尖人才
愿景	达到目标后的环境描述,想象的未来的情景
目的	将要完成什么任务的说明,如不增加人力,又不增加顾客所耗时间的服务
战略	达到目的的总途径,如改善服务手续
目标	要达到的能预测结果的说明,如缩短接到用户电话请求到服务完成的时间
计划和预算	达到目标的具体行动和活动的调度进度表和费用,如修改电话预约和服务手续,改善医疗设备的利用率
政策	伦理道德可接受的行为界限、决策界限和标准,如系统接口原则

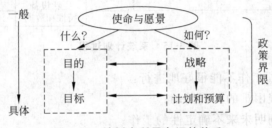

图 3-14　计划中所用名词的关系

一个企业的目标可能是利润、市场占有率、销售额、库存和产量等。一个企业的目的和目标要经过企业中有关人员的讨论才能达到。这种讨论受到现有组织结构和人员情况的约束很大,企业的内在矛盾影响目标的稳定性,因而留有一定的松弛度,以应付变化,这是很必要的。

计划是由远至近、由面至点分层进行的。一般来说,一个系统的计划都有以下几层。

(1) 战略计划(5 年及以上):企业应当进入什么行业领域?如何筹集资金?如何分配稀有资源?

(2) 策略计划(1～5 年):实现长期计划的投资模型是什么?如何决定设备位置、扩建、停用,以使利润最大?

产品系列中应增加、减少什么产品?最佳产品价格模型是什么?

(3) 运行计划(1～12 月):原料获得、库存水平、分配系统结构、路线和模式,怎样使运行最优?怎样和长期计划衔接?

(4) 调度和发放(现时):当前设备运行的顺序是什么?怎样吻合下一周期的运行要求?

对于一个系统来说,其计划过程参见图 3-15。

系统计划过程本身就是一项系统工程性工作,有时也是耗时耗资最多的工作,往往由

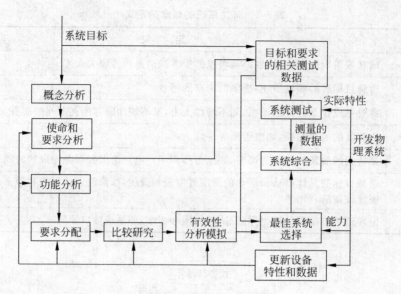

图 3-15 系统计划过程

于以下一些原因使这项工作不能很好地进行:
(1) 计划是一项很困难的认识活动;
(2) 计划是一项阐明未来不确定性的工作;
(3) 计划减少了行动的自由,受约束者不愿要计划;
(4) 计划是一项很紧张的工作;
(5) 计划在计算上是冗长乏味的;
(6) 计划做了,常常是放到一边没有用。

因为完成计划是如此之难,所以用手工制定及维护一个计划是很困难的。大型完善的计划都需要计算机进行强有力的支持。大型系统工程项目成功的重要原因是因为有强有力的计划技术支持。

当前我国部分企业对计划产生了错误认识,因而不重视计划。计划经济有缺陷,不等于管理上不要计划。恰恰相反,在宏观的市场经济环境下,管理的计划更应受到重视。自由经济高度发达的美国,还认为"阿波罗"登月的成功主要是计划技术的成功,而不仅是科学技术的成功。他们说,21世纪是个计划的世纪,没有计划了做不到的事情,也没有没计划做到的事情。管理不是经济,管理上应十分注重计划。

控制是测量实际和计划的偏差,并采取校正行动的过程。这个过程可以表示于图 3-16。

由图 3-16 可以看出,这个系统可以通过输入的改变,影响系统的输出。通过测量装置得到输出结果,送给控制装置,由控制装置按照一定的规则产生反馈信

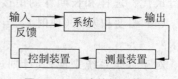

图 3-16 系统的控制模型

号,利用反馈信号来改变输入,以达到控制输出的目的。根据系统内部结构的特性和反馈信号产生规律,闭环系统的输入、输出间有一定关系,不同的关系给以不同的名字,见图 3-17。

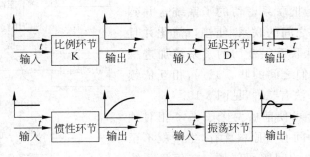

图 3-17 系统的典型环节

这里比例环节的特性是输入和输出间始终保持比例关系,如在价格一定情况下的产量和产值之间的关系。

延迟环节是指输出只比输入落后一段时间,但完全重复输入的情况。例如,生产上的传送带,上带的产品与下带的产品只差一个时差,其他完全一样。再如固定提前期的订货,订货与到货只存在时差。批处理的信息也差一个批处理的时间间隔。

惯性环节是指输出要随输入而变化,但有个惯性的过程。例如蔬菜降价后销售量的上升,生产的发展与人民生活的改善之间,都有个惯性的过程。

振荡环节是最一般的环节,振荡环节至少是两阶的,但也可能是高阶的。振荡环节输入和输出之间的关系比较复杂。在输入为跃阶情况下,输出的变化大致分为三类,见图 3-18。

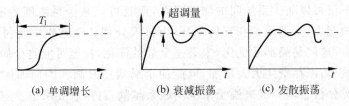

(a) 单调增长　　(b) 衰减振荡　　(c) 发散振荡

图 3-18 振荡环节的各种输出情况

这里第一种情况是单调增长的情况,如果各项参数配合得好,则接近稳定的时间可达到最短,这叫最佳过渡过程。第二种情况,衰减振荡,但能达到稳定,这时输出有一定的超调量,当然我们希望超调量小些,过渡过程短些。超调量小,意味着多余库存空间可以减少。第三种情况是我们最不希望的情况,此时系统输出越振越大,可能产生一会儿脱库、一会儿满库、一会儿停工、一会儿加班的现象。系统究竟是哪种情况,取决于系统本身的参数和反馈环节的参数。因而可以改变反馈环节或改变系统本身,以获得好的运行性能。

为了控制系统的性能,对系统结构进行一些改变常常是有效的,在信息系统中经常应用的方法有分解、归并和解耦三种方法。所谓分解就是把一个大系统按各种原则,把它分解为子系统。所谓归并是把联系密切的子系统合并到一起,减少子系统之间的联系,使接口简化并且清楚。解耦是相互联系很密切的子系统加进一些缓冲环节,使它们之间的联系减弱,相互依赖性减少。解耦的办法有三种,见图3-19。

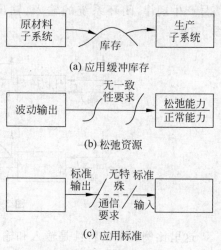

图 3-19 系统解耦的办法

应用缓冲库存可使前后两个子系统相对独立。如在生产线中间有个原料库存,生产就不至于因为原材料输送的问题而停顿。在信息系统中往往用缓冲存储器或暂存文件协调外部设备和主机运行速度的不一致,从而提高了全系统的效率。

松弛资源应用于当一个子系统的输出直接作为另一子系统的输入的情况。这种应用可以使两个系统相对独立。这种材料、能力、时间上的松弛使两个系统不会产生不一致的现象,使得数据处理系统提供额外的报告成为可能。系统分析员和程序员合到一起开会交接任务,会产生较好的效果。他们单独通过文件联系会造成一定的松弛。

应用标准可以把系统间的联系切断,前面系统只要产生达到标准的产品,后面系统只要按照标准接受产品,这样就简化了系统的通信。在管理中的质量标准、成本标准等,在信息系统中的标准代码、标准格式等,充分利用这些标准对系统进行控制是很有效的方法。

利用解耦不仅可以减少系统间的物理联系,而且可以减少系统间的通信。利用解耦可以提高系统的能力,如把采购和支付分开,由每天处理 200 笔卖主支付提高到 300 笔。解耦也有其缺点,这就是局部的优化,未必是全局的优化,甚至可能是全局的劣化,如过分强调生产线的效率,库存费用大大增加,可能使全局费用升高。因而如何利用解耦,还要根据具体的情况分析。但一般来说子系统间联系越紧,对控制要求也就越高,如日本的零库存生产线。子系统之间的联系越松,系统间的通信要求越少,越有利于调动子系统的积极性。

3.3.5 系统的集成

1. 系统集成的概念

系统集成是为了达到系统目标将可利用的资源有效地组织起来的过程和结果。系统集成的结果是将部件或小系统联成大系统。单个微机一般不能算是系统集成,把多个微机用网络连接起来就可算是系统集成。把 CAD(计算机辅助设计)、CAM(计算机辅助制造)和 MIS 连通,这当然属于系统集成,而且是比微机联网更高级的集成。

系统集成在概念上绝不只是连通,而是有效地组织。有效地组织意味着系统中每个部件得到有效的利用,或者反过来说,为了达到系统的目标所耗的资源最少,包括开始的设备最少和以后的运行消耗最少。系统集成是要达到系统的目标,这个目标总是要达到 $1+1>2$,即系统的总效益大于各部件效益之总和。事实上对于信息系统而言,集成的系统所完成的效益是每个分系统单独工作所无法完成的,因而是 $1+1\gg 2$。

系统集成为什么当前显得这么时髦,关键在于它的重要性。正像我们前面所述,如果没有系统集成,各部件的效益均无法发挥。所以它成了实现系统效益的瓶颈。另外又在于它是系统上的系统,是复杂的系统,是关系全局的系统,因而它影响面大。我国现在大多数企业的信息系统没有发挥应有的效益,企业买了各种各样的软件、硬件,可是没有发挥系统的作用,只把它当成一个大的打字机使用,这都是因为集成不好所致。

2. 系统集成的分类

像其他任何对象的分类一样,由不同的角度可以把系统集成分为不同的类型。

1) 按优化程度分类

按优化程度,可将系统集成分为连通集成、共享集成和最优集成。

(1) 连通集成,顾名思义就是首先保证设备能互相连通。这个要求好像是出自网络的要求。尽管微机桌面处理、用户友好的软件以及一些通信设备能很好地工作,但连通的目标仍然是很难实现的。连通性(connectivity)是指计算机和计算机基础的设备在无人干涉的情况下相互通信和共享信息的性能。缺乏连通性的情况是很多的。如:

① 微机经常不能从主干机器或其他品牌的微机取得信息;

② 有些公司有多种 E-mail 系统,彼此不能通信;

③ 由于各个国家有自己的通信规范,跨国公司很难建立其全球网络。

连通性不只是联网而已,另外的一些性能也应具有。例如应用程序兼容性,同样的软件可应用于不同的机器上;移植性,由老一代软件移植到新一代软件上;合作处理性,利用主干机、部门机和微型机联网,解决同一个问题;信息兼容性,在不同的硬件平台和软件应用程序间共享计算机文件;互用性,软件应用程序应用于不同的硬件平台,而又维护一样的用户界面和功能的能力。所以在一个大的计算机系统中连通性的要求是很多的,当前的大多数系统均没有达到理想的程度。

(2) 共享集成是指整个系统的信息能为系统中所有用户所共享。这种要求看起来很容易做到,但实际上是很难的。一般来说这里应当有个共享的数据库,其内容为全组织共享,而且要维护到最新状态。除此之外,所有用户的数据在有必要时,也容易接受其他用户的访问。共享集成还可以包括应用软件的共享,在网络上提供很好的软件,用户容易应用或下载,不必要每台机器均独立装设许多软件等。

(3) 最优集成是最高水平的集成。理想的集成,也是很难达到的集成,一般只有在新建系统时才能达到。在新建系统时,要很好地了解系统目标,自顶向下,从全面到局部,进行规划,合理确定系统的结构,从全局考虑各种设备和软件的购置,达到总经费最省,性能最好。实际上随着时间的推移,环境的改变,原来最优的系统,后来已偏离最优了。在开始设计时它是最优的,建成以后已不是最优的了。所以最优系统实际上是相对的。追求最优的努力应该一直继续下去。

2) 按范围分类

按范围分类,可分为技术集成、信息集成、组织人员集成和形象集成。

(1) 技术集成主要是达到技术上的连通,解决技术上的问题,如合用性、可取性、响应时间、满足要求的功能以及容易操作等。

(2) 信息集成要达到数据共享,要解决数据上的问题,如不正确性、过时、不合适的单位、没有索引、不够合用和难以获得等。

(3) 组织人员集成是将系统融合于组织中,成为相互依赖不可缺少的部分,要解决人的问题,如系统难用、系统难学、系统总是工作不正常、系统总出错、系统难以预料等。系统难用,对组织来说,包括不解决实际问题,不能和组织或人员配合解决问题,不能适应变化等。

(4) 形象集成是要将信息系统集成于企业形象之中,成为企业的骄傲。形象系统本身就是信息系统,信息系统也要注意自己的形象。往往一个企业信息系统应用很成功,但信息系统给人的形象很不好。如企业的主页没内容或不更新,企业的信息不那么容易得到;企业信息人员给人的形象不好,服务不好等。这些不好的形象将会给客户一种印象,即企业的管理水平不高,从而使客户对企业的产品失去信心。信息系统也要时刻注意自己的形象,使之和企业的形象在艺术上达到融合。

3) 按具体程度分类

按具体程度,可将系统集成分为概念集成、逻辑集成和物理集成。形象地说,概念集成是看不见摸不着的;逻辑集成是看得见摸不着的;而物理集成是看得见摸得着的。它们一个比一个更具体,但从重要性来说,概念集成是最重要的,是决定一切的。

概念集成是最高层抽象思维的集成。一般来说,它是定性的、艺术的,它确定了解决问题的总体思路。例如,有个公司想搞自己的办公自动化,有的说照搬 IBM,有的说照搬 HP 公司,至于到底仿照谁,很难用科学公式证明谁最好。这与该公司的环境关系很大,甚至与非技术环境关系也很大。例如,这两家公司关系好,相互信任等。所以构成概念集成的依据是经验和知识。可以将这个过程用一个图来做概念上的说明,见图 3-20。

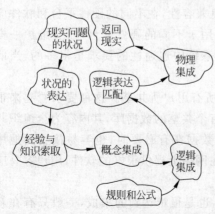

图 3-20 概念集成

由图 3-20 可以看出,现实问题总要经过人的表达,根据这种表达提取经验与知识,接着就要进行概念的集成,首先是定性地给出解决问题的思路,有可能的话,给出定量的边界,勾画出系统集成的模型或框架。然后再利用深入的知识,包括规则和公式,将其深化成为逻辑集成模型,利用逻辑集成模型和状况表达比较,以确定集成方案能否很好地解决这个问题,然后再进行物理集成和实现。只有由概念到逻辑,再到物理集成这条路,才能真正做到最优集成。

集成策略是进行集成的执行途径。往往由于集成策略的不正确,很好的集成思想无法得到实现。什么是集成策略,我们可以举几个例子说明。例如某个信息系统公司向用户推行其系统,其策略可能有以下几种。

(1) 共同开发:用户介入到起动、开发以及集成各个阶段。
(2) 服务于用户:用户只介入起动和集成。
(3) 推向用户:用户介入开发和集成。
(4) 卖给用户:用户只介入集成。
(5) 征用用户:用户只介入开发。

由此可以看出不同策略差别会很大,不同策略将导致不同的结果。

集成策略是一个过程,往往包括几个阶段的组合。例如,包括教育用户、系统装设、应用程序集成等。

3.3.6 系统理论的发展

系统理论不是研究孤立的事物。它研究把孤立事物联系起来所形成的新问题。这些问题是不同于孤立存在的事物的问题。系统理论的学科研究有三个层次:系统思想、系统科学和系统工程。

系统思想是系统研究的最高层次。它是一种思路,一种概念。系统思想,可以说人类很早以前就有了,人们在实践活动中总结了经验,找出了规律,形成了思想、概念。中国古代许多思想家,早就有了系统思想。如大禹治水、李冰修建都江堰等。欧洲早期的哲学家也早就有了系统思想,如古希腊辩证法奠基人之一的赫拉克里特(公元前500年)在《论自然》一书中写道:"世界是包括一切的整体。"古代的这些系统思想,至今我们阅读起来,仍感到十分深刻。系统思想和系统科学是不同的。它不要求严格的逻辑推理和实验验证,它主要根据经验归纳、创造性的思维去定性地把握事物的走向。它重视透过事物的表面现象,抽取事物深层面的概念,透过个别事物去抓住整体的特征,从而建立自己的概念框架。系统科学则是利用当代科学的一切成就,把系统工作由艺术、经验变为科学的过程。科学的特点是什么?科学追究原因,科学建立起一套逻辑推理机制,科学推出的结果是可信的,是真实的。科学主要是明因、明理。而系统思想主要是知向和创意,所以系统思想在某种程度上也可以说是系统哲学,是研究科学和工程背后的"科学"。系统思想的重点是在创意和概念框架,因而当代的一些研究就逐渐集中于创意的模式研究上。

较有名的如切尔兰德(P. B. Checkland)的软系统思想(soft system thinking)。他给

出的模型见图3-21。

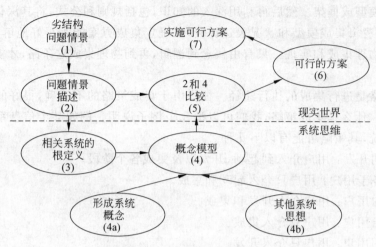

图 3-21　软系统思想模型

"根"是基因内核的意思。它是形成系统最基础、最根本、最重要的成分。由它发展就可以形成系统。

软系统思想主要研究解决的是非结构化的问题,也就是最随意、最无规则的问题。这类问题只可能凭经验和艺术来解决,而无章可循。这里给出了用系统思想的模型来解决这类问题的步骤。也就是说,它不可能给出问题的解答,而只是给出了如何思考着手解答这个问题的途径。这是一种方法,按照这个方法就能较好较快地接近问题的解答。

由图3-21可以看出这类问题的解决步骤是:首先,确定这个问题是非结构性问题(1);对此问题进行描述(2);然后和相关系统的"根"进行比较(3);再参照其他系统思想(4b);形成系统概念(4a);构建出问题的概念模型(4),这里得到的思想上的概念模型只是初步的;用它和本问题的情景比较(5);然后,得到可行的方案(6);再去实现可行的方案(7)。这个7步模型的3、4步是在系统思维世界,其他各步则在现实世界。

近代的问题越来越复杂,越来越注意问题软的方面的研究。我国钱学森院士提出的综合集成法(meta-synthesis),就是这方面的典型代表。综合集成法是在简单集成基础上的综合,它强调把情报、资料、信息、知识和人的经验一起集成起来。它的第一步是提出问题和形成经验性假设,这是最重要的阶段。它强调充分发扬民主、畅所欲言、相互启发、大胆争论,把专家的创造性充分激发起来。这实际上也是一种形式的头脑风暴法。它的第二步就是验证这些假设,可能否定或肯定,也可能修改以后得出新的假设再来验证。在这个阶段,强调充分利用数学科学、信息科学、控制科学、计算机科学以及系统科学所提供的各种有效方法和手段,如系统建模、仿真、优化等。这种方法实际上是强调了艺术经验和科学方法的混合应用。在这个方法中还应用了研讨厅体系,这实际上是在群体决策支持系统支持下的电子会议室。

系统科学是利用科学方法来解决系统问题的。科学的特点在于明理、演绎、验证和求真。就是说应当知道道理，应当可以进行符合逻辑的推导，应当可以验证，可以求得真实的规律。管理科学是利用当代自然科学的一切成就来解决管理问题的过程，系统科学就是利用当代自然科学的一切成就来解决系统问题的过程。系统科学的大发展时期是20世纪80年代，是在40年代计算机科学、50年代信息科学和控制科学、运筹学和管理科学等基础上发展起来的。随着系统科学的成熟，系统论、信息论和控制论就成为那个时代的软科学的基础——"老三论"。20世纪末，由于系统越来越复杂，也由于自然科学又有许多新进展，复杂系统理论成了研究的焦点，它呼唤着更高级理论的出现，逐渐出现了"新三论"，即耗散结构论(dissipative structure theory)、突变论和协同论(synergetic theory)。实际上"新三论"均是研究开放系统中某一组织通过和外界不断地交换能量、信息和物质后，自身内部的控制参量达到某一阈值时，系统可能由无序转化为有序状态，因而"新三论"又称为自组织理论。自组织是在自适应的基础上产生的，复杂系统具有自适应能力，自适应又创造了复杂性。进一步深入研究复杂系统结构的演变，20世纪90年代，西方兴起了非线性科学热。非线性科学中的分形、分维和混沌理论(chaology)，又被称为"新新三论"。不管它是否达到了这种程度，但是混沌开始之处，就是经典科学终止之处。非线性的研究正在消除决定论和概率论两大对立描述体系的鸿沟。

系统工程是用当代工程技术的一切成就来解决系统问题的。工程的特点是按质、按量、按时地完成任务。如果说系统思想主要是定性研究，系统科学是定性定量结合的话，系统工程最后一定要定量。系统工程力求100%地达到目标。定量、准确是系统工程区别于系统思想和系统科学的主要特点。系统工程十分重视实施、注意计划。大型系统工程项目，如"阿波罗"登月计划、三峡工程的成功，绝不只是工程技术的成功，更重要的是计划技术的成功。

无论是系统思想、系统科学，还是系统工程，针对的目标都是系统。它们都是从整体出发，综合考虑，全面分析，这很像古代的整体论，但它们也同时使用当代的还原论，把事物分解后，先解决局部再解决整体。在方法上也是综合的。系统理论正朝着综合的知向、明理、精成的方向发展。

习题

1. 管理的定义是什么？管理和其他学科在性质上的区别是什么？

2. 在管理理论发展的历史中几个主要的关键的论点是什么？其代表人物是谁？当前有什么新的管理论点会对管理产生很大的影响？

3. 根据你自己对管理的理解，可否构思出一幅管理的概念构架？写一篇"论管理"或"管理论"的文章。

4. 什么是数据？什么是信息？试举几个实用的例子加以描述。

5. 信息有哪些基本性质？哪些性质和物质的性质不同？为什么？
6. 信息的价值如何衡量？如何才能正确地实现其价值？
7. 信息是否有生命周期？如何把握生命周期使信息更好地发挥作用？
8. 信息管理有什么内容？试述我国企业在信息管理上的问题。
9. 什么是系统？没有目标的相互联系的事物是否系统？为什么？
10. 用什么指标来衡量系统的好坏？
11. 管理信息系统是什么样的系统？它有哪些系统的特点？
12. 试论计划与控制对系统的重要性，如何才能正确地实施计划与控制。
13. 参考几本系统科学或系统工程的书，对系统的概念进行再思考，论述系统的性质和特点，阐述系统概念的新发展。
14. 什么是系统集成？信息系统的集成和计算机网络的集成有何不同？
15. 信息系统有几种分类方式？每种方式的长处和问题是什么？当前系统集成分类还存在什么问题？
16. 系统集成的策略应当包括什么内容？如何检验系统集成的成功与否？
17. 系统学科正朝什么方向发展？有哪些自然科学的新成就会对系统科学的发展产生重大影响？
18. 管理信息系统的基础理论还有哪些？

Part 2 第 2 篇

技 术 篇

第 4 章　计算机系统和硬件
第 5 章　计算机软件
第 6 章　数据库和数据仓库技术
第 7 章　通信与网络

科学技术是推动社会进步的动力,而技术是生产力的核心。从根本意义上说,人类的进步是由科学技术引起的,经济、社会、政治的进步也是由科学技术引起的。尤其在当代,新技术一日千里,使世界的面貌日新月异。对于管理者来说,不能不重视这个现实。多学些技术,多了解这个关键因素,多知道技术的潜力,是十分必要的。

学习任何一种技术都有三个层次,一曰知道(know),二曰知识(knowledge),三曰技能(skill)。由于本书的宗旨,我们把重点放在第二层而非第三层上。如果有读者希望掌握到第三层次,还需参考有关计算机技术的专业书籍。第二层次并不是比第三层次低,只是目标不同而已。相反,学好第二层次在某些方面比第三层次更难。它要求在不太清楚细节的情况下,准确地掌握概念,能更宏观地掌握本质,正确地应用它,作出正确的决策。

信息技术是所有新技术的核心。本篇所介绍的信息技术主要有计算机硬件、软件,网络和数据库,见图Ⅱ-1。

图Ⅱ-1　信息技术内容

＃ CHAPTER 4 第 4 章

计算机系统和硬件

4.1 计算机的发展

4.1.1 计算机的创始与发展

1. 从原始计数法到机械计算机

在远古时代,人类首先从自身找到了最原始的计数工具——手,用手指来计数。为了能表达比 10 根手指更多的数目,古代人们想出第二种计数工具——石子。石子、贝壳、绳结、木棒不但作为统计财产、人数、猎物的工具,还能保留统计的结果,这是现代计算机原理中存储思想的最初萌芽。

约 1 000 多年前,东方文明古国——中国开始使用算盘,这是世界上最古老的、流传最广的计算工具。古代算盘是用小棒(或石子、金属块等)排放在不同位置上,表示不同的位权,并按此进位与借位。可见,那时已经有了进位计数的概念。

1642 年,19 岁的法国数学家布莱斯·帕斯卡(Blaise Pascal)发明了装有手转圆轮的机械加法器。

帕氏加法器里,一个圆轮代表一位数。轮上分为 10 个相等部分,刻有 0~9 十个数字。做加法时,顺时针转动圆轮,当转到 0 刻度,便自动将高位圆轮带进一格。帕氏加法器用纯粹机械运动代替人们的思考和记录,表示人类开始向自动计算工具的迈进。为了纪念他,程序设计语言 Pascal 就是以他的名字命名的。

现代计算机的先驱者是英国的数学家查尔斯·巴贝奇(Charles Babbage)(1792—1871)。1833 年在他的微分分析机(differential analyzer)的设计方案中,他天才地提出了计算工具至少必须具有 5 个独立的部分。

(1) 输入部分:送入需要处理的问题和信息。
(2) 存储库:保存信息,以便机器使用。
(3) 运算室:能进行各种实际的运算。
(4) 控制器:指挥机器按顺序工作。
(5) 输出部分:送出问题处理的结果。

这台机器仍属于机械计算机,但是他的思想在当时确实太先进了,直至一百多年后才开发了电子计算机。巴贝奇的许多观点被一位女伯爵、著名的女诗人 Augusta Ada Byron

记载下来,并深入分析。她可以算是世界上第一个计算机程序设计员,程序设计语言 Ada 则因她的荣耀而命名。

世界上第一台电子计算机诞生于 1946 年。它的诞生标志着计算工具随着世界文明的进步飞跃到一个崭新的阶段。这台可操作的电子数字计算机称为 ENIAC(electronic numerical integrator and calculator),由美国宾夕法尼亚大学的 John Mauchly 和 J. P. Eckert 发明。ENIAC 是个庞然大物,它占地 170 平方米,重量超过 30 吨,并使用了多于 18 000 个真空电子管,耗资 40 万美元。

2. 电子计算机时代

电子计算机时代的划分如下。

第一代是真空电子管计算机,时间大约为 1951—1958 年。其基本电子元件是电子管,内存储器(计算机主机内存放信息的存储器称为内存储器,简称内存)采用水银延迟线,外存储器(计算机主机外的存储器叫外存储器,简称外存,它比内存容纳的信息多很多,但运行速度慢)有纸带、卡片、磁鼓、磁带等。由于当时电子技术的限制,运算速度为每秒几千次至几万次基本运算,内存容量仅几千字符,计算机程序设计语言还处于最低阶段,要用二进制码表示的机器语言进行编程,工作十分烦琐。因此,第一代电子计算机体积庞大,耗电多,难维护,并且造价很高。

第二代是晶体管电子计算机,时间大约为 1959—1963 年。美国有名的贝尔实验室在 1948 年发明了晶体管器件,10 年后晶体管取代了计算机中的电子管,晶体管电子计算机诞生了。此时内存的元件大量使用磁性材料制成的磁芯存储器。外存有了磁盘、磁带,外设种类增加。计算机运算速度从每秒几万次提高到几十万次,内存容量扩大到几十万字。与此同时,计算机软件有了较大发展,出现了高级程序设计语言,用它编制程序执行时,需先经过编译程序,把程序翻译成机器语言,再由计算机实现。此外还发展了一些单道和多道管理程序,及各种调试、诊断程序,批处理系统也已逐步形成。与第一代计算机比较,晶体管计算机体积小,成本低,逻辑功能强,可靠性大大提高。

第三代是集成电路电子计算机,时间大约为 1964—1979 年。随着固体电子技术的发展,集成电路工艺技术已可以在几平方毫米的单晶硅片上集中,由十几个甚至上百个电子元器件组成逻辑电路。用这些称为小规模集成电路(small-scale integration, SSI)的器件作为计算机的主要逻辑器件,这是第三代电子计算机的标志。第三代计算机的运算速度进一步提高,每秒可达几十万次到几百万次,磁芯存储器进一步发展,体积缩小,价格降低,软件逐渐完善,多道和分时系统的出现标志着操作系统的正式形成,并出现了多种高级语言。这一时期,计算机同时向品种多样化、机种系列化发展,计算机性能和可靠性有了极大提高。

第四代是大规模集成电路电子计算机,时间为 1979 年至今。由于计算机的逻辑器件采用了大规模集成(large-scale integration, LSI)和超大规模集成(very large-scale integration, VLSI)技术,能在一个芯片上集成成千上万个晶体管和其他电路元件。集成度很高的半导体存储器代替了早年的磁芯存储器,存储容量从几兆字节发展到几千兆字节,存取速度也大大加快。LSI 和 VLSI 技术使微处理器的开发获得成功,它能使 CPU 的全部线路,集成在一个芯片上,并达到每秒可以处理百万条指令的速度。带有微处理器的微型计算机和各种外围设备,以及易于使用的系统软件和应用软件包,组成了微型计算机系统(PCs)。随着计算机的广泛应用,计算机网络已成为第四代计算机的标志。

目前正在研制开发第五代计算机系统。

4.1.2 计算机的分类

计算机技术的发展使计算机的分类问题变得复杂化了,比如根据用户的需求及一些技术特征,我们可以把计算机分成微型计算机、小型计算机和主干计算机,同样根据应用的分类可以是主计算机、网络服务器和工作站。

分类也可能根据不同的计算平台以描述相关的计算能力。因此计算机分类与它们的计算速度和存储能力以及支撑的外围设备的数量和能力有关。但是还是可以发现某些微型计算机的能力超过小型机,而某些小型机的能力超越主干计算机。因此计算机的分类往往相互渗透。专家们还指出,微机系统网络越来越显露出计算能力和多种应用能力的加强。

计算机制造商一般按系列生产计算机系统。因此计算机系统因不同的速度、存储容量以及其他能力可以有各种型号,以适应用户信息处理的不同需要。同一系列中的大多数计算机是兼容的,也就是说,所写的程序只要稍做修改甚至不用修改,就可以在同一系列其他型号的机器上运行,这就是允许用户在需求增长时,可将应用移植到同一系列的更高型号的机器上,称为系统的向上兼容性。但是,专家们预测,这种生产格局将随着计算机网络的发展被打破,计算机的兼容性更强、更可靠。任何一种都可以与网络连接,使网络用户能共享软件、共享信息、共享各种输入/输出设备,如打印机、绘图仪等各种网络资源。

下面按计算机应用领域把计算机分为面向个人的计算机、面向服务的计算机和面向专用领域的计算机。

1. 面向个人的计算机

(1) 桌面式计算机(desktop),传统意义中所指的计算机,不便于移动,大多由主机箱、显示器和键盘、鼠标组成,近年来也逐渐出现屏幕与机箱整合的一体化设计,相比便携式计算机性能较强。运行桌面式操作系统(Desktop OS),如 Windows 7、桌面 Linux、MacOS 等,多用于处理办公软件、数据库管理、图像处理、音视频处理、大型游戏、工程设计等类型软件。

(2) 便携式计算机(laptop),即通常所说笔记本电脑,和桌面式计算机具有相同设计,拥有电池,支持脱离固定电源使用,体积和重量都有较大优势,近年来随着生产成本降低,已经成为个人电脑的重要组成部分。Intel 提出的超级本即为更轻薄便携的笔记本电脑。

运行软件与桌面式计算机类似，但是由于其便携特性，性能弱于桌面式计算机。

（3）瘦客户机（thin client），多用于虚拟化桌面或者终端式服务，外观与桌面式计算机相似，具备显示器、输入输出设备，没有或仅有非常有限的处理能力，具有接入网络的功能，计算资源和存储由统一的基础设施提供，多用于基础设施集中化管理的企业、学校等。

（4）个人数字助理（personal digital assistant/PDA），又称为掌上电脑（palmsize），以运行个人事务助理程序，如日程、邮件、待办事宜等得名，但已经逐渐被现有的智能手机所取代。

（5）智能手机（smartphone）与平板电脑（tablet），统称为智能便携终端，通常具备移动网络访问功能，运行移动操作系统，以便携的外形和长时间的使用时间为特点，在音视频播放、照片视频拍摄、个人事务助理、网页浏览、文本阅读、轻量级游戏等领域完全可以取代传统计算机的功能。

（6）穿戴式计算机（wearable），为可穿戴于身上外出进行活动的电脑，由轻巧的装置构成、利用手表类小机械电子零件组成，更具便携性，尚处于实验领域。以Google Glass为代表。

2. 面向服务的计算机

（1）PC服务器，多用于数据中心或网络节点，提供服务级应用支持，相比个人计算机更强调处理能力、稳定性、可靠性、安全性、可扩展性、可管理性。依照放置方式又可分为塔式（tower）、机架式（rack）、刀片式服务器（blade）等。

（2）小型机、中型机、大型机，多指运行UNIX系统的计算机，架构与PC服务器存在区别，一般拥有更高的可靠性、可用性和服务性。现阶段由于虚拟化和分布式架构的推行，PC服务器性能与稳定性也在提高，因此行业中正在提出"去小型机化"的理念。

（3）超级计算机，依照其规格和性能定义。通常意义上指运算速度达到每秒一万亿次以上的计算机，常用于需要大量运算的工作，譬如天气预测、气候研究、运算化学、分子模型、天体物理模拟、汽车设计模拟、密码分析等。

3. 面向专用领域的计算机

面向专用领域的计算机是指针对某个特定的应用，如针对网络、通信、音频、视频、工业控制等，为了满足特定的应用对功能、可靠性、成本、体积、功耗的严格要求，其软硬件一般可裁剪，而且强调设备的稳定性与可靠性，因此多使用嵌入式技术。嵌入式系统一般由嵌入式微处理器、外围硬件设备、嵌入式操作系统以及用户的应用程序四个部分组成。嵌入式系统具有便利灵活、性能价格比高、嵌入性强等特点，可以嵌入现有任何信息家电和工业控制系统中。从软件角度来看，嵌入式系统具有不可修改性、系统所需配置要求较低、系统专业性和实时性较强等特点。

4.1.3　计算机的发展趋势

作为信息系统的最终用户，认识到计算机系统的发展速度飞快是很重要的。这些发展趋势在计算机的每个重要阶段已有所体现,并将继续发展下去。计算机过去的发展基本上符合著名的"摩尔定律",摩尔定律是由英特尔创始人之一戈登·摩尔(Gordon Moore)于1965年提出来的,当时是用于预测集成电路上可容纳的晶体管数目的发展规律。目前广为流传的"摩尔定律"版本为:集成电路芯片上所集成的电路的数目,每隔18个月就翻一番;微处理器的性能每隔18个月提高一倍,或价格下降一半;用一个美元所能买到的电脑性能,每隔18个月翻两番。计算机未来发展主体上仍然是向着体积更小、速度更快、性能更强更可靠、购买与维护成本更低的方向发展。

表4-1 计算机能力和特征的主要趋势

项 目	第一代	第二代	第三代	第四代	第五代
大小(典型计算机)	房间大小(主干计算机)	储藏室大小(主干计算机)	桌子大小(小型计算机)	台式和便携式(微型计算机)	信用卡大小(微型计算机)
器件	真空电子管	晶体管	半导体集成电路	大规模集成电路	超大规模集成电路,超导电路
密度(器件数/每个线路)	单个	上百个	几千个	成千上万	几百万个
速度(执行指令数/每秒)	几百条	几千条	几百万条	几千万条	几亿条
可靠性(线路的失误率)	几小时	几天	几星期	几个月	几年
存储(字符容量)	上千	上万	成千上万	几兆	几亿
价格(美元/每百万条指令)	10	1	0.1	0.001	0.000 1

4.2 计算机的运算基础

4.2.1 计算机系统原理

1. 冯·诺依曼计算机结构的基本思想

迄今,世界上各类计算机的基本结构大多数建立在冯·诺依曼(Von Neumann)计算机模型基础之上。美籍匈牙利数学家约翰·冯·诺依曼曾作为美国阿伯丁试验基地的顾问参加了ENIAC机的研制工作,得到很多启发。1947年他在自己领导的计算机研制小组进行新方案的设计过程中,汲取了科学家们长期艰苦研究成果的精华,明确提出了两个极其重要的思想:存储程序和二进制。

任何复杂的运算都可以分解成一系列简单的操作步骤,这些简单操作应是计算机能直接实现的被称为"指令"的基本操作,如加法指令、减法指令等。解算一个新题目时,先确定分解的算法，编制运算过程，选取能实现其操作的适当指令，组成所谓"程序"。如果把程序和处理问题所需的数据均以计算机能接受的二进制编码形式预先按一定顺序存放到计算机的存储器里，计算机运行时从存储器取出第一条指令，实现第一个基本操作，以后自动地逐条取出指令，执行一系列的基本操作，其结果是完成了一个复杂的运算。这就是存储程序的基本思想。

"二进制"的基本思想是：计算机指令和数据均以二进制编码的形式存储。精通数学的冯·诺依曼提出了计算信息可以采用二进制。二进制只有"0"和"1"两个数符，用计算机电子器件的截止和饱和两个稳态，即高电平和低电平来表示"0"和"1"，其实现非常容易，并且二进制运算规则远比十进制简单，这样使计算机结构大为简化，运算速度大大提高。

2. 计算机系统的基本结构

"存储程序"原理和"二进制"奠定了现代计算机设计的基础和计算机的基本组成与功能。因此计算机不仅是一个完成各类信息处理任务的集合体，而且是一个"系统"，是一个能执行如输入/输出处理、存储和控制这些基本系统任务的、有内在联系的电子部件的结合。因此，计算机是提供给终端用户的功能极强的信息处理工具。能认识到计算机是一个计算机系统，对于有效使用及管理计算机都是极其重要的，无论面对一台微型计算机，还是面对大型的计算机系统，以及面向经远程通信网络连接起来的跨地域的各种设备（包括计算机），都把它们作为系统看待。

图 4-1 就表示组成一个计算机系统的硬件设备，这些设备组成的计算机系统可以实现以下功能。

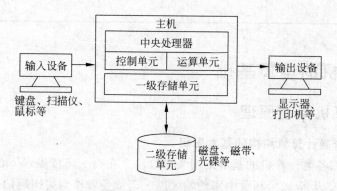

图 4-1 计算机系统组成

（1）输入：计算机系统的输入设备，包括键盘、触摸式大屏幕、光笔、电子鼠标器、扫描仪、动作捕捉、语音输入等，它们将直接、间接或远程输入到计算机系统的数据转换成机器可读的电子格式（0/1 数据代码）。

（2）数据处理与控制：中央处理器（computer processor unit，CPU）是计算机系统的核心部件。在微型计算机系统中,单片超大规模集成电路就形成了微处理器。CPU中的算术逻辑单元(arithmetical and logical unit,ALU)负责计算机的运算任务;CPU中的控制部件是计算机的指挥部,它处理计算机的程序指令和传送方向,实现各功能部件的联系,并控制执行程序。

(3) 输出:计算机的输出设备包括视频显示器、各类打印机,如针式打印机、激光打印机、喷墨打印机、声音应答器等。它们将计算机产生的各类电子信息转换成终端用户可以观察理解的形式,如文字、图形、声音等。

(4) 主存储:计算机系统的存储功能由计算机的一级存储单元及二级存储单元组成。一级存储单元亦称为主存储器,主要是由半导体器件组成,存放计算机当前运行的程序和数据。二级存储单元也可以称为外存储器或辅助存储器,主要有磁带、磁盘、闪存、光碟,存放当前不用的海量信息。

(5) 通信接口:随着计算机网络的发展,通信接口设备已发展成计算机的一个必不可少的功能部件,由它实现计算机与通信网络的连接。

总线则连接上述功能部件并在它们之间提供数据资料传送路径、地址信号传送路径与协同操作控制信号传送路径。

4.2.2 计算机中数据表示方法

在日常生活中,人们最熟悉的是十进制,然而,计算机都采用二进制数字系统表示计算机中的数据信息。对计算机中数据信息进行处理的电子线路,其设计的理论基础是逻辑代数(布尔代数),它和普通代数一样,用字母表示变量,但逻辑变量的取值范围只有两个值"0"和"1",也是用二进制表示。

计算机采用二进制具有以下优越性。

(1) 二进制只有两个数字符号"0"和"1",因此在现实世界中很容易找到有两种对立且稳定物理状态的物理器件来表达,如晶体管的导通和截止、磁性器件的剩磁状态。由于状态简单,器件容易设计,且性能稳定,运行可靠。试想要设计一个有10个稳定状态的物理器件是一件多么复杂的工作。

(2) 二进制运算法则简单,只有加法法则:$0+0=0,0+1=1,1+1=10$,求积法则$0\times0=0,0\times1=0,1\times1=1$;甚至求积运算也可以转化为移位求和运算,从而大大简化运算电路。

(3) 由于逻辑变量和二进制一样只有"0"和"1"两个取值,采用二进制可使算术运算和逻辑运算共享一个运算器。

计算机中各种类型的数据表示如下。

1. 数值型数据的表示

在计算机中,位(bit)是最小的数据单位,只能存放一个二进制的"0"或"1",字节(byte)

是一组长度固定为 8 的二进制位的集合,一般一个字节可以存放一个字符,如图 4-2 所示。

一个计算机字,或简称为字(word),是在计算机中作为一个整体被传送和运算的一串二进制数码,它所含有的二进制位数等于字长。目前的微型计算机绝大多数是 32 位字长,我们称为 32 位机,则可在运算器中进行 32 位并行运算,并在总线中进行 32 位并行传送。

在计算机中,储存数据的长度是统一的,不足的部分用"0"填充。例如:在微型计算机中,一个整数可能占 2 个或 4 个字节,一个非整数占 4 个或 8 个字节等。即数据类型确定后,将使用同样的数据长度,而与数的实际长度(二进制的位数)无关。其次,由于数有正负之分,在计算机中,总是用数的最高位表示数的符号,并约定以"0"代表正数,以"1"代表负数。最后,为了节省存储空间,在计算机中表示数值型的数据时,小数点是隐含的,但其位置是固定的,或是可变的。前者为定点数,后者为浮点数。

假设某计算机使用的定点数长度为 2 字节,其中第一个字节的最高位表示数的符号,则该机的数值表示如下例所示。

例 4-1 用定点整数表示 $(213)_{10}$。

已知 $(213)_{10}=(11010101)_2$,故机内表示为

例 4-2 用定点小数表示 $(-0.6876)_{10}=(-0.1011000000001101\cdots)_2$。
(注:因二进制数为无限小数,故自 16 位后略去。)

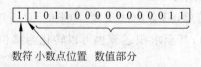

例 4-3 用浮点数表示 $(10.101)_2$。

已知 $(10.101)_2=2^2\times 0.10101$,故机内表示为

2. 字符型数据的表示

人们使用计算机时,通常用十进制数及常用的字母、字符完成信息的输入和输出。但由于计算机只接收和处理二进制数,因此信息必须用二进制编码。所谓编码是用一串二进制数码代表一位十位制数字或一个字符。编码工作由计算机在输入、输出时自动进行。

1) ASCII 码

在数据处理、通信系统和外部设备与主机进行信息交换时,用得最多的是 ASCII 码 (American standard code for information interchange),即美国标准信息交换码,是国际通用的一种字母与符号的编码。它用 7 个二进制数据表示一个字符,共可以表示 128 种基本字符和功能符,具体内容有

(1) 大写字母 A~Z;

(2) 小写字母 a~z;

(3) 数字 0~9;

(4) 可打印的符号,如<、=、?、!等。

(5) 实现某个动作的控制符号,如 NUL、ESC、CR、LF、BEL 等,例如 BEL,其 ASCII 码为 0000011,是报警符,可以产生一个能听见的铃声。

一般的计算机进行字符处理和信息交换时,在 7 个数据位的最左边添上一个奇偶校验位,用于检测电气干扰或设备故障引起的传送错误。例如字母 R 的 7 位码是 1010010,S 为 1010011,若计算机采用偶校验,则它对应的 8 位码是:R 为 11010010,S 为 01010011,添加的原则是使偶校验系统中的全部字符都具有偶数个 1,传送过程中若发现某字符的编码中 1 的个数为奇数,则该码有错。

由于标准的 7 位 ASCII 码能表示的字符较少,不能满足信息处理的需要。近年来,在 ASCII 码的基础上又研制了一种扩充的罗马字符集。它要求用 8 个二进制数据位表示一个字符,一共可以表示 256 种字符和功能符,称为扩充的 ASCII 码。

2) BCD 码

十进制数在键盘输入、打印和显示输出时,往往以 ASCII 码表示,但是数在机器内是以二进制形式进行运算的。如图 4-3 所示的是一个十进制数如何转化成二进制数的表示。

$$10100 \text{ 等于} \quad 0 \times 2^0 = 0$$
$$0 \times 2^1 = 0$$
$$1 \times 2^2 = 4$$
$$0 \times 2^3 = 0$$
$$1 \times 2^4 = \frac{16}{20}$$

位置	5	4	3	2	1
2 的次方	2^4	2^3	2^2	2^1	2^0
十进位值	16	8	4	2	1

图 4-3 十进制数(20)的二进制表示法

因此,除了存在 ASCII 码与 BCD 码之间的转换,也存在着 BCD 码与二进制数之间的

转换,其转换过程均由系统内部的专门程序完成,如图 4-4 所示。

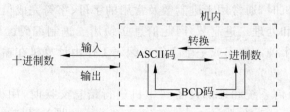

图 4-4　二进制数与十进制数在机器内的转换

3) EBCDIC 码

EBCDIC 码的英文全称为 extend binary coded decimal interchange code。这种二进制编码是由 IBM 公司于 1950 年开发出来的,以 8 个位元(bit)代表任何数字、英文字母和特殊符号。主要用于 IBM 及其他大型机上。

3. 汉字的表示

英文为拼音文字,汉字为非拼音文字。显然,汉字编码远比 ASCII 码要复杂得多。汉字处理的过程也远比英文处理的过程复杂得多。图 4-5 为汉字处理的流程图。

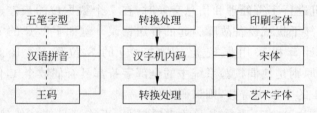

图 4-5　汉字处理的流程图

该处理流程说明,无论是中文字符(汉字)还是西文字符,在计算机内部的表示一律用二进制编码表示,称为机内码,因此,中文处理与西文处理的本质是一样的。但是由于汉字转换成机内码时要有转换标准,于是就产生了国标码,而由于汉字输入较困难,为了便于输入操作,又产生了拼音输入、五笔输入等各种形式的汉字输入码。当汉字输出时,由于汉字是象形文字,具有极大的艺术性,又有各种汉字字形码。有关计算机汉字的各种编码归纳如下。

1) 汉字交换码(国标码)

1981 年,我国颁布了《信息交换用汉字编码字符集的基本集》(代号 GB 2312—80)。它是汉字交换码的国家标准,所以又称"国标码"。该标准收入了 6 763 个常用汉字(其中一级汉字 3 755 个,二级汉字 3 008 个),以及英、俄、日文字母与其他符号 687 个,共有 7 000 多个符号。

国标码规定,每个字符由一个 2 字节代码串组成。每个字节的最高位恒为"0",其余 7 位用于组成各种不同的码值。两个字节的代码,共可表示 128×128＝16 384 个汉字。

2) 汉字机内码

在计算机内,为了实现中、西文兼容,通常将汉字国标码的最高位置 1 来标识机内的某个码值是代表汉字。例如,汉字"大"字的国标码为 3003,两个字节的最高位均为"0"。把两个最高位全改成"1",变成 B083,就可得"大"字的机内码。

3) 汉字输入码

西文输入时,ASCII 输入码与机内码总是一致的,想输入什么字符,便按什么键。但汉字输入则不同。当采用某一种汉字输入法时,同一汉字的输入码也将随之变更。

需要指出,无论采用哪一种汉字输入法,如用拼音输入或五笔输入,当用户向计算机输入汉字时,通过键盘管理程序的转换,存入计算机中的总是它的机内码,与所采用的输入法无关。

4) 汉字字形码

显示/打印文字时还要用汉字字形码。因此汉字库占用的存储空间也较大。例如一个 24×24 的汉字占用空间为 72 个字节,一个 48×48 的汉字将占用 288 个字节。综上可知,汉字处理较纯西文处理需要更多的时间与空间,原因就在于此。

4. 所有文字的通用表示

Unicode 是一种试图容纳全世界所有语言文字的编码方案。国际标准化组织(ISO)和 Unicode 协会(www.unicode.org)都开展过设计 Unicode 的工作,ISO 开发了 ISO 10646 项目,Unicode 协会开发了 Unicode 项目,后来这两个组织合并了双方的工作成果,从 Unicode 2.0 开始,Unicode 项目采用了与 ISO 10646-4.1 相同的字库和字码,Unicode 协会现在公布的最新版本是 Unicode 5.0.0。

Unicode 给每个字符提供了一个唯一的编码,Unicode 标准的出现和支持它的工具的存在,是近来全球软件技术最重要的发展趋势。将 Unicode 与客户服务器、多层应用程序或网站结合,比使用传统字符集节省费用。Unicode 使单一软件产品或单一网站能够贯穿多个平台、语言和国家,而不需要重建。它可将数据传输到许多不同的系统,而且可以正常使用。

Unicode 最初的设计目标为用 16 比特(2 字节)表现全部的文字(即采用 UCS-4.2 格式),在一个字符编码体系中处理多国语言。但由于 2 字节最大只能收录 65 536 个字,后来进行的异体字表现方式的制定,Unicode 变成了部分地使用 3 字节以上的体系,因此现在的 Unicode 是由 4 字节定义的(即 UCS-4.4 格式)。

UTF(UCS transformation format)规范是将 Unicode 编码方案和计算机的实际编码对应起来的一个规则。常见的 UTF 规范包括 UTF-4.8、UTF-4.7 和 UTF-4.16。UTF-4.8 就是以 8 位为单元对 UCS 进行编码,UTF-4.16 以 16 位为单元对 UCS 进行编码。

例如从 UCS-4.2 到 UTF-4.8 的编码方式如下。

UCS-4.2 编码（十六进制）	UTF-4.8 字节流（二进制）
0000-4.007F	0xxxxxxx
0080-4.07FF	110xxxxx 10xxxxxx
0800-4.FFFF	1110xxxx 10xxxxxx 10xxxxxx

例如"汉"字的 Unicode 编码是 6C49。6C49 在 0800-4.FFFF 之间，所以肯定要用 3 字节模板：1110xxxx 10xxxxxx 10xxxxxx。将 6C49 写成二进制是 0110 110001 001001，用这个比特流依次代替模板中的 x，得到 11100110 10110001 10001001，即 E6 B1 89。

5. 音频和视频信息在计算机中的表示

多媒体计算机不仅要处理数值信息和字符型信息，还要处理声音和图像，即音频信息和视频信息。

在一般声像设备中，声音和图像信息通常都表示为模拟信号。但计算机包括多媒体计算机的 CPU 却只能处理脉冲数字信号，即二进制数据。因此，无论音频信息和视频信息，在进入 CPU 以前都要先转换为二进制数据，才能交给 CPU 加工处理；反之，从 CPU 输出的声音/图像信息，也要先从二进制数据转换为音频/视频模拟信号，然后交给声像设备播放。在这些输入、输出过程中，信息的转换都是由声像设备的接口板完成的，即声频接口板（声频卡）完成声频信息的转换，视频接口板（视频卡）完成视频信息的转换。当多媒体计算机运行时，上述转换对用户是完全透明的，不需要用户干预。所以对一般用户来说，只要知道有信号转换，却不必详细了解转换的过程。

目前声像设备正在向数字化方向发展，如数字荧屏、数码摄像机、数码相机等，已数字化的声像设备可以与计算机直接连接，进行声像处理。

4.2.3 计算机运行方式

1. 计算机指令的执行

计算机通过执行程序中的指令进行工作。计算机指令的格式由程序设计语言和计算机的类型决定。指令的最基本格式包含以下两部分。

（1）操作码：指定机器执行的操作（加法、比较、读等）。

（2）一个或几个操作数：指定数据或指令在内存的存放地址，或指示将使用的 I/O 端口和二级存储设备的地址。

一条指令的执行可以分为两个阶段：指令周期与执行周期。指令周期由从主存取指令和控制单元解释指令组成。执行周期执行经解释后的指令指定的操作。图 4-6 简单地说明在指令周期和执行周期的 CPU 中发生了哪些变化。

该指令是一条简单的加法指令，作用是将某个雇员当天的工作时数加到他本周的工作总时数上去，作为计算机指令，则是将主存地址 103 号单元的内容加到累加器的总量上，并将结果存入主存 202 号单元。其执行过程如下。

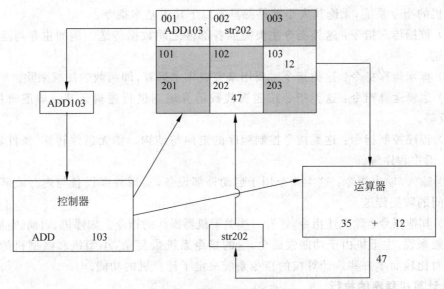

图 4-6 指令执行过程

(1) 指令周期。

① 从主存单元取指令,并暂时存入控制单元的寄存器。在此例中,指令储存在 001 号单元。指令的操作码部分(ADD)移到指令寄存器,操作数部分(103)移到地址寄存器。

② 指令由控制单元的线路解释,这包括用专门的译码线路对指令的操作码和操作数进行译码。

③ 控制单元在 CPU 内准备电子线路,以执行所需要的操作,这个操作包括激活"读"储存在存储单元(103)内数据的线路。

(2) 执行周期。

① 将要处理的数据从内存单元中取到,并暂时存入算术-逻辑单元的存储寄存器内。在这个例子中存储单元 103 中含有数值 0012(12 小时)。

② 由指令指定的操作被执行。在这个例子中,存储寄存器的内容(0012)通过加法器,加到累加器上。在这个例子中假设这一周的工作总量(0035)已由前一条指令储存在累加器中。

③ 将指令执行的结果存入主存储器,在这个例子中,周工作时间的总量是 0047,并将此结果传送到指定的 202 号单元中。

2. 计算机指令系统

对一台计算机来讲,它能够执行的各种不同类型指令,如加、减、存、取等指令的总和称为该机的指令系统。指令系统所包括的指令数目随计算机而异,一般为几十条到几百条。指令系统里的指令越多,计算机功能越强,实现指令操作的线路也就越复杂。但是所有计算机的指令系统,无论其大小繁易都具备以下几类基本指令。

(1) 数据传送指令:这类指令主要完成各部件之间数据传送。例如主存与运算器之间的传送。

(2) 算术运算指令:这类指令主要用来完成算术运算,即两数的加减乘除。

(3) 逻辑运算指令:这类指令按逻辑代数运算规则进行逻辑运算。如逻辑加、逻辑乘、求反等。

(4) 程序控制指令:这类指令控制程序的走向与结构。如无条件转移、条件转移、转子程序、返主程序等。

(5) 输入/输出指令:这类指令用于启动外部设备,实现外部设备与内存或其他外部设备之间的数据传送。

(6) 其他指令:除上述指令,还有一些关于机器操作的指令。如停机、启动、空操作等。

一般来说,主干机由于功能强而全,它的指令系统最复杂,小型机和微型机的指令系统则相对比较简单一些。计算机的指令系统决定了计算机的功能。

3. 计算机程序的执行

当前一条指令执行完毕后,计算机将自动转入下一条指令,重复指令周期和执行周期,直到一个程序的指令全部执行完毕。通常指令是顺序执行的,并顺序存放在主存储器内。指令计数器将自动地顺序指向存在内存的下一条指令地址,以便指示下一次将执行什么指令。

有时程序中会引入一条分支指令,它将告诉控制单元,下一次要执行的是程序的另一部分。这种指令非顺序地变化,有的是有条件的,有的是没有条件的。条件分支指令通常是测试指令或比较指令执行的结果,若是指定条件成立,那么将引起指令顺序的变化。例如在工资支付程序中,不同的指令序列主要用于计算那些因工作时间超出40小时后的超额部分,因此转而执行储存在另一个地址单元020的指令。

由于案例中的雇员的工作时数为47小时,控制单元将重新设置指令计数器地址为020。然后CPU就分支或跳转到子程序,并执行超时工作量工资计算指令,而不是执行定额工作量工资计算指令。

4.3 网络计算的模式

目前大部分独立使用的计算机都已与网络连接。网络上计算机所做的运算一般属于分散式处理,即将所有的处理工作分给连接在网络中的微型机、小型机和大型机。

网络计算的模式可以分为C/S结构、B/S结构、网格计算和云计算。

4.3.1 C/S结构

在C/S(client/server computing)结构中,计算机的处理工作分配给客户端与服务器端共同完成。一般的用户在客户端进行操作,通过网络与服务器端连接,并从服务器端获取资料与服务,如图 4-7 所示。

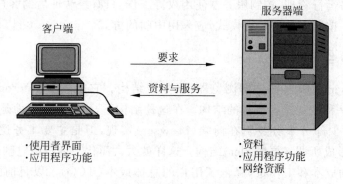

图 4-7 主从式运算结构

客户端一般是一台微型计算机、便携式计算机,可直接运行客户需求,也可通过网络向服务器发出请求,或向服务器输入资料,或从服务器获取资料。服务器端则获取客户端的资料,分析处理并存储,或向客户端提供应用软件、数据资料等各种服务,并执行用户端看不见的后台功能——网络管理活动。

根据客户端与服务器端在人-机交互界面、运算逻辑、资料管理三方面所承担的任务差异,可以划分成不同的类型。其中界面指的是展示在客户端的人-机交互界面,资料指的是存储在服务器端的数据库与数据仓库,运算逻辑则代表了根据企业营运规则所形成的处理逻辑,并为此所编写的应用软件。图 4-8 描述了主从式运算结构的 5 种类型,至于采用哪种类型则由应用的实际需要确定。

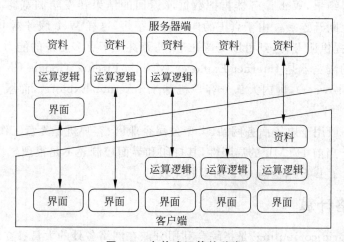

图 4-8 主从式运算的种类

例如,一个大企业的劳资管理工作,由各部门的人事管理员通过客户端输入新员工的人事资料、薪资级别等,或对服务器进行资料查询、分析。如有需要还需作显示或打印等输出。服务器端用所获取的人员变动、薪资变动的资料来更新企业人事数据库。同时,服务器将进行网络运行管理、控制服务器使用权等工作,只有经认证后的客户端用户才能查看或更新资料。按此企业的管理模式,应采用中间的方式。

4.3.2 B/S结构

B/S(browser/server)结构即浏览器/服务器结构。它是随着Internet技术的兴起,对C/S结构的一种变化或者改进的结构。在这种结构下,用户工作界面是通过WWW浏览器来实现,极少部分事务逻辑在前端(browser)实现,但是主要事务逻辑在服务器端(server)实现,形成所谓三层(3-tier)结构。这样就大大简化了客户端电脑载荷,减轻了系统维护与升级的成本和工作量,降低了用户的总体成本(TCO)。以目前的技术看,局域网建立B/S结构的网络应用,并通过Internet/Intranet模式处理数据库应用,相对易于把握,成本也是较低的。它是一次性到位的开发,能实现不同的人员,从不同的地点,以不同的接入方式(比如LAN、WAN、Internet/Intranet等)访问和操作共同的数据库;它能有效地保护数据平台和管理访问权限,服务器数据库也很安全。特别是在Java这样的跨平台语言出现之后,B/S架构管理软件更是方便、快捷、高效。

客户机统一采用浏览器,这不仅让用户使用方便,而且使得客户机不存在安装维护的问题。当然软件开发和维护的工作不是自动消失了,而是转移到了Web服务器端。在Web服务器端,程序员使用脚本语言编写响应页面。

客户机同Web服务器之间的通信采用HTTP。HTTP是一种无连接的协议,通信原理如下:浏览器只有在接收到请求后才和Web服务器进行连接,Web服务器马上与数据库通信并取得结果,Web服务器再把数据库返回的结果转发给浏览器,浏览器接收到返回信息后马上断开连接。由于真正的连接时间很短,这样Web服务器可以共享系统资源,为更多用户提供服务,达到可以支持几千、几万甚至于更多用户的能力。

当前主要的浏览器是Internet Explorer、Mozilla Firefox、Google Chrome(以及其他Webkit Based browser),国内大部分客户机基于Internet Explorer,而服务器使用JSP、PHP或ASP编写。

B/S结构一般用于电子商务网站、大型公司企业网、客户机是无盘工作站的多客户机的系统。但由于当前HTML的局限性,其打印和界面控制还不是很理想。

图4-9显示了B/S结构与C/S结构的比较。

4.3.3 网格计算

网格计算(grid computing)是指综合利用分散在网络各处的大量独立的计算资源,组成一种分布式系统,共同完成某个计算任务。这些计算资源往往是地理位置分散、管理归属各异、连接松散、甚至可能种类混杂;计算任务一般也是临时性的或阶段性的,会根据用

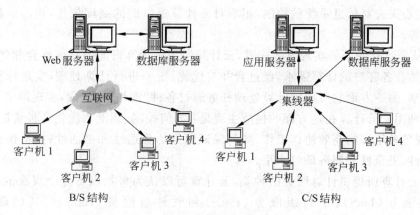

图 4-9 B/S 结构与 C/S 结构的比较

户的要求随时变化,在完成一个具体任务时,临时集中利用网络中的空闲资源;而网络中各个计算资源在参与网格计算时需要遵循共同的开放接口标准并进行统一协调。

网格计算中的计算资源规模可大可小,计算资源可以限定在一个企业内部,也可以是多个企业联盟、一个行业、多行业、一个国家,甚至是多个国家,逐渐形成一种类似电网的新型计算基础设施,一般用户不用专门建设自己的计算资源,而能通过购买服务的方式随时使用网格计算。

网格计算本质上是一种充分利用分散资源的模式,这种模式得到了广泛认可和日益扩展,目前出现了各种各样的"网格",例如根据可利用资源的类型可以分为计算网格、设备网格、数据网格、信息网格、知识网格、服务网格等,它们都是由分散资源组成、基于统一标准、通过综合协调,实现资源利用与集中服务。

4.3.4 云计算

云计算(cloud computing)是一种通过计算机网络按需提供计算资源的模式,其中计算资源包括计算能力、存储、应用和服务等。类似于 C/S 结构和 B/S 结构,云计算模式也分为用户端(客户端)和"云"端(服务提供方)。云计算中的用户端一般只作为显示终端,对软件和数据几乎没有什么要求,只需要 Web 浏览器即可;所有的计算处理服务都由"云"端提供,"云"端可以由一些大型服务器组成(提供计算、存储、应用和服务等能力),但更多情况是通过网格计算整合分散在网络上的计算资源。

云计算的特点可以从两个方面来理解。

(1) 从云计算的服务提供和交付模式来看,所有计算处理都集中在"云"端,用户可以认为"云"端的计算能力是没有限制的,计算服务可动态伸缩,用户可以灵活购买。因此一般企业不用自己建设和维护硬件、软件,只需要通过最简单的设备访问计算资源网络,并把自己所需要的计算处理交由"云"端负责。云计算在这方面的挑战主要是用户有诸多担心，包括担心失去对信息系统的控制，担心对云计算提供商的高度依赖，担心信息安全和服务质量等。

（2）从云计算的服务实现方式来看，云计算实现了计算资源的高度整合和优化利用。它一方面整合各客户的计算需求，经过合并与优化，统一进行计算处理，实现计算资源的最大化共享；另一方面它可以把计算处理任务通过各种"网格"来完成，实现网络上计算资源的充分利用。云计算在这方面的挑战主要是：如何控制、调度和优化各种资源、平台和软件，实现各种组件的高效协作工作；如何保证服务的普适性和灵活性；如何保证服务实现的可靠性、安全性和服务质量水平。

根据云计算所提供计算服务的种类，云计算可以认为包括以下几个层次的服务：基础设施级服务（IaaS）、平台级服务（PaaS）和软件级服务（SaaS）。基础设施级服务（infrastructure as a service，IaaS）是指"云"端向用户提供全面的计算机基础设施，包括计算机服务器、基础软件和数据存储空间，用户只需向"云"端租用，而不需要建设和维护这些基础设施。平台级服务（platform as a service，PaaS）是指"云"端向用户提供完善的应用开发平台，用户不用购买和管理底层的硬件和软件，而能利用"云"端的计算机基础设施和应用开发环境，简单快速地开发或配置所需的应用系统。软件级服务（SaaS）是指"云"端向用户直接提供企业应用软件，用户不需要自己安装和运行应用软件，也不用软件维护，而是直接向"云"端租用，用以管理企业经营活动。

云计算的一般情况是用户通过互联网使用第三方提供商的"云"端服务，这种方式有时被称为公有云，即云计算服务可以通过互联网向一般企业提供，一般企业都可以购买和使用该云计算服务，云计算服务是公有的。相应地，私有云是指一个企业独立构建的、面向企业内部提供服务的云计算方式。由于用户方和服务提供方都在一个企业，私有云用户更少担心企业数据泄露问题，方便进行服务质量控制；同时由于私有云可以部署在企业网络防火墙之内，也可以保证服务安全性和提高服务效率。有时也把面向一个行业或一个企业联盟提供服务的云计算方式称为社区云。

大型企业可以构建私有云，集约化建设企业的计算机基础设施，共享企业内部的信息处理能力，统一管理企业的产品设计、订单、物流、结算、配送和顾客服务等各种业务数据和信息系统应用；中小型企业可以更多使用公有云或者社区云，利用公共基础设施、公共平台和公共服务共享企业外部的信息处理能力，快速搭建或使用应用系统，并保持灵活性。

4.4 计算机硬件

硬件是计算机物理设备的总称，也叫做硬件设备。它们通常是电子的、机械的、磁性的或光的元器件或装置。一台微型计算机系统结构如图 4-10 所示。

计算机的主要部件由中央处理器（central processing unit，CPU）、主存储器（primary

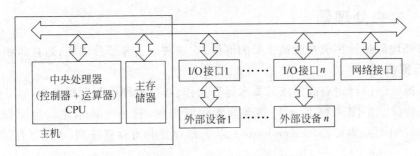

图 4-10 微型计算机的系统结构图

storage)、各种 I/O 设备及总线(bus)组成。CPU 是计算机中进行符号、数字等操作的场所,也是控制系统中其他元器件的场所。主存储器用于暂存执行过程中的软件或参加运算的数据。而那些暂时不参加运算的数据存储在作为 I/O 设备的辅存储器中,总线则完成上述功能器件之间的数据传送、地址传送及控制指令的传送。

因此反映计算机能力的两个主要指标是时间与容量,并且主要由 CPU 与主存储器决定。

如表 4-2 左半边表示的是计算机时间测量单位。表 4-2 右半边表示的是计算机容量指标。由于编码是以位元组(byte,字节)来计算,因此 1 000 个字节称为 1kB(实际应有 1 024 个字节)。而目前的微型计算机都可以达到 GB 量级的内存容量,而外存可达兆量级的容量。

表 4-2 计算机中的时间与容量

时间/秒		容量/字节	
Second	1	Byte	1
Millisecond	1/1 000	Kilobyte	1k
Microsecond	1/1 000 000	Megabyte	1M
Nanosecond	1/1 000 000 000	Gigabyte	1G
Picosecond	1/1 000 000 000 000	Terabyte	1T

考察计算机的计算速度时通常采用 FLOPS,即"每秒所执行的浮点运算次数"(floating-point operations per second)作为评价指标。世界上第一台计算机的计算速度仅有 300FLOPS,而当今世界运算能力最强的超级计算机"泰坦"在 2012 年 11 月的性能测试中运算速度已经达到了 17.59petaFLOPS(约为 17.59×10^{15} FLOPS)。目前,我国计算能力最强的超级计算机是部署在国家超级计算天津中心的"天河一号 A"(曾在 2010 年排名世界第一),其峰值速度为 4.701petaFLOPS,持续速度为 2.566petaFLOPS。

以下介绍系统中各种硬件的主要功能及其组成。

4.4.1 中央处理器

中央处理器是计算机系统最主要的部件,它由两个主要部分组成:运算器和控制器。

1. 运算器

运算器可以执行定点或浮点的算术运算操作、移位操作以及逻辑操作,也可执行地址的运算和转换。如图 4-11 所示的是运算器的结构图,它是由算术逻辑单元(arithmetic logic unit,ALU)、累加器(accumulator)、状态寄存器和寄存器阵列(通用寄存器)组成。

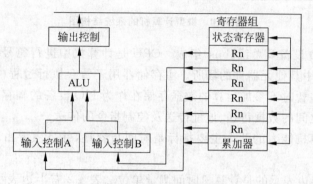

图 4-11 带寄存器组的运算器

算术逻辑单元由 and gate 和 or gate 构成,主要功能是进行二位元的算术与逻辑运算,如加、减、乘(不包括整数除法)、逻辑与、或、异或和传递移位操作等;累加器是一种暂存器,用于暂存操作数或运算结果;状态寄存器也称标志寄存器,存放算术逻辑单元运算后产生的状态信息,如算术运算中的溢出;寄存器阵列包括通用寄存器、地址寄存器、变址寄存器和堆栈指示器等,用于暂存操作数、数据地址以及存储位址等。计算机通过内部总线把算术逻辑单元、累加器及各种寄存器连接起来,以实现各单元之间的信息传送。内部总线又可以分为数据总线和逻辑总线,其中数据总线决定了计算机的字长,即计算机在同一时间中处理二进制数的位数。因此,一台计算机以 32 位为一整体进行传送与运算则称为 32 位机。在其他指标相同时,字长越大计算机处理数据的速度就越快。

2. 控制器

如图 4-12 所示是控制器的结构图。控制器是计算机的神经中枢,它按照主频的节拍产生各种控制信息,以指挥整个计算机工作。计算机的主频速度一般与机器型号(或 CPU 型号)相关,如 MMX-200,芯片的主频为 200MHz,主频越高,则工作节拍越快,运行速度也越高。

控制器从内存中按顺序取出各条指令并执行。其步骤如下。

(1) 将从内存中取到的指令经总线送到 CPU 的指令寄存器内暂存。

(2) 将指令传送到指令译码器,分析指令。

(3) 将分析结果传递给微操作控制电路,由它向各功能部件发出操纵控制命令。

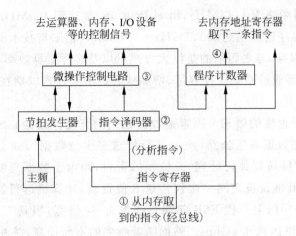

图 4-12 控制器的结构图

（4）当各部件执行完毕，"反馈信息"，使程序计数器地址"+1"（或 2），指向下一条指令地址。

如此周而复始，直至执行完一个程序。

3. CPU 的发展

计算机的能力部分依赖于 CPU 与总线的一些技术指标。如常见的微处理器晶片，其一个机器指令周期能并行处理的计算机字长可以是 8 位元字长、16 位元字长或 32 位元字长，最多达 64 位元字长。在其他指标相同的情况下，机器字长度越长，计算机运行速度越快。表 4-3 所示为目前微型处理器的种类。

表 4-3 微型处理器种类

名 称	机器字长/b	总线宽度/b	晶片振荡频率/MHz	制造厂商	计算机机种
Pentium	32	64	75~200	Intel	PC
Pentium(MMx)	32	64	166~233	Intel	PC、工作站
PentiumⅢ	32	64	450~500	Intel	高级计算机、工作站
Core i7	64	64	2.8GHz~3.4GHz	Intel	四、六核,高级计算机,工作站
Athlon	32	64	PR 1500-2100	AMD	PC
Phenom	64	64	1.8GHz~2.6GHz	AMD	双、三核,高级计算机
Opteron	64	64	1.4GHz~2.5GHz	AMD	四、六核,工作站
龙芯 1	32	32	200MHz~266MHz	中科院计算所	PC,工作站
龙芯 2	64	64	250MHz~1 200MHz	中科院计算所	PC,工作站
龙芯 3	64	64	1.0GHz	中科院计算所	四、八核 PC,工作站

影响计算机运行速度的第二个因素是决定机器时序周期长短的晶片振荡频率（又称时序速度），以每秒百万个周期为单位，即 MHz，则时序速度越高机器运行速度越快。早

期 Intel 8088 的机器频率为 4.47MHz，Intel Pentium Ⅲ 达到 400MHz～500MHz，而现在的 Intel Core i7 的时序速度则达到 2.8GHz～3.4GHz。但随着技术的发展，CPU 频率的继续提升将越来越困难，与之而来的是巨大发热量以及实际运算效率不佳等问题。如今，CPU 制造商们更主要通过提高缓存容量、增加核心数量等方式以期在低功耗下提供较强的运算能力。

影响计算机运行速度的第三个因素是数据总线的宽度。数据总线是 CPU 与主存储器及其他器件之间的数据高速公路，决定并行传送多少位数据。如 IBM 8088 个人计算机，字长为 16 位，CPU 可以并行处理 16 位元的资料，而由于数据总线的宽度仅 8 位，则 CPU 与主存储器及其他设备之间一次仅传送 8 位资料，计算机运行速度下降，只能称为准 16 位机。Intel 公司的上一代 FSB 前端总线拥有 64 位宽，当其工作在 800MHz 的频率下，数据传输量可以达到 6.4Gbps。然而随着频率的不断提高，对并行总线的容错要求也越来越高，已经被串行总线所取代。最新的 Intel Core i7 处理器采用了串行总线，虽然宽度只有 20 位，但达到了 25.6Gbps 的数据传输量。

当前许多计算机，从微型计算机到大型主干机，为了扩展功能都使用了多处理机技术，取代了由单个控制单元和 ALU 组成的单个处理机。

多处理机系统内可以有多个执行功能的 CPU，它们的特点如下。

（1）辅助处理器。这种设计是采用辅助微处理器帮助主处理器执行多种功能。辅助微处理器可以用于输入/输出、存储管理、算术计算和通信，以使主处理器做主要的程序处理工作。例如支持浮点算术运算的协处理器、视频显示控制器、磁盘控制器等。一台大型的计算机可能用一台微型计算机作为通道管理机，控制 CPU 与 I/O 设备之间的数据传输，先进的微处理器设计技术把这些辅助处理器的功能集成在单个的微处理器片上。

（2）对偶处理器。这种设计采用多 CPU 或多微处理器进行多道并行处理，即在同一时刻执行几条指令。有些结构还提供容错能力，当其中一个 CPU 出现故障时，多 CPU 提供了内部的备份。

（3）并行处理设计。这种设计可以使用几个指令处理器，或者成千上万个指令处理器，以网络形式组织在一起。例如，含有上千处理器的大量并行处理是基于大脑的神经网络原理。这种系统一次可以并行处理许多指令。许多专家正在研究并行处理系统，使它能在第五代计算机中提供人类智力的能力。

计算机循序处理和并行处理示意如图 4-13 所示。

图 4-13(a)所示为循序处理，将一个工作分配给一个 CPU，一次执行一个任务；而图 4-13(b)的平行处理中，则将一个工作分割成多个任务，分配给多个处理器。由于处理器平行工作加快完成了所分配任务，将各处理器平行工作的结果综合在一起，则成为该工作的总结果。其速度远远超出了循序处理。

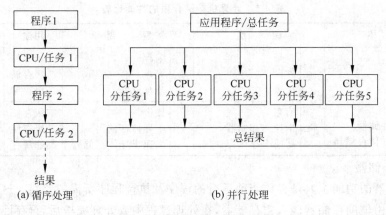

图 4-13 循序处理与并行处理

（4）双核处理器和多核处理器。基于单个半导体的一个处理器上拥有两个或多个功能一样的处理器核心。由于处理器的功耗和散热问题已成为提升处理器主频的瓶颈，双核（或多核）处理器技术的引入是提高处理器性能的有效方法，因为每增加一个内核，处理器每个时钟周期内可执行的单元数也将相应增加。

4.4.2 存储系统

1. 计算机存储系统及发展

数据储存是计算机信息系统必须具备的一大主要功能。计算机信息系统基本上是依靠一级存储器和二级存储器设备来实现存储功能的。表 4-4 反映随计算机的换代，一级存储器和二级存储器设备的发展变化。

表 4-4 计算机存储设备的变化

	第一代	第二代	第三代	第四代	第五代	第六代
一级存储	磁鼓	磁芯	磁芯	LSI 半导体存储器	VLSI 半导体存储器	WSI 三维集成存储器
发展趋势			利用更小的微电子线路向高速大容量能力发展			
二级存储	磁带 磁鼓	磁带 磁盘	磁盘 磁带	磁盘 光盘	光盘 磁盘	光盘、磁盘 闪存
发展趋势			利用磁、光和电介质，向海量存储能力发展			

随着超大规模集成电路技术的发展，在一个小小的芯片上，可以组装几百万个线路元素，大大提高了计算机一级存储的容量。而随着光介质的使用，二级存储的容量也大大扩展。存储系统有多种存储介质和设备，它们的运行速度、容量及用途比较如表 4-5 所示。从表中可以看出，为了降低一级存储的成本，采用高速缓存技术方案，利于提高计算机的运行速度，而在二级存储中将更多地采用磁盘和光盘以及闪存存储。

表 4-5 计算机存储介质的性能比较

价格		速度		容量		用途	存取特性
低 ↓ 高	磁带 磁盘 光盘 闪存 半导体存储器 高速半导体存储器	低 ↓ 高	磁带 磁盘 光盘 闪存 半导体存储器 高速半导体存储器	大 ↓ 小	闪存 光盘 磁盘 磁带 半导体存储器 高速半导体存储器	二级存储 二级存储 二级存储 二级存储 一级存储 高速缓存	随机 直接 直接 顺序 随机 随机

2. 主存储器

主存储器的功能主要是存放当前运行的程序及执行程序所需的资料。这些程序和资料在运行前由辅助存储器调入主存储器,在处理过程中或处理完毕后,再存回辅助存储器或打印输出。

计算机的主存储器主要是由半导体存储器组成。半导体存储器的种类繁多,按其性能和用途可以分成两大类:只读存储器(read only memory,ROM)和随机存取存储器(random access memory,RAM)。

随机存取存储器(RAM),是指任意时刻可以从任意存储单元读出信息,或将信息写入任意存储单元,而读写信息所需的时间与存储单元的位置无关的存储器。这种存储器又名读写存储器(read and write memory,RWM),常用它存放计算机运行过程中所需的程序和数据。当运行结束,程序和数据将保存在二级存储器内。机器断电后信息自动消失。

由于半导体存储器价格贵,容量不能做得太大,而且随着半导体器件速度加快,价格提升更快,与提高计算机主机运行速度产生了矛盾,为此在主存中采用了少量速度更高的半导体存储器,称为高速缓冲存储器(cache),存放最常用的数据与程序,达到以较低的成本增加,换得运行速度的提高。

只读存储器(ROM)是指只能从中读出信息,不能写入信息的存储器。ROM 晶片上的软件编码是厂商制造时烧上去的,常用它存放计算机的启动程序、自检程序及磁盘引导程序等。

ROM 晶片也可以分为两种:一种是 PROM(programmable read only memory)产品,该晶片只能一次写入程序,用于固定计算或控制模式,是一种软件硬化技术;另一种是EPROM(eraseable programmable read only memory)产品,该晶片可以多次写入程序。使用于可变控制,如数控机床加工零件发生变化,机器人运动模式发生变化,都需要修改程序,此时只需擦除 EPROM 的原有程序进行改写即可。

3. 辅助存储器

计算机系统将立即要处理的数据和程序存放在主存储器内,即一级存储器;而将其他数据资料和程序存放在磁带、磁盘、光碟和闪存等辅助存储器内,即二级存储器。二级存储器是位于CPU与主存储器之外,不需要电力维持的、可长期储存海量资料的记忆部件。这种存储器依赖机械运动,将指定位置上的数据传送给主存储器或CPU,因而速度低于主存储器。外存储器具有的最大的优点是单位存储容量的价格便宜。

1) 磁介质存储

(1) 磁带。磁带属于顺序存取介质,因此只可以顺序存取而不可随机存取。即在磁带上查找某笔账务时,必须从头找起,因此不能在数秒内就获取所需资料。这种存储设备不适用于实时系统,但对于允许时间延迟的非实时系统,由于磁带的容量大、成本低、性能稳定、可重复使用,而获得用户的青睐。

目前已不再采用早先的盘式磁带,而采用可以保存更多资料的大容量磁带库,磁带库的容量大小是由最大槽数和单盘磁带容量决定的(非压缩总容量=每盘磁带非压缩容量×最大槽数)。现在主流的带库容量可达0槽至几千槽,2TB至几百TB。

这一类存储器件,速度虽慢了一些,但由于价格便宜,适用于银行(储存账务记录)、广播业(可置换影带)、医疗业(储存X光及医疗影像)和教育业(教育资料)。随着磁盘技术的发展,某些应用磁带库也在逐渐被磁盘存储所构成的虚拟磁带库所取代。

(2) 磁盘。磁盘属于随机存取介质,因此可以直接存取,存取速度相当快。同时,磁盘也具备容量大、价格低的优点,深受用户喜爱。

磁盘有两种,一种是软磁盘,是一片表面磁化的多元酯软片,配合各种软磁盘驱动器使用。由于效率和容量不佳,已逐渐退出市场。另一种是硬磁盘,目前一般由数片双面浮着铁氧化物的薄钢盘组成的磁盘组成。通过磁读写头,将资料从由同半径长度磁道组成的磁柱面上读出/写入。单个磁盘现在可达到3TB的存储容量。

由于大型计算机需要具备海量存储能力,因此可以具有多台磁盘机,并通过阵列磁盘(redundant array of inexpensive disks,RAID)技术加强磁盘的效率。RAID技术的特点是改变了传统磁盘机单一路径发送资料的特点,而且采用多路径并行发送,以此提高磁盘的存取速度。小型RAID系统有10~20TB的存储能力,大型的RAID则可达到PB。而且RAID的可靠性大大增加,因为一个磁盘机损坏时,其他磁盘机依然正常工作。依照磁盘分组方式的不同,常见的RAID组有0、1、5、6等。

(3) 光盘。光盘是相对比较新的存储介质。目前微型计算机上使用的光盘称为只读CD片,即CD-ROM(compact disk-read only memory),它采用类似于立体声系统所用的4.75英寸密质盘片,储存大约超过660MB的信息。然后由CD-ROM驱动器用激光阅读器读出二进制代码。

2) 光存储

使用光学技术读取光盘介质上的数据,根据数据是否可以进行读写区分为:只读型光盘,包括CD-Audio、CD-Video、CD-ROM、DVD-Audio、DVD-Video、DVD-ROM、Blu-RayDisk等;可记录型光盘,包括CD-R、CD-RW、DVD-R、DVD+R、DVD+RW、DVD-RAM、Doublelayer DVD+R等多种类型。

各种光存储介质由于采用光学技术和信息密度不同,存储容量也有所区别,常见的有 700MB(CDROM)、4.7GB(DVDROM)、25GB(Blu-RayDisk)、50GB(双层 Blu-RayDisk)等。由于光盘储存海量信息,主要用于影像处理。例如档案馆、博物馆需要维护的海量历史文档,又如国家图书馆用光扫描仪捕捉数字化的彩色图形文档影像,配以声音解说,存入计算机系统,以备读者随时存取。这些都采用了光存储系统。

3) 闪存

闪存(flash memory)是非易失性存储器(non-volatilememory,NVM)中的一种。之所以有这个名称,是因为信息在一瞬间被存储下来之后,即使除去电源,存储器中的信息依旧保留,与只要一掉电信息就丢失的易失性存储器(如 DRAM、SRAM)形成鲜明的对照。另外,闪存是电可擦除的,即在系统中可重新编程。

较之其他的存储器,闪存有独特的优点。首先,闪存在擦除和重编程时并不需要额外的电压。通常,可编程只读存储器(EPROM)要把存储器置于更高的电压下才能编程。其次,闪存比 EPROM 价格低,存储密度高。闪存特别适用于电脑、外设、电信设备、移动电话、网际设备、仪器和自动化设备等。最后,闪存也十分适用于面向消费者的语言、影像和数字存储设备,如数码相机、数码录音器以及个人数字助理等智能家电产品。

随着存储技术的不断发展,闪存逐渐向外形越来越小、存储容量越来越大的方向发展。由于它具有即插即用、便于携带等优点,已经逐渐取代以往的磁盘等存储设备,成为现在主流的便携式存储器。

另外,基于 NAND Flash 的闪存存储器(solid state drive,SSD)由于其低功耗、无噪声、抗震动、低热量的特点,同时避免了磁盘系统的寻道、旋转启停等性能影响,已经在一些对随机读写要求较高或对便携性要求较高的系统中取代传统磁盘成为首要选择。

4.4.3 输入/输出设备

外围设备是所有输入/输出设备和二级存储设备的通称。它们通过各种 I/O 接口与计算机系统的中央处理机连接并通信,因此外围设备皆属联机设备。本节讨论外围设备及其介质。

1. 计算机键盘与显示终端

从技术上定义,任何通过通信连接到计算机的设备都可以称为终端。最普通最大量的用户与计算机的交互方式是采用键盘输入数据,用视频向用户显示输出,并可在输入到计算机前进行编辑。

目前终端发展趋势将脱离没有处理能力的哑终端,向智能终端发展。这些智能终端自身就拥有处理器和存储线路。许多智能终端实际上就是微型计算机,往往作为大型计算机的通信终端,可以独立执行数据输入和信息处理任务。

另一个趋向是在银行、工厂、销售业工作场所广泛使用的事务处理终端,例如:银行的自动取款机(automated teller machines,ATM)、工厂的事务记录及销售业的 POS (point-of-sale)终端。这些终端用各种方法捕捉用户数据,并经过通信网络传送到主计算机系统,以处理这些数据。

2. 点触式设备

点触式(pointing)设备是另一种发布命令、进行决策选择和响应视频提示的较好的设备,这种设备通过移动光标可以让你方便进行菜单或图标选择,目前有电子鼠标器(computer mouse)、轨迹球(trackball)、触碰板(touch pads)和电子游戏机中常用的操纵杆。

还有一种触摸感应屏幕,允许人通过触摸屏幕来使用计算机。根据识别信号的方式又可区分为电容式、电阻式、表面声波式等。常见的 iPhone 手机即采用电容式触摸屏。

3. 计算机笔

终端用户可以使用类似于笔一样的设备直接在视频屏幕或其他类型的表面上写字、画画。例如光笔就是一种笔状设备。用户可以直接写在视频板上,通过光敏感线路,计算机能计算出屏幕上该点的坐标。也可以采用一块绘画板,让你用光笔在它的压敏表面上写字、画画,然后计算机把它们数字化,作为计算机的输入显示在计算机的屏幕上。

光笔和绘画板技术相结合,应用于新一代的计算机笔,在计算机内装上可以数字化的手写体、打印体、手工绘画等软件后,这种笔可以识别各种手工图形。现场工程师、绘图员等可以直接使用类似绘图板一样的液晶板,将数据输入计算机。

4. 视频输入/输出

视频影像可以作为输入,也可以作为输出。例如来自 TV、录像机、摄像机的影像都可以数字化,并压缩后储存在磁盘和光盘中。数字化一张影像并不昂贵,但在全动态的视频显示中捕捉一个镜头,要采用如 DVI(digital video interaction)技术,成本昂贵。DVI通常要求性能很高的计算机,并需增加一些软件、接口板、主存容量、磁盘和光盘的容量。另外,多媒体开发能力能将文本、图形、声音和 TV 影像合成为计算机视频显示,但技术成本相当昂贵。

最普通的视频输出设备是阴极射线管(cathocle ray tube,CRT),有单色显示器和彩色显示器之分。现在液晶显示(liquid crystal displays,LCD)是广泛采用的计算机视频输出设备,最常见的用于便携式微型计算机和终端。由于技术上的先进性,已大大改善了液晶显示在强光或人造光条件下的清晰度。加之液晶显示所用的电子线路小,并提供了极薄的平面显示,目前正在逐步替代 CRT。

5. 打印输出

打印输出也是一种常用的可视输出。计算机通常都配置打印机以复制计算机的输出文档,并可根据用户需求,采用特殊的纸张,一次可进行多份复制。如:财务上的多联发票的打印。

许多打印机是击打式的。它是通过表达一个基本元素(点或字符)的打印机械击打色带,在纸的表面印下字符。微型计算机最通用的是点矩阵打印机,它通过点阵组合成一个字符。一般来说,这种打印机的速度比较慢,每秒约几百个字符。主干计算机一般使用高速并行打印机,一般每分钟可以打几千行。

另一种非击打式的打印机,与击打式打印机相比没有噪声,但一次只打印一份。如激光打印机(laser printers)、喷墨打印机(ink jet printers)和热转印打印机都能打印高质量的文档。用于微型计算机的激光打印机大约每分钟可以打印 5~200 页,喷墨打印机的速度稍慢于激光打印机。

绘图仪能在纸上画图,相当于产生打印的纸输出,因而也列入打印输出。

6. 声音识别

目前声音输入和输出的数字化在技术上和经济上都已达到了应用的可行性。例如,在微型计算机上增加声音识别电路板及软件,就可以具有声音识别能力。

声音识别系统分析并划分讲话或发声系统的模式,把它们转换成数字代码并存入计算机。因此声音识别系统首先要训练计算机对用户声音的识别,将一定数量的词汇作为标准词汇。操作者先将词汇表中的字重复 10 次,以便计算机能记忆并识别这些词汇的声音。一般经过训练的系统,词汇识别准确能力达到 99%。还有一种通用的语言识别系统,它能使系统识别没有学习过的声音,但这种系统应用有限。

声音识别系统用于那些操作者不便输入数据或要求数据输入更快更准确的工作。例如用于制造厂的生产质量控制、库存管理,用于邮局进行包裹分拣等。也可以用于微型计算机的软件包进行命令和数据的声音输入。

iPhone 和 iPad 已经在最新的 IOS 系统中提供名为 Siri 的声控程序来进行人机交互。而 Google 在 Android 系统也提供了类似功能。

7. 体感设备

体感设备是通过一系列视频音频扫描设备配合手持终端通过感知用户动作来达到输入指令的,如微软的 Kinect、索尼的 PS move、Leap Motion 等。目前还主要用于游戏领域,但未来可用于虚拟现实的各种应用。

8. 光和磁识别

1) 光扫描设备

光扫描设备可以读文本和图形,并能将它们转换成数字输入计算机内。一种光字符识别仪(optical character recognition,OCR)能阅读一些特定的字符和代码。而文本和图形的成页光扫描在出版业特别受欢迎,因为光扫描提供了一种将原始文档资料直接转换成进入计算机的输入数据。

当前光扫描设备能阅读多种类型的印制文档和图片。目前这种设备还在不断改进,并应用于许多领域。例如银行和石油公司的信用卡账务处理、自动分拣邮件和考试积分计算机等。一种手持式的扫描仪,用于各超级市场阅读产品的条形码,并将它们转换成电子脉冲,传递到商店内的微型计算机,再与价格信息匹配后,在接收终端上显示,并打印。

2) 磁性数据输入

许多银行业的计算机系统,使用磁性墨水字符识别(magnetic ink character recognition,MICR)技术,阅读磁性化的支票、存单。

这种 MICR 系统采用 14 个字符的标准设计格式,其中 10 个是十进制数字,另外 4 个是特定的标识符。当客户存款或开支票时,MICR 字符用特定的设备和专用铁氧化墨水预印在支票与文档上,其中包括银行的识别号、用户的账号及金额。当用户提款时,运用专用的阅读器,磁化用磁性墨水写的字符,并感应成电信号送入计算机处理。这种阅读器每分钟可阅读 2 400 张支票,每秒可以传送 3 000 个字符。目前有一些大银行,正在将 MICR 技术与光扫描系统结合。

另一种磁性数据输入的技术是磁条技术。这种黑色磁条一般都在信用卡、电话卡等卡的背面,有一条铁氧化的深色的磁带。如顾客账号记录在磁条上,让银行的 ATM 及其他磁性条阅读器阅读。

9. 无线射频识别

RFID 是 radio frequency identification 的缩写,即无线射频识别,常称为感应式电子晶片或近接卡、感应卡、非接触卡、电子标签、电子条码等。它通过射频信号自动识别目标对象并获取相关数据,识别工作无须人工干预,可工作于各种恶劣环境。

一套完整的 RFID 系统由 reader 与 transponder 两部分组成,其动作原理为由 reader 发射一特定频率的无限电波能量给 transponder,用以驱动 transponder 电路将内部的 ID code 送出,此时 reader 便接收此 ID code。transponder 的特殊在于免用电池、免接触、免刷卡,因此不怕脏污,且晶片密码为世界唯一,无法复制,安全性高。与磁性数据输入的条形码相比,RFID 技术具有条形码所不具备的防水、防磁、耐高温、使用寿命长、读取距离大、标签上数据可以加密、存储数据容量更大、存储信息更改自如等优点。RFID 技术可识别高速运动物体,并可同时识别多个标签,操作快捷方便,现在已经逐渐应用到如动物跟踪、汽车防盗、门禁管制、停车场管制、生产线自动化、物料管理等各种领域。短距离射频产品不怕油渍、灰尘污染等恶劣的环境,可在这样的环境中替代条码。例如用在工厂的流水线上跟踪物体;长距射频产品多用于交通上,识别距离可达几十米,如自动收费或识别车辆身份等。

RFID、体感设备、光磁识别设备等技术可以作为物联网(the Internet of things)的信息传感设备,帮助物体与物体之间、物体与人之间进行信息交换和通信,实现物物相连。

习题

1. 计算机的发展经历了哪几代?
2. 计算机是如何分类的?
3. 开发和应用计算机的领域有哪些方面?结合企业说说计算机在企业中的应用。

4. 简述冯·诺依曼结构的主要思想和结构特征。
5. 计算机中有哪几种类型的数据？它们是如何表示的？
6. 将下列十进制数分别转换成为二进制和十六进制数：
(1) 125.24 　　　　　　(2) 0.42
7. 将下列二进制数分别转换成八进制和十六进制数：
(1) 11000011 　　　　　(2) 1010101.01011
8. 将下列八进制、十六进制数分别转换成二进制和十进制数：
(1) 125.17 　　　　　　(2) C25D.3A
9. 解释下列术语：
ASCII 码；汉字机内码；汉字输入码；汉字字形码。
10. 在中、西文兼容的计算机中，计算机如何区别西文字符和汉字字符？
11. 用图说明计算机如何完成一条指令的执行。
12. 请说明计算机指令系统与计算机功能的关系。
13. 云计算对企业的应用价值和挑战分别是什么？
14. 简述运算器的组成与工作原理。
15. 根据控制器的结构简述控制器的功能。
16. 结合当前市场状况，谈谈 CPU 的发展趋势。
17. 简述存储系统的分级结构及发展方向。
18. 有哪些输入/输出设备及二级存储设备？它们的基本用途是什么？
19. 开发与使用外部设备的倾向是什么？

CHAPTER 5 第 5 章

计算机软件

5.1 软件的概念

5.1.1 软件分类

信息系统依靠软件资源帮助终端用户使用计算机硬件,将数据资源转换成各类信息产品,软件用于完成数据的输入、处理、输出、存储及控制信息系统的活动。

计算机软件总体上划分成两类,一类是系统软件,另一类是应用软件。

(1) 系统软件:管理与支持计算机系统资源及操作的程序称为系统软件。

(2) 应用软件:处理特定应用的程序称为应用软件。

它们和机器及用户之间的联系可用层次结构表示,如图 5-1 所示。

图 5-1 说明系统软件直接对硬件资源,如中央处理器、存储器、通信连接设备及输入/输出设备等进行控制和管理,而应用软件则在系统软件所提供的环境中进行工作。计算机用户则直接与应用软件进行人-机交互。因此基于不同的硬件与系统软件平台,应设计切合用户需求的应用软件。

图 5-1 系统层次结构图

如图 5-2 所示,从用户观点出发,综合了各种软件的主要功能类型。对于终端用户而言,要学会选择系统软件和应用软件,以使计算机系统完成特定的任务。

5.1.2 软件技术发展趋势

由于计算机硬件的模块化和标准化促进了硬件的飞速发展,现在计算机软件也越来越希望组件化、模块化,强调可复用、可共享,形成了一种从面向对象编程、构件技术,到 Web Services 体系 SaaS(软件即服务)的软件发展趋势。

(1) 面向对象(object oriented,OO)编程强调软件的模块化,它把数据(属性)和程序(方法)封装在一起组成对象,对象作为计算主体,拥有自己的状态以及接收外界消息的接

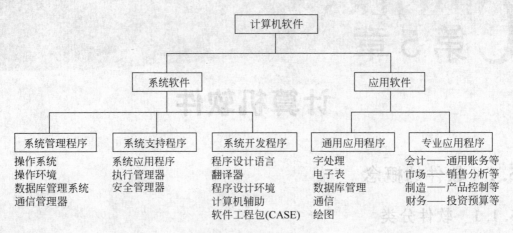

图 5-2 计算机软件分类

口,对象之间相互合作完成软件的计算任务。

（2）构件(component)技术强调软件的复用,它把一个能提供有用功能的程序代码包封装成构件,构件有着良好的接口,具有在不同的硬件平台和软件环境中工作的可移植性,开发者可以通过组装已有的构件来开发新的应用系统。

（3）随着网络的发展,软件的共享与复用甚至跨越企业,扩展到了整个万维网上,Web Service 就是这样一种基于网络的、分布式的模块化组件发布与使用的体系标准。如图 5-3 所示,Web Services 体系中包括服务提供者、服务代理和服务请求者三个角色。服务提供者可以根据 Web 服务描述言语(WSDL)规范说明所提供服务的功能和调用接口,并通过 UDDI(通用发现、描述

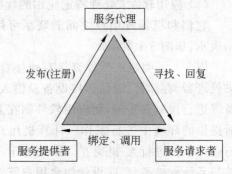

图 5-3 Web Services 体系

和整合)信息注册规范向服务代理发布(注册)服务;服务请求者可以利用 UDDI 向服务代理寻找所需的服务,服务代理将所匹配服务的 WSDL 文档传递给服务请求者,服务请求者在自己的应用程序中根据相应的 WSDL 文档绑定相关服务,使得服务请求者可以通过简易对象访问协议(SOAP)访问和调用服务提供者的服务。

软件即服务(Software-as-a-service,Saas)是随着互联网技术的发展和应用软件的成熟,而在 21 世纪开始兴起的一种完全创新的软件应用模式。它与 on-demand software（按需软件）、the application service provider(ASP,应用服务提供商)、hosted software(托管软件)具有相似的含义。它是一种通过 Internet 提供软件的模式,厂商将应用软件统一部署在自己的服务器上,客户可以根据自己实际需求,通过互联网向厂商定购所需的应用软件服务,按定购的服务多少和时间长短向厂商支付费用,并通过互联网获得厂商提供的

服务。用户不用再购买软件,而改用向提供商租用基于 Web 的软件,来管理企业经营活动,且无须对软件进行维护,服务提供商会全权管理和维护软件。有些软件厂商在向客户提供互联网应用的同时,也提供软件的离线操作和本地数据存储,让用户随时随地都可以使用其定购的软件和服务。对于许多小型企业来说,SaaS 是采用先进技术的最好途径,它消除了企业购买、构建和维护基础设施和应用程序的需要。

在这种模式下,客户不再像传统模式那样花费大量投资用于硬件、软件、人员,而只需支出一定的租赁服务费用,通过互联网便可以享受到相应的硬件、软件和维护服务,享有软件使用权和不断升级;公司上项目不用再像传统模式一样需要大量的时间用于布置系统,多数经过简单的配置就可以使用。这是网络应用最具效益的营运模式。

另外,由于在互联网时代人们可以随意沟通交流,使得全球的软件爱好者完全可以通过互联网共同测试软件、协同改进软件,因此针对软件的开放源码(open-source)运动逐渐蓬勃开展,目前开放源码也是软件发展的趋势之一。例如著名的 Linux 操作系统、MySQL 数据库管理系统、Apache HTTP 服务器都是开放源码软件的成功案例,随着开放源码经营模式的成功,像 IBM、Google 等软件厂商也纷纷宣称支持软件的开放源码运动。

5.2 系统软件

5.2.1 系统软件的分类

系统软件是指那些管理和支持计算机资源及其信息处理活动的程序,这些程序是计算机硬件和应用程序之间重要的软件接口。

系统软件分为三类:系统管理程序、系统支持程序和系统开发程序。

(1) 系统管理程序:在计算机系统执行各种用户信息处理任务时,这种程序用于管理计算机系统的硬件、软件和数据资源。最重要的系统管理程序是操作系统和操作环境,并且在操作系统和操作环境的支持下,运行数据库管理系统和通信管理器。

(2) 系统支持程序:这类程序通过提供各种支持服务,以支持计算机系统的操作和管理。主要支持程序有系统服务程序、系统执行管理器以及安全管理器。这些程序往往依附于系统管理程序,由供应商随操作系统一起提供。

(3) 系统开发程序:这类程序主要帮助用户开发信息系统的应用程序。主要包括各种语言翻译器、程序设计工具及计算机辅助软件工程包(computer-aided software engineering,CASE)。

5.2.2 操作系统

操作系统(operating system,OS)是一台计算机最基本也是最重要的软件包。它管理 CPU 的操作，控制计算机系统的输入/输出，存储资源的分配及一切活动，当计算机执行用户应用时提供各种服务。

操作系统的基本目标是向计算机提供最有效的操作方式，最大化计算机的生产效率，最小化操作过程中所需求的人工干预。操作系统帮助用户程序执行一些公共操作，如输入数据，存储和抽取文件，打印和显示输出。但是操作系统必须在执行其他任务前，先行装入并激活，这说明操作系统是用户和计算机硬件之间软件层面中最重要的一部分。

1. 操作系统的功能

操作系统有五大功能：用户界面、资源管理、文件管理、任务管理和实用服务程序管理，如图 5-4 所示。

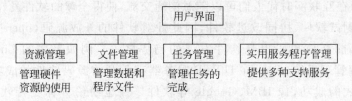

图 5-4 操作系统的功能

1）用户界面

操作系统提供的用户界面帮助用户实现与计算机系统的交流。这种用户界面有三种主要的类型：命令驱动、菜单驱动及图形用户界面。现在的潮流是图形用户界面(graphical-user interface，GUI)，这种界面使用一些图标、菜单栏、按钮、对话框等元素，并采用电子鼠标器、轨迹球、触碰板、触摸屏等点触式设备，帮助你选择需要驱动的事件。目前的智能手机和平板电脑的触摸屏用户界面甚至能识别用户的手势动作。

操作系统的用户接口能增强操作系统的可用性和易用性，并提升操作系统的使用效率。例如操作系统的图形用户界面一方面能准确识别用户的操作需求；另一方面能统一协调各种独立应用的软件，以便它们能交流，能一起工作，并共享公共的数据文件。图形用户界面允许同一时间在多个窗口内显示不同程序的输出，也支持在同一时间内的多任务处理。

2）资源管理

操作系统管理计算机系统的所有硬件资源包括 CPU、主存储器、二级存储设备以及其他输入/输出设备。例如存储管理程序始终保持数据与程序储存的地址，也可能把存储器划分成一定数量的分区，在存储器与磁盘、光盘等二级存储设备之间进行部分数据与程序的交换，这就使存储器具备了虚拟存储的能力。

3）文件管理

文件管理程序控制数据和程序文件的生成、删除和存取。文件管理也包括保持文件在磁盘等二级存储器上的物理地址的轨迹，操作系统将维护该文件目录区。

4) 任务管理

任务管理程序保证终端用户计算任务的完成。该程序给每个任务分配一个时间片，并能对每个任务进行中断，以便转交给另一个任务。具有多任务处理能力的任务管理器在相同的时间内占有多个任务，并以多道程序设计的方式，同时处理多个任务，而分时共享处理时，多个用户的计算任务可以同时处理。多任务操作的效率取决于 CPU 的能力、虚拟存储的能力以及多任务操作系统的能力。

大多数操作系统软件包、小型机乃至主干机的操作系统都提供了多任务操作系统，终端用户往往可以同时进行两种或两种以上的操作或应用，如同时输入和打印，同时进行文字编辑和财务分析。随着微处理器性能的增强以及能直接管理更大的存储器能力的提供，多任务操作系统也逐渐进入了微型计算机系统，可以将一台单一的计算机看做由几台计算机或几台虚拟机在运作，因此在同一时间有多个应用程序在独立运行。而同时运行的数量既取决于有效的存储量以及处理每一任务所需的存储量，也取决于 CPU 的处理是否因太多的任务而超负荷，或者出现了无法忍受的缓慢响应速度，因此只要存储能力与处理速度适中，多任务处理可以允许用户从一个应用切换到另一个应用，允许用户在应用中共享数据文件，允许用户以后台模式处理某些应用，如大型的打印任务、计算任务、通信任务。因此多任务处理的发展前景广阔。

5) 实用服务程序管理

操作系统还可以进行其他实用服务程序的管理，提供多种支持服务。

2. 操作系统的类型

计算机操作系统按处理方式分成批处理操作系统、分时操作系统和实时操作系统三大类。以后随着应用的发展又有了多处理器操作系统、网络操作系统。

批处理操作系统的特点，是对用户提交给计算机的作业采用成批处理的方式。当一批作业送入计算机以后，操作系统从中调出一个作业开始运行，该作业完成后再调下一个作业运行，直至所有作业全部处理完毕。由于批处理操作系统实现了作业的自动过渡，减少了人工干预，从而缩短了 CPU 的闲置时间，提高了效率。后来的多道批处理操作系统，能支持一个以上的作业在计算机中同时运行，从而实现了快速主机和慢速外部设备的并行工作，进一步提高了 CPU 资源利用率。

分时操作系统支持多个用户同时使用一台计算机。其原理是把 CPU 的处理时间分成一些小片，供多个用户轮流使用。假如现有 3 个用户，用户甲可能使用 1、4、7 等时间片，用户乙使用 2、5、8 等时间片，用户丙使用 3、6、9 等时间片。虽然每个时间片通常只有数十毫秒，但因 CPU 主频高，每个时间片仍能完成很多条指令。在分时系统中，每个用户在自己的终端上操作，就如同他在独自使用计算机一样。

实时操作系统用于需要快速响应和即时处理的计算机系统中，例如军队的武器控制系统、工业部门的生产自动控制系统、铁路和飞机的自动售票系统等。对这类操作系统来说,即时反应的高速度和高可靠性往往比提高资源利用率更重要。

功能较强的计算机都采用多处理器系统。多处理器(multiprocessor)是将两个或多个 CPU 连接在一起。管理这种并行处理任务的操作系统是多处理器操作系统。它可以将完成一个任务程序中的不同指令或者不同任务中的指令,安排给多个 CPU 并行处理,加快程序完成的速度。

随着计算机网络的普及,计算机用户扩展到社会的各个阶层。大多数网络终端用户不再是计算机专业人员,网络操作系统的设计目标也从过去主要关心充分利用计算机的资源,转到为用户提供一个友好的和高效的程序开发和运行环境,使用户最简便、最有效地工作。

图形用户界面(graphic user interface,GUI)对大多数计算机用户来说都是特别合适的,图形用户界面免除了用户记忆指令的时间,给予形象化助记忆式提示,大大缩短了人们学习计算机的时间与难度。但对一些专业化的、重复性的复杂工作而言,如控制室的操纵、工厂流程的管理,通过图形用户界面多次点选实现的功能请求并未简化工作的复杂度,这时图形用户界面不一定适合。

操作系统的类型如表 5-1 所示。

表 5-1 操作系统类型

分类方法	操作系统类型	
按系统处理方式分类	批处理操作系统 分时操作系统 实时操作系统	
按计算机配置分类	单机配置	大型机操作系统 小型机操作系统 微型机操作系统 多媒体操作系统
	多机配置	网络操作系统 分布式操作系统
按用户分类	单用户操作系统 多用户操作系统	
按任务数量分类	单任务操作系统 多任务操作系统	
按处理器数量分类	单处理器操作系统 多处理器操作系统	

5.2.3 其他系统管理程序

1. 数据库管理系统

数据库管理系统(database management system,DBMS)也是一种系统软件包,这种软件包帮助企业开发、使用、维护组织的数据库。它既能将所有数据集成在数据库中，又允许不同的用户应用程序方便地存取相同的数据库。例如，关于雇员的情况数据库可以被工资支付、雇员经济状况等所有有关人力资源程序访问，并能简化对抽取的数据库信息的处理及向用户显示报告信息。采用 DBMS 提供的查询语言（query language）可以免去编程，直接向数据库请求查询。因此许多 DBMS 都提供第四代语言和应用开发性能。

2. 通信管理器

现代的信息系统都需要有被称为通信管理器的软件包，这些通信管理器一般安装在网络的后台（host）计算机端，或者作为通信网络前端处理机和网络服务器的计算机上。网络的终端上要安装有相应的接收软件。通信管理器的工作包括如下：连接和拆除终端和计算机系统之间的联系，自动地检验终端的输入/输出活动，对于来自终端的请求自动地分配优先权级，还有测试和纠正数据传送中的错误。因此通信管理器控制与支持通信网络上的数据通信活动。

3. 系统支持程序

系统支持程序也属于系统软件一类。服务程序（utility program）就是重要一例。这种程序执行各类系统的全部例行事务管理和文件转换任务，如排序程序执行信息处理应用中的数据排序请求，就是一个重要的实用程序。系统运行时，如请求内存、把程序加载到内存、记录主存储器的运行、复制文件等系统的日常事务操作的执行都要调用实用程序。

除了系统服务程序，执行监视器、安全监视器都属于系统支持程序。为了帮助系统提高执行效率，执行监视器监视系统的执行和使用，并记录运行状况以便系统员分析机器运行状态。安全监视器监视和控制系统的使用，当计算机资源出现越权使用时，监视器将发出警告信息并且将事件记录下来，以供分析。

5.2.4 常见操作系统简介

目前常见的操作系统如表 5-2 所示。

表 5-2 常见的操作系统

操作系统	特征
Windows7	X86 与 AMD64 操作系统，图形用户界面，供各种个人电脑使用，具有多种版本，市场占有率高。
UNIX	功能强大，支持多用户、多任务，方便跨越个人计算机、工作站、大型机等各种机器平台。
Linux	开放源码软件，设计可靠、精简，可以在不同的硬件平台上操作。
Mac OS X 系统	苹果公司麦金塔电脑的专属操作系统，具有简洁精美的用户界面，能充分利用 64 位、多核处理器和 GPU 图形处理器。
IOS	苹果公司开发的移动终端操作系统，主要应用于 iphone, ipad, apple tv 等，仅使用于苹果的设备。

续表

操作系统	特 征
Windows Phone	微软公司的智能手机操作系统,在传统电脑份额受到移动终端侵蚀时推出,特点在于其 Metro 界面。
Android	Google 公司领导开发的移动终端操作系统,基于 Linux 所开发,由于其开放特性被广大手机厂商所接受,2011 年成为占有率最高的智能手机操作系统。应用于智能手机、平板电脑,并逐渐进入至智能电视等其他领域。
Symbian	诺基亚公司曾经广泛流行的智能手机操作系统,市场占有率曾经超过 50%,后逐渐被 IOS 和 Android 系统所取代,于 2012 年停止开发。

1. Windows 系统

1) Windows 7

Windows 7 是微软公司于 2009 年 10 月正式发布的 Windows 操作系统版本,供个人电脑使用,包括家庭及商业工作环境、笔记本电脑、平板电脑、多媒体中心等。据报道,微软于 2011 年 4 月表示,Windows 7 发布一年半以来,许可销量超过 3.5 亿份,成为"有史以来销售最快的操作系统"。

Windows 7 是微软公司继 Windows 98/2000/XP/Vista 之后推出的新一代操作系统,本身又分为家庭普通版、家庭高级版、专业版和旗舰版,Windows 7 除家庭普通版外,其他所有版本都同时支持 32 位以及 64 位软件,能充分利用 64 位电脑的强大功能。

和 Windows 的以前版本相比,Windows 7 带来了重大性能改进,可以占用更少的内存,只在需要时才运行后台服务,并能更迅速地休眠、恢复和重新连接到无线网络。Windows 7 提供了更好的无线网络,以前将笔记本电脑连接到无线网络比较麻烦,现在可以从任务栏的可用网络列表中选择,单击某个网络,然后连接。一旦连接到网络,Windows 将会记住此网络,之后可以自动再次连接。

Windows 7 可以轻松地实现家庭网络上两台或更多电脑的连接,不需要太多的操作就可以开始与家中的其他人分享音乐、图片、视频和文档,同时 Windows 7 为家庭组提供了加密保护功能,用户可设置需要共享哪些内容以及使哪些信息保持隐私。Windows 7 支持以媒体流方式将音乐、视频和照片从个人电脑传输到立体声设备或电视上,借助于远程媒体流,甚至可以从一台运行 Windows 7 的电脑将媒体流通过 Internet 传输到另一台电脑。

2) Windows 8

Windows 8 是微软公司于 2012 年 10 月正式发布的,继 Windows 7 后提供的新一代操作系统,Windows 8 支持个人电脑(X86 构架)及平板电脑(X86 构架 或 ARM 构架)。Windows 8 大幅改变以往的操作逻辑,提供更佳的屏幕触控支持。新系统画面与操作方式变化极大,采用全新的 Metro(新 Windows UI)风格用户界面,各种应用程序、快捷方式等能以动态方块的样式呈现在屏幕上,用户可自行将常用的浏览器、社交网络、游戏、操作界面融入。

3) Windows Phone

Windows Phone(Windows Phone 7)是微软公司于 2010 年 2 月发布的一款智能手机操作系统,目前采用 Windows Phone 7 的智能手机包括三星、多普达、LG、索爱、HTC、华为等,诺基亚于 2011 年 2 月 11 日宣布与微软达成战略合作关系,诺基亚手机将采用 Windows Phone 系统,并且将参与该系统的开发。

Windows Phone 7 提供了联系人信息管理、照片管理、音乐与视频管理、办公中心管理等功能,而且这些功能都实现了与电脑及互联网的同步。例如 Windows Phone 可以通过 Microsoft Office Outlook Mobile 中的电子邮件、日历和通信联系人来处理日常事务,可以在手机与个人电脑之间同步处理 Outlook;可以实现对于 Word、Excel 文档的浏览及编辑,PowerPoint 文档的查看;Windows Phone 支持手机用户在联系人菜单中查看好友的社交网络更新内容与照片,同时还向用户提供更新自己的社交网络页面的功能;Windows Phone 还可以通过 USB 数据线或者蓝牙与个人电脑连接,将手机 GPRS 网络共享给电脑;Windows Phone 可以在电脑端、网络端、服务器端实现数据备份,可以方便快捷地恢复数据,保证数据安全性。

2. UNIX 系统

UNIX 是 1969 年由贝尔实验室研究的一种互动式、多用户、多任务操作系统。在 UNIX 环境下,许多使用者可以同时执行同一种工作,或者一个使用者可以同时执行很多项工作,因此该系统可连接多台计算机,并有支持通信与网络的良好性能。UNIX 最大的优点是只需做一些简单的调整就可以跨越各种机器平台,即个人计算机、工作站、大型机等。因而 UNIX 平台可以储存及管理大量档案,并且稍作一些小的修改,就可以将一台计算机的资料移植到另一台计算机上。

UNIX 被公认为功能强大,可以有多人或多个工作同时使用同一档案。但是由于 UNIX 功能大而指令集太复杂;加之 UNIX 具有很多版本,版本之间的不兼容性也影响了软件的移植。

3. Linux 系统

Linux 系统是一个开放源码的操作系统,可以从 Internet 上免费下载,或低价购买。Linux 是类似 UNIX 的操作系统,但设计可靠、精简,可以在不同的硬件平台上操作,如可以在 Intel、Motorola、Digital Alpha、SPARC 与 MIPS 等处理器上运行。由于 Linux 开放源码后的知识产权不被任何公司与个人拥有,全世界的程序设计师都可以管理与修改这些软件,因此大大优化了 Linux 的使用环境,使 Linux 得到越来越广泛的应用。

4. Mac OS X 系统

Mac OS X 是苹果公司为麦金塔(Macintosh)电脑开发的专属操作系统软件 Mac OS 的最新版本。Mac OS X 于 2001 年首次推出,并从 2002 年起随麦金塔电脑发售,Mac OS X 随后的版本以大型猫科动物命名,在苹果的产品市场中 10.6 版本命名为雪豹(Snow

Leopard),Mac OS X v10.6 Snow Leopard 于 2009 年 8 月 28 日正式销售。

Mac OS X 内核使用 UNIX 基础,设计简单直观,Mac 最出色的地方是它简洁精美的用户界面,通过内置的图形处理器,能为多路聊天、实时映象和流畅动画提供足够的处理能力;系统能聪明地决定是用 CPU 中央处理器或 GPU 图形处理器执行任务,能充分利用 64 位、多核处理器和 GPU 图形处理器,实现软件和硬件的整合。

Mac OS X 几乎能和任何网络环境,甚至是 Windows 网络兼容。无须下载驱动,市面上所有的数码相机、打印机和其他周边设备几乎都能连接 Mac 使用。它能打开各种常用文件格式,如 JPG、MP3 以及 Microsoft Word、Excel 和 PowerPoint 文档。Mac OS X 还包括业界标准的 PDF 格式支持,几乎能在任何应用程序中读取并创建 PDF 文件。此外,Mac OS X Snow Leopard 还内置支持 Microsoft Exchange Server。

5. 移动设备操作系统

现在市场上主流的移动设备操作系统包括 IOS、Windows Phone、Android 以及各种衍生品、Symbian、黑莓等,这些操作系统的共同特征即为强调设备便携性和续航时间,为移动设备处理器进行优化,封装移动设备特征的输入输出,提供第三方开发平台等。市场上各类智能手机,平板电脑即运行此类操作系统,提供更好的用户操作体验和使用时间。

5.3 程序设计语言

最早的计算机仅有少量的专业用户,这些用户都是专家、学者,他们的用户程序一般都是自行设计、自己使用,并且直接使用机器语言。20 世纪 50 年代初期开发了操作系统以及汇编语言,并开发了多种高级语言,不断改进及强化它们的功能。随着微型计算机的普及,操作系统用户接口界面的改善,程序设计语言跃上了一个新台阶,向着第四代面向功能的、非过程化语言的方向发展,甚至走向使用自然语言。

5.3.1 机器语言

早期的计算机不配置任何软件,这时的计算机称为"裸机"(bare machine)。裸机只认得"0"和"1"两种代码,程序设计人员只能用一连串的"0"和"1"构成的机器指令码来编写程序,这就是机器语言程序。机器语言具有如下特点。

(1) 采用二进制代码。计算机指令的操作码(如+、-、×、/等)和操作数地址均用二进制代码表示。

(2) 指令随机器而异(称为"面向机器"),不同的计算机有不同的指令系统。

执行速度快是机器语言的唯一优点。

5.3.2 汇编语言

机器语言存在着严重的缺点,表现为:
(1) 易于出错;
(2) 不够直观,很难读懂,人们不能直观地看出机器语言程序所要解决的问题;
(3) 编程烦琐,工作量大。

于是,人们想出了用符号(称为助记符)来代替机器语言中的二进制代码的方法,设计了"汇编语言"。汇编语言又称符号语言,其指令的操作码和操作数地址全都用符号表示,大大方便了记忆,但它仍然是一种面向机器的程序设计语言,机器语言所具有的那些缺点(如缺乏通用性、烦琐、易出错、不够直观等)汇编语言也都有,只是程度上较轻而已。

用汇编语言书写的程序(称为汇编语言源程序)保持了机器语言执行速度快的优点。但它送入计算机后,必须被翻译成机器语言形式表示的程序(称为目标程序),才能由计算机识别和执行。完成这种翻译工作的程序(软件)叫汇编程序(assembler)。图 5-5 显示了汇编语言源程序的执行过程。

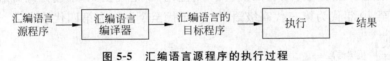

图 5-5　汇编语言源程序的执行过程

汇编语言比机器语言前进了一大步。但程序员仍须记住许多助记符,加上机器的指令数很多,所以编制汇编语言程序仍是一件烦琐的工作。此外,汇编语言也是面向机器的,不能在各种机器上通用。

5.3.3 高级语言

高级语言有三大优点。
(1) 高级语言更接近于自然语言,一般采用英语表达语句,便于理解、记忆和掌握。
(2) 高级语言的语句与机器指令并不存在一一对应关系,一个高级语言语句通常对应多个机器指令,因而用高级语言编写的程序(称为高级语言源程序)短小精悍,不仅便于编写,而且易于查找错误和修改。
(3) 高级语言基本上与具体计算机无关,即通用性强。程序员不必了解具体机器指令就能编制程序,而且所编的程序稍加修改或不用修改就能在不同的机器上运行。

高级语言也是不能被计算机直接识别和执行的,必须先翻译成机器指令的目标程序才能执行。翻译的方式有两种:一是解释方式,二是编译方式。

解释方式使用的翻译软件是解释器(interpreter),它把高级语言源程序一句句地翻译为机器指令,每译完一句就执行一句,当源程序翻译完后,目标程序也执行完毕。高级语言源程序的解释执行方式如图 5-6(a)所示。

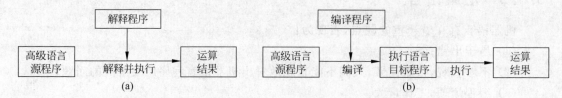

图 5-6　高级语言源程序的解释执行和编译执行

编译方式使用的翻译软件是编译器(compiler)。它将高级语言源程序完整地翻译成机器指令的目标程序，使目标程序和源程序在功能上完全等价，然后执行目标程序，得出运算结果。高级语言源程序的编译执行方式如图 5-6(b)所示。

解释方式和编译方式各有优缺点。解释方式的优点是灵活，占用的内存少，但占用更多的机器时间，并且执行过程离不开翻译程序。编译方式的优点是执行速度快，但占用内存多，并且不灵活，若源程序有错误，必须将错误全部修正后再重新编译和从头执行。要求程序员有较高的程序设计水平。

图 5-7 描述了程序设计语言的演进。20 世纪 50 年代至 60 年代为机器语言和汇编语言，60 年代至 70 年代为第三代高级语言，70 年代至今发展为第四代语言。

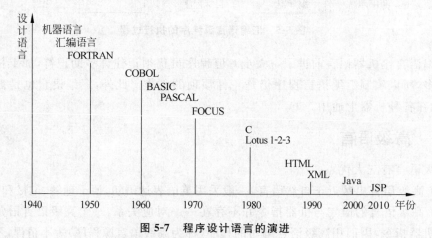

图 5-7　程序设计语言的演进

5.3.4　第四代语言与软件工具

第四代语言与先期的语言相比，更加非过程化并且更易于对话。所谓第四代是相对于机器语言(第一代)、汇编语言(第二代)、高级语言(第三代)而言的。目前，计算机行业的某些专家已提到将使用人工智能技术实现用户需求的语言定为第五代语言。

大多数第四代语言让用户和程序员使用非过程化的语言说明他们的要求，而由计算机决定实现这个要求的指令序列,因此用户和程序员可以节省许多时间去开发实现某个需求的程序。第四代语言有助于简化程序设计的过程。

第四代语言分为以下 7 类:查询语言、报表产生器、图形化语言、应用程序产生器、非常高阶程式语言、应用套装软件与个人计算机工具。图 5-8 列出了这些工具的使用者范围,从简单的、通用的给终端用户使用的 PC 工具,直至复杂的给 IT 专家使用的专用工具。同时给出每类工具已有的商品化软件。

终端使用者应用工具					信息系统专家应用工具
PC 工具	查询语言/报表生成器	图形化语言	应用程序生成器	应用套装软件	非常高阶程式语言
Word	SQL	Systat	FOCUS	AVP Sales/Use	APL
Excel	RPG-Ⅲ	SAS	Natural	Tax People Soft	Nomad 2
Internet Explorer		Graph	Power Builder	HRMS	
Access			MS Front Page	SAP R/3	

图 5-8 第四代语言与分类

1. 查询语言

查询语言(query language)是一种用于存取数据库或档案中资料的高级语言,操作时具有人-机交互、联机处理的特色,也能处理非事先定义的资料查询要求。因此查询语言通常可以与数据库管理系统(DBMS)、个人计算机工具如 Excel 等整合在一起使用。特别是在当前数据库管理系统中已成为标准查询语言的结构化查询语言(structured query language,SQL)更受使用者青睐。例如,用户发出请求:Select all where age > 40 and 职称="工程师",SQL 就可以帮助查找到所有年龄大于 40 岁的工程师。至于 SQL 如何查找,用户无须关心。

未来查询语言的表达会更接近自然语言,应用更简便。

2. 报表生成器

报表生成器(report generator)是指能从数据库或档案中抽取资料,然后制作成用户所需要的个性化报表的工具。

报表生成器具有比查询语言更强的控制资料组成、资料整理及资料显示方式的能力,有的报表生成器在报表输出前还可以从事复杂的计算和逻辑处理。因此从某种意义上讲,报表生成器是查询语言的延伸与扩充。

3. 图形化语言

图形化语言(graphics language)能从档案或资料库中抽取资料,并按使用者的要求,将这些资料以任选形式,如直方图、圆饼图、折线图等展现在使用者面前。一些功能强大的图形化分析软件还能进行数学运算及逻辑运算,如 SAS 与 Systat 软件。

4. 应用程序生成器

应用程序生成器(application generator)的工作原理是根据一些标准的、公共的常用功能,预先进行编程,建立预程序化的模块组。使用者只要指出所需的功能,程序生成器就能利用预程序化模块组创建对应的程序码,完成输入、校验、更新报表制作等工作,因而可大大加快应用程序的开发速度。

大部分具有完整功能的应用程序生成器,一般都具有一组容易理解、易于使用并且整合在一起的开发工具,包括数据库管理系统、数据字典查询语言、屏幕生成器、图形生成器、报表生成器、决策支持模型、安全保护等。

新型的应用程序生成器能够研发一个完整功能的网站。

5. 非常高阶程式语言

非常高阶程式语言(very high-level programming language)是一种利用少量指令集来产生程序码的程序语言。因为指令集小,程序语言简单,易于终端用户的直接使用,并在短时间内开发出程序或应用系统。

这种语言开发初期是为专业的软件工程师设计的。由于简单、易用的特性,深受各类用户欢迎。APL 和 Nomad 2 是两个案例。

6. 套装软件

套装软件指的是一组事先写好的程序码,将在大、中、小型计算机及个人计算机上运行的主要商用软件整合在一起,在市场上交易。它们可以是系统软件,也可以是应用软件,但市场上以应用型套装软件为主。一些大型、复杂、功能强大的套装软件,由软件销售公司的专业技术人员协助用户安装运行。个人计算机上使用的套装软件,直接销售给终端用户使用。

7. 个人计算机工具

最受人们欢迎的支持用户发挥计算机功效的软件工具是专为个人设计的一般用途的套装软件。

1) 办公自动化软件

办公自动化软件,比如 Microsoft Office 是一种套装软件,它拥有每一种单一软件的功能,包括文字处理软件 Word、试算表软件 Excel、资料库软件 Access、简报软件 Powerpoint,以及 Outlook、电子邮件、日程安排等管理工具。由 Office 创建的文件也可在网络浏览器上阅读。

2) 万维网浏览器

万维网浏览器(Web browser)是使用 Internet 或以 Internet 科技为基础的网络系统的主要界面。浏览器主要通过 HTTP 连接 Web 服务器而取回 HTML 文件,并在用户端显示,让用户存取和展示 Internet 上其他计算机中的资料,并以文字、图形、声音、影像资料等各种形式展示在用户面前。个人电脑上常见的网页浏览器包括微软的 Internet Explorer、网景公司的 Netscape Navigator、Mozilla 的 Firefox、Opera 和 Safari 等。

3) 群组软件

群组软件(groupware)提供了支持工作团队协调活动的功能与服务,并以一个网络来连接分散在各地的每个群组成员的计算机。群组软件包括信息分享、电子会议、时程表与电子邮件等软件。具有以下几项功能：

(1) 群组写作与评论；

(2) 分送电子邮件；

(3) 安排会议与约会的时程；

(4) 分享档案与资料库；

(5) 分享时间表与计划；

(6) 电子会议与讨论。

目前的典型群组软件包括 IBM 的 Lotus Notes、微软的 SharePoint 和 Exchange Server 等。Lotus Notes 具有丰富的、强大的 Internet 功能，并支持协同工作；微软的 SharePoint 也具有全面的文档共享、版本控制、变更通知、权限管理等支持群体协同的功能；微软的 Microsoft Exchange Server 是个消息与协作系统，提供了包括电子邮件、会议安排、团体日程管理、任务管理、文档管理、实时会议和工作流等丰富的协作应用。

5.3.5 互联网环境下的编程语言

1. 超文本标记语言和扩展标记语言

超文本标记语言(hypertext markup language，HTML)是一种网页设计语言，最新的修订版本为 HTML5。用于描述网页的超文本和超媒体(hypermedia)文件，通常和 CSS 与 javascript 配合完成现有的网页内容。HTML 使用称为标签(tag)的指令，说明文字、图形、影像与声音将如何放置在文件中，可以连接本地的或远程机器上的文件与对象，并转移到另一份文件中。

HTML 的程序可以自行开发，也可以使用具有 HTML 编辑功能的网络浏览器，或者一些套装软件。应用 Dynamic HTML 设计的网页不再是静止的，而是更生动活泼地展示在你的面前并与你互动。

扩展标记语言(eXtensible markup language，XML)是一种新的描述语言，可以用它来开发其他标记语言，因此它可以创建结构化的文件，文件通过适当的说明，可以简便地交换与使用。

HTML 与 XML 之间有差异。HTML 描述了文件显示的格式，而 XML 描述的是文件的内容结构，因此 HTML 只能影响文件的外貌，而 XML 可以有目的地标记文件的内容，并支持处理和多重文件的链接。

XML 被期望成为一种重要技术，支持网络文件管理或系统间资料的传递。

2. Java 及其开发平台

Java 是一种跨平台的语言。同一个 Java 程序可在各种品牌、各种操作系统的计算机，甚至智慧型电话上执行。Java 语言是 Sun Microsystem 在 1995 年首先发布的。有趣的是其名字来源于当时的研发者常喝的一种咖啡。由 Java 写出来的小型程序"applets"

可从网络服务器上下载，自动在浏览器端处理和运行。

1998年Sun Microsystem又推出了有较大的改动的Java 2。Java 2平台主要有3个版本，它们分别适用于小型设备和智能卡、桌面系统、创建服务器应用程序。其中J2EE（Java 2 Platform Enterprise Edition）专为Java的企业级应用而设计，是实现企业级应用平台的良好工具。J2EE是一种利用Java平台来简化企业解决方案的开发、部署和管理相关的复杂问题的体系结构。J2EE不仅巩固了Java标准版中的许多优点，例如"编写一次、随处运行"的特性，方便存取数据库的JDBC API、CORBA技术，以及能够在Internet应用中保护数据的安全模式等，同时还提供了对EJB（Enterprise JavaBeans）、Java Servlets API、JSP（Java Server Pages）以及XML技术的全面支持，其最终目的就是成为一个能够使企业开发者大幅缩短投放市场时间的体系结构。通过提供统一的开发平台，J2EE降低了开发多层应用的费用和复杂性，同时提供对现有应用程序集成强有力支持，完全支持Enterprise JavaBeans，有良好的向导支持打包和部署应用，添加目录支持，增强了安全机制，提高了性能。

5.4 软件开发方法和工具

5.4.1 面向对象程序设计

传统的程序设计将数据与程序视为两个不同的部分。而面向对象（object oriented，OO）的程序设计方法是将数据与程序封装在一个对象内，作为一个独立的个体。这些对象可以用在不同的系统中，软件工程师只要专心设计他们要求对象做什么，而怎么做由对象决定。由此可以大大缩短软件开发所需的时间和成本。

面向对象程序设计的基础依赖于类（class）和继承（inheritance）的概念。

如：［交通工具］是一个类；［汽车］也是一个类，但这两个类之间有一种层次关系，即汽车是交通工具中的一种类，因此［交通工具］属于父类，［汽车］则属于子类。

子类与父类之间存在继承关系。［汽车］类将继承［交通工具］类所具有的数据和程序，因此在设计［汽车］类时，只要描述它和［交通工具］类的不同之处。因此面向对象程序设计面向的不是一个"对象"而是面向"类"，即相似对象的一般化类型。

面向对象程序设计方法创新了软件开发工作。如果集中专业人员设计一些公用的对象，并将它们存储在对象库中，则未来的软件开发工作者就可以重复使用对象库进行系统设计，这将使软件生产力大大提高。

目前面向对象程序设计孕育出了一种新技术，称为可视化程序设计。使用这种新技术，软件工程师可以不必编写程序，只要利用鼠标选择和移动对象，或者画一条线来连接两个或多个对象，就可以开发出新的可执行程序。这种软件如Visual Basic等。

5.4.2 UML

UML突破了以往编程语言在编辑器中逐行写代码的模式,提出面向接口设计、图形化开发界面的新方法。Jacobson 于 1994 年提出了 OOSE 方法,其最大特点是面向用例(use-case),并在用例的描述中引入了外部角色的概念。用例的概念是精确描述需求的重要武器,用例贯穿于整个开发过程,包括对系统的测试和验证。OOSE 比较适合支持商业工程和需求分析。

Booch、Rumbaugh 和 Jacobson 于 1996 年 6 月和 10 月共同发布了两个新的版本,即 UML 0.9 和 UML 0.91,并将 UM 重新命名为 UML(unified modeling language)。

UML 是一种定义良好、易于表达、功能强大且普遍适用的建模语言,它融入了软件工程领域的新思想、新方法和新技术。它的作用域不限于支持面向对象的分析与设计,还支持从需求分析开始的软件开发的全过程。

1. UML 的内容

UML 的重要内容可以由下列 5 类图(共 9 种图形)来定义。

(1) 第一类是用例图,从用户角度描述系统功能,并指出各功能的操作者。

(2) 第二类是静态图(static diagram),包括类图、对象图和包图。其中类图描述系统中类的静态结构。不仅定义系统中的类,表示类之间的联系如关联、依赖、聚合等,也包括类的内部结构(类的属性和操作)。类图描述的是一种静态关系,在系统的整个生命周期都是有效的。对象图是类图的实例,几乎使用与类图完全相同的标识。它们的不同点在于对象图显示类的多个对象实例,而不是实际的类。一个对象图是类图的一个实例。由于对象存在生命周期,因此对象图只能在系统某一时间段存在。包图由包或类组成,表示包与包之间的关系。包图用于描述系统的分层结构。

(3) 第三类是行为图(behavior diagram),描述系统的动态模型和组成对象间的交互关系。其中状态图描述类的对象所有可能的状态以及事件发生时状态的转移条件。通常,状态图是对类图的补充。在实用上并不需要为所有的类画状态图,仅为那些有多个状态其行为受外界环境的影响并且发生改变的类画状态图。而活动图描述满足用例要求所要进行的活动以及活动间的约束关系,有利于识别并行活动。

(4) 第四类是交互图(interactive diagram),描述对象间的交互关系。如果强调时间和顺序,则使用顺序图;如果强调上下级关系,则选择合作图。这两种图合称为交互图。

(5) 第五类是实现图(implementation diagram)。其中构件图描述代码部件的物理结构及各部件之间的依赖关系。一个部件可能是一个资源代码部件、一个二进制部件或一个可执行部件。它包含逻辑类或实现类的有关信息。部件图有助于分析和理解部件之间的相互影响程度。配置图定义系统中软硬件的物理体系结构。它可以显示实际的计算机和设备(用节点表示)以及它们之间的连接关系,也可显示连接的类型及部件之间的依赖性。在节点内部,放置可执行部件和对象以显示节点与可执行软件单元的对应关系。

从应用的角度看，当采用面向对象技术设计系统时，第一步是描述需求；第二步是根据需求建立系统的静态模型，以构造系统的结构；第三步是描述系统的行为。其中在第一步与第二步中所建立的模型都是静态的，包括用例图、类图（包含包）、对象图、组件图和配置图 5 个图形，是标准建模语言（UML）的静态建模机制。其中第三步中所建立的模型或者可以执行，或者表示执行时的时序状态或交互关系。它包括状态图、活动图、顺序图和合作图 4 个图形，是标准建模语言的动态建模机制。因此，标准建模语言的主要内容也可以归纳为静态建模机制和动态建模机制两大类。

2. UML 的应用领域

UML 的目标是以面向对象图的方式来描述任何类型的系统，具有很宽的应用领域。其中最常用的是建立软件系统的模型，但它同样可以用于描述非软件领域的系统，如机械系统、企业机构或业务过程，以及处理复杂数据的信息系统、具有实时要求的工业系统或工业过程等。总之，UML 是一个通用的标准建模语言，可以对任何具有静态结构和动态行为的系统进行建模。

此外，UML 适用于系统开发过程中从需求规格描述到系统完成后测试的不同阶段。在需求分析阶段，可以用用例来捕获用户需求，通过用例建模描述对系统感兴趣的外部角色及其对系统（用例）的功能要求。在分析设计阶段，需要从需求中识别出类以及它们相互间的关系，并用 UML 类图来描述，还将考虑定义软件系统中技术细节的类（如处理用户接口、数据库、通信和并行性等问题的类），为编程（构造）阶段提供更详细的规格说明。编程（构造）是一个独立的阶段，其任务是用面向对象编程语言将来自设计阶段的类转换成实际的代码。UML 模型还可作为测试阶段的依据，系统通常需要经过单元测试、集成测试、系统测试和验收测试，不同的测试小组使用不同的 UML 图作为测试依据：单元测试使用类图和类规格说明；集成测试使用部件图和合作图；系统测试使用用例图来验证系统的行为，验收测试由用户进行，以验证系统测试的结果是否满足在分析阶段确定的需求。

5.4.3 MVC 设计模式

MVC(model-view-controller)是一种目前广泛流行的软件设计模式，随着 J2EE 的成熟，它正在成为在 J2EE 平台上推荐的一种设计模式，也是广大 Java 开发者非常感兴趣的设计模型。MVC 把一个应用的输入、处理、输出流程按照 model、view、controller 的方式进行分离，这样一个应用被分成三个层——模型层、视图层和控制层。

视图(view)代表用户交互界面，对于 Web 应用来说，可以概括为 HTML 界面，但有可能为 XHTML、XML 和 Applet。随着应用的复杂性和规模性，界面的处理也变得具有挑战性。一个应用可能有很多不同的视图，MVC 设计模式对于视图的处理仅限于视图上数据的采集和处理，以及用户的请求，而不包括在视图上的业务流程的处理。业务流程交予模型(model)处理。比如一个订单的视图只接收来自模型的数据并显示给用户，以及将用户界面的输入数据和请求传递给控制和模型。

模型(model)就是业务流程/状态的处理以及业务规则的制定。业务流程的处理过程对其他层来说是黑箱操作,模型接收视图请求的数据,并返回最终的处理结果。业务模型的设计可以说是 MVC 最主要的核心。目前流行的 EJB 模型就是一个典型的应用例子,它从应用技术实现的角度对模型做了进一步的划分,以便充分利用现有的组件,但它不能作为应用设计模型的框架。业务模型还有一个很重要的模型那就是数据模型。数据模型主要指实体对象的数据保存(持续化)。可以将这个模型单独列出,所有有关数据库的操作只限制在该模型中。

控制(controller)可以理解为从用户接收请求,将模型与视图匹配在一起,共同完成用户的请求。划分控制层的作用也很明显,它清楚地告诉你,它就是一个分发器,选择什么样的模型,选择什么样的视图,可以完成什么样的用户请求。控制层并不做任何的数据处理。例如,用户单击一个链接,控制层接收请求后,并不处理业务信息,它只把用户的信息传递给模型,告诉模型做什么,选择符合要求的视图返回给用户。因此,一个模型可能对应多个视图,一个视图可能对应多个模型。

模型、视图与控制器的分离,使得一个模型可以具有多个显示视图。如果用户通过某个视图的控制器改变了模型的数据,所有其他依赖于这些数据的视图都应反映这些变化。因此,无论何时发生了何种数据变化,控制器都会将变化通知所有的视图,更新显示。

习题

1. 用图描述计算机软件的分类。
2. 软件发展的主要趋势是什么?你期望未来的软件包具有哪些功能?
3. 结合企业状况,谈谈你作为终端用户最需要什么样的系统软件和应用软件。它们对你的工作产生什么影响?
4. 你最喜欢什么样的人-机交互接口?命令式、菜单驱动式还是图形窗口界面?请简单解释。
5. 简述语言发展过程和未来发展趋势。
6. 如果你是一个管理人员,是否应掌握一种语言去开发用户程序?请解释你的回答。
7. 什么是程序设计工具?解释程序设计工具对计算机程序员及用户的重要性。
8. 经常进行事务处理的用户掌握使用什么样的软件包最重要?

CHAPTER 6 第6章

数据库和数据仓库技术

数据是重要的组织资源,它同企业其他资源,如劳动力、原材料、资金和设备等一样,应放在同等重要的位置上进行管理。许多组织由于缺少关于企业内部运作和外部环境的高质量的信息,因而在竞争中失败。所以企业的主管应当重视并参与企业的数据资源管理实践,并应用信息技术和管理工具实现组织数据资源的管理。当代管理者应该把掌握数据资源管理,作为一个重要的资源管理目标来实现。

广义的数据资源管理包括三个方面:文件组织、数据库及数据仓库、数据规划和数据管理。本章从管理与应用的角度出发,介绍数据资源管理的核心技术。

6.1 企业数据处理方式

一个企业如能预测其产品的销售趋势,或者能准确预测它的客户信誉度,离不开企业掌握的数据资源和这些数据的存取与处理。数据的存取意味着人们要用一种更好的方式组织数据;数据的处理意味着人们要有更恰当的数据处理工具。随着企业发展,大多数企业在组织数据时将从采用数据库技术向数据仓库技术发展。在处理数据时,应用数据分析和数据挖掘工具,寻找有价值的信息,支持公司的决策活动。

现代企业处理信息的方式有以下几种。

(1) 以联机事务处理形式处理信息。随着网络通信技术的发展,企业的 Intranet 支持企业管理信息系统进行联机事务处理(online transaction processing,OLTP)。因此企业的业务数据库可以应用 OLTP 技术及功能,即采用联机收集和处理信息,然后再对收集到的经过处理的信息加以利用,并且不断更新已有的信息。

目前大多数企业运用业务数据库(operational data base)和数据库管理系统(DBMS)对 OLTP 提供支持。

(2) 以联机分析处理形式处理信息,并利用信息进行决策。企业从事务中获取信息后,需要对信息进行分析,以便从事各项决策任务。联机分析处理(online analytical processing,OLAP)是一种为支持决策而进行的信息处理方式,如图 6-1 所示。而数据仓库是一种新的数据管理技术,能为联机分析处理提供支持。

例如,"家乐福"、"麦德龙"等跨国零售业,这些企业的决策依赖于联机分析处理。在这种系统中,企业所有的工作人员(包括管理人员、采购员、会计师、销售分析员)所收集到

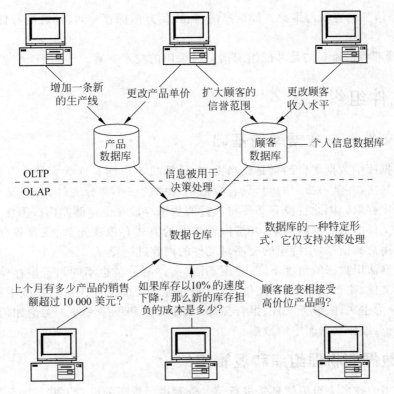

图 6-1 联机事务处理与联机分析处理

的数据都汇集在一个庞大的数据仓库之中,而建立在数据仓库之上的各种分析系统,能使每个工作人员十分容易地在计算机上进行各种查询,并经联机分析处理,作出重要决策。

(3) 在信息应用过程中管理信息。例如,美国的美洲银行,现在的数据仓库已拥有 800GB 存储信息。银行副总裁走入工作室可以毫不费力地查询"硅谷地区有多少居民拥有高尔夫球会员资格?多少人拥有家庭游泳池?"由此为美洲银行带来了竞争优势。因为银行通过了解自己客户的生活方式,并根据客户的生活方式来制定银行的服务规范,以满足客户的需求,扩大客户群。

但是要将这样成千上万条信息用同一方法组织存储,并允许用户联机任意查询。对企业来说,这样的信息管理是一种挑战。因此,企业在管理信息时应该:

① 考虑采用适当的技术去组织信息,以便信息使用者能逻辑地使用信息,而不必了解信息的物理组织形式。目前面向企业管理者的数据逻辑视图是字段→记录→文件→数据库→数据仓库。因此数据仓库是数据逻辑视图的最新发展,数据仓库从各种各样的数据库中,将各方面信息收集到一起,为企业管理者提供决策所需的信息,并支持企业管理者运用数据挖掘工具以联机分析处理方式进行决策。

② 考虑使用信息的权限,如确定谁有权利浏览信息,谁有权利使用信息,谁有权利更新信息等。

③ 考虑信息的更新与维护。如信息的备份、信息的保存时间、信息的存储技术、更新技术等。

但是,管理者最重要的是考虑组织信息时采用的技术方案。

6.2 文件组织

6.2.1 文件——数据库的基础

企业数据库中数据集合的量是相当大的,计算机不可能有这么大的主存容量存放所有的数据。其次,在某一指定时间,只有数据集合中的一小部分文件,为了某个应用目的才需要被程序存取。因此也没有必要将大量的数据存放在主存储器内。因此企业中的数据一般是以文件的形式组织起来,并按搁置档案的方式存放在光盘、磁盘等存储介质上,应用时根据用户的指令,用特定的程序对文件的内容进行操纵。

随着人们认识数据的角度不同,应用不同,文件的分类也不同。若按存储介质分类,可以有光盘文件、磁盘文件、磁带文件、打印文件等。若按文件在信息系统中所执行的功能分类,可分为主文件、事务文件、报告文件、工作文件和程序文件。无论如何,人们总是以文件为单位,操作数据库中的数据。

6.2.2 数据的物理组织和逻辑组织

选择适当的技术去组织信息是进行信息管理中最重要的一点。其目的是使信息使用者能够用自己熟悉的语言和方法,处理以面向用户的逻辑方式组织起来的信息,而不必了解信息是如何以0、1代码的方式,即物理组织方式存储在各类存储器上。

因此,信息的物理组织是面向机器、面向存储设备的,而信息的逻辑组织是面向用户的应用需求,如图6-2所示。

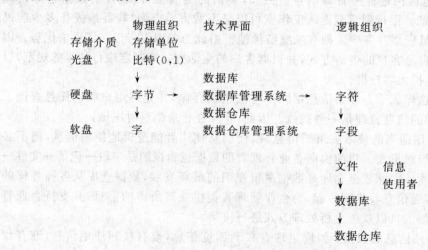

图6-2 信息的物理组织与逻辑组织

信息使用者在处理信息时,仅在字符、字段、记录、文件、数据库、数据仓库的逻辑集合内进行操作。最小的信息逻辑单位是字符,如 A、B、C、D;字符的逻辑组合为字段,如人的姓名、产品的编号与单价等;字段的逻辑组合称为记录,如与某个产品有关的所有字段就是这个产品的记录。所有相关的记录,即字段结构相同的记录,组成一个文件,如所有产品记录组成的产品文件。逻辑上相关的文件,即与同一管理目标相关的文件,组合在一起就是一个数据库。例如销售数据库,包括产品文件、订货合同文件、销售代理商文件等。

如图 6-2 中的数据仓库是由多个数据库中的信息抽取组合而成,是当前逻辑视图的最高体现。数据仓库为信息需求者提供决策信息,并支持以联机分析处理方式而进行的决策。

使数据的物理存储与逻辑处理分离是进行数据处理的关键。将逻辑进行信息处理的请求向相应的物理存储形式转换的工作,由系统软件所提供的技术界面实现。常用的工具有数据库、数据库管理系统、数据仓库与数据仓库管理系统,并在操作系统的支持下实现逻辑组织与物理组织之间的数据传送。

在计算机主存用户工作区(数据缓冲区)内存放的是某个数据库文件中的若干条逻辑记录。这些记录来自外存设备上某个数据存储块(或是一个扇区,或是几个扇区,或是一个磁道)。当存取数据时,只要执行一条 I/O 命令,计算机的主存与外存设备进行一次数据交换。交换的基本单位是一条物理记录,而信息使用者在计算机显示屏上读到了所需求的逻辑记录。

如图 6-3 所示,物理记录的长度与两个因素有关:一是与外存设备有关,比如可以是磁盘上的一个扇区、几个扇区甚至是整条磁道;二是与主内存容量有关,一般主存容量大,数据缓冲区的容量办大。通常由系统程序员通过操作系统来设定。

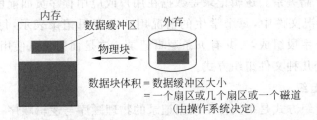

图 6-3 物理记录(数据块)的传送

在系统运行时,由于系统的硬件设备和操作系统已经确定,所以数据块的体积(物理记录的长度)也是固定的,而逻辑记录的长度却随着所应用的数据文件的变化而不同。因此逻辑记录与物理块之间的联系,可以是一个逻辑记录占用一个块或多个块,也可以是一个块内有多个逻辑记录。对于一些大型的数据文件,它的特征除了记录较多,记录长度也很长,往往可能一条记录占用多个物理块。这种文件在进行数据存取操作时,应用程序的设计比较复杂。

6.2.3 文件组织方式

在计算机信息系统中,文件是数据库组织的基础,任何对数据库的操作最终要转化为对数据文件的操作。因此文件的逻辑组织形式将直接影响整个信息系统的效率。计算机中逻辑数据元素之间的关系如图 6-4 所示。

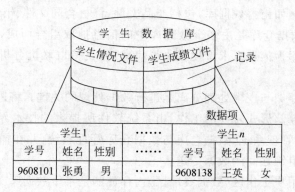

图 6-4 逻辑数据元素之间的关系

文件是相关记录的集合,即相关记录为了某一应用目的而组织在同一文件内。因此,文件的数据之间存在着一定的相关联系。数据的逻辑组织是指相关记录在逻辑上的编排,编排的形式可以是顺序的、随机的、索引的、倒排的等。这种形式属于文件一级的逻辑组织形式。如图 6-4 所示学生情况文件和学生成绩文件均为逻辑文件。逻辑文件的基本单位是逻辑记录(简称记录),其体积是指一条记录的长度,即各数据字段长度的和,主要反映数据的逻辑存储关系。逻辑记录是数据在用户或应用程序员面前所呈现的方式。如图 6-4 所示学生情况文件中,每个学生的情况用一条逻辑记录表示,每条逻辑记录由学号、姓名、性别三个字段组成,一共有 n 条逻辑记录。这是面向信息使用者的数据表示。

下面简单讨论几种文件组织方式。

1. 顺序文件组织

文件的顺序组织方式是指文件中数据记录的物理顺序与逻辑顺序一致。在顺序文件中,文件的记录按关键字值的递增(或递减)次序排序,形成了记录的逻辑顺序。

顺序文件可以储存在顺序介质上,如磁带;也可以储存在随机存取介质上,如磁盘、光盘。顺序文件内的逻辑记录,顺序地排列在磁盘介质上,它需要磁盘提供足够大的空间,如图 6-5 所示。

对于建立在随机存取设备上的顺序文件,除了顺序查找以外还可以用对分检索、分区检索及探测法等方法提高查询效率。

2. 索引文件

具有索引表(简称索引)的文件称为索引文件。索引文件由索引与主文件两部分组

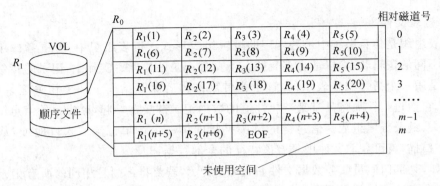

图 6-5 磁盘顺序文件

成。索引是关键字学号与学生记录地址的对应表,必定是升序排序的。若数据记录主文件可能按关键字值排序,它与索引的结合形成索引顺序文件。按索引顺序方式存储的学生文件如表 6-1(a)所示。数据记录主文件也可能不按关键字值排序,它与索引的结合形成索引非顺序文件。按索引非顺序方式存储的系统文件如表 6-1(b)所示。

表 6-1 索引文件

(a) 索引顺序文件

记录地址	学号	姓名	数学	物理	Basic
A	870701	张×	68	74	72
B	870705	李×	95	87	92
C	870707	赵×	77	83	84
D	870712	周×	85	81	88
E	870721	陈×	62	64	61
F	870724	王×	82	88	92
G	870736	黄×	75	74	77

索引

主关键字(学号)	记录地址
870701	A
870705	B
870707	C
870712	D
870721	E
870724	F
870736	G

(b) 非索引顺序文件

记录地址	学号	姓名	数学	物理	Basic
A	870712	周×	85	81	88
B	870724	王×	82	88	92
C	870707	赵×	77	83	84
D	870701	张×	68	74	72
E	870736	黄×	75	74	77
F	870721	陈×	62	64	61
G	870705	李×	95	87	92

索引

主关键字(学号)	记录地址
870701	D
870705	G
870707	C
870712	A
870721	F
870724	B
870736	E

3. 链表文件

链表组织是信息系统中一种常用的逻辑组织形式。链表组织中,着重考虑用指针建立许多不同的逻辑联系,以适合多变情况下文件记录的检索。实际上,记录的指针在文件组织中是用一个指针项来表示的,这个指针项的内容就是指向下一个相关记录的地址。就这样,它通过指针项将具有某一属性值的数据记录链接在一起,形成一条信息链。信息链由链头、链及链尾组成。信息链的链头是指向第一个逻辑记录的入口地址,从链头开始,顺序扫描,就可获取文件中具有该特征的全部数据记录。

例如,某部门雇员账务数据文件如表 6-2 所示,若要将部门号相同的所有记录链接起来,需要在部门编号数据项后面加一个部门指针项。根据表 6-2 部门编号数据项的取值,可将所有在 DT 部门工作的雇员记录形成一条信息链,其链头是第一条记录,记录的入口地址为 A。其部门指针项指向第三条记录的地址 C,照此链接下去,直至第十条记录。第十条记录是这条信息链的链尾,其部门指针项的内容是一个结束符号。同样,按此法可以分别链接在 NE、NW、EA 部门工作的雇员信息链,如表 6-3 所示。

表 6-2 账务数据文件

记录地址	职工号	姓名	部门编号	工作年限	透支额度/%
A	1111	ANAMS-JOHN	DT	4	0
B	1121	SMITH-IVAN	NW	11	100
C	1981	MORALES-JOSE	DT	23	200
D	2014	SMITH-ELOISE	DT	2	0
E	2084	JONES-JANE	NW	3	0
F	2918	MORGAN-BILL	NW	4	0
G	3001	ADAMS-ELMER	EA	16	100
H	3101	BONES-IGOR	DT	7	0
I	3241	KINKO-BOB	EA	15	100
J	3358	GRANCE-TED	DT	12	100
K	3861	GREEN-ED	NE	9	0
L	3871	BROWN-JOE	NE	18	100

表 6-3 所示组成的 4 条部门雇员信息链是 DA(A,C,D,H,J)、NW(B,E,F)、EA(G,I)、NE(K,L)。

为了便于查询,将各部门信息链的链头建立一张索引表,如表 6-4 所示。其内容包括数据项值(输入关键字值)、记录条数(链表长度)和链头记录的入口地址,称为链头索引表。

表 6-3　雇员信息链

记录地址	职工号	姓　名	部门编号	部门指南	工作年限
DT 入口→A	1111	—	DT	C	
NW 入口→B	1121	—	NW	E	
C	1981	—	DT	D	
D	2014	—	DT	H	
E	2084	—	NW	F	
F	2918	—	NW	∧	
EA 入口→G	3001	—	EA	I	
H	3101	—	DT	J	
I	3241	—	EA	∧	
J	3358	—	DT	∧	
NE 入口→K	3861	—	NE	L	
L	3871	—	NE	∧	

表 6-4　链头索引表（链表文件）

部门代码 （辅关键字符）	链表长度 （记录个数）	链头指针 （入口地址）	部门代码 （辅关键字符）	链表长度 （记录个数）	链头指针 （入口地址）
DT	5	A	EA	2	G
NW	3	B	NE	2	K

如果在数据主文件的多个数据项即辅关键字后面都设置一个指针项，由此组成的文件称为多重链表文件。

4. 倒排文件

倒排文件的结构是对每个辅关键字都设立一个索引，每种关键字值对应一个索引项，将具有相同关键字值记录地址都保存在相应的索引项中。这种按辅关键字组织的索引称为辅索引或倒排索引，带有辅索引或倒排索引的文件称为倒排文件。

辅索引的形式是：

辅关键字	指针表

指针表内所含指针的个数随记录数的不同而变化，表 6-2 中给出的数据文件的倒排组织如表 6-5 所示。

表 6-5　指针表（倒排文件）

辅关键字	指针				
部门编号					
DT	1111	1981	2014	3101	3358
NW	1121	2084	2918		
EA	3001	3241			
NE	3861	3871			
工作年限 N					
$N \leqslant 5$	1111	2014	2084	2918	
$5 < N \leqslant 10$	3101	3861			
$15 < N \leqslant 20$	3001	3871			
$N > 20$	1981				
透支额度/%					
0	1111	2014	2084	2918	3101	3861
100	1121	3001	3241	3358	3871	
200	1981					

若数据文件的全部关键字都建立辅索引文件，则称为全倒排文件。采用全倒排文件，每一个数据项都是检索的依据，往往只要查寻有关内容的索引，就可以查寻所需的内容，而不需要查寻文件本身。例如统计在 NW 部门工作的雇员人数，只要检索部门索引就可以获得结果。

6.3　数据库系统

数据库系统由数据库（database，DB）和数据库管理系统（database management system，DBMS）组成，这两部分有机地结合在一起，才能很好地进行数据的输入、存储、处理、管理和使用。

6.3.1　数据库处理

假如你是一个企业经理，你所在企业已使用了计算机，而当你需用企业雇员信息时，却被信息部门经理告知要获得这样的信息太困难也太费成本。原因如下：

(1) 所需信息在一些不同的文件内，每个文件以不同的方式组织；

(2) 每个文件不能被不同的程序应用，也不能按所需格式提供信息；

(3) 没有程序能有效帮助你获取所需信息。

表 6-6 所示为上述所需求的信息及与之相对应的文件和程序。

表 6-6 信息需求与文件、程序的关系

信息需求	文件	应用程序
职工工薪	工薪文件	工薪程序
教育背景	职工技能文件	技能管理程序
工薪增加和提高	个人情况变动文件	个人情况变动程序

作为企业经理,一个如此简单的请求,在文件处理的系统中就不能满足。在数据库管理模式中,文件按指定的共享模式归并到一个数据库中,一个文件中的记录可以对应许多不同的应用程序。应用数据库管理系统,作为服务于用户和数据库之间的接口软件包,它能帮助用户方便地存取数据库中的记录。例如,关于所有雇员的数据存储在一个公用数据库中,可以使用 DBMS 中特有的查询语言直接获取所需要的雇员信息。

发展数据库与数据库管理系统解决了文件系统的以下弊病:数据冗余与数据不一致性、数据结构的不一致、缺少数据字典等,并大大提高了数据信息的共享性,充分发挥了信息的价值。

图 6-6 和图 6-7 是银行文件处理系统与数据库处理系统的对照。在银行文件处理系

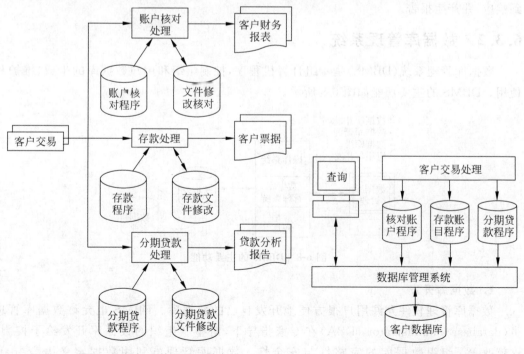

图 6-6 银行文件处理系统　　　　　图 6-7 银行数据库处理系统

统中很难从三个不同的组织文件中抽取有关顾客的信息,并集中在一起;而在数据库处理系统中,很容易达到这个要求,那么它是如何达到数据的储存与处理的呢?

1. 数据库存储

在数据库管理方式中要开发共享数据库,首先要有数据字典,数据字典描述数据定义、格式、内容以及数据库的相互关系,以确保所建立的数据库的完整性、一致性和可行性,使组织中各种应用所需的数据连接起来并集中存入一些共享数据库,从而代替存入许多各自独立的数据文件中。例如,银行客户记录和一些银行其他应用所需的共享数据,如账单处理、银行信用卡、存款账号及贷款账务等,这些数据都可以归并到一个共享的客户数据库,而不是保存在对应一种应用的独立文件中。

2. 数据库处理方式

文件处理主要是通过更新和使用独立的数据文件,产生每个用户所需的信息。数据库处理由三种基本活动组成。

(1) 通过更新和维护共享数据库,对组织的记录,映射新的事务、传送变化的事件。

(2) 使用能共享公共数据库数据的应用程序,为用户提供所需信息。DBMS 为用户提供了一个公共接口,该接口使查询程序能从公共数据库中提取所需信息,却不必了解数据物理存储在哪里以及是如何存储的。

(3) 通过 DBMS 提供的查询/响应及报告功能,使用户能直接地快速访问数据库,得到响应,并产生报告。

6.3.2 数据库管理系统

数据库管理系统(DBMS)是一组计算机程序,控制组织和用户数据库的生成、维护和使用。DBMS 的主要功能如图 6-8 所示。

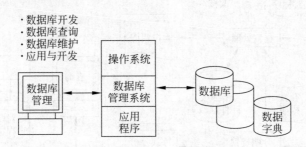

图 6-8 DBMS 的主要功能

1. 数据库开发

数据库管理软件允许用户很方便地开发自己的数据库。DBMS 也允许数据库管理员(database administrator,DBA)在专家指导下,对整个组织的数据库开发给予控制。这就改善了组织数据库的完整性与安全性。数据库管理员利用数据定义语言(data definition language，DDL）开发与说明数据内容、相互关系及每个数据库的结构，并把这些信息分类后，储存在一个专用的数据定义和说明的数据库中，这个数据库称为数据字典。数据字典由数据库管理员（DBA）控制、管理和维护。在组织状态发生变化时，由DBA统一修改数据库的说明。

数据字典是数据库管理的重要工具。数据字典是超越数据的计算机分类与目录，即字典的内容是关于数据的数据。数据字典含有管理数据定义的数据库，其内容包括组织数据库的结构、数据元素及其他特征。例如包括所有数据记录类型的名称和描述、它们的内部关系及用户存取信息需求概要、应用程序的使用、数据库的维护和安全。

数据字典由数据库管理员管理，并经常被用户查询和向用户报告公司在数据方面有无变动。需要时数据库管理员也可以修改所选数据元素的定义。某些带有控制性能的数据字典，不论何时，只要用户和应用程序利用DBMS去存取组织数据库，都含有标准化数据元素定义的功能。例如，一个监控性的数据字典将不允许数据输入程序使用非标准的用户记录定义，也不允许数据输入操作输入一个超出数据定义范围的数据，如给员工输入工资额时，不能超出企业工资标准。

2. 数据库查询

用户可以使用DBMS中的查询语言或报告发生器，询问数据库中的数据。用户可以在显示器或打印机上直接接受机器的响应，如一个报告，却并不需要用户进行困难的程序设计。这种数据库访问能力对于普通用户是非常有益的。你只要掌握一些简单的请求和查询语言就能让用户容易地、立即得到联机查询的响应。报告发生器的特征是能把你的需要表达成一个报告，并给它指定报告的格式。

目前有两种主要的查询语言，一种称为结构化查询语言（structured query language，SQL）；另一种称为范例查询（query by example，QBE）。SQL可以在许多DBMS软件包中找到。SQL查询的基本格式是：Select…From…Where。在Select后面列出要抽取的数据字段；From后面列出文件或表，它们是数据字段的出处；在Where后面说明限定的条件。系统只对你感兴趣的字段进行检索。例如：一个财务主管要从公司人力资源数据库抽取所有财务人员的姓名、社会保险号、部门及工资，他就可以利用SQL查询并显示这些信息。

采用QBE查询时，把一个或数个文件中的每一个字段都显示出来，然后由用户依靠键盘或鼠标选取所需要的信息，并组织在一起，向用户显示。

3. 数据库维护

组织的数据库需要经常更新数据以适应企业新的状况，即对数据库进行修改，以保证数据库数据的准确性。这种数据库维护处理是在DBMS的支持下，由传送处理程序以及其他用户应用软件实现的。用户和信息专家可以通过DBMS调用各种实用程序以进行数据库的维护。

4. 应用与开发

DBMS 的一个重要作用是应用开发。DBMS 可以使应用程序员不必像使用通常的程序设计语言，如 COBOL 那样，通过编程去开发详细的数据处理过程。应用数据操纵语言（data manipulation language，DML）中的一个句子，就可以让 DBMS 执行必要的数据处理活动。可以利用 DBMS 软件包提供的内部程序设计语言或 built-in application generator 开发完整的应用程序。

6.3.3 数据库模型与数据库组织结构

1. 数据库模型

建立一个企业组织的数据库，首先应该建立组织的数据库模型。该模型能使数据以记录的形式组织在一起，综合反映企业组织经营活动的各种业务信息，它既能使数据库含有各个用户所需要的信息，又能在综合过程中除去不必要的冗余信息。其次该模型能反映企业组织中各部门业务信息所存在的内在联系，这种联系可能是错综复杂的网络状，也可能是有从属联系的层次状，总之要用一定的数据结构，把它们反映出来，以使数据能从面向用户的逻辑关系转化成计算机的存储结构，反之亦然。由于数据库中数据的存取由 DBMS 提供实现的功能，因此建立企业组织的数据库模型必须与 DBMS 所提供的数据模型相一致。

目前 DBMS 所提供的数据库模型主要有三种：网络模型、层次模型和关系模型，如图 6-9 所示。

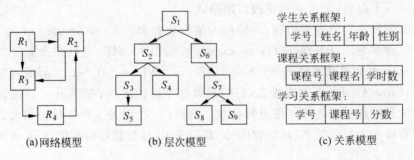

图 6-9　数据模型

值得注意的是，数据模型重在数据结构（数据的型），而不是指具体装入了什么数据（数据的值），所以数据模型表示的是数据库的框架，即数据库的模式（逻辑模型）。

目前世界上最流行的是关系数据库，如 Oracle、DB2、Sysbase、SQL Server 及 MySQL 都属此类。

关系型数据库的特点是以数学中的关系理论为基础，用人们最熟悉的表格数据的形式描述数据记录之间的联系。IBM 公司的研究员 E. F. Codd，从 1970 年起连续发表论文，为关系数据库奠定了理论基础。

2. 数据库组织结构

1) 数据库三级组织结构

美国国家标准学会(ANSI)于 1975 年规定了数据库按三级体系结构组织的标准,这是有名的 SPARC 分级结构(standard planning and requirement committee)。这三级结构以内层(内模式)、中间层(模式)和外层(外模式)三个层次描述数据库,如图 6-10 所示。

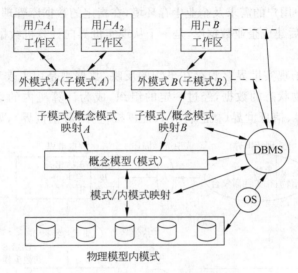

图 6-10 数据库的三级体系结构

(1) 模式:图 6-10 中的模式,又称逻辑模型,即数据模型。它是一种对数据库组织的全局逻辑观点,反映企业数据库的整体组织和逻辑结构。模式的设计与维护由专家与 DBA 实施。

(2) 外模式:是数据库的外层,也是与用户相联系的一层。它属于模式的一个子集,因而是面向用户的逻辑组织,以文件形式展现在用户面前。

(3) 内模式:又称数据的存储模式,具体描述了数据如何组织并存入外部存储器上。内模式一般由系统程序员根据计算机系统的软硬件配置决定数据存取方式,并编制程序实现存取。

2) 三个层次之间的两种映射

上述三种模式中,只有内模式是真正储存数据的,模式与外模式只是一种逻辑性表示数据的方法,而外模式则是根据用户需求,将数据以逻辑方式组织起来,并显示于用户面前。它们之间的转换依靠 DBMS 的映射功能来实现。如图 6-10 所示,数据库三个模式之间存在着两种映射,一种映射是模式与子模式之间的映射,这种映射把概念数据库与用户级数据库联系起来;另一种映射是模式与内模式之间的映射,这种映射把概念数据库与物理数据库联系起来。正是有了这两种映射,才能把用户对数据库的逻辑操作转换为对数据库的物理操作,方便地存取数据库的数据。

6.3.4 数据库设计

数据库是信息系统的核心组成部分。数据库设计在信息系统的开发中占有重要的地位,数据库设计的质量将影响信息系统的运行效率及用户对数据使用的满意度。

如何根据企业中用户的需求及企业生存环境,在指定的数据库管理系统上,设计企业数据库的逻辑模型,最后建成企业数据库,是一个从现实世界向计算机数据世界转换的过程。

1. 信息的转换

信息是人们关于现实世界客观存在事物的反映,数据则是用来表示信息的一种符号。若要将反映客观事物状态的数据,经过一定的组织,成为计算机内的数据,将经历三个不同的状态:现实世界、信息世界(概念世界)、计算机世界(数据世界),如图 6-11 所示。

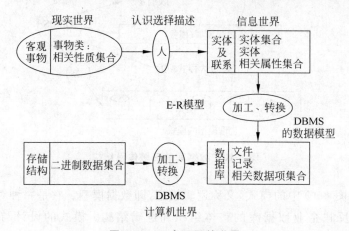

图 6-11 三个不同的世界

在不同的世界中使用的概念与术语是不同的,但它们在转换过程中都有一一对应的关系,如表 6-7 所示。

表 6-7 三个不同世界术语对照表

现实世界	信息世界	计算机世界
组织(事物及其联系)	实体及其联系(概念模型)	数据库(数据模型)
事物类(总体)	实体集	文件
事物(对象、个体)	实体	记录
特征(性质)	属性	数据项

例如,现实世界中的一个"事物",对应于信息世界中的一个"实体"。实体可以是一个学生、一个零件或一张订货合同。事物总是有一些性质来反映事物的特征。因此实体总是有一些属性来反映实体的特征。如学生的学号、姓名等。实体的属性在计算机世界中

用数据项描述,实体属性的集合在计算机世界中用记录描述。具有相同属性的事物的集合,如一群学生、一群教师、授课计划,就形成了事物类,它们是信息世界中的实体集(简称实体),在计算机世界中,则形成一个个数据文件,如学生文件、教师文件、课程计划文件。但是客观事物是复杂的,涉及同一事务的事物有多个,相互之间又有错综复杂的联系,如学生、教师授课计划的教学系统,因此反映在信息世界就有实体及它们的联系(学习关系),反映在计算机世界就形成了逻辑数据库(许多逻辑数据文件的集合)。

2. 数据库设计步骤

设计数据库需经过以下步骤。

(1) 对现实世界进行需求分析。对现实世界要处理的对象(组织、部门、企业等)进行详细调查,调查的重点是"数据"和"处理",通过调查获得每个信息使用者对数据库的要求。

具体做法为:

① 了解组织机构情况,为分析信息流做准备;

② 了解各部门业务情况,调查各部门输入和使用的数据及处理数据的方式与算法;

③ 确定数据库的信息组成及计算机系统应实现的功能。

(2) 建立信息世界中 E-R(概念)模型。这里,E(entity)代表实体,R(relation)代表关系,E-R 图就是描述实体间关系的图解。

通过对现实世界的需求分析,应用 E-R 图建立信息世界中的实体、属性和实体间联系的概念模型,从而转入信息世界。

概念模型的建立分两步走:

① 建立分 E-R 图;

② 综合分 E-R 图,产生总 E-R 图。

(3) 从 E-R 图导出计算机世界的关系数据模型。E-R 图是建立数据模型的基础,从 E-R 图出发导出计算机系统上安装的 DBMS 所能接受的数据模型,这一步工作在数据库设计中称为逻辑设计。我们的重点是掌握由 E-R 图转换为关系数据模型,即把 E-R 图转换为一个个关系框架,使之相互联系构成一个整体结构化了的数据模型。转化的原则如下:

① E-R 图中每个实体,都相应地转换为一个关系,该关系应包括对应实体的全部属性,并应根据该关系表达的语义确定出关键字,因为关系中的关键字属性是实现不同关系联系的主要手段;

② 对于 E-R 图中联系,根据不同的联系方式,或将联系反映在关系中,或将联系转换成一个关系。

3. 数据库设计案例

下面介绍某学院"教学管理"数据库模型的设计。

(1) 设计"系和教师关系"的分 E-R 图。

① 该学院下设 4 个系：管理工程系、会计系、市场营销系和信息管理系。每个系有一个系主任主管该系工作。则将"系"设为一个实体，该实体具有以下属性：系代号、系名称、系主任姓名、办公地点、电话。其中系代号是主关键字，如图 6-12(a)所示。

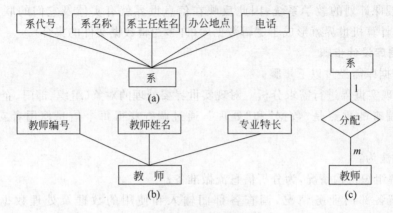

图 6-12　系和教师关系

② 该学院聘请了一定数量的专职教师。则将"教师"设为一个实体，该实体具有以下属性：教师编号、教师姓名、专业特长。其中教师编号是主关键字，如图 6-12(b)所示。

③ 学院聘请教师后，分配到各系。一个系有多个教师；一个教师只能属于一个系。"系"实体与"教师"实体之间发生一对多($1:m$)的"分配"联系，如图 6-12(c)所示。

(2) 设计"学生和课程关系"的分 E-R 图。

① 学院每年招收新生，分配到各个专业。则将"学生"设为一个实体，该实体具有如下属性：学号、姓名、性别、年龄、系代号。其中学号是主关键字。

② 学院制定了教学计划，设置多项课程。则将"课程"设为一个实体，该实体具有如下属性：课程号、课程名、学分。其中课程号为主关键字。

③ 学生根据专业要求，每年学习多门课程，每门课程被多个学生选读。学生必须参加考试，获取成绩。因此，成绩属于学生和课程发生联系后产生的属性。

(3) 设计"教师与课程关系"的分 E-R 图。教师在教学活动中与课程发生联系。一个教师可以教授多门课程；一门课程可以由多个教师讲授。教师授课任务完成后，将被学生与院方评估。

(4) 将上述三个分 E-R 图综合，建立学院教学管理总 E-R 图。由于学院教学管理各分 E-R 图中，教师与课程是重名实体，根据综合分 E-R 图的原则：消除同名实体，则教学管理总 E-R 图，如图 6-13 所示。

(5) 将学院"教学管理"E-R 图所描述的信息（概念）世界中的概念模型转化为计算机上由关系型 DBMS 支持的关系数据模型。

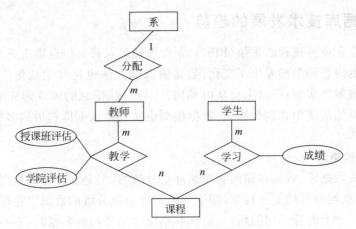

图 6-13 "教学管理"E-R 图

数据库设计原则中有两条:一是将所有的实体转化为关系;二是根据不同的联系方式,将联系反映在关系中或将联系转换成关系。

① 对于 1∶m 的联系方式,如系与教师的分配联系,则可将 1 方(系实体)的主关键字——系代号,加入到多方(教师实体)中,作为多方(教师实体)的一个属性,以此表达系和教师之间的联系。因此对于图 6-12(c)"系和教师关系"分 E-R 图的关系模型表达如下。

系(<u>系代号</u>,系名称,系主任姓名,办公地点,电话)

教师(<u>教师编号</u>,教师姓名,专业特长,系代号,住址,电话)

② 对于 m∶n 的联系方式,如"学生和课程"的联系,则可以将联系转化为一个关系,该关系的关键字由两个实体的关键字组合在一起,成为组合关键字,并附上联系的属性。"学生和课程关系"分 E-R 图的关系模型表达如下。

学生(<u>学号</u>,姓名,性别,年龄,系代号)

课程(<u>课程号</u>,课程名,学分)

学习(<u>学号,课程号</u>,成绩)

③ "教学管理"数据库的关系数据模型如下。

根据图 6-13 转化成:

(实体)系(<u>系代号</u>,系名称,系主任姓名,办公地点,电话)

(实体)教师(<u>教师编号</u>,教师姓名,专业特长,<u>系代号</u>)

(实体)学生(<u>学号</u>,姓名,性别,年龄,<u>系代号</u>)

(实体)课程(<u>课程号</u>,课程名,学分)

(联系)学习(<u>学号,课程号</u>,成绩)

(联系)教学(<u>教师编号,课程号</u>,授课班评估,学院评估)

根据关系模型的设计,可以在计算机上实现数据库的建立。

6.3.5 数据库技术发展的趋势

随着现代企业业务流程的重组(BPR),企业管理者对日常信息需求更为广泛,要求更高。数据信息的内容和类型发生了变化,数据析取的方法也将发生变化。用户对信息的需求也从单维发展到多维;信息来源从内部向外部扩展;信息的表现形式多样化。因此,数据管理方式开始从集中式到分布式,数据模型也从关系数据库扩展到多媒体数据库、面向对象数据库。

1. 分布式数据库

作为分布式数据库,数据存储的物理地址是分散的,但是在分布式数据库管理系统的支撑下,在计算机网络环境的支持下,却能达到物理地址分散的数据库在逻辑结构上是一个整体。因此一个上海分公司的用户,要获取本集团某公司的数据时,不必了解该数据存于本集团的何方,提出需求后,数据库管理系统就可以检索到。大型企业集团组织将会发现分布式数据库具备分布式处理的优越性,使企业在组织、使用、管理数据资源方面具有更大的灵活性。

如采用图6-14(a)所示的方式组织分布式数据库的结构形式,各地子公司可创建和使用本子公司的数据库,这样可提高本地的工作效率;也可以将本子公司的数据资源提供给总部或其他子公司使用,因为它们采用相同的数据模型与结构类型。当情况发生变化,子公司只需更新自己的分布数据库。

分布式数据库的第二种结构形式如图6-14(b)所示。

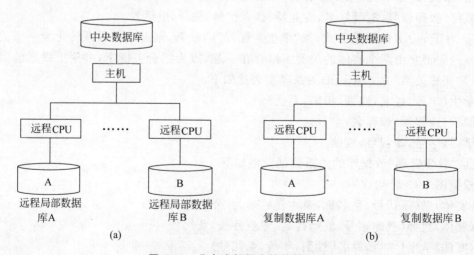

图 6-14 分布式数据库的结构形式

由集团总部将共享数据复制成副本,经网络传递到各地子公司,各地子公司将更新后的事务数据复制成副本,然后将复制数据在指定时间传递给集团总部的中心数据库,以更新中心数据库。

这种分布式数据库、分布式数据模式向数据的安全性、准确性、及时性、标准性提出了挑战,向数据管理模式提出了挑战,向网络技术提出了挑战。

2. 多媒体技术在数据库中的应用

迄今,我们讨论的数据库主要是以传统的数据记录和文件形式保持数据。但一些大型的企业和政府机构已建成了包括各种文档的数据库,称为文本数据库,帮助建立、储存、检索、抽取、修改和汇总文档;除文本之外,其他各种形式的资料也需要以电子方式储存起来。例如电子百科全书可以储存在光盘上,书中上千幅绘画以及许多栩栩如生的动画都作为数字化的内容与上千页文本储存在一起,企业上千页的企业文档如客户函件、购物订单、发票以及销售指南和服务手册也都需要有效地存储和管理。因此用户对数据库的需求已不单是结构化的数值、字符信息的存储与析取,而是要求有绘画、声音、图像、动画等多种媒体上的表现形式,通常形式的数据库无法存储与管理这些数据,因此就发展了多媒体数据库(multimedia database,MDS)。这是一种能够储存且管理数值、文字、表格、图形、图像、声音等多种媒体的数据库。

3. 面向对象数据库

通常的数据库管理系统不具备标识处理多媒体数据库中图像、图形、视频等数据的能力。而采用面向对象技术,将多媒体数据(一段乐曲或一张图片)以一个对象的形式存储到数据库中,对象除包含自身数据以外,还包含完成数据库事务处理所需的各种处理过程。通过面向对象的数据库管理系统(objected oriented database management system,OODBMS)进行存取、检索及与其他对象的关联。

如通用汽车公司(GM)销售部市场经理,单击"赛欧"和"地图"的图像,意味着可以了解"赛欧"销售状况的地区分布数据图,包括历史数据及分布曲线图、当月销售状况图、顾客群职业/年龄分类、颜色喜好等多种市场信息,帮助销售经理了解目前的市场趋势,以判断公司的销售策略的正确性。

面向对象数据库管理系统提供给用户一种使用很方便的技术,它能将各种媒体上的数据连接起来,也提供了开发应用程序的可重用技术,以更新对象及对象的应用。因此这种高效率的面向对象的数据库已被企业广泛使用。

6.4 数据仓库和商业智能

由于企业面临的商业竞争日趋激烈,企业的决策任务越来越重,决策频率越来越高,多数企业都开始重视信息的策略性价值,重视数据分析;同时随着信息技术在企业的广泛应用,企业通过传统的文件方式和数据库系统存储并积累了大量数据,也为数据分析和利用提供了重要的基础。因此,目前企业在面对数据资源时,不再是简单地处理数据,而是更多地关注如何使用数据,采用了数据仓库、联机分析处理、数据挖掘和商业智能等新兴技术。

6.4.1 数据仓库

数据仓库(data warehouse)的最终目标是把企业范围内的所有数据集成在一个大仓库中,让用户能运行查询、产生报告、执行分析。

数据仓库之父 W. H. Inmon 在 1991 年出版的 *Building the Data Warehouse* 一书中指出:"数据仓库是一个面向主题的(subject oriented)、集成的(integrated)、非易失的(non-volatile)、随时间变化的(time variant)的数据集合,用于支持管理决策。"按这个定义,数据仓库应该是一个大的数据集合;数据仓库的目标是支持企业的管理决策;数据仓库的数据存储和组织方式是面向分析主题的,即根据分析主题的需求把所有相关数据组织在一起;数据仓库中的数据内容不再是零散或细节的,而是集成和综合的,已经消除了数据在表达上和含义上的不一致性;由于数据仓库中的数据加上了时间维度,数据修改的可能性就很小(除非后来发现把某个时间点的数据输错了),几乎不用传统数据库的 update 操作,因此数据仓库是非易失的;另外,正是由于数据仓库中所有基础数据都是针对某时间点的,随着时间的变化,不断需要载入新的数据,或者淘汰旧的数据,即随时间变化的。

数据仓库的数据来自许多不同的业务数据库,如图 6-15 所示,并按主题进行数据组织。数据仓库的数据导入一般需要 ETL(extract-transform-load,即数据抽取、转换、装载)工具,ETL 过程包括数据抽取(extract)、转换(transform)、清洗(cleaning)、装载(load)等环节,最终按照预先定义好的数据仓库模型,将数据加载到数据仓库中去。

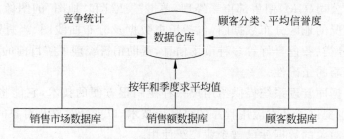

图 6-15 数据仓库源于业务数据库

因为数据仓库的数据几乎没有 update 操作,数据可以冗余,所以数据仓库中的数据都会分层综合,一般包括原始数据、初步综合数据、中度综合数据、高度综合数据。尽量保证在数据分析过程中不用重新从细节数据开始统计,而是直接查找到相关数据,节约数据分析的处理时间,快速支持企业的管理决策。

6.4.2 联机分析处理

术语联机分析处理(on-line analytical processing,OLAP)是关系数据库的奠基人

E. F. Codd 于 1993 年提出来的，主要是对大量多维数据的动态综合、分析和归纳。OLAP 中的一个主要操作是"多维分析"，即通过对信息的多种可能的观察形式进行快速、稳定、一致和交互性的存取，允许管理决策人员对数据进行深入分析。OLAP 现在广泛用于市场和销售分析、网站点击率分析、数据库营销、预算、财务报告与整合、管理报告、利益率分析、质量分析等各种领域。

多维分析是在"多维视图"的基础上进行的，多维视图是多维度的立体结构，即它们包含了若干层的行和列，数据的表示用不同层次中的不同维度表达，表示数据的多维度信息图称为超立体结构(cube)，如图 6-16 所示。

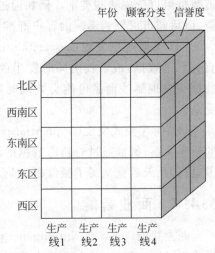

图 6-16 多维视图示例

OLAP 多维分析包括针对多维视图的各种操作，例如：

（1）切片和切块(slice and dice)。在多维视图中，如果某个维度上的取值选定了一个固定值，原视图就降低了一个维度，可能就把原来的三维视图变成了二维视图，四维视图变成了三维视图，即进行了"切片"操作；如果某个维度上的取值范围缩小到一个区间，原视图的维度没有降低，但内容减少了，即"切块"操作。

（2）钻取(drill)。多维视图中每个维度的取值可以是分层的，例如时间维的取值可以按年、季、月、日、时等分层次。钻取就是按某个维度上的不同取值层次变换多维视图，钻取包含向下钻取(drill-down)和向上钻取(drill-up)/上卷(roll-up)操作，钻取的深度与所划分的层次相对应。

（3）旋转(rotate)/转轴(pivot)。通过对多维视图中各个坐标的旋转变化可以得到不同视角的数据。

6.4.3 数据挖掘

数据挖掘(data mining)是从大量数据中自动发现隐藏的有用信息的过程，是从大量数据中挖掘"宝藏"的过程。发现的信息可能包括行为模式、数据关联、变化趋势、异常情况和有意义的结构等。数据挖掘和联机分析处理都是使用数据仓库数据的重要工具，但 OLAP 工具主要是展现数据，启发数据分析人员找出规律，得出结论，而数据挖掘可以不用人工参与，主要靠计算机自动发现规律。

数据挖掘的主要方式包括如下几种。

（1）分类(classification)。分类是从大量数据中找出不同类别对象的特征，从而对新加入对象进行自动分类。例如银行会按客户的信用程度分类，数据挖掘能找出各类客户的数据特征,以后就能快速判断一个新客户的信用类别;分类数据挖掘还可用于预测可能流失投奔竞争对手的客户,预测天文望远镜照片上黯淡的点是否天体等。

(2) 聚类(clustering)。聚类是根据数据特征对数据对象进行自动归类,"聚类"与前面"分类"的不同之处是:"分类"预先知道应该分成哪几类,而"聚类"在操作之前并不知道数据可以分成哪些类别。例如通过聚类操作可以将超市的客户划分成互不相交的客户群,以后超市可以为不同的客户群推荐不同的目标商品。

(3) 关联规则发现(association rule discovery)。关联规则发现是在大量数据中找出有关联的数据,或者找出同时发生的事件。关联规则发现的典型应用是在超市的交易数据中发现哪些商品可能会被同时购买,从而寻找哪些商品捆绑销售能够有足够多的受众。

(4) 时序模式发现(sequential pattern discovery)。时序模式发现主要寻找事件发生的时序关系,例如通过对超市数据的跟踪和分析,可能会寻找出时序模式:"如果客户购买了电视,几天后他又买了摄像机,那么他在一个月内购买录像机的概率为50%"。

6.4.4 商业智能

商业智能(business intelligence)是指通过对数据的收集、管理、分析以及转化,使数据成为可用的信息,并在企业中共享传递,从而帮助企业获得必要的洞察力和理解力,更好地辅助决策和指导行动。从商业的角度看,商业智能就是指从商业数据中发掘出关于销售趋势、客户购买习惯以及企业的其他关键性能参数之类的重要信息,帮助企业作出明智的业务经营决策的工具。从技术的角度看,商业智能就是利用数据仓库、联机分析处理和数据挖掘等技术把数据转化为信息,再把信息转化为知识的工具。

商业智能面向终端使用者,能够使企业各层面的用户在其职权范围内从各个角度出发分析利用商业数据,及时地掌握组织的运营现状,作出科学决策。商业智能中的数据包括来自企业业务系统的订单、库存、交易账目、客户和供应商等数据,来自企业所处行业、竞争对手以及其他外部环境中的各种数据。

现在的商业智能工具除了支持核心的数据仓库、联机分析处理和数据挖掘等技术之外,还特别强调友好的可视化图形界面,其中最具特色的是数字仪表盘(digital dashboard),它生动地呈现企业的关键绩效指标,这些绩效指标满足不同级别的员工的应用需要,他们都可以用数字仪表盘监控各自的业务活动,并且对供应链或客户服务的活动作出响应。又如可以在直观的数据分析图表之上增加预警功能,预先设置条件,使符合条件的数据显示不同的颜色,可能用红色作报警信号、黄色作提醒信号,使问题一目了然。

从全球范围来看,商业智能已经成为继企业资源计划(ERP)之后最重要的信息系统。从国内来看,商业智能已经在电信、金融、零售、保险等行业广泛使用。采用商业智能的行业大部分是数据密集型行业,前期有较好的信息化基础和数据积累。

6.4.5 大数据

大数据是指数据量规模巨大、数据类型复杂的数据集。大数据超出了现有硬件环境和软件工具在可接受的时间内为其用户收集、管理和处理数据的能力。伴随着企业信息化、电子商务、社会化媒体、物联网、云计算等技术和应用的快速发展,企业普遍面临大数据环境。

大数据有以下3个主要特点:

(1) 数据体量(volume)巨大。数据量的度量单位按从小到大顺序(进率为1024)分别是:Byte、KB、MB、GB、TB、PB、EB、ZB、YB等,现在数据体量越来越大,数据处理的量级上正从TB级向PB、EB、ZB级扩张;据估计,沃尔玛(Walmart)每小时就要从其顾客交易中收集超过2.5PB的数据。

(2) 数据种类(variety)繁多。大数据可能来源于电子商务、社交网络、手机、传感器、视频监控等,因此除了传统的交易数据之外,往往还包括网络日志、视频、图片、传感器读数、地理位置信息等各种类型的数据。

(3) 处理速度(velocity)快。大数据中的大量信息为企业实现基于数据的科学管理决策提供了重要基础,但许多应用都需要快速响应。在信息量急速膨胀、实时数据不断产生的情况下,对数据分析处理速度的要求会越来越高。

大数据中蕴含着丰富的信息,如果充分利用,可以发掘出巨大的价值,例如谷歌公司利用其搜索引擎中的用户交互数据构建了目前最完善的拼写检查器。谷歌主要记录用户利用搜索引擎搜索某个词后的行为,如果用户没有点击链接,而是重新输入另一个新词,或者点击谷歌在上面提示的另一个词,就记录下前后两个词可能有的对应关系,通过对大量的类似对应关系的积累和统计分析,就能逐渐识别出单词拼写错误与正确拼写的对应。这种基于用户操作数据识别出的拼写检查器,还可以伴随着搜索引擎的一直使用,持续完善和不断增加新词,而且它几乎不需要额外成本。

2012年1月在瑞士达沃斯召开的世界经济论坛上,大数据是主题之一,会上发布的报告《大数据,大影响》(Big Data,Big Impact)宣称,数据已经成为一种新的经济资产类别,就像货币或黄金一样。

大数据的巨大价值使得企业管理者有可能更全面和快速地了解业务,但发掘价值需要大数据技术,即从大规模的各种各样类型的数据中,快速获得有价值信息的能力。国际上正在展开相关研究,例如美国于2013年2月宣布投入2亿多美元立即启动"大数据研究计划"(Big Data Research and Development Initiative),以推动大数据的提取、存储、分析、共享和可视化。

大数据分析相比于传统的数据仓库应用,具有数据量大、查询分析复杂等特点。《计算机学报》于2011年10月刊登的"架构大数据:挑战、现状与展望"一文列举了大数据分析平台需要具备的几个重要特性,如表6-8所示。

表 6-8　大数据分析平台需具备的特性

特　性	简　要　说　明
高度可扩展性	横向大规模可扩展,大规模并行处理
高性能	快速响应复杂查询与分析
高度容错性	查询失败时,只需重做部分工作
支持异构环境	对硬件平台一致性要求不高,适应能力强
较低的分析延迟	业务需求变化时,能快速反应
易用且开放接口	既能方便查询,又能处理复杂分析
较低成本	较高的性价比
向下兼容性	支持传统的商务智能工具

习题

1. 一个组织,如果没有大量的内部操作和外部环境数据,能否幸存和成功?请阐述你的观点。

2. 数据是企业重要的资源和财产,必须得到恰当的管理。数据库管理系统与数据管理员在管理数据中各起什么作用?

3. 文件组织的基本形式有哪几种?试将一个有关学生情况的文件组织成以下形式:
(1) 以学号为主关键字的索引-顺序文件和索引-非顺序文件;
(2) 建立"性别"、"专业"指针项,组织成多重链表文件;
(3) 对辅关键字"专业"建立倒排文件。

4. 文件管理方式与数据库管理方式有什么根本不同?举例说明。

5. 什么是 DBMS?它能支持用户和 IS 专家来完成什么数据管理功能?

6. 简述数据库的三级结构和二级映射。

7. 为什么关系型数据库比层次型和网络型数据库实用性更强、更重要?为什么面向对象数据库模型目前更受欢迎?

8. 什么是 E-R 图?如何设计 E-R 图,并根据 E-R 图设计关系数据库的概念模式?

9. 为何开发一个企业的数据库首先要求对数据进行规划,并将数据规划作为组织战略规划过程中的一部分?结合企业状况谈谈你的看法。

10. 数据仓库和数据库的主要区别是什么?

11. 大数据有什么特点和处理要求?

第7章

通信与网络

7.1 计算机通信网络系统

7.1.1 计算机通信网络系统的定义

近年来,计算机技术和通信技术迅猛发展、相互渗透而又密切结合。一方面,计算机技术应用到通信领域,改造更新旧的通信设备,大大地提高了通信系统的性能,促进了通信由模拟向数字化并最终向综合服务的方向发展。另一方面,通信技术又为多个计算机之间信息的快速传输、资源共享和协调合作提供了必要的手段,促进了计算机网络的发展。

当前,人类社会正在进入信息社会,处理信息的计算机和传输信息的互联计算机网络成了信息社会的基础。计算机网络是现代计算机技术与通信技术密切结合的产物,是随社会对信息共享和信息传递的要求而发展起来的。

如今许多企业都在努力运用信息技术,在互联网(internet)平台上建立了支持企业经营业务的内部网(intranet),跨越企业边界,建立了企业外联网(extranet),将企业分布在世界各地的顾客、供应商、分销商、零售商联系在一起。而且通过一种特殊的安全软件——"防火墙",阻止外部企业对企业内部网的非授权访问与侵犯,以保护内部网上的信息。

因此,计算机通信网络就是利用通信设备和线路将地理位置不同、功能独立的多个计算机系统互联起来,以功能完善的网络软件(即网络通信协议、信息交换方式及网络操作系统等),实现网络中资源共享和信息传递的系统。它有两个含义。

(1) 计算机网络指由两个或两个以上 IT 部件(通常指计算机)组成的连接,提供用户共享软件、共享信息、共享外设和相互通信的能力,特别是能共享处理能力。

(2) 远程通信指信息从一个地点向另一个地点的电子化传输。

计算机网络通信系统是信息技术在当代商业中的一个重要组成部分,企业实现全球化战略时,将利用计算机网络通信与成千上万的顾客联系,与跨国度的企业组成贸易伙伴。一项涉及 22 个大型国际企业的调查结果表明,企业的网络费的支出占信息技术费的 1/3。

7.1.2 计算机通信网络的演变和发展

1. 第一代计算机通信网络

第一代计算机通信网络实际上是以单个计算机为中心的远程联机系统,亦称为面向终端的计算机网络。20世纪60年代初期,美国航空公司的预订飞机票系统SABRE I 就是这种远程联机系统的一个代表。在远程联机系统中,随着所连接的远程终端个数的增多,主干中心计算机要承担的各终端间通信的任务也必然加重,使得以数据处理为主要任务的主干计算机增加了许多管理数据传输的额外开销,实际工作效率下降。由此出现了数据处理和通信的分工,即在主干计算机前面增设一个前端处理机(front end processor, FEP,有时也简称为前端机)来完成通信的工作,而让主干计算机专门进行数据处理。另一方面,若每台远程终端都用一条专用通信线路与主干计算机连接,则线路的利用率低,且随着终端个数的不断增大,通信费用将达到难以负担的程度。因此就在终端比较集中的地点设置一个终端控制器(terminal controller, TC)。这个TC通过低速线路将附近各终端连接起来,再通过高速通信线路与远程主干计算机的前端处理机相连。它可以利用一些终端的空闲时间来传送其他处于工作状态终端的数据,提高了远程线路的利用率,降低了通信费用。典型的结构如图7-1所示。图中的M代表调制解调器(modem),是利用模拟通信线路远程传输数字信号所必须附加的设备。前端处理机和终端控制器也可以采用比较便宜的小型计算机或微型机来实现。

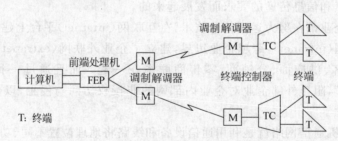

图7-1 以单计算机为中心的远程联机系统

2. 第二代计算机通信网络

第二代计算机通信网络是多个主计算机通过通信线路互连起来,为用户提供服务。这样的多个主计算机互连的网络才是目前常称的计算机网络。第二代计算机通信网络的典型代表是ARPA网(ARPANET)。20世纪60年代后期,美国国防部高级研究计划署(defense advanced research projects agency,DARPA)提供经费给美国许多大学和公司,以促进多个主计算机互联网络的研究。目前,ARPA网仍在运行之中,地理范围跨越了半个地球。ARPA网中提出的一些概念和术语至今仍被引用。ARPA网中互连的、运行用户应用程序的计算机称为主机(host)。主机之间通信是通过称为接口报文处理机(interface message processor, IMP)的装置转接后互连的,如图7-2所示。当某台主机上的用户要访问远地另一台主机时,主机首先将信息送至本地直接与其相连的 IMP,通过通信线路沿着适当的路径经若干 IMP 中途转接后,最终传送至远地的目标 IMP,并送入与其直接相连的目标主机。这种方式类似于邮政信件的传送方式,叫做存储转发(store and forward)。

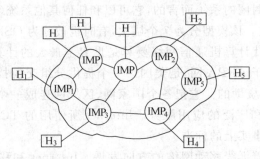

H:主机　IMP:接口报文处理机

图 7-2　存储转发的计算机网络

图 7-2 中 IMP 和它们之间互连的通信线路一起负责完成主机之间的通信任务,构成了通信子网(communication subnet)。通过通信子网互连的主机负责运行用户应用程序,向网络用户提供可供共享的软硬件资源,它们组成了资源子网(resource subnet)。ARPA 网采用的就是这种两级子网的结构。一个通信子网可以由政府部门(比如说邮电部)或某个电信经营公司所拥有,但向社会公众开放服务,如同电话交换网的情况那样。这类通信子网叫做公用网(public network)。公用网中传输的是数字化的信息,为了与电话交换网这类模拟网区分,有时也被称为公用数据网(public data network,PDN)。目前世界上运行的远程通信子网几乎都采用了存储转发的方式。ARPA 网中存储转发的信息基本单位叫做分组(packet)。以存储转发方式传输分组信息的通信子网又被称为分组交换网。两个计算机间通信时,对传送信息内容的理解、信息表示形式以及各种情况下的应答信号都必须遵循一个共同的约定,称为协议(protocol)。在 ARPA 网中将协议按功能分成了若干的层次。如何分层,以及分层中具体采用的协议的总和,称为网络的体系结构(architecture)。体系结构是个抽象的概念,其具体实现是通过特定的硬件和软件来完成的。第二代计算机网络以通信子网为中心,用户共享的资源子网则在通信子网的外围。当前世界上已有大量的第二代计算机网络正在运行和提供服务,但是要把不同的第二代计算机网络互连起来十分困难。因此,计算机网络必然要向更新的一代发展。

3. 第三代计算机通信网络

第三代计算机通信网络是国际标准化的网络,它具有统一的网络体系结构、遵循国际标准化的协议。标准化将使不同类型的计算机能方便地互连在一起,标准化还将带来大规模生产、产品的超大规模集成化和成本降低等一系列的好处。20 世纪 70 年代后期,人们认识到第二代计算机网络的不足后,已开始提出发展新一代计算机网络的问题。国际标准化组织(International Standards Organization,ISO)下属的计算机与信息处理标准化技术委员会经过若干年卓有成效的工作,由 ISO 制定并在 1984 年正式颁布了一个称为"开放系统互连基本参考模型"(open system interconnection basic reference model)的国际标准 ISO 7498。这里"开放系统"是相对于第二代计算机网络中只能进行同种计算机互连的每个厂商各自封闭的系统而言的,它可以和任何其他系统(当然要遵循同样的国际标准)通信而相互开放。该模型分为 7 个层次,有时也被称为 OSI 七层模型。

最为成功的第三代计算机通信网络要算是世界上最大的计算机网 Internet,也称为国际互联网。它起源于 ARPA 网,是美国第一个提供分组交换技术的共用数据网,是由美国科学基金会 NSF 资助的。它把各个国家网、区域网连成一个覆盖全球的网络系统,提供丰富的共享资源和广泛的应用服务。Internet 所使用的 TCP/IP 也已被普遍采纳,是目前计算机网络的事实上的标准。

计算机网络正朝着无线移动网络的方向发展。Internet 和移动通信是目前 IT 技术中的两大热点技术,移动互联网正是在这两大热点技术结合下应运而生的。随着便携式计算机和各种移动终端的大量涌现和普及,人们的很多工作可以在不断的运动中完成,有线的接入方式已不能满足工作的流动性要求。无线技术则可以创造一个无须电缆的计算机网络,用户可以在无线设备范围内的任何地点自由地接入网络。无线局域网络是通过无线传输媒体连接的信息设备共同构成的网络,实现移动计算网络中移动站的物理层与链路层功能,为移动计算网络提供重要的物理接口。目前,无线局域网采用的传输媒体主要有无线电波与红外线两种。对于前者,无线局域网依调制方式不同,又可分为扩展频谱方式与窄带调制方式。在扩展频谱方式中,又包括直接扩频(DSSS)方式和跳频扩频(FHSS)方式。对于无线局域网来说,通信质量较好的是直接扩频方式。基于 Internet 的移动计算平台实际上是 Internet 平台的延伸。移动 Internet 计算平台也是以 TCP/IP 作为基础的,只是在无线 Internet 中移动分为两种情况:在同一 IP 子网蜂窝小区间的切换称为散步;在不同 IP 子网间的移动称为漫游。随着移动通信技术的进一步发展,无线网络的带宽以及传输速度都不断提高,同时随着 3G 的推广应用和 4G 技术的不断成熟,移动通信网络还将会加速发展。

7.2 计算机通信网络的概念与实现技术

数据通信是远程通信以及计算机为基础的信息处理技术的整体,并主要是依赖计算机与计算机化的设备,为此广义的远程通信与计算机通信同义。

图 7-3 是一个最简单的计算机通信网,它由以下五类基本元素组成。

(1) 终端。例如终端显示器或其他用户工作站。当然任何一个输入/输出设备都可以作为终端使用远程通信网发送和接收数据,包括微型计算机、电话、传真等办公设备。

(2) 远程通信处理器。支持终端与计算机之间的数据传送与接收。这些设备有调制

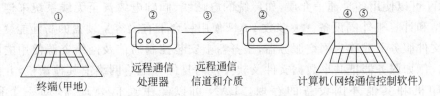

图 7-3 远程通信的基本组成

解调器、多路复用器、路由器及前端处理器,执行各种控制和支持通信的功能。例如对数据进行数字信号和模拟信号的相互转换,对数据进行编码和译码,并在远程网络的终端与计算机之间控制通信线路数据传输的准确性和效率。

(3) 远程通信通道和介质。数据是在通道和介质上进行传输的。远程通道是多种介质的组合。例如双绞线、同轴电缆、光纤电缆、微波系统及通信卫星,通过连接网络中的端点形成远程通信通道。

(4) 计算机。不同类型与规格的计算机经远程通信通道连接在一起完成指定的信息处理。例如一台主干计算机可以作为大型网络的主计算机;而一些小型计算机则作为网络的前端处理机或作为小型网络中的服务器。

(5) 网络通信控制软件。该软件由控制远程通信活动及管理远程通信功能的程序组成。例如用于主计算机的通信管理程序,用于小型计算机网络服务器的网络操作系统,用于微型计算机的通信软件包。

无论现实世界中的网络多么大、多么复杂,都是这 5 类基本元素在工作并支持组织的远程通信活动。

7.2.1 计算机通信网络的类型

1. 按地理覆盖距离分类

通信网络有许多不同的类型,从网络的作用范围来看,可以分为广域网(wide area network,WAN)、局域网(local area network,LAN)和城域网(metropolitan area network,MAN)。

WAN 通信网络覆盖的区域相当广,如一个省、一个国家乃至全球。这种网络是政府部门工作所必不可少的工具,也被制造业、银行、商业、运输业用于传送和接收它们的雇员、顾客、供应商等的信息。广域网是互联网的核心部分。

(1) 局域网(LAN):局域网是在一个有限的区域内连接信息处理设备,例如一个办公室、一个机械制造厂等。LAN 已变成为组织内办公室、部门及其群体提供网络通信能力的共享系统。在局域网发展的初期,一个学校或者一个工厂只拥有一个局域网,但现在局域网已被广泛地应用,一个学校或企业大都拥有很多个局域网。因此又出现了校园网和企业网这样的名词。

LAN 可以使用各种通信介质，如传统的电话线、同轴电缆甚至无线系统来连接计算机工作站和计算机外围设备。大多数 LAN 使用一台带有大容量硬盘的高性能微型计算机作为文件服务器或称为网络服务器，服务器上安装控制通信及网络资源使用的网络操作系统。例如服务器把共享数据文件及软件包的复件分配给网络上其他微机，并控制到激光打印机和其他外围设备的存取。LAN 可以经由通信处理器，即一个称为网关(gateway)的接口，连接到 WAN 上，存取 WAN 的计算资源和数据库。

LAN 也允许工作在同一群体，例如一个项目组内的伙伴相互通信，共享硬件、软件和数据资源，共享一台激光打印机和硬磁盘，共享电子表、字处理等软件包，以及项目中的共享主数据库，并共同为实现群体的目标而努力。组织中还可以通过 LAN，并把终端接到小型机或主干机，以得到更强大的应用能力。

图 7-4 所示为纽约某人寿保险公司的局域网与广域网。公司总部在纽约，中央服务器也安置在总部。在美国的其他 4 个州与纽约共有 5 个子公司，分别建立了 5 个局域网，该公司用广域网将这 5 个局域网连接在一起。

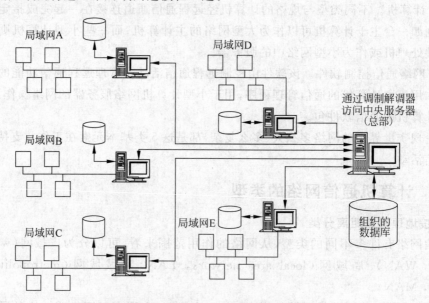

图 7-4 某人寿保险公司的局域网和广域网

该系统的中央服务器提供保险、赔偿服务的访问功能，包括现有的、预期的客户信息以及重要的竞争对手的信息。而每个局域网站点也设有存放本地客户及服务信息的数据库服务器。当局域网站点数据被更新时，局域网的服务器就会将这些更新的信息传递到总部的中央服务器。同样，总部的中央服务器也会相应更新局域网站点的信息。该广域网是公司获取、保持市场优势的一项重要的技术手段。

(2) 城域网(MAN)：城域网的作用范围在广域网和局域网之间。例如作用范围是一个城市或者是跨越几个街区。城域网可以为一个或者几个单位所拥有,也可以是一种公共设施,用来将多个局域网互联。在现代城市信息化发展的趋势下,城域网的发展较快,从技术角度来看,目前许多城域网采用的是以太网技术。由于城域网和局域网使用的是相同的体系结构,有时也常常并入局域网的范围进行讨论。局域网和广域网的不同之处,不仅是范围,而且使用的技术也是不同的。

2. 按拓扑结构分类

所谓拓扑是几何学的一个分支,是一种研究与大小、形式无关的线和面的特征的方法。运用拓扑学的观点来研究计算机网络的结构便称为网络的拓扑结构。换句话说它是用以研究网络上各个结点的物理布局的。所谓结点即网络中起到信息转换或信息访问作用的设备,起信息转换作用的结点如集中器、交换中心等,起信息访问作用的结点如终端、微机等。所谓链路指的是两个结点间的通信线路(注意链路这一概念与路径、通路之间的区别,后者指的是报文从发送结点到接收结点中间经过的一串链路和构成的信道)。

网络的拓扑结构常分为两大类:点到点式和广播式。

1) 点到点式网络拓扑结构

点到点式网络拓扑结构又被称为存储转发通信子网。其结构方式为每根链路连接一对结点,这一对结点间彼此可以直接通信,但网络由多根链路组成,必然会产生结点间的非直接通信,即有的结点要通过某些中间的结点才能和其他结点通信,这样在每一中间结点处,接口报文处理器(interface message processor,IMP)都需要将报文整个接收下来,并存储起来,直到所要求的线路空闲时,再向前传输。按此原理构成的网络拓扑结构即是点到点式结构。这种结构又主要分为三种,如图7-5所示。

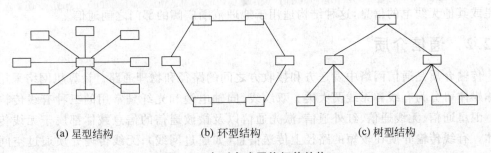

(a) 星型结构　　　　　(b) 环型结构　　　　　(c) 树型结构

图7-5　点到点式网络拓扑结构

(1) 星型结构:网络上的多个结点均以自己单独的链路与处理中心相连。这种网络结构简单,便于管理,从终端到处理中心的时延小,缺点是通信线路总长度长,因而花费在线路上的成本较高。

(2) 环型结构:网络上各个结点连接成回路,信息流是单向的,而线路是公用的,路径是固定的。这种网络结构通信总线路短,缺点是回路中任一结点有故障时会影响整个回路的通信。

(3) 树型结构：网络上结点之间的连接像一棵倒挂着的树，同一结点可和多个结点相连。这种结构通信线路总长较短，但结构较复杂，中心结点出故障时对整个网络有较大影响。

2) 广播式网络拓扑结构

广播式网络拓扑结构采用广播方式，即只有一个由所有结点共享的通信线路。随之而来的问题即是任意一个结点发出的报文都会由于共享一条线路而传送至其他所有结点，因而为避免这种混淆，报文中应当有一些说明信息，说明该报文的发往地，这时如果其他结点接到这些报文时就不予理睬。广播式网络拓扑结构有以下两种，如图7-6所示。

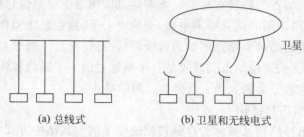

图 7-6　广播式网络拓扑结构

（1）总线式：在总线式电缆网络中，任何瞬间仅只有一台机器是主机，可以发送信息。如果有两台机器同时需要发送信息，则需要由某种仲裁机制来解决可能引起的冲突。现在许多网络皆采用总线式网络拓扑结构。

（2）卫星和无线电式：每个结点都有自己的发送和接收信息的天线，用以接收来自卫星或其他无线电的信息，这种结构适用于地理范围广阔的部门之间通信。

7.2.2　通信介质

传输介质是通信网络中发送方和接收方之间的路径和物理通路。计算机网络采用的传输媒体可分为有线和无线两大类。双绞线、同轴电缆和光纤是常用的三种有线传输媒体。卫星通信、无线通信、红外通信、激光通信以及微波通信的信息载体都属于无线传输媒体。有线传输介质在较短的路径上传送信息(如通过网线)；无线传输介质通过空间传输信息，如电台发送节目的传输手段就是无线传输。

对于不同通信介质的传输能力是用带宽来表达的。带宽是指通信介质所能传输的信息频率的变化范围，它决定了通道最大的数据传输率，即每秒钟能够传输的信息量(以每秒多少字节来衡量)。高速数字通道传输速率一般可以达到256kbps到几亿个bps，一般用于微波、光纤、卫星通信。

（1）双绞线：由螺旋状扭在一起的两根绝缘导线组成。线对扭在一起可以减少互相辐射的电磁干扰。双绞线早就用在电话通信模拟信号的传输中，也用于数字信号的传输，是最常用的传输媒体。双绞线既可以用于传输模拟信号也可以用于传输数字信号。实用的速度达到 9 600bps。双绞线上也可以发送数字信号,T1 线路的总数据传输率可达 1.54Mbps。新近制定标准的 10BASE－T 总线局域网络提供了通过无屏蔽双绞线的数据传输率为 10Mbps,采用特殊技术可达 100Mbps。双绞线普遍用于近距离的点对点连接。

（2）同轴电缆：如同双绞线一般,由一对导体组成,但它们是按"同轴"形式构成线对,其结构如图 7-7 所示。最里层是内芯,外包一层屏蔽层,最外面是起保护作用的塑料外层。内芯和屏蔽层构成一对导体。同轴电缆又分为基带同轴电缆（阻抗 50 欧姆）和宽带同轴电缆（阻抗 75 欧姆）。基带同轴电缆用来直接传输数字信号,宽带同轴电缆用于频分多路复用（FDM）的模拟信号发送,还用于不使用频分多路复用的高速数字信号发送和模拟信号发送。闭路电视所使用的 CATV 电缆就是宽带同轴电缆。

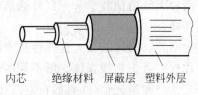

图 7-7　同轴电缆结构图

50 欧姆电缆仅仅用于数字传输,并使用曼彻斯特编码,数据传输率最高可达 10Mbps。公用无线电视 CATV 电缆既可用于模拟信号发送又可用于数字信号发送。对于模拟信号,频率可达 300Mbps～400Mbps。同轴电缆适用于点对点和多点连接。典型基带电缆的最大传输距离限制在几公里,宽带电缆可以达几十公里。

（3）光纤：光导纤维的简称。它由能传导光波的石英玻璃纤维外加保护层构成。相对于金属导线来说重量轻,体积小。用光纤来传输电信号时,在发送端先要将其转换成光信号,而在接收端又要由光检波器还原成电信号,如图 7-8 所示。传送可见光的光纤称为多模光纤,传送激光的光纤称为单模光纤。

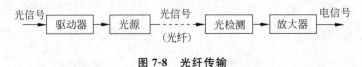

图 7-8　光纤传输

在计算机网络中采用两根光纤（一来一去）组成传输系统。光纤的数据传输率可达几千 Mbps,传输距离达几十公里。光纤通信具有损耗低、数据传输率高、抗电磁干扰等特点。对于高性能、高吞吐率的局域网,使用光纤是十分合适的,目前采用一种分光技术可以在一条光纤上复用、发送、传输多个位。分光复用技术（wavelength division multiplexing,WDM）是一种新的数据传输系统。

（4）无线传输媒体：无线传输媒体不需要架设或铺埋电缆或光纤,而是通过大气进行传输。目前有三种技术：微波、红外线、激光。无线通信已广泛用于电话领域构成蜂窝式无线电话网。由于便携式计算机的出现以及在军事、野外等特殊场合下移动式通信联网的需要促进了数字化无线移动通信的发展。现在已开始出现无线局域网产品,能在一幢楼内提供快速、高性能的计算机联网技术。微波通信的载波频率为 2GHz～40GHz,因为频率很高,可同时传送大量信息。如一个带宽为 2MHz 的频段可容纳 500 条话音线路，用来传输数字信号，可达若干 Mbps。微波通信的工作频率很高，与通常的无线电波不一样，是沿直线传播的，由于地球表面是曲面，微波在地面的传播距离有限，直接传播的距离与天线的高度有关，天线越高距离越远，但超过一定距离后就要用中继站来接力。另外两种无线通信技术——红外通信和卫星通信也像微波通信一样，有很强的方向性，沿直线传播。

微波、红外线、激光这三种技术都需要在发送方和接收方之间有一条视线通路，有时统称这三者为视线媒体。所不同的是红外通信和激光通信把要传输的信号分别转换为红外光信号和激光信号，直接在空间传播。这三种视线媒体由于都不需要铺设电缆，对于连接不同建筑物内的局域网特别有用。

最后对微波通信中的特殊形式——卫星通信作一介绍。卫星通信利用地球同步卫星作中继来转发微波信号，如图 7-9 所示。卫星通信可以克服地面微波通信距离的限制。一个同步卫星可以覆盖地球 1/3 以上的表面，三个这样的卫星就可以覆盖地球上全部通信区域，这样地球上的各个地面站之间都可以互相通信了。由于卫星信道频带宽，也可采用频分多路复用技术分为若干子信道，有些用于地面站向卫星发送（称为上行信道），有些用于卫星向地面转发（称为下行信道）。卫星通信的优点是容量大、距离远。

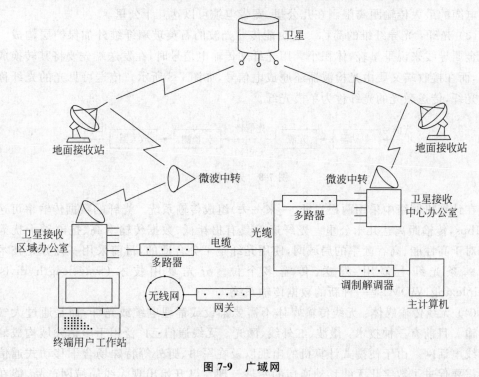

图 7-9 广域网

上述各种传输媒体各有优缺点，也有不同的适用范围。在低通信容量的局域网中，双绞线的性能/价格比是最好的。对于大多数的局域网而言,需要连接较多设备而且通信容量相当大时可以选择同轴电缆。随着通信网络广泛采用数字传输技术,选用光纤作为传输媒体更有一系列优点:频带宽、速度快、体积小、重量轻、衰减小、能与电磁隔离、误码率低。因此,光纤在国际和国内长话传输中的地位日趋重要,并已广泛用于高速数据通信网。光纤的分布数据接口 FDDI 就是一例。现在各种笔记本电脑、平板电脑等便携式计算机日益普及,由于可随身携带,可移动的无线网的需求也剧烈增加。无线数字网类似于蜂窝电话网,人们随时随地可将计算机接入网络,发送和接收数据。目前宽带无线接入技术的发展极为迅速:各种微波、无线通信领域的先进手段和方法不断引入,各种宽带固定无线接入技术迅速涌现,包括 3.5GHz 频段中宽带无线接入系统、26GHz 频段 LMDS 系统和无线局域网(WLAN)等。宽带固定无线接入技术的发展趋势是:一方面充分利用过去未被开发、或者应用不是很广泛的频率资源(如 2.4GHz、3.5GHz、5.7GHz、26GHz、30GHz、38GHz 甚至 60GHz 的工作频段),实现尽量高的接入速率;另一方面融合微波和有线通信领域成功应用的先进技术如高阶 QAM(如 64QAM、128QAM)调制、ATM、OFDM、CDMA、IP 等,以实现更大的频谱利用率、更丰富的业务接入能力和更灵活的带宽分配方法。随着技术和规范的不断完善,无线网已成为计算机网络发展的主流趋势,并越来越广泛地应用到各个领域。

7.2.3 网络通信处理器

在网络中,网络通信处理器是连接整个网络中各种通信介质、计算机和通信线路的硬件设备。网络通信处理器具有广泛的、复杂的功能。它们包括调制解调器、多路复用器、前端处理机、交换机和网络互连单元。

1. 调制解调器

现有的电话传输线路是为传送语音而铺设的,这种语音信号是一种模拟信号(analog signals)。而计算机发送或接收的信号却是一种脉冲数字信号(digital signals)。为了解决衔接问题,计算机信号应转换为模拟信号,实现信号转换的设备称为调制解调器,如图 7-10 所示。

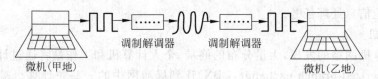

图 7-10 调制解调线路

将脉冲数字信号转换成模拟信号的过程称为调制(modulation),将模拟信号转换成脉冲数字信号的过程称为解调(demodulation)。Modem 传输速度以 bps 衡量,即每秒传出的位数(bits per second),如微机使用的 Modem,标准速度为 1 200bps、2 400bps 和

9 600bps。

2. 多路复用器

多路复用技术能把多个信号组合为一个信号传输。实现这种功能的设备就是多路复用器。在通信通道的发送端用多路复用器合并几个终端来的信号；在信号的接收端，将接收的信号分解。

多路复用技术有两种：频分多路复用(FDM)和时分多路复用(TDM)。

(1) 频分多路复用把具有一定带宽的线路划为若干个不重叠的小频段，每个小频段可作为一个子信道供一个用户使用，如图7-11(a)所示。

(2) 时分多路复用把信道的传输时间划分成多个时间段，当多个用户信号传入时，每个用户将占据一个指定的时间段，并使用全部带宽，如图7-11(b)所示。

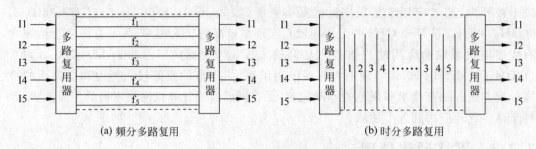

(a) 频分多路复用　　　　　　　　　　(b) 时分多路复用

图 7-11　多路复用示意图

3. 前端处理机

前端处理机一般是小型机或微型机，专门为大型主干计算机处理数据通信控制功能。例如前端处理机利用通信控制程序，提供暂时的缓冲存储、数据编码和译码、错误测试、数据恢复和记录、解释和处理控制信息(如那些指示信息开始和结束的字符)，也可以在准备发送和接收信息时，选择远程终端。

然而前端处理机有更先进的性能，它能够控制对网络的存取并允许注册过的用户使用该系统，对信息指定优先权，登记所有的数据通信活动，统计全部网络活动，并在网络链路间路由信息。因此前端处理机大大释放了大型主干计算机的数据通信控制功能，以使它能从事其他信息处理任务。

4. 交换机

随着计算机网络的发展，大量分布的终端、个人计算机和工作站将通过计算机化交换分机(computerized branch exchange,CBX)连到局域网中的一些主计算机端口。当用户需要使用远程计算机时，CBX可以将计算机连到公共网，再连到该计算机。

5. 网络互连单元

网络互连单元把一个网络上的某一主机连到另一网络上的一台主机，可使不同网络上的用户相互通信、交换信息和共享资源。用于网络之间互连的中继设备，按它们的功能可以分为以下几类。

(1) 中继器(repeater)：用于可以相互连接的两个局域网间进行双向的传送通信。中继器的功能扩展了网络电缆的长度。

(2) 桥接器(bridge)：用于连接多个地址兼容的，即同一类型的局域网，例如连接两个以太网，连接两个令牌环网。桥接器互连反映了链路层一级的转换。

(3) 路由器(router)：在 OSI 模型的网络层互连，它可使分组以最便宜、最快、最直接的路由通过网上的不同通道。由于路由器工作在网络层，所以原则上它只能连接相同协议的网络，或者能连接在网络层互操作的网络。

(4) 网关或网间连接器(gateway)：运行在 OSI 模型的最高层，对物理层到应用层均能支持。这是一种连接两个异构系统，特别是两个不同协议系统的设备。它可执行协议的转换，使不同协议的网络实现通信。

7.2.4 网络通信的标准、协议与软件

在网络环境下，要控制信息从一地到另一地的传输方式，并且保证信息的完整无损，就要建立一些规则，这些规则以协议、标准及通信软件的形式出现。

1. OSI 网络通信协议

协议(protocol)是两台计算机之间进行通信必须遵循的一组规则，不同的机种如大型机、小型机和微机有不同的协议。网关(gateway)常被用于解决不同协议的网络间的通信。如果两个网络使用的协议相同则以桥接器(bridge)相连。国际标准化组织(International Standard Organization,ISO)已经定义了一组通信协议，称为开放式系统互连模型(open system interconnection model,OSI)。某些大型公司有自己的标准协议，如美国 IBM 公司 SNA(system network architecture)协议。还有事实上已经形成的，已为大家认可的协议如 TCP/IP。国际化标准组织(ISO)于 20 世纪 70 年代提出的七层概念性网络模型 OSI 是一个希望各厂商在生产网络产品时应该遵循的协议，但至今还是一个理想的模型。

图 7-12 显示了这种 OSI 模型的结构。这种 OSI 模型分为 7 层，每一层都是建立在前一层的基础之上的，底下的每一层的目的都是为高层提供服务。

(1) 物理层：通过用于通信的物理介质传送和接收原始的数据流。

(2) 数据链路层：将位流以帧为单位分割打包，向网络层提供正确无误的信息包的发送和接收服务。

(3) 网络层：负责提供连接和路由选择，包括处理输出报文分组的地址，解码输入报文组的地址以及维持路由选择的信息，以便对负载变化做出适当的响应。

(4) 传输层：提供端到端或计算机与计算机之间的通信，从会话层接收数据，将它们处理之后传送到网络层，并保证在另一端能正确地接收所有的数据块。

(5) 会话层：负责建立、管理、拆除"进层"之间的连接，"进层"是指如邮件、文件传输、数据库查询等一次独立的程序执行。

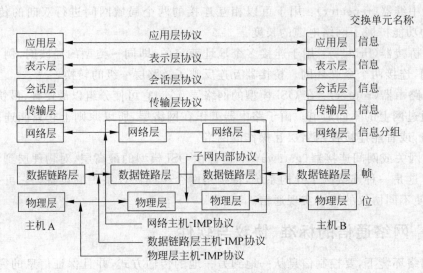

图 7-12 ISO 的 OSI 参数模型网络结构

(6) 表示层：负责处理不同的数据表示上的差异及其相互转换，如 ASCII 码与 EBCDIC 码之间的转换、不同格式文件的转换、不兼容终端的数据格式之间的转换。

(7) 应用层：直接和用户进行交互。

OSI 网络通信协议是一种理想的工业标准，网络设备与网络管理软件的制造商在产品的生产过程中以此协议为标准。但是，一些大型的计算机生产商，在主导全球市场的过程中建立了一些事实上的方法、标准与协议。因此，我们需更多地重视事实上的方法、标准与协议。

2. 局域网的主要标准与协议

(1) 以太网和令牌环型网：以太网(ethernet)是连接局域网的一种通信标准。网络中采用共享通信介质(例如总线式拓扑结构)。在以太网中，网络部件(如计算机)要发送信息，须先侦听网络传输线路是"空闲"还是"忙"。若线路忙，则必须等待，直至线路空闲为止。以太网中的信息是以广播方式在线路中传输，因此网络中的每个部件须监听线路，以确定此信息是否应该接收。若是，则接收它；否则不响应此次传输。

当总线线路首尾相接，组成环形，则有另一种局域网标准，称为令牌环型网。在环型网中，有一个电子令牌在网络各部件中通行。网络中每个部件将轮流使用令牌。发送信息时，令牌附有传输信息，各部件在接到令牌时确定是否接受该信息。如果是，接受信息且回复令牌，令牌释放；若不是，就不接受信息，令牌通过。

(2) FDDI：光纤分布式数据接口(fiber distributed data interface，FDDI)是一种用于连接高速局域网或地理上分离的局域网的通信标准。FDDI 使用传输可见光的多模光纤作介质，数据传输率可达 100Mbps。FDDI 由双环组成，其中一个环提供常规的通信信道，第一个环发生故障，第二个备用环工作，如图 7-13 所示。

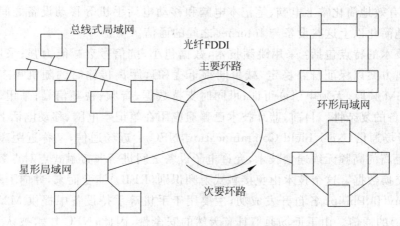

图 7-13 光纤分布式数据接口

(3) 802.11 无线局域网协议：1997 年 IEEE 制定出无线局域网的协议标准 802.11，ISO/IEC 也批准了这一标准，其编号为 ISO/IEC 8802-11[W-802.11]。无线局域网可分为两大类。第一类是有固定基础设施的，第二类是无固定基础设施的。所谓"固定基础设施"是指先建立起来的能够覆盖一定地域范围的一批固定基站。对于第一类无线局域网，802.11 标准规定无线局域网的最小单位基本服务集(basic service set,BSS)。基本服务集里面的基站叫做接入点(access point,AP)，其作用和网桥相似。无固定基础设施的无线局域网又叫做自组网络(ad hoc network)，这些自组网络没有 AP，而是由一些处于平等状态的移动站之间相互通信组成的临时网络。

自从 1997 年 IEEE 802.11 标准实施以来，先后有 802.11b、802.11a、802.11g、802.11e、802.11f、802.11h、802.11i、802.11j、802.11ac、802.11ad 等标准制定或者酝酿，现阶段主流的 802.11 协议为 802.11n，是 IEEE 于 2009 年 9 月正式批准的，其最大传输速度理论值为 600Mbit/s，因此需要在物理层产生更高速度的传输率。此项新标准应该要比 802.11b 快上 50 倍，而比 802.11g 快上 10 倍左右。802.11n 也将会比目前的无线网络传送到更远的距离。

802.11n 主要是结合物理层和 MAC 层的优化来充分提高 WLAN 技术的吞吐，主要的物理层技术涉及了 MIMO(multiple input multiple output,多入多出)、OFDM(orthogonal frequency division multiplexing,正交频分复用)等技术。MIMO 技术在发射端和接收端均采用多天线(或阵列天线)和多通道来允许更高的数据传输率。802.11n 支持在标准带宽(20MHz)上的速率包括(单位 Mbit/s)：7.2,14.4,21.7,28.9,43.3,57.8,65,72.2。使用 4 * MIMO 时速度最高为 300Mbit/s。802.11n 也支持双倍带宽(40MHz)，当使用 40MHz 带宽和 4 * MIMO 时，速度最高可达 600Mbit/s。

(4) 蓝牙(bluetooth)技术：蓝牙技术是由爱立信、诺基亚、Intel、IBM 和东芝 5 家公司于 1998 年 5 月共同提出开发的。蓝牙技术的本质是设备间的无线连接。利用"蓝牙"

技术,能够有效地简化掌上电脑、笔记本电脑和移动电话手机等移动设备之间的通信,也能够成功地简化以上这些设备与Internet之间的通信。

蓝牙技术的特点包括:采用跳频技术,数据包小,抗信号衰减能力强;采用快速跳频和前向纠错方案以保证链路稳定,减少同频干扰和远距离传输时的随机噪声影响;使用2.4GHz ISM频段,无须申请许可证;可同时支持数据、音频、视频信号;采用FM调制方式,降低设备的复杂性。目前,蓝牙技术已普遍应用在笔记本电脑、移动电话上。

(5) 近场通信(Near Field Communication,NFC):近场通信,又称近距离无线通信,是一种短距离的高频无线通信技术,允许电子设备之间进行非接触式点对点数据传输(在10cm内)交换数据。这个技术由免接触式射频识别(RFID)演变而来,并向下兼容RFID,最早由Sony和Philips各自开发成功,主要用于手机等手持设备中提供M2M(Machine to Machine)的通信。由于近场通信具有天然的安全性,因此,NFC技术被认为在手机支付等领域具有很大的应用前景。

3. X.25 公用网

X.25 采用分组交换技术,在公共数据网上以分组形式工作。分组交换通过按需分配原则提供通信宽带,从而满足了猝发性数据通信的要求。X.25 与 OSI 七层协议的关系如图 7-14 所示。目前仅实现了物理层、数据链路层及网络层三层数据通信及管理。

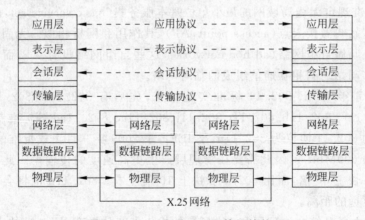

图 7-14　X.25 与 OSI 七层协议的关系

我国的公共数据网是利用公用自动电话交换网来发展中速数据传输业务,速率为1 200bps,接口为CCITTX.28标准,Modem为CCITTV.22标准,是由电子邮政系统建立的国家通用数据网业务。

4. 互联网与 TCP/IP

最成功的全球性的信息网络要算世界上最大的计算机网Internet,我国大陆译为互联网,我国台湾译为网际网。它起源于APRANET,如前所述。

TCP/IP是一个协议套,包含了一系列协议,其中最重要的是传输控制协议(transmission control protocol,TCP)和网际协议(internet protocol,IP)。TCP通过序列化应答和必要时重发数据包,为应用程序提供了可靠的传输流和虚拟连接服务,IP协议的核心功能是寻址和路由选择。现在TCP/IP已经是事实上的标准,也是符合OSI国际标准的网络产品。

Internet要为世界范围内的各入网设备都分配一个IP地址。现有的互联网采用IPv4协议。IPv4采用32位地址长度,只有大约43亿个地址,在2005—2010年间已被分配完毕。IPv6是下一版本的协议,采用128位地址长度,几乎可以不受限制地提供地址。按保守估算,IPv6实际可为整个地球的每平方米面积上分配1 000多个地址。IPv6的主要优势体现在以下几个方面:扩大地址空间、提高整体网络吞吐量、改善服务质量(QoS)、安全性有更好的保证、支持即插即用和移动性、更好地实现多播放功能。

5. 光纤接入网(FTTx)

FTTx技术主要用于接入网络光纤化,范围从区域电信机房的局端设备到用户终端设备,局端设备为光线路终端(optical line terminal,OLT)、用户端设备为光网络单元(optical network unit,ONU)或光网络终端(optical network terminal,ONT)。

由于光纤接入网使用的传输媒介是光纤,因此根据光纤深入用户群的程度,可将光纤接入网分为FTTC(光纤到路边)、FTTZ(光纤到小区)、FTTB(光纤到大楼)、FTTO(光纤到办公室)和FTTH(光纤到户),它们统称为FTTx。

6. 移动电话通信网络

随着技术更新,移动电话通信网络也逐渐成为数字通信网络重要的组成部分。

第一代(1G)为基于模拟信号的移动电话网络,仅仅提供语音传送。

第二代(2G)伸用GSM和CDMA技术,作为过渡产物的2.5G、2.75G提供的GPRS(EDGE)或CDMA1x速率约为100Kbps,峰值达到300Kbps。

第三代(3G)采用了国际电信联盟所定义的IMT-2000标准,主要使用WCDMA、CDMA2000、TD-SCDMA技术,在不同国家地区的运营商采用不同的技术,中国大陆地区存在3种。3G网络通信速度能达到300K-2Mbps的速度,而3.5G的HSPA+更能够达到21Mbps的速度。

第四代(4G)则强调更快的数据联通速率,现在的标准为LTE与WiMAX,峰值速率能达到下行1Gbps,上行500Mbps。

7. SDN(software defined networking,软件定义网络)

移动互联网、云计算以及物联网等应用的兴起驱动着数据中心的重大变革。随着应用的不断发展,网络带宽的需求提升,对数据中心提出了更多的要求,而传统的网络架构已经无法满足日益增长的需求。由此,人们提出了SDN(software defined networking,软件定义网络)的网络架构。

SDN是由美国斯坦福大学Cleanslate研究组于2009年提出的一种新型网络创新架构,它将网络设备的控制面与数据面分离开来,从而实现了网络流量的灵活控制,为核心网络及应用的创新提供了良好的平台。SDN通过将控制面从封闭的厂商设备中独立出来,并且可以完全控制转发面行为,使得新的网络协议的实现可以完全在控制面编程实现,而控制面是一个开放的、基于通用操作系统的可编程环境,故而有实力的IT/电信运营商/大型企业可以不依赖于厂商和标准组织就自行实现新的功能。SDN的可编程不仅是针对单个网络节点而言的,而且是可以对整个网络进行编程。控制器具有全局的拓扑,可以计算任意端点之间的路由,并控制转发路径。同时也可以控制每个端点的接入权限,无论你从那个节点接入,例如你可以将 VLAN 绑定、802.1x 认证交由控制器实现,转发面设备完全不感知。更进一步的是,应用可以通过 SDN Controller 提供的接口为特定用户流量设置安全策略、QoS,比如屏蔽某个恶意攻击的用户 MAC 地址、为特定用户/应用预留带宽。此外,SDN 控制下的网络不再受制于 OSPF/ISIS/TRILL/SPB 这些标准协议本身的能力,如果需要,管理员可以在任何两个机架之间设置直达链路并立刻投入使用,不必受制于 STP 的限制,也不必受限于最新的 ECMP(等价多路径)能力限制。

8. 通信软件

通信软件是所有通信网络的一个重要部分。主框架广域网上的通信软件包通常称为通信管理器或远程处理(teleprocessing,TP)管理器。局域网依靠的通信管理软件称为网络操作系统,例如 Novell Netware、Microsoft Windows NT 等。

通信软件包提供了多种通信服务。一般提供以下功能。

(1) 存取功能。该功能建立终端和计算机之间的联系。它与通信处理机一起连接或解除通信链,并建立如速度、模式和方向这样一些通信参数。存取控制也包括自动电话拨号和重拨,注册和注销相应的账号和安全代码,还有自动应答来自另一台计算机的电话。

(2) 传送控制。该功能允许计算机与终端发送和接收命令、信息、数据和程序,还可以提供一些数据传递中的检错和纠错。这种活动通常也称为文件传递。

(3) 网络管理。该功能控制通信网络上的通信。如局域网上的操作系统和广域网上的通信管理器决定网络中传递的优先级、路由(开关)信息及终端;决定传送请求的队列形式;同时也进行网络活动的统计以及终端用户使用网络资源的统计。

(4) 出错控制。该功能包括传送错误的检测和纠正。错误通常由于通信通道的编码而引起。例如,线路受到干扰或产生突发性振荡。通信软件和处理机用一些方法来控制传送中的错误。

(5) 安全管理。该功能保护通信网络不接收未经授权的存取。网络操作系统或安全管理程序限定对 LAN 和其他网络上数据文件等资源的存取级别。

7.3 通信网络的应用

7.3.1 通信网络在管理中的应用

通信网络在管理中有着广泛的应用,已成为每天 24 小时每周 7 天离不开的工具,就像企业的电力、自来水等公用设施一样。

表 7-1 列出了各种可能的应用。其内容包括大量的声音通信、数据通信、文本和消息通信、信息查询、影像传送以及监控和控制。

表 7-1　通信的应用（注意由电信网络所支持的应用的主要分类和类型）

声音通信	数据通信	文本和消息通信	信息查询	影像传送	监控和控制
标准电话服务	联机事务处理	电子邮件	目录检索服务	影像处理	处理控制系统
应答系统	查询/应答系统	计算机会议系统	新闻和经济学数据库的服务	传真通信	设备监控
音控会议系统	硬件和软件共享	电子布告板	可视文本	闭路电视	安全监视（系统）
声音邮件	文件和数据的传送			可视通信	医院病人的监护（系统）
声音识别	协同处理			电子会议系统	能源管理
公共地址系统	POS 系统				
通信系统	电子文件交换				

当前最流行的计算机网络通信应用有以下几方面。

（1）数据传输。随着经济全球化、企业跨国化，企业内部或外部均有大量的数据需要传输。邮寄、快递、传真显得越来越落后，而不能满足要求。数据传输得到飞速的发展。电子邮件不仅快捷，而且便宜。文档传输可传输远大于传真的数据，支持企业的发展。

（2）查询系统。这个系统允许管理人员或用户查询储存在个人、部门、公司数据库上的信息，提出需求，并通过信息网络得到立即响应。用户也可以利用通信网络获取外部数据信息（数据银行）的服务，它们把一些经济、人口统计和财政方面的数据提供给公司和个人。

（3）远程处理。事务处理的数据可以由联机终端捕捉到，立即传送到远方的计算机进行处理。例如：许多联机业务处理系统（online transaction processing，OLTP）依靠 POS 终端和计算机的广域网捕捉销售事务，更新公司数据库。对于远程的事务数据也可以累积后成批处理，储存在磁盘或磁带上周期性地传送给中心计算机处理。这种处理方式称为远程作业输入（remote job entry，RJE）。电子通信网络能使企业办公室、银行、零售店及分布中心减少人工输入并加快传送处理的速度，因而降低了成本，减少错误及改进服务。特别是电子数据交换（electronic data interaction，EDI）网络，在企业和它们的顾客和供应商之间支持企业事务文件按直接的电子方式交换。EDI 代替了采购订单、销售发票等传统的纸张或事务文本的交换。

电子资金交付（electronic fund transfer，EFT）系统被专门用于银行业和零售业。它把零售商、销售商或银行等金融机构与顾客连接起来，处理现金和信用贷款。银行的通信系统支持各分支办公室的付款终端和遍及全市或整个地区的自动付款机（automated teller machine，ATM)。同样也支持电话支付服务，这种服务允许顾客在家里把电话作为计算机的终端以电子方式支付账单，WAN 可以将零售店的 POS 终端连接到银行的 EFT 系统上。

(4) 分布与协同处理。组织中的分布式处理是利用网络连接的计算机实现的，这种网络处理取代了以往对主干计算机设备或一些独立计算机的处理。例如，分布式处理网络可以分布在局域网中，也可以由主干型、小型和微型计算机组成，覆盖一个宽广的地理领域并与广域网连接。

协同处理进一步使用了这种分布处理的原理。它允许分布式处理网络中的各种类型计算机共享终端用户的部分处理，应用软件包含共同的用户接口和功能，所以能在大、中、小型计算机上同步操作。例如电子表处理软件可以提供给微型机进行财务分析和数据库管理。在客户机/服务器网络中，应用处理可以共享终端用户(客户)的处理，也可以连接到局域网或主干计算机上。

采用分布协同处理，当地的用户可以处理广域网内的信息，其中包括数据输入、数据查询、事务处理、更新数据库、产生报告及提供决策支持，因此数据完全可以进行本地化的输入/输出处理，同时又提供了对网络中其他计算机的数据资源进行存取的功能。这使计算机处理更适应用户的需求并增加信息处理的效益。

分布与协同处理让大型的、中央端的主干计算机能做更适合于它们的工作。如大量的事务处理、通信网络的控制及企业数据库的维护等，在本地端的用户可以存取主干计算机，并接收来自集团公司的管理信息，或向总部传送反映当地活动情况的事务数据汇总等。

(5) 办公自动化与终端用户计算。网络在办公自动化和终端用户计算中起着重要作用，办公室局域网上的微型计算机和其他办公设备，如复印机、激光打印机、传真机等连接到公司或部门的网络上，这种网络上的软件和数据库可以共享，诸如电子邮件、音频邮件、传真及影视会议等服务，允许用户以文本、声音、影像或视频方式发送和接收信息。通信网络也支持群体计算，参加联合项目的所有终端用户在一个网络上工作，网络支持他们共享数据，执行联合分析，并集成群体中每个成员努力的结果。

(6) 公用信息服务。公用信息服务是一种通信网络应用的形式，现在已有不少这样的公司，只收很少一点费用，就向任何一个已装备了个人计算机的用户提供各种信息服务。其服务有传递电子邮件、金融市场信息、航空预售票、电子游戏、个人计算机用的软件包、新闻/运动/气象信息、电子银行购物及各种专用数据库。只要在你的个人计算机上安装调制解调器和通信软件包就可以方便地得到这种服务。

7.3.2 通信网络的 Web 应用

网络的最重要应用无疑是万维网(world wide web，WWW)，万维网是由蒂姆·伯纳斯·李(Tim Berners-Lee)于 1989 年发明的，其核心标准是统一资源定位符(URL)、超文本传送协议(HTTP)和超文本标记语言(HTML)。如果说互联网是把全球的大多数计算机连接起来,那么万维网可以认为是由互联网中各计算机上的 HTML 文件互相链接而成的一个信息资源网络,信息资源都组织成 HTML 文件,由 Web 服务器管理和发布,用户可通过浏览器获取信息,这种以网站发布内容为中心、用户通过浏览和搜索方式阅读 Web 页面的模式被称为 Web 1.0。在 Web 1.0 模式中绝大多数网络用户只充当了浏览者的角色,是单纯的"读者",话语权掌握在各大网站的手里。

现在流行的万维网模式更注重用户的交互作用,用户既是网站内容的浏览者,也是网站内容的制造者,这种让用户由单纯的"读"向"写"以及"共同建设"发展的模式被称为 Web 2.0。Web 2.0 网站的内容通常是由用户发布的,通过人人参与形成集体智慧,因此往往比 Web 1.0 内容更丰富;Web 2.0 还提供用户之间的相互交流,强调以人为本,实现社会互联,形成关系紧密的虚拟社区。

Web 2.0 的相关技术主要包括博客、微博、RSS、百科全书、网摘、社会性网络服务等。博客(blog)的英文全名应该是 Web log,意译即"网络日志",相当于一份个人的在线日记,可以随意分享个人经历或发表个人观点;微博即微博客(MicroBlog)的简称,微博比博客更简单易用,微博的内容一般只是由简单的只言片语组成,而且现在的无线通信技术使得大量的微博可以通过手机、平板电脑等移动终端即时更新和跟踪信息;RSS(really simple syndication)是实时聚合其他多个网站内容的一种简易方式,网络用户可以在客户端借助于支持 RSS 的聚合工具软件,在不打开网站内容页面的情况下阅读支持 RSS 输出的网站内容;百科全书(Wiki)是一种在万维网上允许众人协作编辑的"在线百科全书",允许一般用户对百科全书中词条内容进行浏览、创建和更改,支持协同创作、多人维护,方便对相关知识的整理、扩展或者探讨;网摘(social bookmark)即"社会化书签",通过对万维网信息资源的信息标注和网址索引,将网络上零散的信息资源汇聚整理,使相关资源的社会性分享成为可能,它是一种收藏、分类、排序、分享万维网信息资源的方式,不仅能帮助用户实现对自己感兴趣的网络信息的收藏和管理,而且可以实现用户间彼此分享收藏信息;社会性网络服务(social networking services,SNS)是指旨在帮助人们建立人际关系网络的互联网应用服务,典型服务是依据六度分割理论,通过"熟人的熟人"来进行网络社交拓展,或者根据相同话题、相同爱好、相同学习经历等进行凝聚,不断放大每个个体的社交圈,扩展人际关系网络。

现在也开始出现了一些 Web 3.0 的提法,但关于 Web 3.0 的定义还没有共识。"万维网之父"蒂姆·伯纳斯·李以及汤姆·伊鲁布(Tom Ilube)等人认为"语义网"(semantic web)的兴起将是互联网的下一次革命,语义网不再用文档形式来组织和呈现网络内容,而是将内容作为数据项,通过意义和关系连接起来。他们认为由于缺乏更好的界定,构成当前 HTML 文档的数据项无法与本文档中其他数据项(或与其他文档中的数据项)建立起明晰的关系,而建立语义网的标准和协议则清晰地界定了各数据项之间的关系——不只是同一文档内的数据项,更包括整个互联网中的所有数据项;目前人们对网络搜索的结果必须进行梳理和分析,才能找到自己想要的信息,而语义网则可以实现计算机之间的互动,从而找到与特定查询要求精确匹配的数据项;利用全球性的高度相关的数据网络为客户提供服务,不仅可以增强客户体验,也将使今天的许多最佳网站成为明日黄花。

语义网使得网络中所有信息的语义都是计算机能够理解和处理的,它主要基于 XML、RDF(资源描述框架)和 Ontology(本体论)等技术,其中 RDF 是对 Web 上的资源进行描述的通用框架,Ontology 是对概念系统的描述,从而保证网络中的信息都有清楚的定义,能够让人与计算机协同工作。

7.3.3 通信网络的应用策略

从管理角度来看通信网络,不应仅仅当做一种电子通信的方法,而是要把它看做一种竞争武器,作为组织的一种联络手段,作为一种重要的技术投资。对通信网络给予重视以后,企业应充分认识到网络的潜在效益,并考虑如何在组织中规划及建设一个合适的网络系统。

1. 网络发展的趋向

网络发展的趋向对于管理决策有很大的影响,它们对于组织的决策选择增加了分析的内容,因此管理人员应深入了解网络通信的技术及应用两个领域方面的发展趋向,学会分析与选择适合于组织发展的通信网络。

1) 行业趋向

当前通信服务的竞争已发生了剧烈变化,从政府垄断逐步向自由供应商发展,从通信和计算机行业的分立到两种行业的互相渗透甚至合一。在美国,自 1984 年建立 AT&T 及 BELL 系统后,开发了各种通信服务,包括长途电话、卫星通信及其他一些公司的无线电通信与电子邮件等,极其有效地适应了组织各方面的需求。中国的电信业也正朝着这个方向发展。

2) 技术趋向

通信网络正从模拟向数字网络技术转化发展的过程中。早期通信主要依靠面向声音的模拟传送系统,传送由人的声音的声波产生的各种电子频率。然而新的电子网络技术已快速转向数字传送网络,出现如同计算机一样以脉冲方式传送的信息。数字传送大大提高了计算机化的通信设备和通信介质的使用。其优点为:有效的高速传送;大量信息的传送;更大的经济效益;比模拟系统更低的出错率。另外综合服务数字网络技术(integrated service digital network,ISDN)允许在同一线路中进行多种形式的通信,如数据、声音、图像等,多媒体传送技术现在已经实现。

另一个主要趋势是通信介质的改变。许多通信网络从以前的双绞线、同轴电缆、微波中继站发展到现在的光纤和人造卫星传输。无线传输采用激光脉冲,其优点为:减少设备尺寸,减少设备及辅助线路的安装工作,大大提高了通信能力及随机电子处理能力。特别当组织需要传送海量数据并跨越全球网络时,采用卫星传输在速度和容量方面大大提高。

3) 应用趋势

各种通信服务和先进的技术平台大大增加了应用上的可行性。无论对于什么样的企业,通信对于支持生产、管理和实现企业战略目标都起了重大作用。一个企业的通信已不再局限于办公室电话和长途电话的范围,而是属于公司主架结构中的一个部分。同样也是计算机信息系统集成中的一部分,用于降低成本,改进生产过程,共享资源,锁定顾客和供应商,发展新产品和服务。因此对于一个要求在国际化市场上增加竞争力的企业来讲,通信网络是一个更重要更复杂的决策领域。

2. 通信网络产生的附加值

采用通信网络能使企业在运作过程中有三方面效用:

(1) 缩短完成事务活动的时间;

(2) 降低由于地理距离原因对公司事务活动的局限性;

(3) 重新构造公司与顾客、供应商及其他组织的传统关系。

这些影响可以在三个主要领域增加企业的经济效益,表 7-2 显示了管理人员利用通信网络可以改进工作的效率、事务功能的效益及事务改革的全过程。

表 7-2 通信网络的附加值

影响效果	操作效率	商业(事务)的效果	组织改革
压缩时间实例	加速商业事务的操作和处理联机事务操作过程	加快信息流动,如电子邮件	产生了更好的服务,如远距离信贷核对
降低地理位置限制实例	产生规模效应,如联机集中式处理的售货机	确保对分散操作的控制,如会议通信系统	开拓新市场,如偏远的 ATM 银行系统
重组关系实例	回避在一系列散布点之间因素的影响,通过电话直接销售	对偏远地区提供专门知识,如远距离的诊断和维护	在顾客和供应商之间建立联系,如家庭电子购物系统

例如,运用网络在连锁店可以产生以下效益。

(1) 操作效率。网络提供实时联机销售和事务处理,对于运程商店的联机可以集中大量的采购或直接电话销售。

(2) 事务效益。网络通信可为商店内部固定信息的传送提供电子邮件、传真服务,远程会议的设备为经理们又引入了联机可视会议,并可设立顾客热线,对顾客进行远程对话和辅导。

(3) 组织改革。网络通信可以通过装在店内的银行 ATM,为主要的采购客户提供直接的信用审批,并且让顾客在家里用终端电子购物。

3. 开发通信网络的决策

如果不进行管理上的全面规划,通信网络不一定会带来效益。首先要决策建立通信网络,也就是最高管理层必须决定组织所决策的企业目标有多少是必须依赖于通信技术的应用。例如一个仅服务于邻近地区的小企业，相对一个服务于国际市场的企业对通信技术的需求就小一些。

假如一个企业发现企业长期的生命力和成功依靠通信网络的效益，那么管理层就必须定义如何将这种技术集成到企业的长期规划中，这就需要对组织由于通信技术的应用在操作效益、事务效益、组织改革方面获得的改进进行定义。

最后，应开发一个通信网络的架构。为了建设一个能支持企业操作、管理决策制定和组织决策的目标集成化的通信网络，设计网络的结构是一项重要的主体任务。因此在设计一份通信网络结构技术蓝图前，应对通信结构和组织内信息、技术能力进行定位。例如要对企业目前的资金状况和可以允许的投资状况进行定位；对那些能够通过网络连接到企业信息系统的事务投入要定位，也就是信息技术应用的平台或基础；要定义那些通过网络工作能自动地被共享的信息和信息处理的类型等。总之，许多组织的管理决策目标之一是利用通信网络和其他信息技术开发一个开放的集成的企业间的信息系统。也就是说这些组织的目标是协同开发一个开放型的远程通信网络结构，这种结构允许组织提供一个集成化的应用选择，以服务他们内部的需求和他们当前与未来组织的需求。

7.4 电子商务用的网络技术

当代的网络技术给电子商务搭好了基础平台，电子商务就在这个平台上飞速地发展起来。本节主要阐述基于 Internet 平台的电子商务技术的要素。

7.4.1 电子商务用通信网络

网络按所有权分类，可以简单地归结为两种基本形式：公用网和专用网。一般来说，公用网覆盖在较大的地理范围内，需要有一些专门从事提供通信媒体和通信服务的组织对此网络进行经营管理，如电信局、通信公司等。而专用网一般是一些小型网络，如由某公司自行购买、安装，并进行运行、维护的网络。该公司拥有独占使用网络线路的权利。无论企业组织选用哪种网络实现通信，都将与通信的成本、可用性、提供的服务、速度和安全性 5 个方面的因素有关。

1. 公用网

公用网（public networks）是多个不同企业与不同人群共同使用的网络，也是为了获得使用权与他人在网上争抢资源的一种网络。电话系统是使用最普通的公用网。客户拨叫某公司的计算机系统，本质就是使用公用网访问某公司的计算机网络。互联网也是一个公用网，作为互联网用户，你要在网络中与他人争时间。这就是当你访问同一网络站点时，速度有快有慢的原因。

2. 专用网

专用网（private networks）有两种基本形式：一种是由企业组织自行建设和维护的企

业内联网(Intranet),覆盖的地理范围较小,一般为局域网。而如果企业组织是一个跨国公司,网络通信需跨越很大的地理范围,但又需要对通信线路具有垄断使用权。在这种情况下,另一种形式是企业组织向提供通信服务的供应商租用通信线路,即垄断通信线路的使用权,而没有通信线路的所有权。一般采用按期租用形式(年或月)。关于使用公用网与专用网的典型特征见表7-3。

表7-3 公用网、专用网使用特征

网络类型	成本	可用性	服务	速度	安全性
专用网	支付线路租金	垄断使用	可有附加服务	比公用网快	比公用网安全性高
公用网	按照使用时间付费	竞争使用	只有传输能力	比专用网慢	无用户隐私的保障

3. 增值网

增值网(value-added networks,VAN)是在公用网与专用网基础上发展而成的一种半公用网。这类网络类似于公用网,仍然由通信服务供应商拥有,并经营、提供给不同的企业与人群使用。这种网络也类似于专用网,提供了比公用网更高的传输速度与安全性,此外还提供通信以外的附加服务。这种附加服务是要收费的。一般根据传输的信息量来计算,因此相比租用专线的专用网,由于不必支付保证线路畅通的费用,大大降低了企业组织的通信成本。

例如,一个企业组织需要使用电子数据交换的处理方式与遍布在世界各地的供应商进行信息交流,并需具备EDI信息传输中的格式转换(如X.12格式)的能力。为此企业最好有一个专用网络,但企业难以保证提供经济、技术、人才等方面的条件。最佳的解决方案是选择VAN服务。例如:选择通用电气公司(GE)的增值网。通过VAN接口,GE公司的VAN与租用VAN的公司网络连接在一起了,而租用VAN的公司通过GE公司的VAN与它遍及世界各地的顾客和供应商网络也连接在一起了。GE公司负责管理所有的信息传输,保障该企业与世界各国通信服务供应商的通信能力。

4. 虚拟专用网

虚拟专用网(virtual private networks,VPN)是一种最新形式的网络所有权。虚拟专用网络本质上还是一种公用网络。因为它并不单独向用户提供专线或通信介质,但保障所有用户使用网络。VPN服务提供者将所有用户的信息,在网络中一起传送,但却为每个用户提供加密,保障了用户的隐私权,对用户而言,似乎独占了网络通信线路。关于增值网与虚拟专用网使用的典型特征见表7-4。

表7-4 增值网、虚拟专用网使用特征

网络类型	成本	可用性	服务	速度	安全性
增值网	按传输时间和应用项目收费	使用无竞争	提供加密等附加服务	比公用网快	较公用网高
虚拟专用网	按月租费加上使用计时付费	使用无竞争	提供加密等附加服务	比公用网快	较公用网高

VPN 正在成为互联网上的流行趋势。例如，互联网的虚拟专用网络（Internet VPN）为企业提供了一种实现企业与客户、供应商之间虚拟的互联网连接方法；另外还提供了信用卡信息传输的安全保障。

7.4.2 电子商务安全技术

网络用于电子商务的主要问题是安全问题。因为网络地域广大，又具开放性，很容易受到攻击。受到攻击的电子商务系统会使信息泄密或滥用。因此电子商务的安全策略必须考虑信息的保密性、完整性、即需性和知识产权。

对电子商务安全性的威胁会发生在客户机到 WWW 电子商务服务器的链条上的任何地方。例如：客户机端运行的 Java、Java Script 和 Active 程序和脚本，带有隐蔽的安全威胁。通信通道（尤其是互联网）很容易受到病毒的感染和黑客窃取商业信息的攻击。WWW 服务器受到破坏后，会影响与之连接的任何客户计算机，在服务器上运行的公用网关接口（CGI）程序能破坏数据库，非正常地中断服务器软件或改变一些重要信息。

为解除安全威胁，一些国家通过立法保护数字化的知识产权和网上隐私，同时为了保护电子商务客户机、电子商务交易通道及电子商务服务器资源采用了一些安全控制技术。例如：采用分开密钥和私有密钥的加密技术，提高了电子商务的保密性保护；采用由可信的第三方认证中心为用户和组织签发的数字证书，提供了用户与组织的认证，提供了完整性控制。一些安全的互联网通信协议 SSL、S-HTTP 提供了安全的互联网通信功能。服务器的用户名/口令登录过程、客户机认证过程对服务器进行了安全保护，而防火墙技术提供的硬件解决方案将可信的内部计算机网络及客户与外界隔离开，以防不可信的客户入侵。采取的主要安全技术介绍如下。

1. 密钥系统

密钥系统也称对称密钥系统，发送者和接收者有相同的密钥，他们采用相同的密钥对数据进行加密和解密，解决了信息的保密性。其过程如图 7-15 所示。

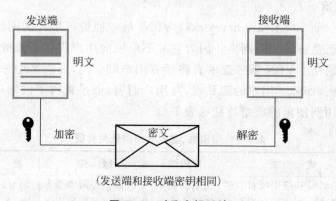

图 7-15 对称密钥系统

2. 公钥和私钥系统

公钥和私钥系统也称为非对称密钥系统。其中公开密钥可以随意发给期望同私有密钥持有者进行安全通信的人，用于信息的加密。而私有密钥的持有人必须妥善保管私有密钥，并用私有密钥进行信息的解密。1977 年由麻省理工学院三位教授发明的 RSA 公开密钥密码系统工作原理如图 7-16 所示。

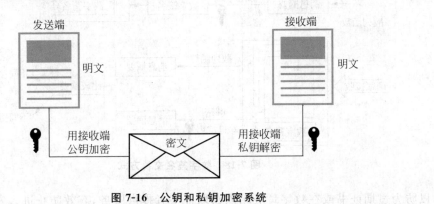

图 7-16　公钥和私钥加密系统

3. 散列编码和消息摘要

散列编码就是用散列算法算出某消息的散列值的过程。由于散列算法是单向函数，即无法根据散列值得到原消息，所以散列值相当于消息的指纹，也称它为消息摘要。消息摘要对每个消息都是唯一的，并附加在消息上一起发出。当商家收到采购订单和附加的消息摘要以后，就用此订单计算出一个消息摘要。如果商家计算出的摘要与所附的消息摘要匹配，则订单没有被修改，否则，已被篡改。此方法的工作原理如图 7-17 所示。

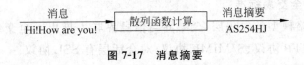

图 7-17　消息摘要

4. 数字签名

由于散列算法的公开性，消息仍会受到中途攻击。黑客可以同时修改消息和消息摘要，然后发给接收者，而接收者因为消息与消息摘要的匹配而被愚弄。为防止这种欺诈，发送者要用自己的私有密钥对消息摘要加密。加密后的消息摘要称为数字签名。数据签名保证交易的完整性。数字签名交易方式如图 7-18 所示。

5. 数字证书

数字证书是 WWW 商务服务器对访问者的身份认证、访问内容和时间控制的主要手段。当服务器要求识别客户机及其用户时，要求客户机发出一个证书，证明用户的身份。如果服务器使用用户的公开密钥无法对证书的数字签名解密，则明确该证书的持有人是非法的，由此防止为进入安全服务器而伪造的证书。服务器同时也检查证书上的时间标

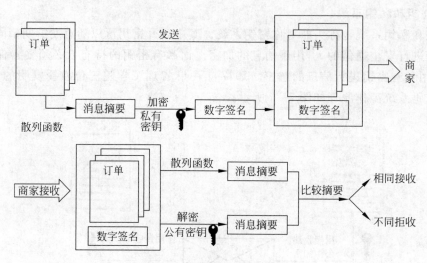

图 7-18 数字签名交易方式

记,以防为过期证书或在数字垃圾箱内获取证书者提供服务,有效防止进入安全服务器的伪造证书。当然万维网服务器也可以通过回叫系统确认客户的身份。上述服务器安全策略的核心是持有可信机构颁发的数字证书。目前已有一些国内外的权威认证机构从事该项服务。数字证书的内容一般如下:证书持有者的姓名、公钥、公钥的有效期、颁发数字证书的单位、该单位的数字签名和数字证书的序列号等。数字证书有三种类型,分别为三种人持有:个人数字证书(客户机)、企业(服务器)数字证书和软件(开发者)数字证书。

6. 电子商务安全交易标准

对应于七层网络模型的每一层,金融界与信息界联手推出安全交易标准。对应用层有 SET 协议、S-HTTP 协议、S/MIME 协议,对会话层有 SSL 协议。

(1) S-HTTP(安全超文本传输)协议:该协议支持超文本传输协议(HTTP),通过密钥对加密,保证 Web 站点上信息的安全。

(2) SSL(secure sockets layer,安全套接层)协议:该协议保证 Web 站点之间通信信道的安全。SSL 在客户机和服务器之间开始交换一个简短信息时提供一个安全的握手信号,此时采用公开密钥加密建立连接,在会话过程中则采用私钥加密。建立 SSL 会话示意如图 7-19 所示。

(3) S-MIME(secure multimedia Internet mail extensions,安全多用途互联网邮件扩展)协议:该协议依靠密钥对保证电子邮件的安全传输。例如:Outlook Express 中的安全电子邮件使用数字签名和加密对 Internet 通信提供保护。

(4) SET(secure electronic transaction,安全电子交易)协议。该协议解决了各阶段

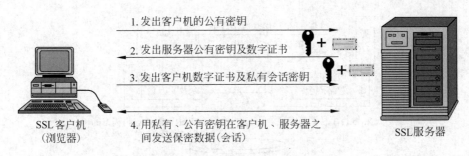

图 7-19 建立 SSL 会话示意

用户、商家和银行之间通过信用卡支付的安全交易。SET 采用公开密钥加密,采用数字证书对消费者和商家进行验证。SET 协议还特别提供了保密、数据完整、用户和商家身份认证及顾客不可否认等功能,保证交易安全。

7.4.3 电子结算技术

电子商务的基石是通信网络。用于电子商务的 WWW 服务器的特点是可以在网上处理结算业务。电子商务就是以电子形式的货币交换有形或无形的产品和服务。

电子结算系统正处于幼儿期,还在不断发展变化。目前主要电子结算方式有电子现金、电子信用卡、智能卡、电子支票等。

1. 电子现金

电子现金主要是解决网上的小额支付(如:美国定义支付 10 美元以内商品的结算方式),它的工作原理如下。

(1) 购买电子现金(E-CASH)。买方在数字现金发布银行开设数字现金账号,购买数字现金。

(2) 在线或离线存储电子现金。买方可以有两种方式持有现金:在线存储和离线存储。在线现金存储意味着消费者不必亲身持有电子现金,可由一个可信赖的第三方(一家电子银行)参与到电子现金转账过程。离线现金存储是在消费者自己的钱包里保存虚拟货币,并在消费时直接支付给卖方。为了防止欺诈行为,一般采用在线存储。只有经过银行使用私钥进行了数字签名后,电子现金才有效。

(3) 用 E-CASH 购买商品与服务。当买方向卖方订购商品与服务时,用卖方的公钥加密数字现金传送给卖方。

(4) 接收 E-CASH 的卖方与 E-CASH 发放银行之间进行清算。

(5) E-CASH 银行将买方购买商品的钱付给卖方。

(6) 确认订单。卖方获得付款后向买方发送订单确认信息。

为了防止重复消费,即同一电子货币在商店重复使用,一般采用由可信赖的第三方(电子银行)参与的 E-CASH 转账过程。三方电子现金转账过程如图 7-20 所示。

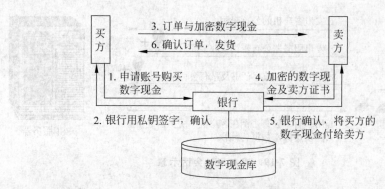

图 7-20　三方电子现金转账过程

2. 电子信用卡

电子信用卡基本形式有 4 种：无安全措施的信用卡支付；通过第三方代理人的信用卡支付；简单加密的信用卡支付；SET 信用卡支付。

电子信用卡在线结算服务必须能够认证购买者，而且能够在互联网上安全地传输信息。因此在上述 4 种支付方式中，未来可能最受消费者欢迎且最有发展前途的是 SET（安全电子交易）信用卡支付。

SET（security electronic trade，安全电子交易）是万事达国际组织和 VISA 国际组织在微软公司、网景公司、IBM 公司、GTE 公司、SAIC 公司及其他公司的支持下联合设计的安全协议。SET 的目的是为通过互联网在商家网站和处理银行之间传输信用卡结算信息时提供安全保证。

SET 采用分开密钥加密，并用数字证书对消费者和商家进行验证。SET 协议同时也提供了保密、数据完整、用户及商家身份认证，以及买家不可否认等功能，保证在 SET 协议下的安全交易。

为进行有 SET 保护的信用卡支付方式，SET 使用的安全技术包括对称密钥系统、公钥系统、消息摘要、数字签名、数字信封、双重签名、认证等。其中认证过程较为复杂且耗资巨大（由专门的机构认证中心从事认证工作）。SET 信用卡的工作原理如下。

（1）消费者凭卡在支持 SET 标准的商家网站上进行采购，并传输自己的数字签名与数字证书，而这些加密数据商家是看不到的。

（2）商家的电子商务互联网服务器，将购物者的交易请求及商家的认证传递到结算处理中心，由结算处理中心进行核实处理。

（3）由结算处理中心将信息传递给发卡行，请求再次审核，且请求批准交易。

（4）发卡行将批准信息经结算处理中心传递给商家，同时交易金额从消费者账户内划去。

（5）商家将商品运出，将交易金额增加到结算处理中心，以便将此交易金额加入商家自己开户银行的账号内。信用卡结算过程如图 7-21 所示。

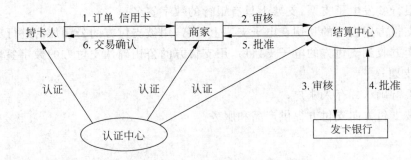

图 7-21 SET 信用卡支付过程

3. 智能卡

智能卡是一种新型的电子结算卡。它的特点是卡内嵌入了一个微处理芯片,芯片内存储了大量关于持卡人的信息,如财务数据、私有加密密钥、账户信息、信用卡号码及健康保险信息等。由于智能卡上信息是加密的,即使有人窃取了你的卡,但他无法得到密钥获取加密信息,因而大大提高了安全性。加之智能卡具有携带及使用方便(用户不必使用大量信息)的优点,智能卡有极好发展前景。智能卡支付原理如下:

(1) 用户开户,收到智能卡;
(2) 用户在卡上存钱;
(3) 购买商品时,用户将卡插入与银行联机的刷卡机;
(4) 实现用户卡电子现金到商家电子现金的转移;
(5) 商家将货物发送给客户;
(6) 商家的开户行接收货款,增加存款。

4. 电子支票

电子支票是用写在屏幕上的支票进行支付活动,它的功能与纸质支票一样。支票的内容包括支付人姓名、支付人金融机构名称、支付人账户名、被支付人姓名、支票金额。电子支票支付过程如图 7-22 所示。

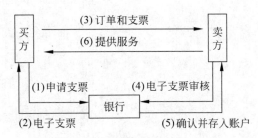

图 7-22 电子支票支付过程

(1) 支付方向提供电子支票服务的银行注册申请,开具电子支票并提供自己的信用卡号和银行账号信息;

（2）银行签发电子支票，支票上具有银行的数字签名；

（3）支付方用自己的私钥在电子支票上签名，用被支付方的公钥加密进行支付；

（4）卖方收到支付方的电子支票后，用支付方的公钥确认支付方的数字签名，向银行认证电子支票；

（5）银行确认并存入账户；

（6）被支付方向支付方提供产品和服务。

习题

1. 简述通信系统的定义及其基本模型。
2. 简述通信系统各个发展阶段的特点。
3. 局域网的应用已相当普遍，请介绍企业如何应用局域网解决管理上的问题，并探讨进一步发展网络的规划。
4. 简述各种通信通道、传输媒体及通信处理机的基本特征。
5. 简述通信软件的功能。
6. 简述网络通信协议的层次结构。
7. 通信网络的分类及其发展趋势是什么？
8. 管理信息系统专家认为：一个企业一定要有战略目标，其中之一将采用远程通信网，以便在任何地点向任何人提供集成的信息资料。你是否同意这个观点？请解释。
9. 有人认为：远程通信并不产生附加值，仅仅加快了远程通信的速度。你的观点呢？请回答并解释。
10. 联机传送处理、电子数据交换、电子金融系统有什么共性与差异？
11. 下列通信技术各有什么利弊？
    （1）光纤　　（2）通信卫星　　（3）无线 LAN　　（4）ISDN
12. 根据企业的实际讨论：什么是开放式系统？远程通信在开放式系统环境下的作用是什么？

Part 3 第 3 篇

应用系统篇

第 8 章　职能信息系统
第 9 章　层次信息系统
第 10 章　流程信息系统
第 11 章　行业信息系统
第 12 章　计算机智慧和智慧支持系统

第二篇介绍了信息技术。信息技术本身就组成一个系统,我们把它称为信息基础设施系统,或者就叫信息基础设施。只有信息基础设施尚不能构成管理信息系统,因为它不能直接付诸企业应用。在信息基础设施和企业应用之间应当有个桥梁,这就是应用系统,见图Ⅲ-1。

应用系统直接面对用户,这些用户包括基层计算机操作人员、中层一般管理干部与知识工作者以及企业高层领导。这些用户要求系统所做的事情是各式各样的,因而系统也是五花八门的。为了解各种系统的概念,本篇将介绍系统的各种分类。首先回顾一下应用系统的发展过程。

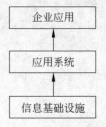

图Ⅲ-1 应用系统位置

1. 信息系统角色的演变

企业或组织中信息系统所担当的角色在不断改变、扩张。不计较分类的严格性,其演变有以下过程。

(1) 1950—1960年,数据处理系统,包括:

① 电子数据处理(electronic data processing,EDP)

② 业务处理(tansaction processing,TP)

③ 记录保存(record keeping)

④ 传统的簿记应用

(2) 1960—1970年,管理报告系统,包括:

① 管理信息系统(狭义)

② 管理报告系统(management reporting systems)

③ 信息管理系统(information management systems,IMS)

(3) 1970—1980年,决策支持系统,包括:

① 专家系统(expert systems,ES)

② 决策支持系统(decision support systems,DSS)

③ 管理支持系统(management support systems,MSS)

(4) 1980—1990年,战略和终端用户支持系统,包括:

① 终端用户运算系统(end-user computing systems,EUCS)

② 主管信息系统(executive information systems,EIS)

③ 主管支持系统(executive support systems, ESS)

④ 电子商务系统(electronic commerce systems, ECS)

⑤ 战略信息系统(strategic information systems,SIS)

以上这么多名词是根据其出现的前后顺序列出的,它也可以算分类的一维,就是时间维,但是按照其他概念的分类来说,它的概念是混乱的。分类应当根据一定的判据,一种判据形成分类空间中的一维,沿着这些维构成分类空间中的一个坐标系,其概念是由浅入深,而且是不相交的。分类空间中的坐标应当是正交的,即每一维是独立的。根据这个原则,下面讨论应用系统的分类。

管理信息系统的应用现在已无孔不入。应用系统五花八门,在概念上对它们进行合理的分类,有利于深化管理信息系统的理解。目前世界上对它的分类也是各式各样,没有统一的模式。本书根据我们多年的研究加以综合,进行以下分类。

我们认为管理信息系统的概念空间主要有5维。

(1) 职能维。企业的管理是划分为不同职能的,一般企业均有市场、生产或服务、财务和人事四大职能。不同的职能有不同的应用系统。在职能维中就有市场、生产或服务、财务和会计、人事等不同的职能系统。

(2) 流程维。流程是由过程组成的,因而也可以说是过程维。流程粗略地可分为上游、中游和下游。在企业系统中可粗略认为供应链系统为上游系统,企业资源计划(ERP)系统为中游系统,而客户关系管理系统为下游系统。

(3) 行业维。不同的行业应用系统显然是不同的。例如政府机关的系统和企业系统不同,银行的系统和学校系统不同。根据不同行业的组织特点来划分系统,就是行业维。

(4) 层次维。在组织中层次不同,管理的内容就不同,因而就要使用不同的应用系统。企业或组织的层次一般分为基层、中层和高层(或顶层)。这里主要关注的是各层的人员。这样,支持基层人员的是业务员系统;支持中层的是终端用户系统;支持高层的是主管信息系统或主管支持系统。也有人将层次维分成战略层、管理控制层和运行控制层。

(5) 智能维。智能维是按照系统所具有的智能水平来区分的。智能维关心的是信息使用的深度。使用深度越深,系统具有的智能越高,系统越聪明。实际上智能和决策紧密联系,智能越高对决策支持越深。决策的程度是按结构化、半结构化和非结构化来划分的,那么支持这三个层次的系统就分别是专家系统、传统决策支持系统和智能决策支持系统。

当然,我们还可以举出许多其他的维。例如,按技术水平高低来分,按地域大小来分,按使用者是个人或群体来分等。所以说,我们是在 n 维空间中进行分类。

2. 应用系统的多维模型

我们用一个图来形象地表达应用系统的分类。由于 n 维空间难以表达,只选择三维画出。选择上述5维中较重要的层次维、职能维和行业维(或组织维),见图Ⅲ-2。

实际上,任何一个应用系统均表现为这个分类空间中的一个单元。例如,用于金融业市场方面的高层应用系统就处在阴影线所示的小立方体的位置。

也可以用另一种画法,画出其他几维的关系的模型,如行业、职能和层次,见图Ⅲ-3。

这个模型展示了信息系统的三维,即层次、行业和职能维。这个图又隐含了更多的信息。金字塔隐含信息量的多少取决于占领空间的大小,占领的空间越大,信息量就越大。这样处于下层的职能信息系统所占有和处理的信息量是较大的,而处于上层的主管信息系统虽然很重要,但所占有和处理的信息量相对是小的。根据以上分类,以下各章将分别对各种应用系统进行较详细的介绍,包括职能信息系统、行业信息系统、层次信息系统和

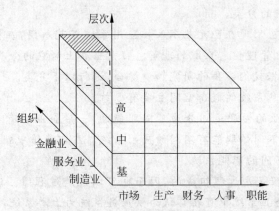

图Ⅲ-2 应用系统多维模型

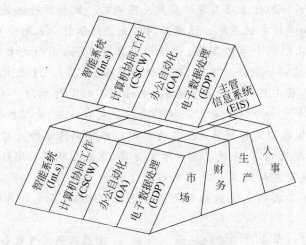

图Ⅲ-3 信息系统金字塔模型

决策信息系统。

系统的 n 维空间帮助我们看到系统的作用和系统的功能。每一个具体的应用系统均应在分类空间中占领一个位置或一个点,从而可以看出它的作用以及它和其他系统的关系。不同维是以不同的视角来看待某个系统,如果某个系统从各个角度都给出了描述以后,这个系统的描述就清楚了。概念糊涂的分类往往导致分析的混乱,例如,有人把人分为三种:一种男人、一种女人、一种胖子,你一定觉得很好笑,可是往往当概念不清时,胖子就出来了。在清楚了系统分类以后,我们就来介绍一个个系统。

CHAPTER 8 第8章

职能信息系统

职能信息系统就是按系统的职能划分的系统。企业的职能一般划分为市场、财会、生产、人事等。对应的系统就有市场信息系统、财会信息系统、生产信息系统和人事信息系统等。要注意这些领域不是仅指组织,而是贯穿整个组织的功能。例如,财会系统不是财会科的内部系统,而是贯穿组织的会计功能的系统。

8.1 市场信息系统

市场的主要内容包括广告、促销、产品管理、定价、销售预测、销售自动化以及销售业务管理等。市场信息系统也包括战略层、策略层、控制层和业务处理层。可以用图来表示其全面功能,见图 8-1。

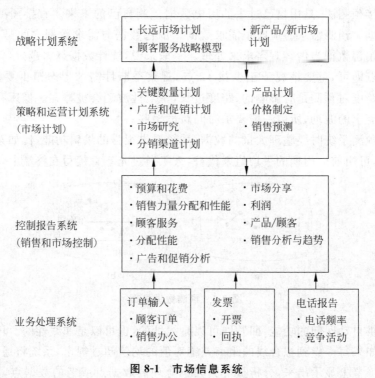

图 8-1 市场信息系统

下面分层次对市场信息系统的一些功能作介绍。

8.1.1 销售预测

随着我国经济向市场经济转型,参与市场活动的任何一个企业,无论其大小,都是平等独立的单位。他们都要根据市场的需求,独立决定自己的供应。符合市场的需求,企业就能发展兴旺;不符合市场的需求,企业就会萎缩甚至倒闭。因而预测市场情况十分重要。信息系统能帮助企业进行市场预测。这里介绍一些信息系统的预测功能。

信息系统可以帮助企业进行短期和长期的销售预测。

短期预测包括一周、一月,最多一年的预测,也有短至一天的预测。长期预测则最短为一年,可能2～3年、5年甚至十几年。要预测应当用模型。短期预测一般使用移动平均数法、指数平滑法模型,而中长期预测则要使用拟合模型、回归模型或系统动力学模型等。

下面举一个企业产品预测子系统的例子。这个例子中采用的预测方法有经验综合法、内因直接预测法和外因间接预测法。

经验综合法是根据管理人员的估计综合起来。这种方法简单、快速,在没有历史数据的情况下只能用这种方法。这种方法的缺点是耗费高层领导的时间较多,综合意见较困难等。

内因直接预测法,是用自己过去的历史数据预测自己的未来。直接预测首先要考虑收集整理数据。预测需求时应收集需求数据。销售数据与需求数据之间是有差别的,不能简单地把销售数据当做客观需求来处理。一般来说,统计数据越多越好,在不太重要的情况下找7点即可,重要情况下至少找12点,观察季节性需求形态至少要两年的数据。数据的时间跨度对预测是有影响的,跨度过长,季节性波动会被掩盖。像库存这样的问题要考虑吸收需求的波动,所以一般要求时间跨度短些。

在建立预测系统时要整理大量的数据,系统提供很强的编辑功能,比如某周期缺少一个原始数据,可用前后周期的平均值来代替,人工通过光笔直接写在终端上,见图8-2。

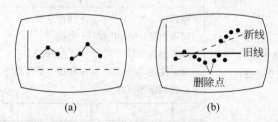

图8-2 预测数据处理

系统提供自动回归的功能,回归线可以是线性的,也可以是非线性的。可以根据需要任意选配。如果每一点到拟合线的距离差绝对值的均值超过规定,系统将通知分析员,数据在终端的屏幕上显示出来,分析员可删去不合理的数据点或老的数据点,重新回归,如

图 8-2 所示。

当需求数据出现峰和谷时,就要考虑季节性需求,真正季节性需求行为要求峰值在各个周期的同一时期出现,并且高峰需求必须超过平均需求的 MAD/2。

季节性需求行为在计算机中用趋势线和季节因子来表达,例如图 8-3 中,第一年 12 月份需求的直线趋势值为 1 000,季节因子为 0.8,那么真正需求预测为 1 000×0.8=800。

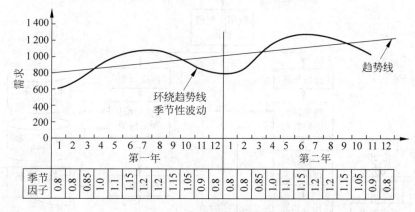

图 8-3 季节性需求的表示

在现实中往往一个偶然因素影响需求行为,而这些偶然因素在历史数据中反映不出来,因此系统提供很强的人机接口功能,允许管理人员根据当前的实际情况来调整预测结果。

计算机预测系统是一个自维护系统。它不仅建立初始预测模型,而且当得到一个新的数据以后能自动调整模型,使之适应新的情况。

预测子系统一般应有如下功能。

(1) 收集和整理数据,滤除不合理的历史数据。
(2) 选择好的预测模型,以准确表达需求行为,从而改善预测精度。
(3) 用产品的寿命曲线修正长期预测,增加长期预测和新产品预测的精度。
(4) 管理人员可以根据预先知道的外界影响,调整模型。
(5) 使用模型维护技术,减少历史数据的存储量。
(6) 使用监控手段,保证现行预测模型延续使用,减少人工干预。
(7) 根据企业外部的经济因素不断发展预测模型。

达到这些功能的预测子系统的结构见图 8-4。

由图 8-4 可以看出,预测子系统可以进行直接预测和间接预测。直接预测在左路,而间接预测在右路。直接预测能做到收集数据、选择模型、利用产品生命曲线修改模型、发出异常信号,从而得到单项预测。间接预测可以根据自身的历史数据和知识因素的历史数据作出成组预测。将成组预测和单项预测综合,得到最后的预测。这些预测的结果可

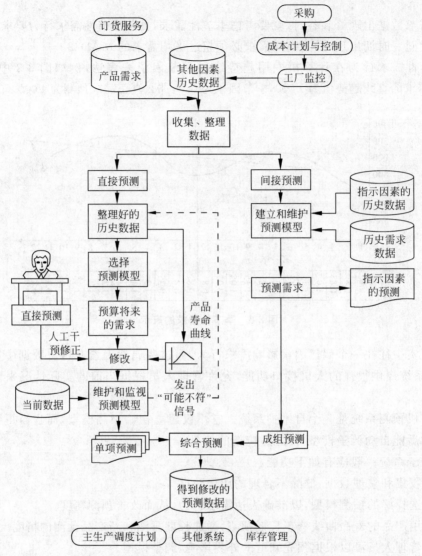

图 8-4 预测子系统的基本功能

用于生产计划、库存管理和其他系统。

在进入大数据时代的今天,预测的思路和方法也在改变,一是收集的数据不同,二是处理的模型不同。大数据的方法,不是收集采样数据,而是收集大数据或全数据,全样本数据,不是收集几百几千个数据,而是至少上亿到百亿,或 10G 到 1T(太)。不用精确的处理方法和处理模型,而是"大概"的方法,不是说一定发生,而是"很可能"发生。不问为什么,而只说是什么。我们以后要逐渐习惯于这种思路。

8.1.2 广告和促销

用信息系统帮助进行广告和促销有以下几方面。
（1）选择好的媒体和促销方法。
（2）分配财务资源。
（3）评价和控制各种广告和促销手段的结果。

由于广告是最非结构化的决策，因而虽然过去也有人做过许多模型来辅助广告决策，但均收效甚微。随着我国市场经济的发展，广告的重要性已为越来越多的企业所认识，对广告的投资也越来越多，最重视广告的企业可以拿出其年赢利的 80%，以多达几亿元在中央电视台做广告。广告是一种投资，它把资金转化为无形资产，在以后又把无形资产转化为价值。广告是促销的一种重要的手段，其效果也要看促销的结果怎样。广告是很非结构化的，因而它更多的是艺术，而不是科学，所以用计算机对它的支持是很有限的。主要的表现在利用电脑来制作广告，电脑的 CAD 技术、三维技术在广告中得到很好的应用，这样既降低了广告的成本，又提高了广告的效果，而且加快了广告的制作。电脑在广告上应用的另一面是互联网成为广告的媒体，而且越来越受欢迎，它把广告和促销甚至销售业务集为一体，看完广告以后就可直接进行网上的购买行为。

利用电脑支持促销比支持广告强一些，但也不如其他职能系统。现在看得出它在支持推销员的通信上会有很大的作为。推销员可以携带笔记本电脑，用它们支持以下工作。
（1）面对顾客查找产品的价格、运输成本和合用性等，以帮助顾客决定购买。保险业可以算出几年的支付和收入，房地产业可以当场用动画显示房间的布置。
（2）输入销售订货数据到订单输入系统。
（3）呈交推销报告，总结每一个推销活动，指出和谁联系过，讨论了什么，下一个销售目标是什么等。

同时，这种系统还可以为推销员提供其他信息，如关于销售前景的信息；关于现存顾客的信息，以前购买信息；最能获利的产品的信息等，推销员可借以考虑手续费率、奖金和竞争状况。

所有这些信息能使推销员工作得更好，推销员增加收入，公司增加销售，顾客得到更好的服务，因而系统使各种人受益。

8.1.3 产品管理

产品是市场的第一成分，没有产品也就没有市场可言。

产品是有生命周期的，从其进入市场到退出市场形成一个生命周期。一个生命周期可以分作几个阶段：引入、成长、成熟和衰退等。不同的周期应有不同的策略，见图 8-5。

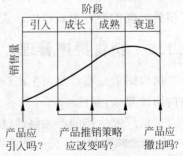

图 8-5　产品生命周期

信息系统应当支持这些阶段的转移及其决策。例如在新产品引入时要应用新产品引入模型来进行评价。较好的企业在引入新产品时都有一个正式的手续过程，以保其潜在的利润和有效地利用资源。

新产品的评价可用 O'Meara 模型，实际上是新产品委员会专家加权表决结果的处理模型。

8.1.4　定价子系统

定价子系统和促销子系统有密切的关系。定价子系统要协助决策者确定定价策略。定价策略有两种，一种是以成本为基础的定价策略，这种策略是以成本为基础加上一个要求附加值，这可以是一个固定值或一个固定的百分比。这种决定在有信息系统的情况下，简直易如反掌，实际上定价系统是没必要的。另一种是以需求为基础的定价系统，这就要求正确地估计需求，需求旺，价就高；需求弱，价就低。这就要求很好地了解顾客、市场、竞争者和国家经济状况。这时可能要用到数学模型。

但是价格问题不是个简单的问题，随着产品形式的不同，市场规则不同，价格确定的方式也是各式各样，非结构化的因素也很多。对于大型设备，往往根据订货进行生产。

在订货以前又要知道价格，因而需要报价系统。报价系统是一种价格计划系统，它能事先根据产品的性能，估计出它的材料费、设计费、生产费等，然后给出价格，但它又不一定那么详细，可又要求最后和实际价格不能相差太大，因而是个很难建造的系统，也是当前的研究热点。不仅大的设备制造，而且大的工程项目的投标也需要报价系统，报价准确将能提高投标的竞争力，而又不会因为估计错误而使自己受损。在这种情况下，报价系统起着非常关键的作用。针对不同的产品，可研制成不同的报价系统。如大型发电设备的报价系统、大型货轮的报价系统等。

随着电子商务的发展，报价系统也出现了更多的花样。如对信息产品，产品的研发成本很高，复制成本趋于零，成本定价已无意义，定价是按顾客的期望。因而可能同样的产品报不同的价，甚至一个人一个价。这种方式，靠人工简直是无法完成的，报价信息系统就成了进入这个行业之必需。正因为有了信息系统的支持，商业的讨价还价的形式越来越多。如 eBay 的网上拍卖、股市的买卖等。商业的发展需要定价系统，定价系统又促进了多种多样的商业形式产生。这也使定价系统逐渐成为一种重要的职能系统。

8.1.5　销售渠道管理

销售渠道是指产品由生产厂家到用户的路径。这种渠道有的很短，由厂家直到用户，有的则较复杂，见图 8-6。

这里厂家生产的产品要经过批发、零售，才到用户。如城市的蔬菜供应要经过几道环节，才到顾客手中。过长的渠道将增加成本，增加顾客的负担，也减少了厂家的竞争力。

在图 8-6 中有三种流——物流、资金流和信息流，物流由供应者到制造者，到批发商，

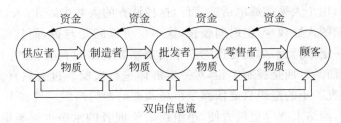

图 8-6 销售渠道管理

到零售商,再到顾客,而资金流是其反向,信息流则是双向。

销售管理则要管理产品系列、产品分析、顾客类型、销售员业绩、销售领域等。销售过程可以应用大量的信息技术。面对顾客的销售点系统(point of sales,POS)是最基层的信息处理和信息收集系统。销售管理的大量数据均可由这里得到,而且提高了销售自动化水平。支持整个销售过程的电子传输系统叫 EDI(electronic data interchange)。EDI不仅支持销售各环节的信息传输,它还将各环节"捆绑"在一起,加固联盟,提高竞争优势。目前条形码、集装箱和 EDI 已成为国际贸易的三大关键先进技术,未来的世界贸易都要有这些技术。

以互联网为通路的电子商务(electronic commerce)是最近兴起的热点。它也在改变着销售渠道的结构和管理方式,可以省略一些环节,并增加一些纯信息服务的单位,传统的销售渠道会有很多变化。

8.1.6 市场情报和市场研究子系统

市场情报子系统是公司和环境间的接口。市场的环境主要是顾客和竞争者,其实还有政府和全球社团等。

市场情报子系统要收集竞争者行为的信息,甚至不择手段,但没有公司愿意公开承认,以免损害其公司形象。体面的世界性大公司几乎都存在这种行为,正像国与国之间的间谍行为一样。更大量的信息是利用正当的手段,根据公开的信息,分析竞争者的行为,市场情报系统在这方面起了很大的作用。

市场情报子系统的主要活动是收集数据、评价数据、分析数据、存储情报、分发情报等。收集数据包括一次数据,即直接的原始数据,来自电话、报表、会议等方面,收集完以后要把它整理存档。二次数据是由别的数据库中查得的信息,随着网络的发展,这方面的信息会越来越增加,信息的内容也越来越丰富。现在国际上利用互联网可以搜集到 70%以上的信息,尽管最重要的信息仍然是口头信息,但互联网收集信息已举足轻重。由于互联网至今仍然缺少很好的"搜寻引擎"(search engine),所以在其上搜集信息还要求高水平的人才,而且搜寻速度较慢。

市场研究子系统是利用市场情报子系统收集的数据进行研究,但往往这种数据不足,还要进行一些有目的的专项收集或调查。有以下几种调查方式被采用:一是抽查,同样的问题问一些人,用个人采访或电话或信件,这种调查的人数少则 30 人,多则几千人。二是深入访谈,访问的人数较少,但时间较长,这不仅可以问是与否,而且可以问出为什么。三是观察,观察一定的行为,如在超市的停车场观察顾客来自何方,在住户的垃圾袋里看看消费的是什么商品。四是控制实验,对一定群体进行实验。过去只有大公司才有能力进行这种市场研究。小的组织只能依赖于市场调查的专门组织。现在由于微机市场调查软件越来越完善,网络上查寻也较方便,小组织的管理者的水平也逐渐提高,越来越多的小组织也能自己进行市场研究。现在收集市场情报进行市场研究活动的组织有些已由生产或销售企业中分离出来,成立了专门的咨询公司,专门为别的企业收集情报和进行市场研究。用户只要提出要求,付钱,他们就可帮你完成。当然企业得到他们的解决方案后,自己还要仔细研究是否真要执行。

市场信息系统各子系统集成在一起形成市场信息系统的总框架,见图 8-7。

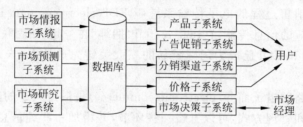

图 8-7 市场各子系统集成

这里市场情报子系统、市场预测子系统、市场研究子系统都属于输入子系统。而产品子系统、广告促销子系统、分销渠道子系统、价格子系统都是对用户的输出子系统。市场系统和市场经理的接口是市场决策子系统,它和一般决策支持系统的功能相似,帮助经理收集信息、提高效率以及辅助决策等。

这里 4 个输出系统输出 4 种有关的信息,这就是产品(product)、促销(promotion)、分销渠道(place)和价格(price),这也就是 4P。4P 是市场的主要职能,因而我们的市场信息系统模型覆盖了市场的主要功能。

8.2 财务信息系统

财务是企业中四大职能之一,它实际上包括了两大部分,一部分是会计,一部分是财务。会计主要的任务是记账,使资金的运作不发生差错;而财务则更多关心如何运作好资金,使其产生效益。

8.2.1 会计信息系统

不要小看记账,保证记账正确不是一件容易的事。手工记账没有不出差错的情况,即使是计算机记账,也不能保证没有差错。防止差错不只是要防止人的疏忽,而且要防止人的有意破坏,如贪污、作弊等。因而要保证手续的严格完善和没有漏洞。复式记账方法已应用一百多年,至今仍然是最有效的方法。目前的会计主要涉及的是历史的数据,根据这些数据产生一些综合数据的报表如收入表(income statement)和平衡表(balance sheet)。

现代的会计已开始向财务延伸,涉及未来的数据,如获利能力计算、责任会计。但是至今会计仍然有许多困惑,主要表现为:产品中信息成本的计价问题;有形资产和无形资产的计价问题;商标权(商誉)价值问题;人力资源以及研究与开发投入的计价问题;事后、事中、事前反映经济事项问题;财务信息和非财务信息反映的问题等。所以尽管当代会计系统已经相当成熟,但不意味着它就不要变化,随着信息技术的发展,随着经济全球化,会计制度和会计信息系统均会发生变化。

会计系统最成熟的部分和最固定的部分是记账部分,这部分几乎已经定型,各种企业几乎相同,见图8-8。

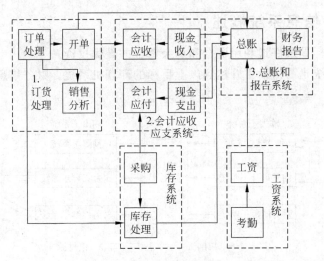

图 8-8 会计系统结构

这个系统包括订单处理、库存处理、会计应收、会计应付、工资、总账和财务报告系统等。可以把它们归类成以下子系统。

1. 订货处理

订货处理子系统接受和处理顾客的订单,并产生给顾客的发票和进行销售分析的数据。有些公司还保存顾客的订单,直到顾客收到货物为止。

当顾客送来订单时,计算机的订货处理系统应当可以校核顾客的信誉,即衡量他的付款能力,从而产生接受订货和拒绝订货的决定。

2. 会计应收应支系统

应收系统的功能是加入新的应收项目,它由开票后的订单触发,一般每日一次批处理;删除已付的项目,从而真实地反映对顾客的业务;准备报表,一般发货后给顾客30天时间付清货款,如30天已过则算拖欠货款。每个月信用卡公司都要给公司一个拖欠货款的报告,这些报表每行代表一个发票,全表列出未付账目;会计应收也给总账提供数据。

会计应付系统设立会计应付记录,向供应商付款,删除付过的支出,提供总账数据。

3. 库存系统

库存系统包括采购和库存处理系统两大部分。

采购包括选择供应商,得到口头允诺,准备采购文件,关闭采购订单和采购相联系的就是接收,接收包括处理接收和通知其他系统。库存处理根据库存文件,校核重订货点,填好订单中项目,并给顾客开发票,开好订单通知会计应收系统,并提供总账数据。

4. 总账系统

总账系统是综合各子系统的数据提供一个企业运营的全貌。它包括两个子系统,一是总账更新系统,一是报告准备系统。

8.2.2 财务信息系统概述

财务的总目标是最好地利用资金和剩余资金的最优投资。

财务信息系统是为协助主管达到以上目标的计算机系统。财务信息系统的概念模式见图 8-9。

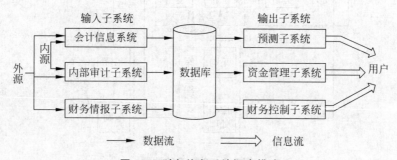

图 8-9 财务信息系统概念模式

图中左边是几个输入子系统,其中会计信息系统已如前述。

内部审查子系统实际上也是会计功能。审计包括财务审计和运营审计。财务审计主要查公司的财务记录是否正确,账钱是否一致。而运营审计是审计财务手续是否完备、高效,它往往和信息系统的再设计联系在一起。审计可以请外部审计公司来进行,也可由公司内部组织进行。外部公司审计的最大好处在于客观性和其知识的全面性。内部审计只有在大公司才设有常设的机构。运营审计一般应有信息系统分析员参加。

财务情报子系统向股票持有者(股东)、财务社团以及政府机构提供信息,帮助了解公司经济环境。公司每年要给股东报告,说明投资效益包括股票的年增长率,与500家大公司平均指数比较,各种产品的赢利比例等;每年还要召开股东大会,大公司均设有股东联络部掌管这方面工作，它们还负责收集股东的意见和建议，并及时和股东沟通。财务情报子系统还从政府报告、期刊、网上数据库收集经济信息，以便分析经济形势。现在互联网上也有这种服务，如 Dun&Bradstreet 等。

财务输出子系统是财务系统的主要系统，它们能帮助公司进行财务决策。

财务预测子系统所用技术和市场信息系统相同，这里不再赘述。

财务资金管理子系统可以说是财务系统的最重要的子系统，它帮助企业实现两个目标：

(1) 保证收入流大于消耗支出流；
(2) 保证这个条件在全年是稳定的。

为此要进行现金流分析。例如某公司的销售和消耗如图 8-10 所示。

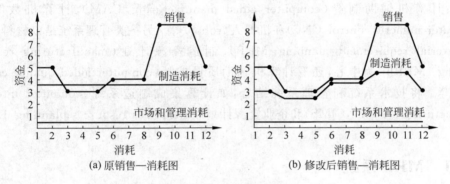

图 8-10 公司销售和消耗

图 8-10 显示，如果可以延缓制造材料的付款日期，即可保证全年不出现负的资金流。有时拖延可能带来损失，例如罚款和支付利息。负资金流会带来损失，如贷款的利息。信息系统即可进行这种模拟，以达到折中，使总效益最好。

现金和证券管理也是财务管理的重要内容，它应使现金较快流动而不要呆滞。计划日、周、月的现金存支，防止现金短缺。用计算机模拟寻求最佳的现金来源，并处理多余现金的投资问题，确定合理的证券组合、资金组合。图 8-11 所示为证券组合报告的例子。

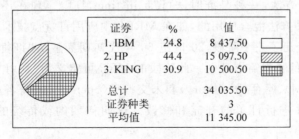

图 8-11 证券组合

8.3 生产信息系统

一旦管理者确定了需求,而且决定要去实施它,后面的任务就是生产信息系统的内容了。我们这里说的生产是广义的生产。对生产产品的企业来说它就是制造,对于服务业来说它就是服务运营。麦当劳把大生产的管理技术用到餐饮服务,得到了巨大的成功。这说明了生产和服务的相似性。由于生产管理中最困难的最复杂的还在于制造业,所以我们就针对制造业来讲述,其他任何行业均会从中受益。

制造信息系统可以分为两大类。一类是通过技术实现产品生产的系统;一类是通过管理实现生产的系统。技术信息系统包括计算机辅助设计(computer aided design,CAD)、计算机辅助制造(computer aided manufacturing,CAM)、计算机数字控制(computer numeric control,CNC)和机器人(robot)等。另一类管理系统是以材料需求计划(material requirement planning,MRP)、制造资源计划(manufacturing resources planning,MRPⅡ)为中心,还有计算机辅助质量控制(computer aided quality control,CAQ)等。将技术系统和管理系统结合,如计算集成制造系统(computer integrated manufacturing systems,CIMS)和企业资源计划(enterprises resources planning,ERP)系统等。

8.3.1 MRP系统

现代化的大生产给机械制造业带来了许多困难,主要表现在:
(1) 生产上所需的原材料不能准时供应或供应不足;
(2) 零部件生产不配套,且积压严重;
(3) 产品生产周期过长,劳动生产率下降;
(4) 资金积压严重,周转期长;
(5) 市场和客户要求多变和快速,使企业的经营计划系统难以适应。

长期以来围绕这些问题研究了各种方法,主要的有三种,一种是订货点法,一种是材料需求计划(MRP)方法,一种是准时法(just in time,JIT)。现在还有人研究最优化法(OPT),也有将各种方法混合应用的,如在 MRPⅡ 中应用订货点技术和JIT技术等。

MRP的发展经历了三个阶段,20世纪60年代初期为解决"订货点管理"的不足,发展了主要控制物料的物料需求计划。此阶段的MRP可定义为"利用主生产调度(MPS)、物料用量清单(BOM)、库存(inventory)和未交货单(open order)等各种资料,经计算得到未来的物料需求,并进行订单的补充和修改。"这叫初期的或传统的物料需求计划,见图8-12。

20世纪70年代闭环式(closed loop)MRP逐渐成功,它能适应主生产计划的改变,又能适应现场情况的变化。闭环式MRP还加强了各子系统之间的联系。闭环式MRP的

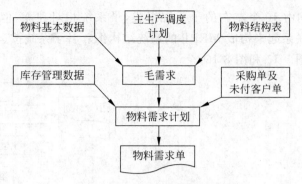

图 8-12 传统的物料需求计划

结构见图 8-13。

这里在制定主生产计划时进行了产能分析,如果可行就去进行物料计划,如果不可行就要反馈回去,重新修改主生产计划。同样在执行物料计划和执行车间计划时出现问题,也要反馈回去,并修改主计划或物料计划。这样就构成了闭环的动态控制。

20 世纪 80 年代 MRP 逐渐为 MRPⅡ所代替,这时企业资源不仅是材料,人力、资金、设备和时间也被看成企业资源,并加以控制。它除了生产外,还包括销售、财务、会计及成本的处理。所以 MRPⅡ的英文已不是材料需求计划,而是制造资源计划(manufacturing resources planning),为了和以前的区别,加了一个后缀Ⅱ。MRPⅡ的功能已能满足制造业的所有经营及生产活动,这也是 MRPⅡ被称为"制造业全面资源计划与控制系统"的原因。但总的来说,MRPⅡ是对内管理的系统,在战略规划、市场方面以及高层决策方面功能较弱,现在又在流行 ERP(enterprises resources planning),它是在 MRPⅡ基础上扩充市场、财务等功能的系统。MRPⅡ的原理见图 8-14。

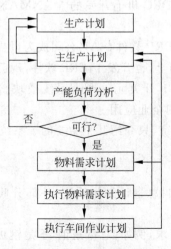

图 8-13 闭环式 MRP 结构

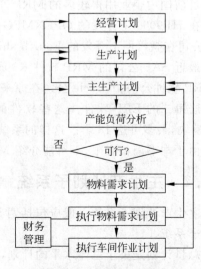

图 8-14 MRPⅡ原理图

一般 MRPⅡ 均由 10 个左右的子系统组成,子系统相对独立,但实现时必须有先有后,各子系统之间联系起来构成 MRPⅡ 的系统结构图。各子系统按运行顺序连接起来叫系统的流程图,见图 8-15 和图 8-16。

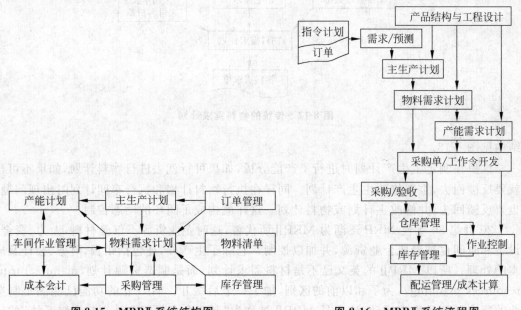

图 8-15　MRPⅡ 系统结构图　　　　图 8-16　MRPⅡ 系统流程图

MRPⅡ 的结构和流程因工厂不同可能很不相同。例如有的企业在主计划前还有汇总计划,有的企业财务上有较多的功能等。

目前国内企业用得较多的 MRP 产品有:SSA 公司在 AS400 上开发的 BPICS;QAD 公司在 HP9000 上开发的 OPENMFG;ASC 公司在 DEC 机上开发的 MANMANX;还有 4 家公司在微机网上开发的 Fourth shift。

最近 SAP 公司的 MRP 软件 R3 成为最流行的 ERP 软件,SAP 公司成为世界上最大的 ERP 软件公司。Oracle 公司在原来数据库的基础上,也开发了 ERP 软件,现已成为行业位居第二的 ERP 软件。这些软件的价格大约是 1 万美元一个子系统模块。最少用 6 个模块,最多可达 18 个。这样的系统一般在较大的企业应用。

由于本书篇幅有限,不可能介绍 MRP 所有子系统,只介绍几个主要的子系统。

8.3.2　主生产计划子系统

主生产计划子系统一般应包括两部分:一部分叫总量计划子系统;一部分叫主生产计划子系统。

总量计划是关于总体水平的计划,它不是细的要求,例如,总量是钢,不是钢板或钢锭等。计划要用人,忽略了各种技术的人。它是用标准产品代表所有产品。总量计划的目标是充分利用人力资源和设备。

总量计划是制定一年的计划,它考虑用一些方法平衡全年的生产。这些方法有如下几种。

(1) 在需求低时生产较多产品,满足高需求时的需要,这样产量可平稳,但库存较高。

(2) 增加或减少一些人,以便每一周期生产正好需要的产品。这样库存较少,但增人、减人和培训均有花费。加班也是一种方法,但这能力有限。

(3) 送出去一部分工作,这要另有花费。

(4) 让顾客接受推迟。

(5) 维持最高需求所需的人力、物力。

8.3.3　库存控制子系统

库存控制子系统也叫物料需求计划(MRP)子系统,它利用主生产计划(MPS)、物料清单(BOM)、采购、生产等订货资料计算出相关需求的状况。该系统的主要功能有:

(1) 计算各种原材料和零部件的需求时间、需求数量和需求地区;

(2) 配合作业控制,使仓库和车间管理人员对物料运送、设备和工具需求等事宜及早安排准备;

(3) 及时采购原材料,避免库存积压;

(4) 计划和控制产品加工全过程,使其准时交货。

库存控制子系统的基本功能见图 8-17。

库存控制有两种基本方法:订货点技术法(即统计库存控制)和物料需求计划(MRP)法。对于统计的方法,计算机可以根据消耗的历史数据自动统计出消耗的均值与方差,不断修正订货点($R=ut+a$),如果对前导期 t 也作均值与方差统计,可使订货点更为精确。但订货点法的前提是消耗平稳,每次消耗量小,而且适用于独立需求。对大多数相关需求行为,并且是突发性的批量需求,必须用物料需求计划法来处理。MRP 方法要求处理大量数据,一般制造厂大约需要几万个记录,只有借助计算机才能解决。当某种物资需求既来自独立需求,且消耗平稳,又来自相关需求,且消耗是批量的情况,系统将把两种控制方法综合起来。

库存计划是通过一个循环机制实现的,见图 8-17 中的循环。循环步骤简述如下。

(1) 库存计划首先确定各个周期的产品总需求,初始根据是主生产计划确定的产品需求量和备品备件需求、试验用需求等。

(2) 根据历史统计资料和生产上的要求,确定安全存储量。

(3) 根据安全库存的要求和当前可用的库存量求得净需求量。

(4) 考虑经济批量。

(5) 确定订货的开发日期。一个产品要求某个日期交货,一般要往前推一个安全前导期(对于独立需求,一般考虑了安全库存量,就不用再考虑安全前导期;而对相关需求,

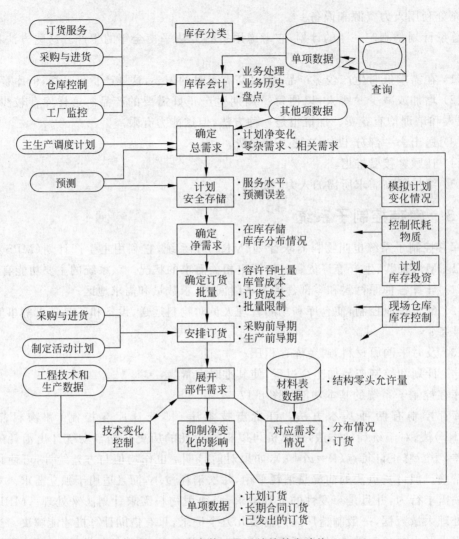

图 8-17 库存管理子系统的基本功能

一般考虑用安全前导期。两者目的是一样的,都是考虑生产缓冲)。再往前推一个生产制造前导期,即得到这个产品的订货开发日期。

8.3.4 成本计划与控制子系统

成本系统与生产信息系统共享数据,生产系统及工厂监控系统可以向成本管理系统直接提供数据。

1. 直接劳动成本的计划与控制

一个项目的计划直接劳动成本可以估算,也可以从直接劳动标准推导而得,即用劳动标准和操作时间数来求得。每个项记录中都存放该项的计划直接劳动成本。信息系统的一次运行,就可根据产品的结构对一个组件的各个组成部分的标准直接劳动成本进行累加,得到该组件的标准直接劳动成本。随着生产方法和费用的变化,直接劳动成本的标准要经常改变,每过一定时间在作利润预测时要进行一次复核。

实际的直接劳动成本的基本信息来自工厂监控子系统,这些信息包括车间工作令号、机器标识、工作令开始结束时间等。系统分析了实际直接劳动成本与标准直接劳动成本之间的偏差,通知有关成本中心,督促管理人员调整不合理偏差。

2. 材料成本计划与控制

标准材料成本是按标准材料消耗和标准材料单价来计算的。标准价格要由采购部门经常审核。每个项的合理需用量和合理损耗量定为标准材料消耗,按产品结构逐层累加可以得到最终产品的标准材料消耗。

实际材料成本偏差来自采购价格波动、工艺过程变更、加工废品和额外消耗等方面,材料使用的情况来自仓库控制系统。

3. 管理费的处理

管理费用的计划和控制对成本管理有很大影响。为了有效控制管理费用,要求做到以下两点。

(1) 对每类开支项目都赋予会计编码,计算机系统可以对会计编码制定得很细。

(2) 划分成本中心,其目的是使开支按职能区域汇总。对成本中心来说,它对某一项成本的升降是负有责任的。计算机系统对每一成本中心标识编码。成本中心常与部门划分相一致。为了使较低层管理人员也参与成本管理,一般把成本中心划分得很细。

4. 计划和控制资产消耗

无论考虑收入和支出的平衡,还是做长期的利润规划,都要考虑资产和投资项目的问题。系统在计划和控制资产消耗时自动执行一些计算。

(1) 固定资产一旦设置,就有相应记录,系统自动按期进行折旧,并记录每一个变化。

(2) 在一个项目开发的过程中,系统不断重复计算项目投资对将来产品成本的影响。在长期计划范围中反映利润的情况,系统可用关键路径方法,利用一切可用资源,加速工程完成,减少投资。

以上对MRP的主要子系统做了介绍,作为完整的MRP系统一般还包括采购管理、指令发放、仓库管理和工厂维护等子系统。

采购管理的目的是适时、适量、符合质量地提供原材料和外购件,以减少资金支出和库存,它保存有许多行情数据,而且不断更新,如质量、价格、信用等。它还保存有供应商与供应商的报价管理等。

指令发放系统是计划与执行间的桥梁,任何计划只有通过指令发放才能执行,它能发出工作令报告、工作令卡等。

仓库管理系统是从物流方面指挥仓库,使仓库达到合理地利用;东西放在合适的地方,如早用的放在外面。

工厂维护子系统是负责维修,包括维修期的确定、维修计划的安排、维修材料的准备以及维修费用的管理,有时还应包括事故的应急计划等。

由于企业不同,MRP 的软件厂家不同,MRP 的结构和子系统划分很不相同,不过万变不离其宗,它们不过是这些功能的组合。

8.4 人力资源信息系统

这个名词在我国已广泛流行,但是在国外已逐渐把它改称做人力资源。这主要的原因是人力资源(HR)较能反映这个职能的内容。

过去的人事(personnel)部门所做的工作就只有维护人事档案、考核人员的晋升和调整工资。而现在的人力资源(human resources,HR)部的任务远比这些宽泛。除了上述职能外,还包括:

(1) 招聘、选拔和雇用;
(2) 岗位设置;
(3) 绩效评价;
(4) 薪酬管理;
(5) 人才培养和发展;
(6) 健康、保安和保密等。

实际上人力资源管理贯穿人员雇用的主要生命周期,可以用一个图来表示,见图 8-18。

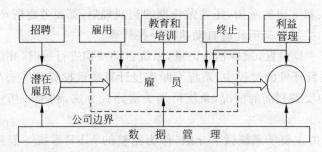

图 8-18 人力资源功能流程

人力资源信息系统(HRIS)是支持人力资源管理的系统。企业过去比较重视 IS,现在则更多地注重 HR。人力资源系统的结构也像其他系统一样,有输入系统和输出系统。输入系统包括记账子系统、人力资源研究子系统和人力资源情报子系统。输出系统包括人力计划子系统、招聘子系统、人力管理子系统、薪酬子系统和环境报告子系统等。通过中间的数据库将它们联系起来,见图 8-19。

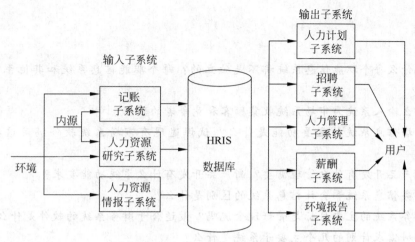

图 8-19 人力资源系统结构

8.4.1 输入子系统

(1) 记账子系统：登录个人数据，如姓名、年龄、生日等。还包括个人会计数据，如小时工资率、现在总收入、收入税等。

(2) 人力资源研究子系统：其内容包括晋升提拔的研究、岗位分析和评价、牢骚研究等。

(3) 人力资源情报子系统：包括政府人事情报、人才供应单位、保险公司、人才市场、学校等的信息；工会组织方面的信息，以便更好协调劳资关系；全球社团的信息，如教育、再创新及住房等方面信息；财务社团的信息竞争者的信息。

8.4.2 输出子系统

(1) 人力计划子系统：估计未来的岗位、人力，给出 HRIS 的总要求。

(2) 招聘子系统：包括接受外来的申请、跟踪申请者、内部寻找等。这是个小子系统。

(3) 人力管理子系统：这是个大子系统，包括绩效评价、培训、职位控制、任免、技术/胜任、晋升等。这里业绩评价和培训尤其引人注意。

(4) 薪酬子系统：包括工资、功绩考核、行政酬劳、奖金等。工资有时放到会计信息系统，但人事系统往往还保留一些功能。

(5) 环境报告子系统：向政府报告企业的人事政策和实情，也有时向工会报告。这种报告多数是对外的，而不是对内的。

总的来说，相对于其他信息系统，人力资源系统较少使用信息系统，国外也只有 47% 的公司应用，主要原因是这个部门非结构化性较强。

习题

1. 为什么每个职能信息系统都不是独立的？每个职能信息系统和其他系统有什么密切关系？
2. 什么输入系统为市场系统收集顾客和竞争者的数据？
3. 市场信息系统的主要功能是什么？试评述现有市场系统软件满足这些要求的情况。
4. 新产品开发有什么管理需要？新产品开发有什么系统功能要求？
5. 财务信息系统和会计信息系统的区别是什么？
6. 财务系统的主要目标是管好现金流吗？最适合于财务系统的软件是什么？
7. 材料需求计划的几个主要子系统是什么？
8. CAD、CAM 和 MRP 有哪些信息共享和信息交换？
9. 人力资源管理系统哪些部分容易用计算机管理，哪些不容易？不容易部分可否用计算机做某些支持？

CHAPTER 9 第9章

层次信息系统

不同的管理层次使用的信息系统不同。一般来说,企业均将其管理分为3个层次,即高层、中层和基层。有人将这3层分为战略(strategy)层、管理(management)层和作业(operation)层。我们不倾向这种分法。因为各层不完全对应。例如,高层是主要关心战略问题,但战略信息系统并非高层信息系统的全部,譬如支持高层个人效率的功能就不属于战略信息系统。还有,用管理来指定中层信息系统也不确切,因为战略也是管理。也有人将这3层分为决策层、执行层和作业层。同样我们认为这种分法概念上也不确切,因为决策绝不只在高层才有,一般高层的决策是非结构化的决策,中层的决策是半结构化的决策,基层的决策则是结构化的决策,所以将决策只归于高层是不合适的。还有作业层本身就是执行,执行不能只属于中层。我们放弃了这种种分法,还是回到最明显的高层、中层和基层。我们从人员的角度来划分,基层人员主要使用的是业务处理系统,中层人员使用的多是终端用户系统,而高层人员主要使用的是主管信息系统。

9.1 基层信息系统

基层使用的信息系统主要是业务员信息系统,又叫业务处理系统(transaction processing systems,TPS)。

业务是某种工作的手续的集合。例如,在银行进行一个客户的存款;在理发馆理完一个人的头发;在企业接受完一笔订货。业务处理系统就是处理这些业务的系统。这里指的均是计算机信息系统。

业务处理有个过程,这个过程叫业务处理周期,它包括5个步骤或活动:

① 数据输入;

② 业务处理;

③ 数据库维护;

④ 文件和报告产生;

⑤ 查询处理,见图9-1。

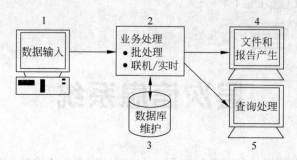

图 9-1 业务处理系统粗框图

9.1.1 数据输入

数据输入指的是从拿到数据，记录、编码和编辑，到转换成实用的形式的整个过程。数据输入的过程总是数据处理的一个瓶颈，如何快速准确地输入数据，现在仍然是个很重要的问题。数据输入的方法有两种，一种是传统手工方法，一种是源数据自动化的方法。

传统的数据输入方法依赖于计算机的终端用户由源文件获取数据，这些源文件如采购单、工资考勤表、销售订货表等。这些源文件积累成批送给数据处理人员，进行输入。这些数据将周期地送进计算机系统。

由于手工的处理方式要求很多操作，成本高，而且出错率高，所以人们希望能应用"源数据自动化"，现在慢慢被自动化处理方式替代。

源数据自动化已有许多方法，但达到全自动化者可以说没有。自动化方法的例子见图 9-2。

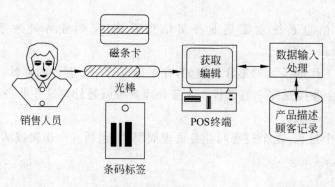

图 9-2 自动数据输入

这个销售业务处理系统希望是：
（1）获取数据越早越好；
（2）获取数据越接近数据源越好；
（3）用机械读出介质获取（如条码标签、磁条、磁卡）代替源文件；

(4) 预计于机器可读介质上的数据很少变化;

(5) 不用介质,直接获取数据。

图 9-2 中的自动数据输入需用到几种设备,如 POS 业务终端、光字符识别器(OCR)等。当然还有其他各种,如技术篇所述。当今研究的热门——物联网(network of things)的一个关心的重点就是利用传感器直接测量得到数据,提高了自动化水平,减少了人工差错,又提高了及时性。

9.1.2 业务处理

业务处理分为批处理和实时处理。

1. 批处理

批处理(batch processing)是定期地、周期性地收集源文件,然后进行成批的处理。如银行存款处理,白天整天所收到的存款单等到下班后一起交给数据处理部门,由他们进行累加和其他分析。这里处理周期就是一天。

批处理活动包括:

(1) 收集源文件,如订单、发票,并将它们分成批;

(2) 把源文件录入到输入媒体,如磁带、磁盘;

(3) 把源文件排序,排序应根据某个关键词,一般这个关键词和主文件的相同;

(4) 将源文件和主文件合并处理,建立一个新主文件,并输出一些文件,如发票、支票等文件;

(5) 定期地将业务文件成批地送往远方的中央计算机保存和进一步处理。

图 9-3 所示为一个银行的批处理过程。

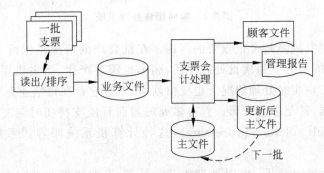

图 9-3 银行批处理

这里主文件是一种永久存储的文件,如客户主文件,包括客户名称、地址、电话、生产主要产品、主要业务等数据;学生主文件包括学生姓名、年龄、籍贯、学号等,也可能包括成绩等具有档案性质的文件。支票主文件记录支票金额、接收方、开出方、日期、编号等数据。业务文件是一种中间存储文件,具有暂存的性质,一旦它的内容并入主文件,业务文件即消失。更新后的主文件在下一批处理就处于主文件的位置。

批处理的优缺点分析：当要处理大量的数据时批处理是一种比较经济的方法。每笔业务处理时没必要翻动主文件。错开白天的时间，机器可以在晚上处理，能充分地利用机器的资源。机器的速度也不一定要求很高，机器档次和设备费用可以大大下降。但批处理却有很多缺点，主文件经常是过时的，打出的报告也是这样，马上查出当前的情况也是不可能的。所以，许多业务转向实时处理。某些实时处理系统中还保留着某些业务的批处理。

2. 实时处理

在处理业务时实时处理是及时地、即刻地处理完这笔业务后，主文件已经进行了更新，因而这时的统计数据就反映现时的真实情况。实时处理也叫做联机处理或在线处理（online transaction processing，OLTP）。这时数据只要一输入，记录、转换、更新主文件一气呵成，响应顾客的查询也是即时的。

一个实时的销售处理系统见图9-4。

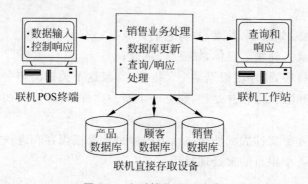

图9-4　实时销售处理系统

防止数据处理的故障是个很重要的问题。在批处理的情况是保留多个副本，一般要三个，而且在不同的地方。每次批处理完后，副本也跟着产生，当主机损坏时可以根据两个副本恢复数据。在实时处理情况下也要留副本，不过它是在每笔业务后及时留副本，所以要用联机存储器，甚至多处理器。具有多处理器而且能支持实时恢复数据的处理叫做容错数据处理（fault tolerant processing），这种计算机系统叫容错系统（fault tolerant systems）。

实时处理的优缺点分析：实时处理能及时处理、及时更新和及时响应顾客。因而在要求及时的情况下，只有实时系统能满足要求。实时处理缺点是由于联机、直接存取，必须采取特殊的措施保护数据库以及防止病毒和闯入者。在许多实时系统中也用磁带作控制日记和恢复文件。因而在设备上要付出高成本。所以实时优点必须和它的成本、安全的问题相平衡，现在由于技术的发展，要更好地满足顾客需求，越来越多的公司欢迎实时处理。

9.1.3 数据库维护

公司数据库中的数据必须反映公司的现状,每一笔业务处理均是对公司现状的改变,因而业务处理要修改、维护数据库,使其和现状一致,业务处理程序中应包含维护数据库的程序。维护数据库保证它能准确地反映企业现状,实在是个大问题,可以说现在没有一个企业能做到这点,甚至一个企业或组织的人员名册都不能和现实相符。所以尽管数据库维护的技术已很发达,但它还要有一套很好的运行制度和良好的人员素质,才能保证数据库真正合用。

9.1.4 文件和报告产生

最后一个处理阶段是产生信息产品,也就是报告和文件。数据处理系统所产生的文件叫业务文件。业务文件有以下几种。

(1) 行动文件(action documents):用来启动接受者行动的文件,如采购单、支票等。

(2) 信息文件(information documents):用来确认业务已发生,如销售收据、发票等。

(3) 周转文件:它能转回发送者,例如,有些发票附有周转部分,由顾客签付退回,这个退回的文件自动被光扫描设备处理。所以周转文件综合了行动文件和信息文件两者的功能。

除此以外,这个系统还可产生控制表、编辑报告和会计报告等。

9.1.5 查询处理

无论批处理和实时处理均可提供查询功能。由于IT技术的发达,现在越来越多地应用实时查询和远距离查询。远距离查询就像应用查询语言那样描述要查内容即可得到远距离响应。一般响应是以固定的事先设计好的格式在终端屏幕上显出,也可以用打印机打出。

9.2 中层信息系统

中层管理人员使用的多为终端用户系统(end user computing system)。终端用户系统一般具有一台完整的终端计算机,该机可以和一个企业的中央计算机联网,自己也有一个小的数据库以及一些软件工具。

终端用户系统的发展有两个原因,一是集中的信息中心无法满足中层人员的信息需求,现在的中层人员都是知识工作者,他们直接动手操作微机或工作站,以获得他们工作所需的信息,并取得了巨大的成功,因而他们宁愿这样工作,这是需求拉动;二是现代信息技术的发展使他们有可能这样获取和处理信息,这是技术驱动。

使用终端用户系统可以节约大量时间,以前依赖于信息中心为用户提供服务,所提的要求信息中心 3～5 年也完不成，只好自己动手及早实现。还有好处是大大节约成本。终端用户熟练操作计算机，无须中间人员操作，节省了人员，有的终端用户自己可以编程，甚至省略了业务过程的介绍。这同时也提高了开发程序的质量。程序的不合用、不好用和不愿用的现象将大大减少。同时最良好的服务是自我服务，因而 EUC 比集中方式显然得到较好的服务。所以在 TQCS 方面均得到较大改善。

终端用户系统的部件及其连接见图 9-5。

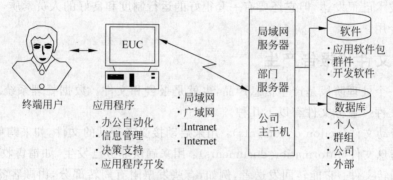

图 9-5　终端用户系统部件连接图

由图 9-5 看出，终端用户系统是基于微机的信息系统，它同时支持运营和管理层的用户应用。这个图还说明，EUC 不仅依赖于它的软件和数据，而且可以和群组的、部门的以及公司的软件数据库相连，甚至和外部的相连，以共享它们的资源。在 EUC 方式下，企业的信息中心不是被取代，而是改变角色，由直接服务变成支持服务，由一线成员变成顾问。他们还要管信息中心的规划和管理，以及企业专用的软件（如 ERP）的维护。

EUC 的人力资源是指支持终端用户运行的人力资源，不是指用户自身。这些人要帮助用户维护硬软件设备，更新硬软件，开发新应用程序以及培训。

随着技术的发展，网络和通信技术的发达，终端用户系统的计算机也不一定要有很强的计算和存储的能力，而是随时和网络连接着，所有的数据和应用程序均存于网络，如现在的 iPhone 或 iPad。这种瘦终端体积小，待机时间长，非常有利于流动办公。由于经济全球化的发展，流动办公的需求会大大地增加，相信这种瘦终端的方式会有很好的发展前途。

现在又发展了为支持中层管理者的许多后台系统，如决策支持系统、知识管理系统等，将在以后的有关章节中介绍。

9.3　高层信息系统

高层经理主要使用的系统是主管信息系统（executive information systems，EIS）。这里的主管（executive）可以指一个行政长官、一个总经理、一个对企业决策具有权力的法人。所以也有人将此译作经理信息系统、领导信息系统等。

利用信息系统支持主管高效率的工作,高效益的决策一直是技术人员和管理人员的愿望和梦想。这种努力由 20 世纪 70 年代开始,80 年代又降温,90 年代随着 IT 的成熟,网络的发展,实现真正的 EIS 的愿望又出现了曙光。

实现 EIS 确有很多困难,主要在于以下几点。

(1) 经理信息的松散定义使得经理的信息需求确定变得十分困难。

(2) 经理和员工面对面的交流十分必要,只有这样才能了解态度、情绪等信息,而这种"软信息"对经理决策是很有用的。信息系统难以支持它。

(3) 经理的决策是非结构化的,不仅是科学,而且是艺术,而当前信息系统的灵活性远没达到艺术的水平。

(4) 一般来说经理驾驭计算机的能力是较弱的,缺少学习时间。

(5) 经理的思想和行为又是千变万化的,多种多样的,每个经理均不相同。很难有一种经理信息系统是通用结构。

正是由于这些问题,追求经理信息系统的努力在 20 世纪 80 年代末进入了低潮。90 年代的经理信息系统又兴起了高潮,主要是由于 IT 的成熟,微机越来越小,功能越来越高,社会信息源和企业内信息源的成熟,以及经理本身的信息意识和信息技术水平的提高。

经理信息系统是集中于满足经理战略信息需求的系统。这种战略信息是关于企业的关键成功因素(CSFs)的信息,其满足的方式在于易取和及时。

经理的信息源是多种多样的,包括书面的信件、报告、备忘录、会议记录和期刊报纸,也包括口头的交流,如电话、会议、交谈和社会活动等。这样经理信息的来源多数不是来自计算机。根据我们对 50 家企业经理(包括中层和高层)的调查得到表 9-1 所示的数据。

表 9-1 经理信息来源统计

会议会客	基层调查	行业简报	公共媒体	企业报表	计算机部	市场调查	其他	合计
27	15	15	13	26	2	18	5	121
22.3%	12.4%	12.4%	10.7%	21.5%	1.7%	14.9%	4.1%	100%

由此看出企业经理的信息来源主要来自企业报表和会议会客,这两部分已近 50%。直接来自计算机部的较少,只有 1.7%。

经理的口头通信以会议为主,包括面谈,占了其口头通信的大部分时间;而文件通信以阅读为主,文件编写和检索均少于专家。经理的这种工作方式决定了经理信息系统和一般信息系统有完全不同的要求。由于过去一些 EIS 的失败和昂贵的成本,过去 EIS 的应用面临很多困难。由于微机技术的成熟,网络的实用化,目前 EIS 受到越来越多的注意,一个调查表明,25% 的公司经理愿意使用 EIS,但也有另一个调查表明只有 3% 的经理是高层经理。而确有一些公司用得很好,如世界最大石油公司之一的 Conoco,其总部的大多数高层经理均用 EIS，而且 4 000 名雇员在休斯敦总部和世界各地均已用上了这个系统。

经理信息系统也往往集成一些其他的功能，因而也有一些其他的名字，如经理支持系统（executive support systems）、管理支持系统（management support systems）、企业信息系统（enterprise information systems），甚至有人风趣地把它称做"每人信息系统"（everyone's information systems）。下面将 EIS 和 ESS（executive support systems）进行比较。

(1) 经理信息系统（EIS）

① 是对经理个人的剪裁；

② 抽取、过滤、压缩和跟踪关键数据；

③ 提供在线状态存取、趋势分析、例外报告和深入挖掘数据的能力；

④ 取存和集成广泛的内源和外源数据；

⑤ 对用户是友好的，可以显示表达图形、表格以及文本信息，不用培训或少量培训即可使用；

⑥ 主管经理直接使用，不要中间人。

(2) 经理支持系统（ESS）是加入附加能力的 EIS

① 支持电子通信，包括电子邮件、传真、计算机会议和字符处理；

② 提供数据分析能力，包括电子报表、查询语言和决策支持系统等；

③ 包括提高个人工作效率的工具，如电子日历、电子备忘录等。

主管信息系统的主要部件如图 9-6 所示。

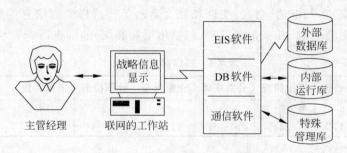

图 9-6　主管信息系统概念结构

如图 9-6 所示，通常 EIS 的工作站是连到公司的主干机或部门的中型机或局域网（LAN）上，它可以由局域网上取软件。EIS 又通过数据库管理软件去存取内部运行库、外部数据库以及特殊管理库中的数据。这种响应均是实时的，而且是多媒体的。它能根据现实的状态预测未来的趋势，它具有模型分析能力，可以像决策支持系统那样进行方案评价，有些新的 EIS 软件包已具有一些专家系统的特点。

EIS 的重要特点在于能根据主管的需要和习惯去裁剪已有的系统。如有的主管喜欢图像显示,有的主管喜欢例外报告,有的主管喜欢深挖数据的功能,他可获得他所关心的数据的相关数据,然后一直向下深追得到细节的数据。一般的主管均不大喜欢模型能力,但也不尽然。

战略信息系统是为高层经理服务的系统,但它是由专家建造、为高层经理提供信息的系统。它所提供的信息放于特殊管理库中或者数据仓库中,并尽可能使其处于最新状态,以便高层经理查询。

为了说明 EIS 的易用性,给出了一个 EIS 的主菜单屏幕。它是 commander EIS,见图 9-7。

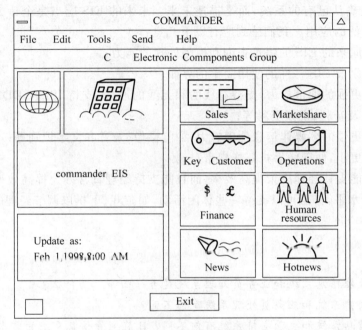

图 9-7　EIS 主菜单屏幕

由图 9-7 可以看出,经理对什么感兴趣,他只要单击菜单,即可出现这方面的情况。如单击销售(sales),那么销售的报表和销售的趋势图就可以显示出来。

如前述的 Conoco 公司,它的 4 000 名雇员用这个系统,系统具有 75 个应用程序,几百个屏幕,应用结果表明,EIS 比用其他任何方式收集信息,更具有明显效果,可获得巨大的收益。

要开发好一个 EIS 是不容易的,其关键成功因素如下。

(1) 高层经理亲自参加开发,描绘出信息系统未来的蓝图,给信息技术的战略应用以委托。

(2) 了解数据源。为使 EIS 成功,事先改善现有的信息系统的信息源是必要的。

(3) 集中于重要问题。组织的关键成功因素、例外报告、深挖信息的能力是 EIS 的关键成功因素。

(4) 时间响应。不断增加时间的区间,性能也随之不断扩大。持续进行性能监控是重要的。

(5) 主管经理要有信息意识和适当的计算机水平。

(6) 开发队伍。要不断学习,使用开发工具是关键。

(7) 要有灵活性,以利于不断跟踪经理的需求变化。

(8) 持续支持 EIS,不断改善系统。

综上所述,可以看出,EIS 已公认是很有前途的应用系统领域,但它现在还很不完善,所以我们不是确认已有的系统,而是描述未来。未来的 EIS 应当是个什么样的系统,才能使它获得广泛的应用。我们感到应有以下几点:

(1) 具有原来的 EIS 的信息查询和模型处理的能力;

(2) 具有原来 EIS 一样的使用简单的界面;

(3) 具有更强的通信能力,支持有线的和无线的通信,支持 ISDN、DDN,能传送电子邮件、传真,以及音频、视频资料等;

(4) 具有更强的多媒体信息处理能力,如能摄像、录音和文字识别等;

(5) 体积更小,便于像手机一样携带;

(6) 不仅能支持经理决策提高效率,而且能支持经理日常办公提高效率,能支持经理学习培训提高水平,甚至可以支持一些休闲活动,如游戏、下棋以调节经理的情绪。

习题

1. 业务处理信息系统和业务员处理系统是否一回事?为什么?
2. 终端用户系统和业务员处理系统有何不同?
3. 主管信息系统和主管支持系统有何不同?目前主管信息系统的需求前景如何?什么因素妨碍主管信息系统的发展?

CHAPTER 10 第10章

流程信息系统

信息系统也可以按照流程的前后划分，即按产品或服务产生过程的时间顺序划分。粗略地说可以划分为上游、中游和下游信息系统。一般不严格的说法是上游是供应链管理系统（SCM）、中游是企业资源计划系统（ERP）、下游是客户关系管理系统（CRM）。较准确的划分见图 10-1。

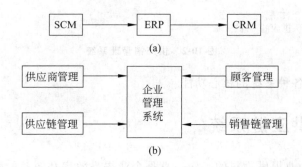

图 10-1 流程信息系统

图 10-1(b)中，供应商管理系统维护一个供应商数据库。该系统能进行采购的招投标、供应商的选择、供应商关系的历史记录、供应商的信用考核等。供应链管理系统则是由物料源到企业的整个物流管理。同样，顾客管理系统维护一个顾客数据库，里面包含许多详细的顾客资料。顾客管理包括招揽顾客、分析评估顾客、提供商品或服务给顾客、售后的技术支持等。销售链管理主要从事分销渠道的分析和管理。

目前各种软件供应商能够提供 SCM、ERP 和 CRM 成套软件。他们往往以这三种软件中的一种为基础，扩展功能包含了其他两种软件的一些功能。如 ERP 软件扩展了 SCM 和 CRM 的功能。有的 SCM 软件甚至包含了全部三种功能，实际上这种系统应当叫供产销管理系统，见图 10-2。

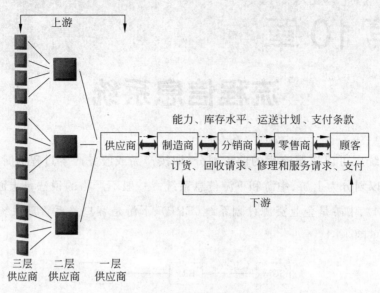

图 10-2　供产销管理系统

下面详细介绍各种系统的核心功能。

10.1　上游供应链系统

长久以来，为企业提供物料的工作一直是企业提高效率和效益的瓶颈，严重制约着企业产品的成本降低、加工周期的缩短，使企业不能获得竞争优势，甚至濒临破产。所以提高供应链的效率一直是管理研究的一个主要问题。

最初的供应链管理策略有订货点技术、准时到货技术（just-in-time）等。这些技术的目的均是在不影响生产的前提下，尽量减少库存，也就减少了仓库面积，直至零库存、零面积，即无仓库方式，见图 10-3。从图中可以看出在无库存的方式，医院已不需要仓库，药品直接被送到病房或门诊的药房。

如图 10-2 所示，供应商可能有一层、二层甚至三层。中间的供应商实际上只是货物转手的供应商，也就是买进卖出。这是一种最简单的供应商，对货物进行某些处理或加工的供应商就是较复杂的供应商了。最简单的供应商的信息系统功能见图 10-4。

世界上有名的物流公司莫过于 UPS 了。它是一个第三方物流公司。我们引用一个案例来介绍。

联邦邮包服务（united parcel service，UPS）公司是世界上最大的空中和地面包裹递送公司，始于 1907 年一个封闭的地下室。由西雅图来的两个年轻人 Jim Casey 和 Claude Ryan 带了两辆自行车和一部电话机，发誓要做到"最好的服务，最低的费率"。遵循这个目标，UPS 繁荣了 90 多年，至今已成为全球最大的地面和空中包裹递送公司。

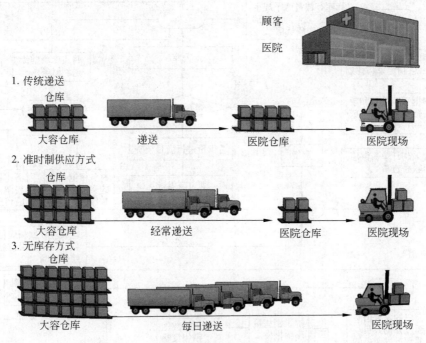

图 10-3　无库存、准时制和传统方式的比较

今天，UPS 在美国和 200 多个国家和地区递送 11 360 万余个包裹。尽管有来自 FedEx 和 Airborne 的激烈竞争，由于大量投资于信息技术，UPS 仍能在小包裹递送服务上维持领导地位。上一个 10 年，UPS 注入 10 亿美元用于技术和系统以提高顾客服务，同时保持低成本和整个运行顺畅。

用一个手持设备，名曰递送信息查询设备（DIAD），UPS 司机可以捕捉顾客的签名以及接收、递送和时间卡信息。司机将 DIAD 插入 UPS 卡车上的适配器，它是一个连接到移动电话网络的信息传输设备。然后，包裹递送信息就传至 UPS 的计算机网络，在新泽西州的 Mahwah 和佐治亚州的 Alpharetta 的 UPS 的主干机对它进行储存和处理。

通过它的包裹跟踪系统，UPS 可以监视包裹的整个递送过程。从送出到接收的沿路各点，条码设备从包裹标签上扫描运输信息；这个信息被送往中央计算机。顾客服务代表由连接于中央计算机的台式计算机可以校核任何包裹的状态，可以立刻响应顾客的询问。UPS 的顾客也可以用自己的计算机或无线设备，如手机，由 UPS 的网站存取这些信息。

任何人要寄一个包裹，可以联上 UPS 网站，去跟踪包裹、计算运费、确定运输时间和调度取包。企业可在任何地点应用 UPS 网站安排 UPS 运输和汇运费给公司的 UPS 账号或信用卡。在 UPS 网站上收集的信息被传至 UPS 中央计算机，处理后再传至顾客。UPS 也提供工具使顾客能在 Cisco 系统中包含 UPS 功能，如跟踪和计算费用，在自己的网站，不用访问 UPS 网站即可跟踪运输。

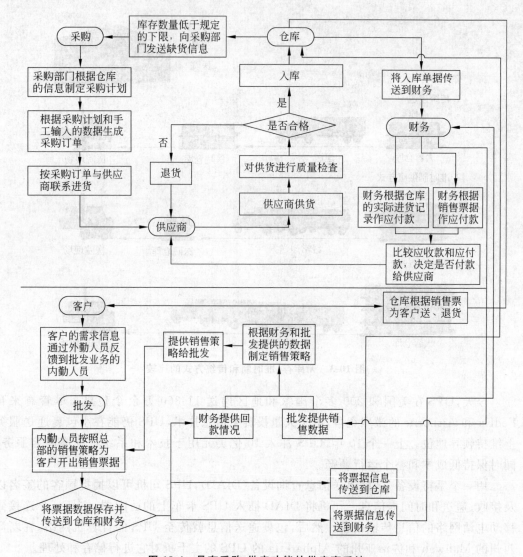

图 10-4 具有采购-供应功能的供应商系统

一种能力,叫做 UPS 庭院运输,允许雇员在一个企业的多个办公室用他们的计算机进行处理,而运输手续被企业设立的中央管理员控制。

Morris Schneider 和 Preor LLC,一个服务于财务服务行业的最好的法律事务所之一,用这个能力去跟踪和控制成本。该所经常由三个不同的地方递送时间敏感的文件至遍及美国的顾客。UPS 工具使成本的分配和报告,甚至每一个顾客按件的详细运输花费实现了自动化。

信息技术帮助 UPS 增强自己和保持增长。UPS 现在已经把自己管理递送网络的知识用来为其他公司管理后勤和供应链。UPS 供应链解决方案部门提供完全绑扎的标准服务给签约公司,费用相对于他们自己建造系统和基础设施只是一个小数目。这些服务包括供应链设计和管理、运费转交、海关费用、多种运输、财务服务以及后勤服务。

Birkenstock Footprint Sandals 是许多得益于这种服务的公司中的一个。该公司的德国工厂将鞋装于箱中,上有条码写明美国的目的地。UPS 和位于 Rotterdam 的海洋运输公司签订合同,鞋箱跨过大西洋到新泽西口岸,代替了通过巴拿马运河到该公司的加利福尼亚仓库。UPS 卡车飞速地将每一船的货物几小时内通过 UPS 的管道运到 3 000 个零售点。将这项工作转交给 UPS,Birkenstock 减少了一半的时间。在路途中,UPS 用条码扫描记录每笔运输的轨迹直至商品签收为止。UPS 也为 Jockey 国际处理互联网订货、东芝美国的手提电脑维修、飞利浦医疗系统的 X 射线机安装。

10.2 中游企业管理系统

中游企业管理系统处于供产销链中的中游,是以生产为核心的企业管理系统。最初的生产系统只是生产计划系统,以后加入了库存控制和订货系统,这就是材料需求计划系统(MRP)。再后,计划的材料不只是产品直接需要的材料,扩展了辅助的和支持的资源,如能源、机器设备、人员和资金等,因而材料需求计划就变成了制造资源计划(MRPⅡ)。再往后,把生产信息系统和其他职能系统集成,如市场、财务和会计等系统,就形成了企业资源计划系统(ERP)。所以从流程的角度看,中游的系统就是以 ERP 为核心的系统。

企业管理系统管理企业内部的所有事务。它把制造和生产、财务和会计、销售和市场以及人力资源系统集成起来,配合以全企业的过程,从而担当起全企业内部所有过程的管理,见图 10-5。

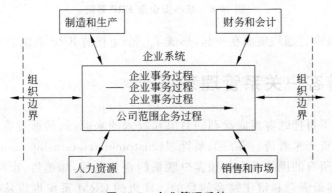

图 10-5 企业管理系统

一个小型企业的 ERP 结构见图 10-6。

这个小型系统虽然每一小块的功能不怎么复杂,但它把生产计划、采购管理、销售管

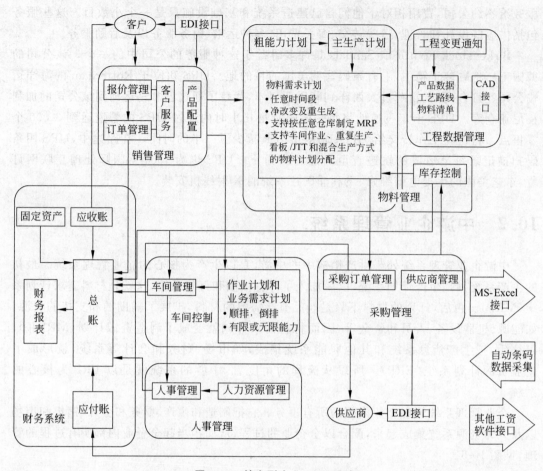

图 10-6 某小型企业 ERP 系统

理、财务系统和人事管理均集成在一起,形成了一个完整的 ERP 系统。

10.3 下游客户关系管理系统

今天的企业不再把顾客当成盘剥的对象和收入的来源,而是通过客户关系管理系统把顾客当成长期资产来看待。客户关系管理(customer relationship management,CRM)系统专注于协调所有的围绕着企业和客户联系的企业过程,如销售、市场和服务,以期达到最佳收益、顾客最满意和留住顾客的目的。理想的 CRM 系统提供从接受订单到产品送到全过程的点对点的所有顾客关心的事项。

过去,公司处理销售、服务、市场是高度分开的,这些部门没有对顾客的重要信息的共享程度较低。一个特殊顾客的信息可能在与公司相关的个人账户储存和组织,同样,顾客的其他信息可能与其购买的产品相联系。没有办法去组合所有这些信息以提供全公司对该顾客的看法。CRM 系统试图解决这个问题,通过集成客户相关的信息,由多种通信通道,如电话、电子邮件或网络,综合客户的信息,这样,公司会基于一些协调一致的信息来对待这个顾客,见图 10-7。

好的 CRM 系统能提供数据和分析工具以解决以下问题:更能符合企业所需,并给重要的顾客不断提供新的价值。最简单的 CRM 系统主要是了解顾客和分析顾客。其重要功能是围绕着客户数据展开的,见图 10-8。

图 10-7　客户关系管理

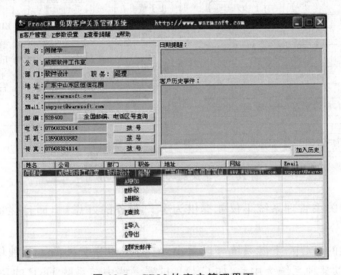

图 10-8　CRM 的客户管理界面

CRM 系统一般具有如下功能:
- 来电显示功能。当客户来电的时候,会显示来电号码,并可将通讯录中对应的客户资料也显示出来。
- 拨号功能。当找到客户资料的时候,可以直接在软件上向客户拨打电话,无须在电话上拨号。CRM 还支持 IP 拨号功能。
- 日期提醒功能。它可以提醒客户的生日或交易日等重要日期的到来。
- 客户历史记录功能。可以在每次交易或联系的时候输入有关资料,以备日后查询。
- 可和 OutLook 结合,可建立邮件群发功能。

具有了这些简单的处理功能,可使企业对客户准确地了解,从而能更好地开发客户资源。

图10-8所示的简表显然不是全部的客户信息,甚至只能是很小一部分,许多信息是没有的。例如,客户需要什么产品,价位如何,客户和本公司的交易次数,总金额,客户的信誉等。这些信息不仅可以正向查询,还应当可以反向查询。例如,有哪些客户需要本公司的某种产品,客户关系管理系统实际上是要求有许多决策功能。它有个数据库,还应当形成一个数据仓库。

把客户关系管理系统和企业的市场功能、销售功能和服务功能结合起来,就成了集成的客户关系管理系统,见图10-9。

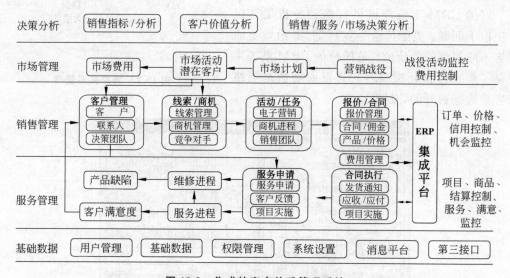

图10-9 集成的客户关系管理系统

集成的客户关系管理系统不仅能提供为客户服务的好思想,而且能把这种思想付诸实施。

从以上讲述的上、中、下游系统可以看出,它们是相互交叉的。单独供应这些系统的软件公司,往往以某种系统为中心,如CRM,扩展一些中游系统ERP的功能,作为一个完整的套装软件提供。如果你购买上、中、下三种套装软件,则它们中间就会有冗余,见图10-10。

图10-10 上、中、下游的交叉

企业如果全面实施信息化,就应当统一规划,减少这种冗余,从而实现真正的全集成。全集成不仅减少了冗余,而且使信息真正能做到全企业共享。

由于一般系统是分开建立的,又为了达到集成应用的效果,一些软件公司专门制作了一种软件,其功能就是把分离的系统集成起来,也就是连接起来。这种软件叫企业应用集成(enterprise application integration，EAI)。企业应用就是企业应用系统的简称，SCM、ERP、CRM 均属于企业应用。EAI 连接起各种系统就提供了一个企业应用的平台，各种应用系统均可在其上工作。

今天，企业应用系统的供应商正在提供更灵活的、基于网络的、具有和其他系统集成能力的更有价值的系统。单个的企业系统、客户关系管理系统和供应链管理系统将成为过去。

一些企业软件供应商已开发了其被称为"企业解决方案"、"商业套装"、"企业套装"或"电子商务套装"的系统，以使其客户关系管理、供应链管理和企业系统相互紧密地工作。SAP 的套装、Oracle 的套装、Microsoft 的动态套装(瞄准中型企业)就是例子，它们现在用网络服务和"面向服务"的结构(SOA)。

SAP 的下一代企业应用是基于它的企业"面向服务"架构。它结合了面向服务(SOA)的标准和应用其作为集成平台的工具 NetWeaver，连接 SAP 自己的应用系统和独立厂商开发的网络服务。其目的是使企业应用系统容易实现和管理。

例如，新版的 SAP 企业软件联合财务、后勤和采购、人力资源等几个关键应用系统成为核心 ERP 部件。企业可以扩展应用，连至特殊功能的网络服务，如由 SAP 公司或其他厂商提供的雇员雇用或征召管理。SAP 通过其网站提供 500 多个网络服务。

Oracle 将 SOP 和企业过程管理能力囊括于其 Fuion 中间件产品中。企业可用 Oracle 工具选择 Oracle 应用，无须破开整个应用系统。

下一代的企业应用系统也包括开放源代码和按需解决方案。相比于商业化的企业应用软件，开放源产品，如 Compiere、Open for Business 和 Openbravo 不那么成熟，软件开发者也没做太多的努力。然而，一些小型制造业的公司选择了它们，因为没有软件许可费(开放源产品的支持和客户化的费用除外)。

SaaS(software as a service)中最火爆增长的是客户关系管理。Salesforce.com 和 Oracle's Siebel 系统是 CRM 解决方案中的领导者，而微软的动态 CRM 有一个在线按需版本。企业系统的 SaaS 的版本不很普遍，主要的企业系统供应商也不一定都有。

Salesforce 和 Oracle 现在有某些 Web 2.0 的能力，使组织能较快地识别新思想、改进团队生产率以及和顾客的深度互动。例如，Salesforce Idea 允许员工、顾客和商业伙伴对新思想提建议和投票。Dell 计算机就将这个技术应用于 Dell Ideastorm(dellideastorm.com)，使顾客可以对 Dell 的产品新概念和结构改变进行建议和投票。顾客的建议鼓励 Dell 在 Dell 1530 手提电脑上加装了较高分辨率的屏幕。

另一个扩充企业应用的方式是利用它们为新的或改进的企业过程建造一个平台，从多个职能领域集成信息。这些企业范围的服务平台提供了一个比传统的企业应用更大程度的跨职能集成。一个服务平台从多个企业职能、企业单位或企业合作者集成多个应用，为顾客、员工和企业合作者提供一个无缝的体验。

例如，订单到现金处理过程包括接受一个订单，跟踪这个订单直到获得支付的整个过程。这个过程开始于线索产生、市场竞争和订单输入，这些通常由 CRM 支持。一旦订单被接受，制造就开始调度，零件够否就被检查，这些过程常由企业软件支持。然后是订单分配计划、仓库、订单实现和运输等过程处理，这些常由供应链管理系统支持。最后是开票给顾客通知付款，它是由企业财务应用系统或会计应收模块支持。如果这个采购在某些点上要求客户服务，客户关系管理系统将再次被应用。

一个服务，如订货—送货—付款，要求来自企业应用系统和财务系统的数据进一步集成进入一个企业范围的合成过程。为完成这个服务，公司需要软件工具，可用现有的应用系统作为新的跨企业的过程建造模块（如图10-11所示）。企业应用系统供应商也提供中间件和工具，使用 XML 和网络服务集成企业应用以及其他供应商的系统。

这些新的服务将越来越多地通过门户网站提供。门户网站软件可以由企业应用系统和分隔的内部信息系统集成信息，通过一个网络接口传达给用户，这样信息将呈现出来自单一源。例如，Valero Energy——北美最大的精炼厂，用 SAP 的 NetWeaver 门户网站建造了一个针对批发客户的服务，以观察它们的会计信息。SAP NetWeaver 门户网站

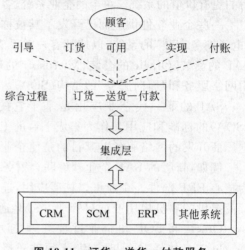

图 10-11 订货—送货—付款服务

提供一个接口给客户的发票、价格、电子资金和信用卡业务数据，这些数据存储在 SAP 的客户关系管理系统的数据仓库和非 SAP 系统中。

习题

1. 什么是企业系统？企业系统是怎样工作的？
2. 什么是供应链？它由哪些实体组成？什么是供应链管理？
3. 列出和描述 5 个主要的供应链过程。
4. 互联网和互联网技术如何使供应链管理简易化？
5. 供应链管理系统如何给企业提供价值？
6. 什么是企业资源系统（ERP）？ERP 一般包括几个模块？
7. ERP 是企业应用的核心，你同意吗？为什么？
8. 什么是客户关系管理？为什么客户关系管理今天如此重要？
9. 伙伴关系管理（PRM）和客户关系管理（CRM）有何区别？相互关系如何？
10. 描述对销售、市场和客户服务的客户关系管理软件工具及其能力。
11. 客户关系管理系统如何给企业提供价值？
12. 什么是服务平台？它们怎么和企业应用系统一起应用以提供跨功能的过程集成？

第 11 章

行业信息系统

每个企业或组织都有不同的组织特性,我们不可能描述所有的组织的特性,但组织是可以归类的,例如,按行业归类,归到同一行业中的组织,尽管不尽相同,但它们至少有类似的部分,这样相似特性的软件模块就可以共用。本章对一些行业的信息系统结构作介绍。与其说是注意同一个行业可用什么共同的模块,不如说是看看不同行业有什么不同,并提醒我们在建设不同行业的信息系统时,应注意行业的特点。

从经济的观点,最重要的组织是企业,企业本身就归属于不同的行业,如制造业、零售业、金融业、运输业等。我们选择其中一些介绍。

11.1 制造业企业信息系统

不同行业的企业有不同的信息系统,制造业企业就和纺织业很不相同,服务业和制造业更不相同。即使在一个行业内,不同企业也有不同的信息系统需求。

制造业的信息系统大多以我们以前介绍过的生产智能信息系统为基础,扩展成MRP Ⅱ,现在制造业已不满足于 MRP Ⅱ,逐渐扩充为企业资源计划(enterprises resources planning, ERP),它包含了比 MRP Ⅱ更多的市场、财务以及涉及全企业全面管理的功能,见图 11-1。

某小型现代制造业企业信息系统的概貌见图 11-2。

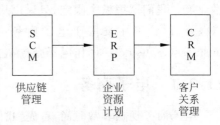

图 11-1 MRP 的扩充

由图可以看出,该信息系统以 ERP 为核心,在其外围扩充了供应链管理(supply chain management, SCM)系统和客户关系管理(customer relation management, CRM)系统。然后,通过 EDI 和其他企业联系,通过 Internet 和客户联系,形成了一个由内向外的完整的电子化管理信息系统。有的企业已将 ERP、SCM、CRM 集成到一个软件中,将其称做 ERP Ⅱ,或称其为企业信息系统(enterprise information system, EIS)。

信息系统的完善,信息流程的理顺,反过来又对企业的物理流程产生影响,要求企业的物理流程也要理顺。

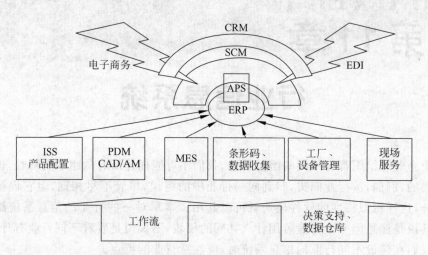

图 11-2　某小型现代制造业企业信息系统

CRM—客户关系管理；SCM—供应链管理；APS—应用系统；ERP—企业资源计划；
EDI—电子数据交换；PDM—产品数据管理；MES—制造工程系统

11.2　商业行业信息系统

商业业务包含的范围十分广泛，而且没有精确的定义界定。加之翻译上的问题，有人就认为所有以营利为目的的组织均为商业组织，那么它就包括了生产企业、运输业甚至金融业等。我们这里做个限定，只讨论从事商品交换业务的行业。相对应的英文名词也加以区分，讨论的主要限于电子商务（E-com, electronic commerce）。我们将 electronic business（e-business）译作电子企务，它就比 E-com 要宽了。

11.2.1　电子商务

电子商务现在非常时尚，首先，我们要关心的显然是电子商务的定义，电子商务和管理信息系统究竟有什么关系，电子商务的发展对管理信息系统有什么影响。

1. 电子商务的定义

电子商务是一项新事物，它的概念和定义还在演进和变化，至今已有上百种定义。本书不是学术著作，我们不去细究它们的差别，也不去追究精确严格。只是为了我们以后的讨论，给出一个概念界定。大体上说，电子商务的定义分两种：一种是狭义的；一种是广义的。狭义的定义为：电子商务是采用电子手段进行买卖活动，一般简称为电子贸易（electronic trade）或电子商业（electronic commerce）。广义的定义为：电子商务是采用互联网等相关信息技术进行商务活动，这些商务活动包括商品的交易、客户的服务、企业间的合作等。一般简称为电子企务（electronic business）或电子企业（electronic enterprise）。

这种最广义的理解认为利用电子手段进行各业管理活动者皆为电子商务。这里各业指的不只是商业,工业,农业亦可。实际上英语中的 business 有着广泛的含义,它有商业、事业、企业、经营、公务甚至出差之意。只要是为"公家"做事,均可说成 do business。这个"公家"是相对于自己的"小私"而言的,不管是政府、国企、事业单位还是私企均是"公家"。甚至是自己的企业有时也说成是 business,如"After age of 50, you should have your own business. 50 岁以后你应当有自己的企业业务。"这样,利用电子手段进行差不多一切管理活动均可称为电子商务。

按照这种理解,电子商务和管理信息系统实际上是一回事。回顾一下管理信息系统的定义,"一切利用信息技术去解决企业问题的管理方法的集合都是管理信息系统","企业信息系统描述了企业经理的希望、梦想和现实",都说明电子商务只是管理信息系统的延伸。所以可以说,电子商务是管理信息系统向内向外、向前向后的延伸,它把管理信息系统所涉及的范围大大地扩展了。但是它的理论、方法、模型等均和管理信息系统是同根的。掌握了管理信息系统的理论方法和应用就不难理解电子商务的问题。正因为如此,现在有人说电子商务是管理信息系统的延伸,有人说管理信息系统是电子商务的基础部分;或者有人说电子商务大,管理信息系统小;有人说管理信息系统大,电子商务小。我们更愿意说,管理信息系统和电子商务本质上是一回事,叫法不同,视角不同,应用不同名词给人们一些新鲜感,有利于信息应用的推广。按照这种理解,我们来展开电子商务的介绍。

2. 电子商务发展过程

早期,电子商务协会表示,电子商务就是"交易 e 化"。后来,商业网络(commerce net)表示,电子商务是"利用联上网际网络的电脑,创造并转换商业关系"。这反映了电子商务概念由低向高的发展过程。这个过程大致可分为 4 个阶段:电子目录、电子交易、电子商业和电子企业。

(1) 电子目录。即利用电子手段提供商品目录。这是一种静态的、简易多媒体的文件。可以是离线的,如光盘;也可以是在线的,如网站。内容是介绍产品、介绍企业、介绍技术等,它起着促销、订货查询、宣传等的作用。

(2) 电子交易。即利用网络进行交易。它是互动的。一般是企业对顾客,即 B(business)to C(customer),常被人通俗地简写为 B2C。主要的功能有:电子零售(e-retailing)、竞标与拍卖(bidding and auction)、电子账单付款(electronic bill payment, EBP)以及客户管理(customer management)等。网站的例子有网络唱片 CDNow、网络药局 Planet RX、网络旅行社 MS Expedia、网络书店 Amazon、拍卖网 Onsale、E-bay 等。

(3) 电子商业。即商人们利用网络从事商业活动,主要是 B2B 的形式,即企业对企业。常见的类型有虚拟集市(virtual marketing)、电子采购(e-purchasing)、延伸式价值链(extended value chain)、客户关系管理(customer relationship management, CRM)等。电子商业的阶段的特征是高度重视企业的核心能力以及企业核心过程的重组。

(4) 电子企业。B2C 和 B2B 的结合把电子商务带到一个新阶段——电子企业阶段。

从物料供应、生产、批发、销售直到顾客形成高效顺畅的链条。这是一个内外结合、虚实结合的企业流程。它包括客户、供应商、经销商、合作伙伴，甚至竞争对手，形成一个横跨不同产业的组织，具有某种程度的独一无二的竞争力。

未来是个什么样子？现在虽已有一些苗头，但谁也无法预测得很准确。从人们的愿望出发，人们希望在任何地点、任何时间、任何人、任何企业的随意交易，及时快速反应的客户化的柔性制造和供应系统，动态的企业生态系统，将能最大限度地满足人们不断增长的物质和文化需求。这种商业和企业组织将是自组织的、网络式的、放权的、扁平化的、自繁殖的、动态的。但是它至今还是很模糊的。

3. 电子企务模式

电子企务模式（e-business model）又称经营模式、运作模式、业务模式。实际上远不只如此，商务模式实际上不只限于商业方面，而且包括企业运作，可以说是商企模式。商企模式实际上是个大系统，应当包括概念模式、逻辑模式、物理模式，也应包括外模式和内模式，还应当包括层次上的战略经营模式、管理运作模式、业务执行模式等。这样，商企模式应当描述企业和消费者、供应商、协作者之间的关系模式，即说明各自的角色、地位以及相互之间的关系；它还应描述企业的行商之道，企业的使命、愿景、目标、战略、价值观、理念和习惯等。应描述企业的战略管理机制、运作流程以及控制方式。它应当描述企业的物流、资金流和信息流的流动方式，以及赢利方式。电子企务也经常和电子商务混用。

4. 电子商务分类

电子商务模式可以根据不同的方面加以分类。对一类可用一个坐标的维度来表示。这些维度是什么呢？例如，商务主体、商品形式、互动方式、互动深度、价值形成等。简单分述如下。

（1）按商务主体分：门户、中介、原发等。中介还有各种形式的中介。

（2）按互动方式分：B2C、B2B、B2BC。

（3）按互动深度分：单向静态、双向互动、单向插入、双向插入、融合集成等。

（4）按商品形式分：实物商品、信息商品。

（5）按价值形成分：原创、增值等。增值还有各种形式的增值。

我们不打算对每种分类的每种形式进行说明，只选出一些作为例子加以解释。

首先，对商务主体分类加以说明。门户网站像个大报纸，它是以宣传为主，内容很全面，包括新闻、天气、工业、农业、商业、金融、旅游、交通、文化、休闲等。它也可能包含购物、订票等功能，但这种功能多是转到其他网站去执行。这种网站的主要收入来源是广告委托费，也有订阅费。有名和访问的客户多是网站做得好的标志。原发网站是企业的自有网站，它往往是为企业的主流业务服务的。如IBM、INTEL、SAP公司的网站等。它的经费来源于企业的预算，任务是为企业服务。大量的网站是中介网站。中介网站是电子商务发展以后的新业务，是电子商务创造的新的赢利领域。它又可分为虚拟店面、商品集市、网上拍卖、信息中介、商品中介、交易所、反向交易所、集体采购、数位产品运送、内容供应、虚拟社区、企业联合组织等。它们的特点和范例见表11-1。

表 11-1　网站的特点和范例

类　型	特　点	范　例
门户网站	信息内容全面,查阅的起始点	Yahoo、Sohu
原发网站	企业自有网站,为企业主业服务	IBM.com
中介网站		
虚拟店面	网上贩卖实物商品,传统方式递送	Amazon、Wine
商品集市	多个商家商品集中,顾客比较交易	Shopnow、Dealernet
网上拍卖	买卖双方喊价拍卖	E-bay、Covisint
信息中介	提供产品、价格、交易机制的信息	Partnet
交易中介	促成交易获利	E-trade
交易所	实时提供商品清单、价格、可供数量	Ubid、Bigequip
反向交易所	消费者给价寻求拍卖者	Priceline
集体采购	买家联合采购,寻求买家折扣	Mobshop
数位产品运送	运送网上销售各厂家的数位产品	Photodisc
内容供应	编写或编辑内容提供给用户	Wall Street Journal
虚拟社区	共同兴趣的群体沟通研讨	Fortunecity
企业联合组织	组织聚集各方内容转给其他客户	Scheaming Media

其次,按交易方式分,分为 B2C、B2B 和 B2BC 等。B2C 是企业对顾客,交替的流程分为 4 阶段：产品需求、收集资料、产品比较以及购买产品等,见图 11-3(a)。B2B 是企业对企业,其交易方式就稍有不同,包括 5 个阶段：请购、报价、选择厂商、下单以及付款作业,见图 11-3(b)。

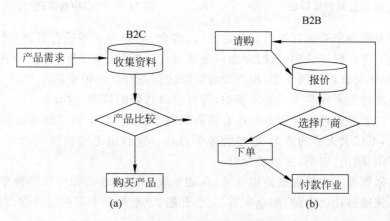

图 11-3　按交互方式分类

B2C 方式要用电子目录、各厂家产品价格、自动处理订单、顾客关怀系统等。而 B2B 方式要用电子目录、喊价投标系统、交货期、运费、库存、产品管理系统以及自动付款系统等。B2BC 则是企业不仅在市场上面对广大用户,而且和供应商协作商联合组成企业群系统满足顾客的需要。这个企业群将发展成电子企业(e-企业)。

在对电子商务的基本概念作了简单的介绍以后,下面介绍几个具体行业的例子。

11.2.2 外贸行业

贸易行业的信息系统和制造行业的信息系统有很大的不同。以一个外贸公司的信息系统为例,某外贸公司的系统总结构见图11-4。

下层的每一种管理均为一个子系统,每个子系统均有一些功能。例如,其出口业务管理就包括外销、货源和单证,每项下面又分许多子项目,见图11-5。

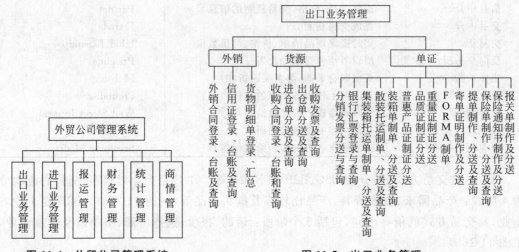

图11-4 外贸公司管理系统　　　　　图11-5 出口业务管理

这里货源管理子系统对出口商品的收购、进仓、出仓等业务进行管理;外销管理子系统对外销合同进行跟踪管理,及时对出口业务进行分析和控制;业务单证管理子系统根据外销业务,制作与管理外销发票、出口货物明细表以及开发各种单据。

进口业务管理系统与出口系统相似,进行进口合同的管理与控制。

为进出口业务管理系统服务的还有传真管理子系统,这个系统利用计算机传真代替普通传真机,不仅大大节约成本,而且管理了传真。它利用电脑网络对传真进行起草、修改、签发、打印、输出、查询,并自动发出。

报运单据管理系统是根据外销业务,自动生成、修改、查询和打印各种单证。报运进程管理子系统通过托运申请、配仓出货、装船开船、收汇和船卡等报运进程,对进程进行分析与控制。

财务管理分系统一方面从业务管理子系统和报运管理子系统中直接获取信息;另一方面把由企业外部来的信息输入,自动生成会计的记账凭证。同时还有经营规模的预测等功能。这个系统主要包括以下业务功能。

(1) 资金管理。包括外汇费用、外汇额台账等。

(2) 会计功能。包括银行账、国内外往来账、未达账、费用账、固定资产折旧账、科目余额账的制作和查询,还包括科目平衡表、总账科目清单等的制作。

(3) 综合处理包括总分类账制作、资产负债表、损益表等的制作和上报。

这些财务功能依靠三个子系统,即会计凭证管理子系统、账务管理子系统和会计报表管理子系统来完成。实际上这里的财务管理是很初步的,根据各企业的情况还可不断加入新的子系统。

计划统计管理子系统包括统计管理子系统,对业务、报运两系统的数据作公司和分公司两级的月、旬汇总,供公司参阅;经营预测与计划子系统对下一年的经营规模进行预测、决策;统计信息上报子系统、汇总进出口信息向上级主管单位上报。

综合信息查询和分析子系统是供经理室和分公司经理进行信息查询。综合信息查询还接收外部信息,以供查询。

整个系统中各子系统的关系可用图 11-6 表示。

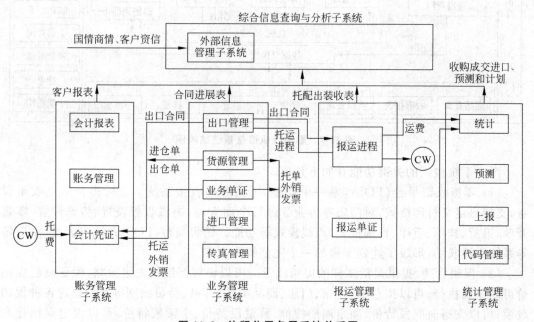

图 11-6 外贸公司各子系统关系图

11.2.3 零售行业

零售行业信息系统解决方案,主要为零售企业提供财务管理、供应链管理、人力资源管理、企业绩效等业务一体化管理功能,同时也提供零售收银管理、门店管理、促销管理和会员管理等具有行业特色的零售管理功能,它适用于诸如沃尔玛、联华等大型连锁超市。通过以高效供应链管理为核心,建立起采购、库存、配送等各环节控制、分析与考核的全过程管理体系,帮助零售企业规范业务流程。并帮助零售企业建立一体化的财务成本控制体系、以业务协同为目标的供应链管理体系和以能力素质为核心的战略人力资源体系。

为中小连锁零售企业实现高效协同、快速扩张奠定基础。

关键应用见图 11-7。

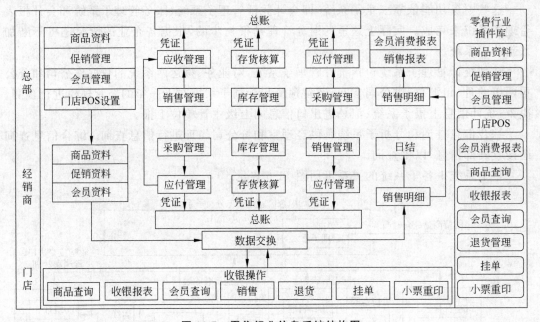

图 11-7 零售行业信息系统结构图

图中系统包括的关键功能有如下几项。

(1) 零售收银平台(POS),是一个完整、可拓展的收银系统。支持多种常见收银设备,支持自定义打印格式,对门店零售业务进行全面管理,提供收银设置、传输设置、零售开单、退货、挂单、重印、查询报表、离线模式等功能。销售前台(POS)系统与会员、供应链等系统无缝联结,形成了连锁零售的一个完整解决方案。

(2) 促销管理,提供灵活多样的促销政策。可以设置促销优先级策略,保证商品促销价可以正确执行;可以按总部、区域、门店、商品类别、商品、会员级别等维护设置各种促销政策;可以支持时间段特价、固定周期特价、数量段特价、金额段特价;可以设定促销让利供应商承担比率,与供应商结算促销费用。

(3) 全生命周期的会员管理。会员管理以会员资料为核心,对会员进行全生命周期管理,提供会员资料、会员卡、会员账户、会员策略等完整会员管理。会员资料管理:会员资料维护、卡分类管理、会员分级管理等;会员卡管理:制卡、发卡、冻结解冻、挂失解挂、回收、退换处理等;会员策略管理:会员优惠策略、会员积分策略、积分返点、积分兑奖、积分结转处理等;会员查询分析:基础资料查询、消费记录查询、会员消费特性分析、会员动态、会员促销效果分析、金额调整与对账、卡进销存查询、会员返利查询等。

(4) 商品属性管理。根据类型,提供商品基本资料、商品物流资料、商品计划资料等。商品辅助属性的设置可以帮助更好地进行销售管理。特别适用于服装、家电等行业的特色需要,通过辅助属性的管理,一方面减轻了基础资料维护的工作量(无须设置大量的商品明细资料);另一方面又增加了系统的灵活性(辅助属性可以分为基本类、组合类,用户可以自由选择,一个商品可以同时考核几个特性,如颜色、尺寸等),另外,还可以进行辅助属性报表的综合性查询。

(5)条码管理。条码管理是零售行业的一个重要应用,商品通过商品条码进行扫描输入,可以极大地提高操作效率和准确性。包括一品多码、国际条码校验、条码生成规则设置、条码标签设置、条码标签打印等功能,支持市场常见条码打印机,如斑马、立象等。提供对常规商品、生鲜商品、固定金额商品条码的管理。

(6)全程跟踪的序列号管理。适用于手机、汽车发动机等有单品管理需要的商品。单品,即每个商品都有不同于其他商品的特性。如手机,虽然从型号上来看,每一种类型的手机有很多,如诺基亚5110灰色手机,但每一个手机都有一个区别于其他手机的唯一标识号,通过序列号管理,可以在不增加操作人员工作负担的同时,方便地跟踪手机从入到出的整个过程。

11.3 金融行业信息系统

金融行业是个胖信息、瘦物质的行业,信息系统可以说是它的生命线。信息就像空气对人那样,离开了它,许多金融企业一分钟也活不下去。最古老的典型的金融企业是银行。我们以一个银行为例,看看金融企业信息系统的特点,见图11-8。

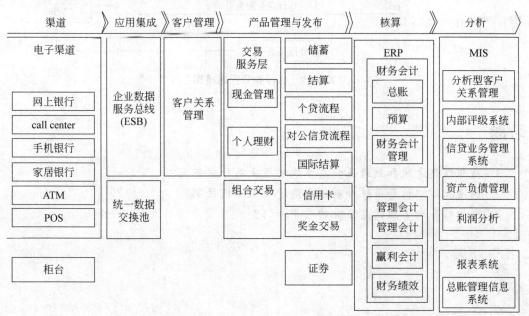

图 11-8 一个大型银行的信息系统架构

图中第一行表达了银行业务的总流程,首先是一些揽客的渠道,如网上银行、手机银行等。然后经过集成环节使输入的数据能适合于其在银行内部系统中的流动。然后,到达客户关系环节,来判断给该顾客的优惠度。再后,就到了选择合适的银行产品推销给该顾客。最后两个环节是银行内部的处理,包括结算和分析。图的下半部列举了它们所用的处理模块。

对于一个分行,不一定要有所有的处理模块,它可以共享总行的模块,分行最重要的是要有直接面向客户的模块,见图11-9。

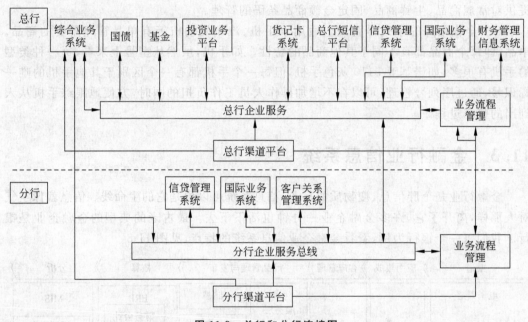

图 11-9 总行和分行连接图

习题

1. 商业信息系统和制造业信息系统功能上有什么不同?
2. 制造业组织信息系统和制造职能子系统有何区别?
3. 电子商务和管理信息系统的关系如何?

CHAPTER 12
第12章

计算机智慧和智慧支持系统

应用系统分类的另一种方法是按系统智慧的高低来分。智慧(smart)一词,我们的理解是人脑的聪明程度。计算机智慧就是用计算机模拟人脑的智慧。

在计算机向高智慧发展的过程中,出现过许多名词描述与智慧有关的系统,如专家系统、知识系统、智能系统、决策支持系统、商务智能等。这些名词是根据它们的环境和用途提出的,例如,决策支持系统说明是用于决策领域的,而专家系统是用于专家个人知识领域的。我们现在按智慧程度划分,就不关心什么领域。

按系统的智慧程度,我们可以将它分为结构化智慧支持系统、半结构化智慧支持系统和非结构化智慧支持系统三层。对应的案例系统是专家系统、决策支持系统和智慧支持系统等。一层比一层的智慧更高。

12.1　结构化智慧系统和专家系统

典型的结构化智慧系统是专家系统(expert systems,ES)。专家系统是一个含有知识型程序的系统,它利用捕捉人们在有限范围的知识或经验去解决一个有限范围的问题。专家系统是把专家的知识结构化,也就是说把专家的经验用结构化的语言描述下来,放在规则程序库中,当相似的情况发生时,这个程序就可代替专家作出重复性的决策。

当今的专家系统仍然是面窄、浅显和脆弱的,它缺少人们的知识宽度和对基本原理的理解。它不像人类那样有思想。人类可以抓住事物的要点,利用摘要的因果模型,直接引出结论。专家系统不能由第一原理推理,不能抓住相似,缺乏普通的感知。

所以专家系统不是一个通用的专家,不是一个问题求解器。它们只能解决很有限的任务。如果人不能解决这个问题,那么专家系统也很难解决它。但是在很窄的领域,如果专家系统捕捉了人的知识,它能很好地组织和较快地提取。

专家系统可用一个 IF-THEN 结构表达。IF 后面是条件。如条件为真,就执行后面的行动。

例如: IF INCOME>45 000 元(条件)　　　(如收入大于 45 000 元)
　　　　Print NAME AND ADDRESS(行动)　　(打印姓名和地址)

一系列这种规则就组成一个知识库。几乎所有的计算机语言均包含有 IF-THEN 结构,均可实现这种库。和语言不同之处在于专家系统的这种程序数量。一个专家系统很容易具有 200～10 000 条这种规则,一般程序只有 50～100 个 IF-THEN 语句。专家系统的程序框图,见图 12-1。

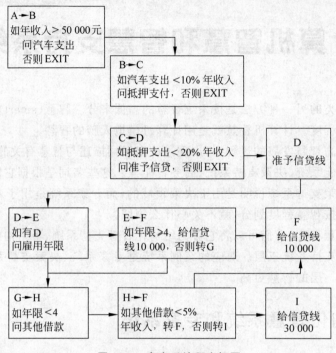

图 12-1 专家系统程序框图

由图 12-1 可以看出,执行规则的顺序,部分地取决于系统给出什么信息。多条道路可能导出同样的结果。规则可以内部互联,可以包含复杂的规则。这对专家系统来说是十分重要的。

规则库是在专家系统中以 IF-THEN 规则表示的知识集合。具有这种知识库的专家系统叫知识库专家系统。用这种形式能否存下《大英百科全书》?恐怕不能。因为这样,专家系统就会非常大,而且有些内容也不适于用 IF-THEN 规则来存。通常专家系统都是限于有限的知识领域,解决范围很窄的问题,一般规则数在 9 000 以下。

专家系统还可以用语义网络和知识框架表达知识,不再赘述。

专家系统成功的例子是很多的。也有许多产品化的专家系统,这些实际上是专家系统的开发环境或者叫专家系统外壳(expert shell)。利用它,可以容易地开发具体的专家系统。

专家系统成功的不少,但很可惜,至今成功的定义还不清楚。是商业应用成功还是理论上成功?现有的专家系统有的很大,有的很小。

具体的专家系统的例子,如惠普公司的顾客设备诊断系统(consumer appliance

diagnostic systems,CADS)帮助它的顾客服务中心代表处理每年300万条电话询问。这个系统流畅地把顾客指向一个单一的源,以求得帮助,没有延迟。以前,顾客有问题总要找三四个地方,这个问题才能获得答复。CADS用"aion's development systems for OS/2"作为它的专家系统外壳。两个知识工程师、一个程序员和三个顾客服务专家捕捉了12个产品系列的1000条规则。惠普在1999年用CADS响应每年900万个电话询问。

专家系统的推理可用前向推理和反向推理。前向推理即由用户输入的信息开始,查询规则库,然后到达结论。在条件满足时,启动行动。当用户每次输入信息时,每次启动去搜寻知识库。当输入信息满足另外的条件时,另一条通路将启动。反向推理即由一个问题开始,然后去寻找更多的信息,以评价这个问题。搜寻规则库的策略是先始于假设,然后询问用户一系列问题,直到这个假设被肯定或否定。

12.2 半结构化智慧系统和决策支持系统

典型的半结构化智慧系统的一种原型是传统的决策支持系统(decision support systems,DSS),即早期的决策支持系统。"决策"是这种系统应用的领域。我们先简述以下决策的概念。决策乃决定之意也。美国计算机学者西蒙首次将计算机的、科学的术语,引入管理领域,提出了结构化决策的概念。即决策过程可以拆分为一步一步的小过程,机械式地执行,就可得到正确的决策。每个小过程,就是一段小规则、一块砖。将这些小规则、砖,堆积起来,就能达到决策。这种理论将重视决策结果转化为重视决策过程,同时为决策科学化奠定了基础。按照这种思想将决策分为结构化、半结构化和非结构化决策三种决策。这和数学上的确定型、概率型和不确定型问题也是对应的。

什么是决策支持系统呢?一种认为"只要对决策有某些支持的系统就是决策支持系统"。一种则认为"能帮助决策者利用数据和模型去解决非结构化问题的基于计算机(computer-based)的交互式系统"才是决策支持系统。

按照前一种说法,几乎所有的系统均为决策支持系统。数据处理系统能提供数据给决策者,对其决策有某些帮助,因而也是决策支持系统。按照后者,至今我们在文章中见到介绍的决策支持系统,大多数不是决策支持系统,多数不帮助解决非结构化问题,有的不是交互式,有的数据库或模型库不全。我们则认为能支持半结构化和非结构化决策的系统才进入决策支持系统的范畴。我们认为决策支持系统应有以下特征:目的在于解决半结构化的问题;综合应用数据、模型和分析技术;有交互式人-机友好的接口;支持而不是代替人的决策过程。

决策支持系统的一般结构如图12-2所示。

由图12-2可以看出,决策支持系统的信息可来自内源和外源。决策支持系统本身包含有一些库,如数据库、模型库。决策支持系统当然应有信息处理器。决策支持系统有两个接口,一个是与内源和外源相连的DSS输入接口;一个是DSS输出接口。由输出接口

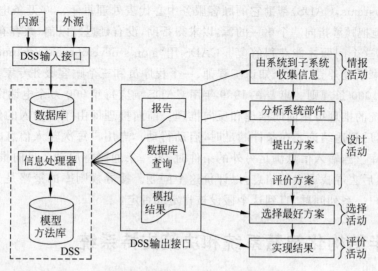

图 12-2 决策支持系统一般结构

产生一些报告、模拟结果以及查询结果，用以支持决策的四个阶段，即情报阶段、设计阶段、选择阶段和评价阶段。

换一种方法表示，见图 12-3。

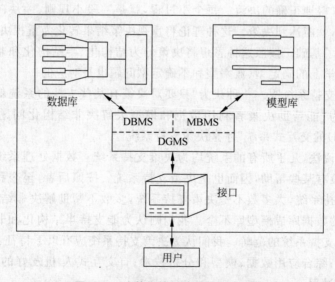

图 12-3 决策支持系统逻辑概念模式

注：DBMS 为数据库管理系统；MBMS 为模型库管理系统；DGMS 为会话部件管理系统。

由图 12-3 也可以看出，传统的决策支持系统有三个主要部件，即数据库、模型库和会话部件。根据决策的性质，决策支持系统对这三种部件有着特殊的要求。

比较适合于这种决策支持系统的数据库是关系型数据库，因为它具有一些方便的关系运算。但这还嫌不够，直接访问底层的库还是比较慢的，往往不能满足决策支持系统的要求。所以一般在这个大库上再建一个专门给决策支持系统用的小库，见图 12-4，称为决策支持系统数据库。事先从基础数据库中提取一些和决策有关的数据，进行综合，存放在其中，以备应用。当然这会造成一些冗余，但为决策的需要只好如此。

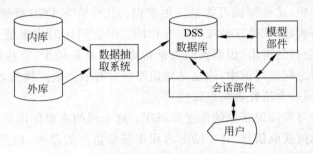

图 12-4 DSS 数据库

现在的数据库软件已经能提供数据仓库功能，它就具有这种 DSS 数据库的能力。

这种决策支持系统具有一个模型库，它是用来管理运算处理能力的。模型库帮助用户选择模型，调整模型参数，从而使用户容易使用。

这种决策支持系统还应具有对用户友好的会话部件。它多用图形、图表和用户交流，提供给用户选择回答，提供给用户内容提示，这些功能均使用户易用、愿用。

传统的决策支持系统已经开始注意提供智能能力。20 世纪 80 年代末期，美国学者已提出了智能决策支持系统的概念，见图 12-5。

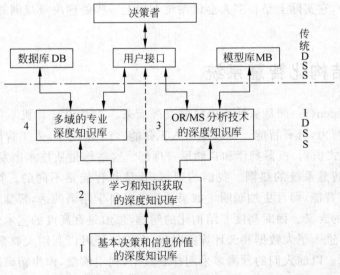

图 12-5 智能决策支持系统框架

图 12-5 中虚线以上部分是传统的 DSS,它由数据库、模型库和用户接口三大部件组成,在虚线以下是智能决策支持系统 IDSS,各个部件有不同的用途。

在这个结构图中广泛应用了深度知识库的概念。所谓深度知识指的是更一般、更基础的知识,也可以说是关于知识的知识。例如,牛顿第二定律是弹道轨迹的深度知识。

这个框图的核心部分是最下面的基本决策和信息价值的深度知识库。它应当包括决策最基本规律的知识,这种知识可能是一种常识。往往许多 DSS 所做出的结论,被很有经验的决策者轻易否定,就是这种知识在起作用。因为信息的收集是无止境的。完全的信息收集,决策就会自然得出,因而人们总是希望信息收集最少,获得决策收益最大。这就要在信息和决策之间进行折中,这也是知识库所应有的知识。当然,究竟这个库还应当包括什么知识,任何一个研究者均可设想它。

较上一层是学习和知识获取的深度知识库。这个库的主要作用是使 1 框的功能可以实现。由它指导如何获取信息,并不断学习积累获取信息的经验,以修改 3、4 框的知识。此处添加了虚线把它和接口直接联系起来,因而也可以和决策者直接会话学习。

OR/MS 深度知识库是关于如何使用 OR(运筹学)和 MS(管理科学)模型的知识。例如,根据问题的性质,如何选择一个线性规划的程序?是用全系数矩阵还是用稀疏矩阵?

用户通过接口再通过本部件去模型库中选择合适的模型。

多域的专业深度知识库包括了使用数据的知识。例如,用户只要说明问题或现象,该库可以帮助选出应用的数据,并且组成合适的结构。这个库也可以通过学习库得到各种专业领域知识的扩充。

四块设想的 IDSS 部件加到传统的 DSS 上就形成一个完全的 IDSS。

还有一种支持多人进行决策的系统,名为群体决策支持系统(group decision support systems,GDSS),它实际上是在多人会议系统上加上一些处理决策规则的系统,此处不再赘述。

12.3 非结构化智慧系统

智能(intelligent)一词是从计算机科学发展而来。它是说计算机不仅能代替体力劳动,而且能迈向智力,具有智能。所以也叫人工智能。20 世纪末,人工智能的前沿研究的三大问题是:模式识别、机器翻译和自然语言理解。这些均是从技术出发,利用推理。现今,兴起了研究智慧系统的热潮。我们的理解,智慧和智能是不同的。智慧更加非结构化。它不仅更有智能,而且更加聪明。如果说智能是科学用语的话,智慧就不仅有科学的意思,还有艺术的含义。面对高度非结构化的问题,恐怕只有高度的艺术思维才能解决。

当代我们已进入了大数据和云计算的时代,人们已经可以利用大数据,解决以前人们无法解决的问题。以前人们的预测多采用样本数据,利用模型,作出精确的预测。现在人们利用大数据,不用以前的精确的推理模型,虽得出不很精确的预测,但在一些领域却十分有用,如分类。大数据的预测只给出"是什么",不给出"为什么"。

大数据的思想并不是有计算机以后才有的。在鸦片战争的时代,美国人莫里是个航海员,不幸摔瘸了腿,改做图表工作。他对过去航海中大量的绕路费解,开始研究。他清理过去的航海书籍、地图和图表,还有海军军官的航海日记。发现有许多有用的信息,例如,特定日期和地点的风、水和天气的记录。他把这些整理起来,得到一幅全新的航海图,经过完善以后,有人用它减少了 1/3 的航程,得到了很大的商业利益。这就是信息的增值性,变废为宝。如何变?这就要依靠数据挖掘。数据挖掘是一个创意的过程,可以依靠科学,也许更多地要依靠艺术的想象力。

今天,世界已进入大数据的时代,已有的技术基础和数据基础大大地完善了,我们所做的事比莫里当年容易得多,快得多了。数据给了我们知识,知识赋予我们深窥能力和智慧。任何东西都有智慧的时代已经到来。

大数据最让人惊讶的例子是谷歌的非典预测,谷歌根据邮件上的关键词的大数据,估计出非典的源地和规模,比卫生机构做的更准更快。以后更有日本人根据汽车主人的(臀部)坐姿的数据,判断是否本人驾车,可以用来防止盗车。亚马逊将文字数据化,谷歌让它达到容易检索,实现了商业价值。GPS 将位置数据化,人们可用手机预测和控制交通,Facebook 将关系数据化,Twitter 将情绪数据化,世界向着一切事物数据化的方向前进。例如,可以根据人走路的姿势设定手机的解锁,手机丢了别人也无法使用。

当前我国出现了"智慧热",什么事的前面均冠以智慧,似乎就高级了。"智慧城市"、"智慧小区"、"智慧物流"、"智慧商场",等等,不乏有泡沫和商家炒作的意思。有的宣称的智慧服务其实是简单的无线查寻而已。例如,所谓的智慧公交能做到在公交车站边无线上网,能估计下班车何时到达,这不外是机场里的实时航班信息系统。"智慧"远不止这些。例如,机场的保安系统,它不仅能监控各地,防止盗匪进入,而且能记录大量的数据,将数据挖掘、分类,分析出有某一类人行为诡异,似为盗匪,或者说它能识别盗匪。美国就曾通过邮件信息和微博信息,分离出一类人有恐怖动机,作为防恐的对象。

要实现智慧系统,要有大数据源、知识库,还要有分析和处理的工具,更重要的要有一支有智慧的队伍和进取的企业文化。智慧支持系统的粗略过程见图 12-6。

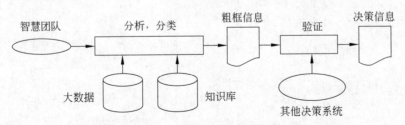

图 12-6 智慧支持过程粗略图

智慧支持和智慧支持系统是未来研究的方向。设想一下,当任何物体均有智慧,任何设备均有动力,任何地方均能联网,我们的世界将会变成什么样。较远的将来,世界可能进入"四全时代",即"全信息、全自动、全智慧、全地域"的时代。这个征程现在已经开始了,近期我们就会迎来一个技术、管理和社会的飞跃,你准备好了吗?

习题

1. 专家系统和决策支持系统的区别是什么?
2. 传统的决策支持系统的主要特点是什么?它对数据库和模型库的要求是什么?
3. 试论决策支持系统人机会话的性质和决策支持系统对接口的要求。如何衡量接口的好坏?
4. 群体决策支持系统和普通决策支持系统有什么区别?
5. 智慧支持系统主要试图解决 DSS 所不能解决的什么问题?其解决的思路是什么?
6. 试论智慧支持系统的问题和发展方向。

Part 4　第 4 篇

开 发 篇

第 13 章　信息系统规划
第 14 章　信息系统开发方法
第 15 章　系统分析
第 16 章　系统设计
第 17 章　系统实施、评价与运行管理

通过前几章的学习，我们已经清楚了管理信息系统的概念、性质和应用形式。本篇将介绍信息系统的建设与开发，包括信息系统的规划、项目确定后的开发、开发过程中的系统分析、系统设计、系统实施和系统运行管理等。

信息系统的建设或者是新建，或者是改建，但无论是新建或改建，都要用系统的方法，从社会-技术系统的全局出发，很好地组织才能成功。本篇所讲的方法将会对信息系统的建设有很大的帮助。

在信息系统的建设开始以前，首先要解决领导问题。根据经验，信息系统建设不成功的原因主要是领导问题。美国的经验是：主要领导者不是参加者而是旁观者是信息系统失败的主要原因，更不用说是反对者；苏联很成功地建成了大约5 000套系统，约2 500套用于企业，约2 500套用于政府管理。他们的经验是"第一把手"原则，即组织的第一把手亲自参加领导是成功的关键。为此建立以主要领导为领导的IS领导小组应是信息系统建设的第一步，见图Ⅳ-1。

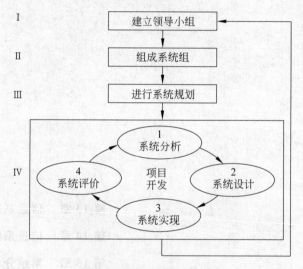

图Ⅳ-1 信息系统建设的步骤

这个领导小组应以企业主要领导为组长，其成员应包括企业各职能部门的负责人、信息部门负责人以及内部或外请的系统分析员等。在它的领导下成立系统组（或者是系统规划组、系统开发组等）。它应包括系统分析员、各职能部门的业务骨干、信息系统技术人员等。这是一个全时进行系统规划的组织。

组织建成以后一般应先进行规划，有了规划以后，确定了一些项目，就可针对某个项目进行开发，项目开发应包括系统分析、系统设计、系统实施和系统运行等阶段。

CHAPTER 13
第13章

信息系统规划

规划(planning)是对未来的安排。人类社会发展到今天,已经具有了相当大的能力,要做的事情越来越大,没有事先的规划就很难做到,所以有人说"21世纪是规划的世纪,没有规划了却做不到的事情,也没有没规划而做到的事情。"我们说,"未来管理最重要的是管理未来",在将来,规划管理将是最重要的管理。

信息系统规划(information system planning,ISP)是对信息系统的未来的安排,它也将成为信息系统管理的最重要的问题。它之所以重要,首先在于现在信息系统的应用已越来越为企业战略服务,信息系统如不能实现,直接影响企业战略的实现,企业要做什么,往往取决于信息系统能做什么。企业战略不能实现,企业就将丧失优势,甚至使企业陷于被动地位,进而导致企业倒闭。

其次,现代企业用于信息系统的投资越来越多,例如,宝钢投资已多达亿元。信息系统的建设是个投资巨大、历时很长的工程项目,少则2～3年,多则7～8年,规划不好,就会造成巨大的损失。通常人们有一种认识,假如一个操作错误可能损失几万元,那么一个设计错误就会损失几十万元,一个计划的错误就会损失几百万元,而一个规划错误的损失则能达到千万元,甚至上亿元。因而比起计划、设计、运行,规划就显得更重要。

再次,由于过去的信息系统建设没有规划好,头疼医头,脚疼医脚,已经造成系统的混乱,许多孤立的系统,很难连通集成,形成一种烂摊子式的"遗产",使用不便,维护困难,设备冗余,浪费极大。阻碍了企业和信息系统的进一步发展。正像城市建设的"填挖填挖填挖填挖,挖填挖填挖挖填",既浪费又扰民,给人以深刻的教训。因此,前人衷心地劝导后人要十分重视规划。

由于我国处于实体经济的发展期,人们普遍地重视实体,轻视虚拟,只愿动手,不愿动脑,很容易产生"重硬、轻软"、"重眼前、轻长远"的片面性,把信息系统的规划摆到重要的战略位置,更成为信息系统教育的重点。

再者,一个规划是一份号召书,一个动员令,跟随规划的将是大规模的企业变革活动,一份好的规划就会有一个好的开头。要做到这点,规划应当有新意,使人有振奋感,所以说规划不仅是科学,而且是艺术,一份好的规划会给企业的不仅是产出的跃升,而且会给企业带来全新的精神面貌。学习本章,首先要学习重规划的思想,然后才是各种规划的方法,切勿只见树木,不见森林,丢了西瓜捡芝麻。

13.1　什么是战略规划

战略规划(strategy planning)是组织长远的计划,一般是3~5年,长的能到50年。当然,由于时间长,未定因素多,因而,相对于短期计划而言,它也比较粗。它主要是描述企业领导者关于企业发展的一些概念的集合,包括以下几方面。

(1) 组织的环境:包括政治、经济、社会、技术环境(简称PEST),竞争对手和自身环境,应用SWOT(优势、劣势、机会、威胁)方法进行分析。

(2) 组织的方向:包括组织的使命(mission)、愿景(vision)和目的(goal)。使命是组织成立的依据,是组织的天职,或根本大任。愿景是对未来向往的憧憬,是对想象的"天堂"的描述。目的则是靶心,是行动方向的相对位置的描述。例如,某学校的使命是培养人才,出科研成果。对学校的愿景是美丽的校园、丰富的图书、先进的设备、优秀的教师队伍和浓厚的学术氛围等。学校的目的则是,十年内争取进入全国前十名等。

(3) 组织的目标(objectives)和达到目标的战略:相对于目的而言,目标则是可量化的,如学生数量、发表论文进入SCI和EI的数量、科研经费数量等。达到目标的战略是一种途径的描述,是政策、策略和决策的集合。如首先建立优秀的教师队伍、塑造学校高水平的无形资产、吸引优秀的学生等。

13.1.1　战略规划的愿景、目的和目标

愿景(vision),指的是对所要达到的理想境界的一种想象。想象的好坏,决定了你所做的产出的优劣。如果你想象的信息系统水平本来就不高,只是打几份报表,注定了它就不可能对经理进行决策支持。所以愿景的设想是十分重要的。如习近平主席所提的"中国梦",梦就是愿景,我们每个人对每项工作都要有梦想,都要有个好的愿景。

愿景有长期的愿景、中期的愿景,当然也有近期的愿景。例如,我们社会的长期愿景是共产主义社会;中期愿景是社会主义中期阶段;而近期的愿景是社会主义初期阶段的小康社会。一般,信息系统的长期愿景是10年的愿景,中期是3年的,近期就是半年的,也就是马上要做的项目。

愿景,尤其是长期的愿景,第一重要的是,贵在有想象力。不善于想,不善于梦,就没有好的愿景。如解决城市交通问题,只是想到路不够宽,就扩路,两条道、四条道,甚至十条道,就不是个好办法,为什么不想到修地铁,甚至是一层、二层的地铁?为什么不想到建设卫星式的城市?甚至为什么不想到利用网络在家上班,用信息流代替物流,从而从根本上解决交通问题。

制定愿景第二个重要的问题是掌握好"度"。"少度不发,过度则负",温度不够,不能消毒;温度过高,则破坏营养。过去我们的信息系统建设,往往不敢想象,愿景过分短视。当系统实现时,发现已经落伍,甚至有人调侃说"鉴定会就是追悼会",当然也有具体的原

因,比如你所模仿的国外技术本身就已快落伍了,还有系统实施的进度往往拖拉,制定时是先进的,实现时已经落伍。信息工作者的愿景意识应当比一般人更强,我们现在就要考虑到怎么和大数据、和云计算时代衔接。当全国人正在沉醉于"小康梦"之时,我们就要考虑到富了以后怎么办。

目的(goal),指的是指向未来的目的地。目标(objectives),是在不久的将来可以达到的可测量的东西。如建立和维护一个学校在科学界的领导地位是一个目的,而在某年某月发展到学生万人就是一种目标。

目的和目标可以由以下几个方面区分。

(1) 时间区段:目的是持久的,无终止的,无时限的。而目标是有时限的,可以为子目标所替代的。

(2) 特殊性:目的指的内容较广,较通用,较粗的,是涉及印象、风格以及认识上的东西,是对未来的憧憬;目标则较专,是在某一时刻可以达到的东西。一个目标的完成就沿着目的所指的境界前进了一步,但未必能达到最终目的,一个战役的胜利绝不等于战争的胜利。

(3) 聚焦点:目的常根据外部环境叙述,而目标则是内向的,隐含如何利用企业的资源。

(4) 度量:目的和目标均是可数量化的,但目的常以相关项叙述,如"……达到前10名";目标是以绝对项叙述的,如"赢利的50%来自外省的顾客"。

13.1.2 战略规划的特点

战略规划的有效性包括两个方面,一方面是战略正确与否,正确的战略应当做到组织资源和环境的良好匹配;另一方面是战略是否适合于该组织的管理过程,也就是和组织活动匹配与否。一个有效的战略一般有以下特点。

(1) 方向目标明确。战略规划的方向应当是明确的,不应是二义的。其内容应当使人振奋和鼓舞,经常用简单的一句话概括,如"建设世界一流大学"、"奔小康"等。目标要先进,但经过努力可以达到,其描述的语言应当是坚定和简练的,如"十年翻一番"。

(2) 可执行性良好。好的战略的说明应当是通俗的、明确的和可执行的,它应当是各级领导的向导,使各级领导能确切地了解它、执行它,并使自己的战略和它保持一致。

(3) 组织人事落实。制定战略的人往往也是执行战略的人,一个好的战略计划只有有了好的人员执行,它才能实现。因而,战略计划要求一级级落实,直到个人。高层领导制定的战略一般应以方向和约束的形式告诉下级,下级接受任务,并以同样的方式告诉再下级,这样一级一级地细化,做到深入人心,人人皆知,战略计划也就个人化了。

个人化的战略计划明确了每一个人的责任,每一个人了解自己在组织中的地位,可以充分调动每一个人的积极性。这样,一方面,激励了大家动脑筋想办法,努力完成自己的计划;另一方面,增加了组织的生命力和创造性。在一个复杂的组织中只靠高层领导一个人是难以识别所有机会的。

(4) 灵活性好。一个组织的目标可能不随时间而变，但它的活动范围和组织计划的形式无时无刻不在改变。现在所制定的战略计划只是一个暂时的文件，只适用于现在，应当进行周期性的校核和评审，灵活性强使之容易适应变革的需要。

13.1.3　战略规划的内容

战略规划的内容由三个要素组成，即方向和目标、约束和政策，以及计划和指标。

(1) 方向和目标。方向和目标的设立是很困难的，经理在设立方向和目标时有自己的价值观和自己的抱负，但是他不得不考虑外部的环境和自己的长处。因而最后确定的目标总是这些东西的折中，这种折中往往是主观的，但又是不得已的。一般来说，最后确定的方向目标绝不是一个人的愿望。

(2) 约束和政策。上级的政策一方面要鼓励下级向正确的方向前进，另一方面又要约束下级的乱作为，给企业的总方向制造摩擦力。

(3) 计划与指标。计划与指标是近期的任务，计划的责任在于进行机会和资源的匹配。但是这里考虑的是现在的情况，或者说是很近期的将来的情况。由于是短期，有时可以做出最优的计划，以达到最好的指标。经理或厂长以为他做到了最好的时间平衡，但这还是主观的，实际情况难以完全相符。

战略规划内容的制定处处体现了平衡与折中，要在此基础上考虑回答以下四个问题：

① 我们要求做什么？What do we want to do？
② 我们可以做什么？What might we do？
③ 我们能做什么？What can we do？
④ 我们应当做什么？What should we do？

这些问题的回答均是领导个人基于对机会的认识，基于对组织长处和短处的自我评价，以及基于自己的价值观和抱负做出的。所有这些不仅限于现实，而且要考虑到未来。

战略规划是分层次的，正如以上所说战略规划不仅在最高层有，在中层和基层也应有，一个企业一般应有三层战略，即公司级、业务级和执行级。每一级均有三个要素：方向和目标、政策和约束以及计划和指标。这9个因素构成了战略规划矩阵，也就是战略规划的框架结构，见图 13-1。

在图 13-1 所示的结构中，唯一比较独立的元素是①，它的确定基本上不受图内其他元素的影响，但是它仍然受到图外环境的影响，而且和图中④也有些关系。因为当考虑总目标时不能不考虑各种业务目标完成的情况，例如，在确定总的财务目标时不能不了解公司财务的现实状况。

其他元素都是互相关联的，当业务经理确定自己的目标④时，他要考虑上级的目标①，也要考虑公司的约束和政策②。尤其当公司活动的多样性增加的时候，公司总目标所覆盖的范围相对降低，必然需要下级有自己的目标。一个运行很好的公司应当要求自己

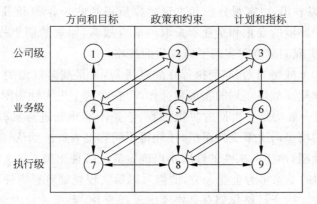

图 13-1　战略规划的框架结构

的下属做到"上有政策,下有对策",而不应当满意那种"上有政策,下无对策"的下属。同样,这样的公司领导也应当善于合理地确定自己的目标,善于发布诱导性的政策和约束。

执行经理的目标⑦不仅受到上级目标④的影响,而且要受到上级的约束和政策⑤的影响。

总的结构是上下左右关联,而左下和右上相关,上下级之间是集成关系。这点在计划和指标列最为明显,这列是由最实在的东西组成,上级的计划实际上也是下级计划的汇总。左右之间是引导关系,约束和政策是由目标引出,计划和指标则是由约束和政策引出。

13.1.4　战略规划的实现

上面所说的战略实际上是期望的战略,实现的战略往往和期望战略不一样,见图 13-2。

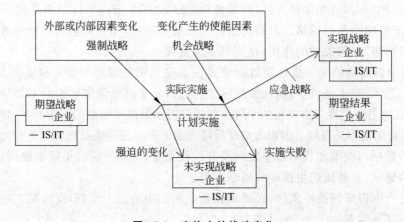

图 13-2　实施中的战略变化

由图 13-2 可以看出,由客观分析和主观想象所得到的企业和 IS/IT 期望战略,不是都能实现的。由于环境的变化和企业所采取的应变战略,原来的期望战略可能有三个结果:期望结果、未实现的战略和实现了修改后的战略。

如何制定好一个战略规划,如何执行好战略规划,又是战略规划的一个主要内容,这叫战略规划的操作化。战略规划的实现和操作,存在着两个先天性的困难。

(1) 这种规划一般均是一次性的决策过程,它是不能预先进行实验的。用一些管理科学理论所建立的模型与决策支持系统,往往得不到管理人员的承认,他们喜欢用自己的经验建立启发式模型,由于一次性的性质难以确定究竟哪种正确。

(2) 参加规划的专家多为企业人员,他们对以后实现规划负有责任,规划的结果和他们的自身利益有关。由于战略规划总是要考虑外部变化,要求进行内部的变革以适应外部变化,这种变革又往往是这些企业人员不欢迎的,或者损害他们的既得利益。这样他们就有可能在实行这种战略规划时持反对态度。

为了执行好战略规划,应当做到以下几点。

(1) 做好思想动员。让各种人员了解战略规划的意义,知道如何才能做好战略规划,并能积极参加战略规划的实施。例如,让高层干部了解规划的重要性,不只把规划放在心里,而且要写出,要让组织人员知道规划。现在 80% 的高层领导说有规划,但只有 50% 的人能拿出。要让高层人员知道吸收外部人员参加规划的好处,要善于把制定规划的人的意图让执行计划的人理解。对于一些大企业战略计划的新思想往往应当和企业的文化的形式相符合,或者说应当以旧的企业习惯的方式推行新的内容,尽管推行的目的是改变旧的形式。只要规划一旦制定,就不要轻易改动,无论困境或顺境均应坚持,除非已证明它是完全错误的。

作好思想动员工作是一个"造势"过程,任何社会性活动或项目均需"动先造势,势在必行"。必须造成一种大家齐心、坚决执行、不达目的绝不罢休的气势。要让正气压倒邪气,让那些作梗的人,或想保留自己"自留地"的人,没有市场。项目如果遇到一点小的挫折,也不至于影响团队的情绪。只有在这种气场的环境中,项目才能顺利地进行。领导的决心,对这种"势"起着关键的作用,也应当十分重视。

(2) 激励新战略思想。战略规划的重要核心应当说是战略思想。战略思想是创新,一般来说是艺术,而不是科学,因此要激励。往往由于平时的许多紧迫的工作疏忽了战略的重要性,这就是紧迫性与重要性的矛盾。如果没有新的战略思想的不断产生,现在运行得很好的企业将来也不见得好。因而激励新战略思想的产生是企业获得强大生命力的源泉。

通常的数据与决策和战略思想之间没有线性关系,也就是说收集很多数据,进行许多经常决策的研究,未必能产生很好的战略思想。

为了能产生很好的战略思想,必须加强企业领导中的民主气氛,发扬职工的主人翁精神。应做到以下两点。

① 明确战略思想的重要性,改变职工的压抑心情,改变企业的精神面貌,上下级应进

行思想沟通。例如，进行以下七维的沟通，即战略的"硬件"、结构和系统，组织的软件、技术、人员和风格。一般来说企业应当将老的管理方式注入新的规划，然后再去追求老的方式的改变。转变思想过程中中层管理起着关键的作用，要特别重视。

② 要奖励创造性的战略思想，克服言者有罪的现象。对企业战略思想有贡献的人应给予奖励。对应用产生效果者更要给以精神上和物质上的重奖，而且应当把它当成企业的骄傲。有的公司对有创造性建议的人，让他脱产，给他一年实践的时间，即使没成功，回到原岗位也把他当成受尊敬的人物，并在他的档案中当成一件好事记下来。有的企业领导还注意用非正规的方式吸收新战略思想，如利用午餐时的"异端邪说"吸取新的思想。对于提了很好建议而一时无法实现的人，要做好工作，不要挫伤积极性。有些公司经理不仅不扶植新战略思想的苗子，反而为创造思维所激怒，造成恶劣影响。因而在选择公司经理时应把对待创造思维的态度或有没有战略思想当成重要条件。

（3）采用科学的步骤。无论是企业的战略规划或者是企业的信息系统规划都是一项大的系统工程。做好大的系统工程项目，关键要做到明确系统的目标，组成系统的队伍和采用系统工程的步骤。本章前面已对目标的确定做了很多介绍。下面介绍一下队伍组成问题。

组成系统队伍首先就要确定系统的领导。战略规划由谁来领导呢？企业的战略规划显然应由企业的最高领导来担任，信息系统的战略规划应由谁来领导呢？

苏联和美国都有经验，苏联的经验是"第一把手"原则，美国是"主要领导参加"的原则。总之都是要企业的最高领导出马担任领导。一般的做法是先建立一个领导委员会，委员会的主席是企业的总经理或副总经理。委员会的成员应包括企业各职能部门、各下属机构的负责人。如为信息系统规划，则还应有一些信息系统方面的专家或外来顾问。领导委员会是规划的最高决策机构。在它的下面，应设有一个系统规划组。这是一个全时进行规划工作的组织。值得注意的是，其人员不仅应有 IT 专家和系统分析员，而且应包含各职能部门的业务骨干，他们熟悉企业业务的流程，而且他们和业务人员有很好的沟通。关于系统工程步骤的问题将在下节讲解。

（4）把规划活动当成一个连续的过程。在规划制定和实行的过程中要不断进行"评价与控制"，也就是不断地综合集成各种规划和负责执行这种规划的管理，不断调整，这就是战略管理的概念。只有这样，战略规划才可能成功。一个好的战略管理应当包含以下几个内容：①建立运营原则；②确定企业地位；③设立战略目标；④进行评价与控制。这些内容在整个运营过程中是动态的和不断修改的。不仅如此，随着当代"战略短线化的管理趋势"，企业进行战略规划的组织有成为常设组织的趋势。

13.2 什么是管理信息系统的战略规划

管理信息系统的战略规划是关于管理信息系统的长远发展的计划，是企业战略规划的一个重要部分。它和企业战略规划有相同的性质和几乎相同的步骤，只是在内容上深入到信息系统。这不仅由于管理信息系统的建设是一项耗资巨大、历时很长、技术复杂且又内外交叉的工程,更因为信息已成为企业的生命线,信息系统和企业的运营方式、文化习惯息息相关。可惜,当前我国有些企业对管理信息系统的规划仍提不到日程上。

一个有效的战略规划可以使信息系统和用户有较好的关系,可以做到信息资源的合理分配和使用,从而可以节省信息系统的投资。一个有效的规划还可以促进信息系统应用的深化。如 MRP Ⅱ 的应用,可以为企业创造更多的利润。一个好的规划还可以作为一个标准,可以考核信息系统人员的工作,使他们明确方向,调动他们的积极性。进行一个规划的过程本身就迫使企业领导回顾过去的工作,发现可以改进的地方。总之,管理信息系统的规划对我国企业是非常重要的,应大力提倡和推广。

管理信息系统的战略规划的内容包含甚广,由企业的总目标到各职能部门的目标,以及他们的政策和计划,直到企业信息部门的活动与发展,绝不只是拿点钱买点机器的规划。一个管理信息系统的规划应包括组织的战略目标、政策和约束、计划和指标的分析;应包括管理信息系统的目标、约束以及计划指标的分析;应包括应用系统或系统的功能结构、信息系统的组织、人员、管理和运行的分析;还包括信息系统的效益分析和实施计划等。

进行管理信息系统的战略规划一般应包括以下一些步骤,见图13-3。

第1步,规划基本问题的确定。应包括规划的年限、规划的方法,确定集中式还是分散式的规划以及是进取还是保守的规划。

第2步,收集初始信息。包括从各级干部、与卖主相似的企业、本企业内部各种信息系统委员会、各种文件以及从书籍和杂志中收集信息。

第3步,现存状态的评价和识别计划约束。包括目标、系统开发方法、计划活动、现存硬件和它的质量、信息部门人员、运行和控制、资金、安全措施、人员经验、手续和标准、中期和长期优先序、外部和内部关系、现存的设备、现存软件及其质量,以及企业的思想和道德状况。

第4步,设置目标。这实际上应由总经理和 MIS 委员会来设置,它应包括服务的质量和范围、政策、组织以及人员等,它不仅包括信息系统的目标,而且应有整个企业的目标。

第5步,准备性能评价矩阵。这实际上是评价建成的信息系统以及信息系统开发工作好坏的指标矩阵。

第6步,提出解决方案。一般至少3个方案,也可能多至 n 个。

第7步,对每一个方案做出较详细的说明。

第8步,在其中选择最好的方案。

第9步,写出规划报告。这时要与用户和 MIS 委员会反复交流讨论。

第10步,写出的规划要经总经理批准才能生效,并宣告战略规划任务的完成。如果总经理没批准,只好再重新进行规划。

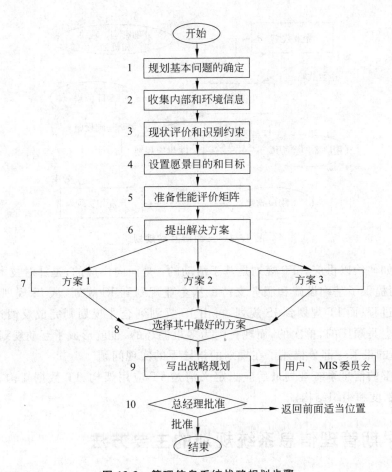

图 13-3　管理信息系统战略规划步骤

最能说明企业规划和 IS/IT 规划关系的是"三明治法"。它将规划分为企业规划、IS 规划和 IT 规划三层。三者紧密联系，相互交互，多次循环，多重反馈。这三层规划是 BP、ISP 和 ITP（information technology planning，信息技术规划）。三层规划的关系见图 13-4。

这里企业规划、IS 规划和 IT 规划形成了三层，形如三明治，我们把它叫做三明治规划。这里企业规划是龙头，是领先的，也是最上层的。它根据外部环境，分析市场需求、威胁和机会来确定规划的使命、愿景、目的和目标，也就是企业规划的主要思路。值得注意的是，在此同时它也考虑了 IT 的潜力。这里给出的战略是初步的战略，用它指导 IS 规划。企业规划说明了企业向何处去？（Where is the business going?）为什么？（Why?）IS 规划要说明的是要求什么？（What is required?）就是 IT 的需求是什么，需要些什么信息和系统？这个规划是基于企业业务的，是面向需求的，是针对应用的。这种需求的目的是支持企业规划的。这个规划所确定的需求和优先权将作为 IT 规划的输入。IT 规划将解

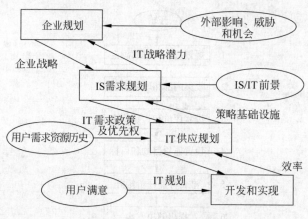

图 13-4 三明治互动规划

决这种需求如何给以供应。IT 规划是基于活动的；是面向供应的；是针对技术的。IT 规划为 IS 规划提供了基础设施和服务支持。从企业规划到 IS 规划，从 IS 规划到 IT 规划完成了正向过程；而 IT 规划到 IS 规划，再由 IS 规划到企业规划则完成反馈过程。早期的规划基本上是顺序的、单次的；而现在则为多重循环的，也就形成了互动规划。

图 13-4 的最下一部分描述了在规划的指导下的实现问题。

一个完整的信息系统规划最后应当定义清楚 IT 应用架构、IT 数据架构、IT 基础设施、IT 管理制度和组织结构。

13.3 早期管理信息系统规划的主要方法

最早，管理信息系统的规划没有成为单独划出的一个阶段，只是把它当成系统开发前的需求调查，我们把它称为职能需求法。顾名思义，职能需求法就是由现有企业的各个职能调查其需求，然后靠经验和艺术的方式总结汇总，投射未来，做出规划。可惜我国现在大多数企业仍然应用此法。

稍后，许多学者提出了很多用于管理信息系统规划的方法，主要有关键成功因素法（critical success factors，CSF）、战略目标集转化法（strategy set transformation，SST）和企业系统计划法（business system planning，BSP）。其他还有企业信息分析与集成技术（BIAIT）、产出/方法分析（E/M）、投资回收法（ROI）、征费法（charge out）、零线预算法、阶石法等。使用最多的是前三种，后几种用于特殊情况，或者作为整体规划的一部分使用。

13.3.1 关键成功因素法

1970 年哈佛大学教授 William Zani 在 MIS 模型中用了关键成功变量，这些变量是确定 MIS 成败的因素。过了 10 年，MIT 教授 John Rockart 把 CSF 提高成为 MIS 的战略。

作为一个例子,有人把这种方法用于数据库的分析与建立,它包含以下几个步骤:

(1) 了解企业目标;
(2) 识别关键成功因素;
(3) 识别性能的指标和标准;
(4) 识别测量性能的数据。

这 4 个步骤可以用一个图表示,见图 13-5。

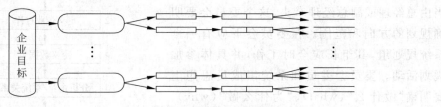

图 13-5 关键成功因素法步骤

关键成功因素法源自企业目标,通过目标分解和识别、关键成功因素识别、性能指标识别,一直到产生数据字典。这好像建立了一个数据库,一直细化到数据字典。关键成功因素就是要识别联系于系统目标的主要数据类及其关系。

如何评价这些因素中哪些因素是关键成功因素,不同的企业是不同的。

13.3.2 战略目标集转化法

William King 于 1978 年提出,他把整个战略目标看成一个"信息集合",由使命、目标、战略和其他战略变量(如管理的复杂性、改革习惯以及重要的环境约束)等组成。MIS 的战略规划过程是把组织的战略目标转变为 MIS 战略目标的过程。

13.3.3 企业系统计划法

IBM 公司 20 世纪 70 年代初将 BSP 作为用于内部系统开发的一种方法,它主要是基于用信息支持企业运行的思想。在总的思路上它和前述的方法有许多类似之处,但它特别强调有系统角度的思考。它也是先自上而下识别系统目标,识别企业过程,识别数据,然后再自下而上设计系统,以支持目标,见图 13-6。

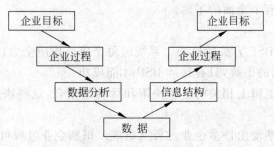

图 13-6 BSP 方法步骤

BSP 方法是把企业目标转化为信息系统(IS)战略的全过程。BSP 方法所支持的目标是企业各层次的目标,实现这种支持需要许多子系统,进行 BSP 工作的步骤参见图 13-7。

BSP 工作是系统工程性工作,所以要很好地准备。准备工作包括接受任务和组织队伍。一般接受任务是由一个委员会承担,委员会应当由总经理或副总经理牵头,这个委员会要明确规划的方向和范围。在委员会下应有一个系统规划组,其组长应全时工作,并具体参加规划活动。委员会委员和系统组成员思想上要明确"做什么"(what)、"为什么做"(why)、"如何做"(how),以及希望达到的目标是什么。要准备必要的条件:一个工作控制室、一个工作计划、一个采访交谈计划、一个最终报告的提纲,还有一些必要的经费。所有这些均落实后,还要得到委员会主任认可,准备工作才算落实了,正式工作即可开始。在这里要再强调一下准备工作,如果准备工作没做好,不要仓促上阵。我国许多企业现在仍存在未认真做准备工作,急于上马,结果是欲速则不达,危害整个工程。

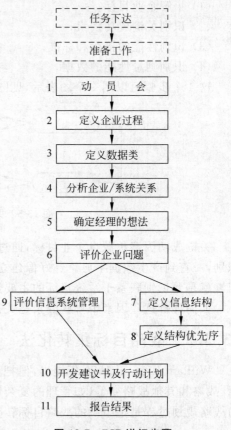

图 13-7 BSP 详细步骤

下面对 BSP 的主要活动进行介绍。

1. 开始的动员会

首先,动员会要说清工作的期望和期望输出。其次,系统组要简介企业的现状,包括政治、经济、管理上的敏感问题。还应介绍企业的决策过程、组织功能、关键人物、用户的期望、用户对现有信息系统的看法等。最后,由信息系统负责人介绍信息人员对于企业的看法,同时应介绍现有项目状况、历史状况以及信息系统的问题。通过介绍让大家对企业和对信息支持的要求有个全面的了解。

2. 定义企业过程

定义企业过程是 BSP 方法的核心。系统组每个成员均应全力以赴去识别它们,描述它们,对它们要有透彻的了解,只有这样 BSP 才能成功。

企业过程定义为逻辑上相关的一组决策和活动的集合,这些决策和活动是管理企业资源所需要的。

整个企业的管理活动由许多企业过程所组成。识别企业过程可对企业如何完成其目标有个深刻的了解,识别企业过程可以作为信息识别构成信息系统的基础,按照企业过程所建造的信息系统,在企业组织变化时可以不必改变,或者说信息系统相对独立于组织。定义企业过程的步骤见图 13-8。

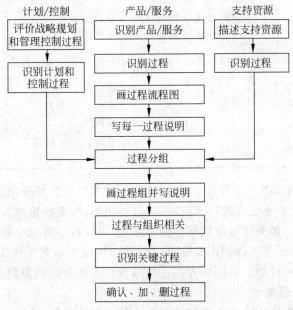

图 13-8 定义企业过程的步骤

任何企业的活动均由三方面组成:一方面是计划和控制;另一方面是产品和服务;再一方面是支持资源。这可以说是三个源泉,任何活动均由这里导出。具体的识别过程可由更专业的书籍找到,本书不再赘述。

3. 定义数据类

识别企业数据的方法有两种,一种是企业实体法,一种是企业过程法。企业实体法是首先找到企业实体,根据实体发现数据。企业的实体有顾客、产品、材料及人员等企业中客观存在的东西,联系于每个实体的生命周期阶段就有各种数据,各种数据的关系如图 13-9 所示。

企业实体法的第一步是列出企业实体,一般来说要列出 7~15 个实体。第二步,列出一个矩阵,实体列于水平方向,在垂直方向列出数据类,见表 13-1。

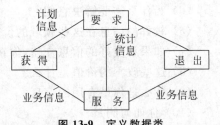

图 13-9 定义数据类

另一种识别数据的方法是企业过程法,本书不再赘述。

4. 分析企业和系统的关系

分析企业和系统的关系主要用几个矩阵来表示。其一,组织/过程矩阵,它在水平方向列出各种过程,垂直方向列出各种组织,如果该组织是该过程的主要负责者或决策者,

表 13-1　企业实体法

企业实体＼数据类	产品	顾客	设备	材料	卖主	现金	人员
计划/模型	产品计划	销售领域 市场计划	能力计划 设备计划	材料需求 生产调度		预算	人员计划
统计/汇总	产品需求	销售历史	运行 设备利用	开列需求	卖主行为	财务统计	生产率 赢利历史
库存	产品 成品 零件	顾客	设备 机器负荷	原材料 成本 材料单	卖主	财务 会计总账	雇用工资 技术
业务	订货	运输		采购 订货	材料 接收	接收 支付	

则在对应的矩阵元中画"*";若为主要参加者就画"×";若为部分参加者就画"/",这样一目了然。其二,如果企业已有现行系统时,可以画出组织/系统矩阵。在矩阵元中填 C,表示该组织用该系统。如果该组织以后想用某系统,可以在矩阵元中填入 P,表示该组织计划用该系统。其三,同理可以画出系统/过程矩阵,用以表示某系统支持某过程。还可以用 C 和 P 表示现行和计划。用同样方法还可以画出系统和数据类的关系。

5. 确定经理的想法

确定经理的想法就是确定企业领导对企业长远前途的看法。

作为系统组的成员就应当很好地准备采访提纲、很好地采访以及很好地分析总结等。采访的主要问题参考如下:

(1) 你的责任领域是什么?
(2) 基本目标是什么?
(3) 你去年达到目标所遇到的三个最大的问题是什么?
(4) 什么东西妨碍你解决它们?
(5) 为什么需要解决它们?
(6) 较好的信息在这些领域的价值是什么?
(7) 如果有更好的信息支持,你在什么领域还能得到最大的改善?
(8) 这些改善的价值是什么?
(9) 什么是你最有用的信息?
(10) 你如何测量?
(11) 你如何衡量你的下级?
(12) 你希望做什么样的决策?
(13) 你的领域明年和 3 年内主要变化是什么?
(14) 你希望本次规划研究达到什么结果?
(15) 规划对你和企业将起什么作用?

以上问题供参考,应根据具体情况增删。一般来说,所提问题应是 open up 型,即打开话匣子型,而不应当是 close down 型,即只回答是否式的问题。具体的采访技巧不在这里赘述。

6. 评价企业问题

在 BSP 采访以后应当根据这些资料来评价企业的问题。根据这个图,第一步就要总结采访数据,这可以汇集到一个表中。

第二步是分类采访数据。任何采访的数据均要分三类,即现存系统的问题和解、新系统需求和解以及非 IS 问题。第三类问题虽不是信息系统所能解决的,但也应充分重视,并整理递交总经理。

第三步是把数据和过程关联起来,可以用问题/过程矩阵表示。

7. 定义信息结构

定义信息结构实际上是划分子系统。BSP 方法是根据信息的产生和使用来划分子系统的,它尽量把信息产生的企业过程和使用的企业过程划分在一个子系统中,从而减少了子系统之间的信息交换。具体的做法是用 U/C 图,U 表示使用(use),C 表示产生(create),具体做法可参考更专业书籍,本书不再赘述。

下面将对这些方法进行评价。

CSF 方法能抓住主要矛盾,使目标的识别突出了重点。由于经理们比较熟悉这种方法,用这种方法所确定的目标,经理们乐于努力去实现,或者说它和传统的方法衔接得比较好,但是它只是在确定管理目标上较有效,在以后的目标细化和实现上作用很小。

SST 方法从另一个角度识别管理目标,它反映了各种人的要求,而且给出了按这种要求的分层,然后转化为信息系统目标,它是一种结构化方法。它能保证目标比较全面,疏漏较少,但它在突出重点方面不如前者。

BSP 方法虽然也首先强调目标,但它没有明显的目标引出过程。它通过管理人员酝酿"过程"涉及了系统目标,企业目标到系统目标的转换是通过组织/系统、组织/过程以及系统/过程矩阵的分析得到的。这样可以定义出新的系统以支持企业过程,也就把企业的目标转化为系统的目标,所以我们说识别企业过程是 BSP 战略规划的中心,绝不能把 BSP 方法的中心内容当成 U/C 矩阵。

20 世纪 80 年代初中国就有学者把这三种方法结合起来使用,把它叫 CSB 方法(即 CSF、SST 和 BSP 结合)。这种方法先用 CSF 方法确定企业目标,然后用 SST 方法补充完善企业目标,并将这些目标转化为信息系统目标,用 BSP 方法校核两个目标,并确定信息系统结构,这样就补充了单个方法的不足。当然这也使得整个方法过于复杂,而削弱了单个方法的灵活性。

13.4 信息系统规划方法的演进

随着信息系统技术的进步,信息系统在企业中的应用经历了提高效率阶段、提高效益阶段到寻找机会阶段。信息系统的应用形式也由数据处理系统发展到管理报告系统、决策支持系统、战略信息系统,到全球网络系统,现在又到了大数据和云计算的时代,信息系统已经用上了基于云的智慧系统。不同的应用,不同的形式,必然导致不同的规划方式。从企业规划(BP)和信息系统规划(ISP)的关系上来分析,信息系统规划经历了4个阶段:孤立规划阶段、顺序规划阶段、交互规划阶段和整体规划阶段。

阶段一:孤立规划阶段。BP——年度预算。ISP——功能自动化。BP与ISP间联系较少。

阶段二:顺序规划阶段。BP——差距分析、静态资源分配、多年度预算。ISP——为决策者提供内部辅助决策信息。BP指导ISP方向,ISP跟随BP,支持改善内部效率。

阶段三:交互规划阶段。BP——面向外部战略思考,动态资源分配。ISP——考虑外部影响,ISP如何为BP作出贡献。BP和ISP相互影响。

阶段四:整体规划阶段。BP和ISP结合在一起共同应对外部的影响和提升内部的核心能力。BP和ISP在领导、人员、时间上一致起来。

阶段一用于20世纪60年代以前,阶段二盛于20世纪60年代初到60年代末,上述CSF、SST和BSP均为这个阶段的产物,实际上它是与管理报告系统的应用相联系的。阶段三为20世纪70年代初到80年代末,它与决策支持系统和战略信息系统的应用相联系的,这个阶段的例子如"三明治"法。阶段四始于20世纪80年代末,持续至今,它的一个例子是BPR(business process reengineering),将在下一节介绍。

阶段四是整体规划阶段,这就是把BP和ISP合到一起进行规划。将BP和ISP的领导机构合到一起,人员混合在一起,时间上统一在一个时段。人员在统一组织中会有分工。在考虑人员组成时,既要考虑有管理人员也要考虑有信息技术人员,以组成一支系统性队伍。当前IT的发展水平已能支持几乎任何的企业需求。已经不是问What IT can do,而是What we want to do。在考虑企业目标时,考虑IT的潜力已不是考虑IT能做什么,而是在企业功能和IT花费上进行平衡,以达到最好的经济效果。这种规划的雏形就是现在有些企业进行的BPR。

由于网络的发展,IT技术的创新,现在又给信息系统的规划方法创造无限发展的广阔前景。规划已经跨出了一个企业的范围。跨国公司面临全球IT治理(IT governance)的问题、跨国公司的全球平台问题、不同地域的IT资源在同一平台上协同工作的问题等。云计算的发展,促进了胖主网瘦终端模式的广泛应用,促进了外包方式的推广,虚拟化的企业成为十分明显的趋势,企业上网,变成网上企业已成必然。当代企业都要规划好四层架构,见图13-10。

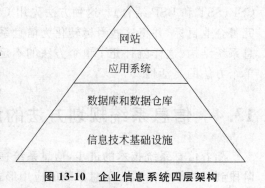

图13-10 企业信息系统四层架构

下节较详细地介绍一下基于 BPR 的信息系统规划。

13.5 基于 BPR 的信息系统规划

上节已介绍了 BSP 方法，它是由过程的观点出发来看待企业，实际上已建立了企业的过程模型。它根据企业过程模型去建立信息系统。但它更多地承认企业的现有过程，虽然也涉及一点企业过程的改进，但力度不大。20 世纪 80 年代以来，由美国开始兴起了 BPR 的热潮。由过程的观点来看待企业，BPR 和 BSP 是一样的，所不同的是 BPR 主张彻底地变革，而且在改造企业过程方面研究出了许多行之有效的方法，因而把 BSP 向前推进了一步。有人认为 BPR 已进入了运营管理的领域，因而已和信息系统离得较远。但实际上 BPR 是信息系统向上的自然延伸，而不是由运营管理的下扩。推行 BPR 的也多为信息系统的咨询公司。所以现在 ISP 和 BPR 已经紧密连接，如果分离，两者均不可能做好。

BPR 的本质最早于 1993 年由美国学者哈默（Hammer）和杰姆培（Champy）给出。

BPR（business process reengineering），我们译为企业过程再工程。它是对企业过程进行根本性的再思考和彻底的再设计，以求企业关键的性能指标获得巨大的提高，如成本、质量、服务和速度。

这里描绘了 BPR 用的三个关键词：根本性的、彻底的和巨大的。

"根本性的"的意思是指不是枝节的，不是表面的，而是本质的。对人来说就是"人活着为什么"，要从根本上对人活着究竟有什么必要提出疑问，也就是说它是革命性的，是要对现存系统进行彻底的怀疑。首先认为"现存的均是不合理的"。按照美国的说法是：在管理科学家的眼里，美国现在所有政府和企业的管理均是"一无是处"。所有这些均强调要用敏锐的眼光看出企业的问题。只有看出问题，看透问题，才能更好地解决问题。

"彻底的"的意思是要动大手术，是要大破大立，不是一般性的修补。正像我国政府改革那样，先转变职能，再精简组织，只有这样才能彻底。

巨大的提高是指"成十倍成百倍地提高"，而不是改组了很长时间，才提高 20%～30%。例如，有的企业人员减到只剩 10%，产量提高 10 倍，总体效益就提高了百倍。有的企业在 2～3 年内营业额由上亿元猛增到百亿元。这种巨大的增长是在原来线性增长的基础上的一个非线性跳跃，是量变基础上的质变。抓住跃变点对 BPR 是十分关键的。

BPR 实现的手段是靠两个使能器：一个是信息技术（IT），一个是组织。BPR 之所以能达到巨大的提高在于充分地发挥 IT 的潜能，即利用 IT 改变企业的过程，简化企业过程。还有利用组织结构变革，达到组织精简，效率提高。没有深入地应用 IT，没有改变组织，严格地说不能算是实现了 BPR。

除了这两个使能器，对 BPR 更重要的是企业领导的抱负、知识、意识和艺术。没有企业领导的决心和能力，BPR 是绝不能成功的。领导的责任在于克服中层的阻力，改变旧的传统。在当今飞速变化的世界中,经验不再是资产,而往往成了负债。在改变经验的培训上的投入,越来越增加。领导只有给 BPR 造成一个好的环境,或给 BPR 造成一个好的"势",BPR 才能得以成功。

BPR 的主要技术在于简化和优化过程。总的来说,BPR 过程简化的主要思想是战略上精简分散的过程、职能上纠正错位的过程、执行上删除冗余的过程。战略上分散的过程,如一个高科技企业把主要精力投入房地产,结果经营不善,企业很快破产;正大集团擅长于饲料业,投入很多到摩托车行业,结果效果不佳,不得不退出等。职能上的错位过程,例如,高等学校主要的战略方向是教学、科研,结果教师只占 1/3,大部分为后勤职工,显然是错位,后勤社会化是唯一的出路。执行上的冗余过程更是司空见惯的,有些手续除了白耽误工夫以外没什么用处。

BPR 在利用 IT 技术简化过程上有一些原则,这些原则可以帮助启发我们做到过程简化。这些原则包括如下几项。

(1) 横向集成。跨部门按流程的压缩,如交易员代替定价员和核对员的工作。

(2) 纵向集成。权力下放,压缩层次。

(3) 减少检查、校对和控制等的事后过程,使其为变事后检查为事前管理,变事中检查为事后审计。

(4) 单点对外,对待顾客,用入口信息代替中间信息。

(5) 单库提供信息。建好统一的共享信息库,把相互的交道变成对库的交道。

(6) 一条路径到达输出。不用许多路径均能走通,多路径会让人不知该走哪条。

(7) 并行工程。串行已不可能再压缩的,可考虑把串行变为并行。

(8) 灵活选择,过程连接。对于某些输入,可能不需要全过程,少几个过程也可连接起来,也能达到输出。

这些原则不一定很全,分类也不严格,多在战术层,而非战略层,只是作为一种启发读者、引导读者的简化思考。

图 13-11 所示为利用上述原则简化一个采购流程的例子。

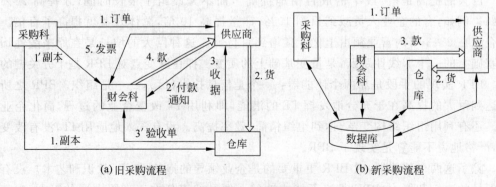

图 13-11 采购流程简化

企业想要进行 BPR,有以下几种情况:

(1) 企业濒临破产,不改只能倒闭;
(2) 企业竞争力下滑,企业调整战略和进行重构;
(3) 企业领导认识到 BPR 能大大提高企业竞争力,而企业又有此扩张需要;
(4) BPR 的策略在自己相关的企业获得成功,影响本企业。

一般来说,两头的企业,即濒临破产的和需要大发展的企业容易推进 BPR。根据 1993 年的报道,BPR 的失败率多达 50%～70%,这和 MIS 在 20 世纪 60 年代的成功率 50% 是可以对应的。尽管 BPR 的失败率较高,但总是有人投身。况且 BPR 的成功完全是在企业可控范围的事,只是取决于企业领导的决心和能力,并无外部的不定因素。

BPR 的目标在于实现管理的现代化。BPR 的成功也定会使企业朝着现代化的方向迈进一大步,其中包括:

(1) 企业的组织更趋扁平化,工作方式也将改变;
(2) 企业将更多地采用更大的团队工作方式;
(3) 团队间的相互了解和主动协调将大大提高;
(4) 领导更像是教练,而不像司令官;
(5) 整个组织将更主动、更积极地面向顾客,形成在统一目标情况下的"人自为战,村自为战"的局面,从而达到管理过程化、职能综合化和组织扁平化。

从上面的介绍可以看出信息系统规划(ISP)和 BPR 有着非常密切的关系,它们均有共同的思想——使顾客满意,即在企业的交货时间(T)、产品质量(Q)、成本(C)、服务(S)等关键性能指标上得到很大的提高。它们均是采用系统的方法,均应由系统队伍去完成。在实际工作上它们也是相互衔接的。喜欢 BPR 的企业往往先实行 BPR,接着就做信息系统的规划或计划。喜欢 ISP 的企业往往在进行过程分析时融入 BPR 的思想。现在有将 ISP 和 BPR 合二而一的趋势,即一个领导,一班人马,同时一起做。这就达到了阶段四的规划。

由于 BPR 实施的困难,现在又有许多人提出企业过程改进(business process improvement,BPI)。甚至有人将它们混为一谈,也有人认为 BPR 已过时,现在是 BPI 的时代。这是糊涂的概念,BPR 和 BPI 不是一回事,BPR 的优点就在于 RE 的内涵,如果没有 RE 的内涵也就失去了 BPR 的本质。现在世界上兴起了 RE 的浪潮,由 restructure、rebuild、reorganize、reuse、revision,直到 revolution 等。在中国"文化大革命"时期,"革命"一词似乎伤了大众的感情。但在西方科学家的眼里,革命仍然是不以人的意志为转移的过程,他们在大讲"信息革命",BPR 就是这股浪潮中的一个核心。和一个国家到底是革命还是改良一样,一个企业到底是应用 BPR 还是 BPI,是由其内外环境决定的,无所谓谁对谁错,只有谁更适合。不过如果用 BPR 发现企业问题,建立企业愿景规划总是必需的。所以也可以以 BPR 建立目标和愿景规划,以序列的有计划的 BPI 实现这个目标和愿景规划。也就是总体规划,分步实施,把不断革命和革命阶段论结合起来,就能更好地把事业推向前进。

现在的趋势是将 IS 规划和 BPR 结合在一起进行,也就是达到了整体规划阶段,或者叫基于 BPR 的信息系统规划。一个完整的基于 BPR 的信息系统规划应包括给出基于 BPR 的过程规划、作为基础设施的 IS 架构规划、企业全员的信息培训计划和信息系统形象规划。

13.6 信息系统规划和企业形象系统

企业的形象系统(corporate identity systems,CIS)是企业精神和物质的表现,它不仅有神,也有形,达到形神的统一。一个整洁高雅的企业环境,一定会有高质量的产品和高素质的职工。CIS 实际上也是信息系统,而计算机化的信息系统也是形象系统。一个信息系统规划得好,运作得好,也就给企业树立了好的形象。因而信息系统规划时要和 CIS 结合。

信息系统规划要考虑企业的文化。每个公司均有一个不同于其他企业的公司文化,它包括办事和决策的方式、交流中未写出的规则及一套语言体系、共享的价值观、企业变革的引入等。了解这些文化,一个雇员就可以成功地完成他的工作,也可以帮助系统分析员实现计划。

企业文化各式各样,但总起来可粗略地分为两大类,一类企业是进取型的,一类企业是稳健型的。进取型的企业领导喜欢冒风险,在信息系统方面他们也表现为愿意用先进的不太成熟的技术;而稳健型的企业则厌恶风险,在信息系统方面愿用成熟的技术,并愿意开发能立即见效的项目。其他方面的不同列于表 13-2。

表 13-2 企业文化样式

项 目	进 取 型	稳 健 型
系统类型	专用的,易于改变 艺术状态	程序化,难以改变 成熟的
开发方法	原型法 弱的项目定义	传统的生命周期法 强的项目控制
开发工具	第四代语言工具 用模拟很多	传统的语言工具 如 COBOL、数据库语言
计划和控制	自上而下的系统结构 自下而上的系统定义	投资回收和风险评价 强的回收系统 资源分配的常设委员会
组织	资源分至专门用户 强的数据管理和信息系统训练功能 雇用企业分析与技术的奇才	库存资源 维修人员分至各用户 强大的数据中心运行网络控制 雇用固定的技术人员
信息系统的关键问题	精明的资源管理 和专业组织一样维护信息系统 提供足够的存取数据和验证数据	强制技术关系 维持高质量的开发人员 推销"软件"收益项目

有些企业可能两种特征均有,但规划人员应当明白这种差异的存在。如果规划人员是积极的变革者,一般他适于作进取型企业的规划。

信息系统同样应适应企业的组织原则。许多企业具有清楚的权威线和决策的责任线,这样的企业采用分散型的由各部门控制信息资源的方式较合适。有些企业权威线模糊,采用非私有的共享的信息系统较合适。

某些企业强调合作和混合编组工作,采用一个统一的数据库,一组输入数据方式较适合。有些企业在部门之间提倡竞争,信息中心分散也许最佳。有些企业强调道德观念,强调信息的私有和安全,强调审计和领导的评价,它所要求的信息系统又不同。

总之,企业的习惯不同,规划的方式和内容就不同,作信息系统规划和企业形象规划均要很好地研究企业的文化和习惯。

习题

1. 信息系统战略规划是否比企业的一般规划更困难?为什么?
2. 信息系统战略规划和企业计算机应用规划有何不同?
3. 信息系统战略规划有哪些方法?试比较它们的优、缺点。
4. 企业高层领导和企业外的顾问专家在信息系统规划中的作用和职责是什么?
5. 在信息系统规划中以下领域的主要变量是什么?
(1) 外部环境   (2) 技术环境   (3) 政治环境
(4) 社会环境   (5) 危机环境

第 14 章 信息系统开发方法

信息系统的开发是在信息系统规划的指导下,分析、设计、实现一个信息系统的过程。信息系统开发方法是指在信息系统开发过程中的指导思想、逻辑、途径以及工具等的组合。由于管理信息系统的开发是一项复杂的系统工程,它涉及的知识面广、部门多,不仅涉及技术,而且还涉及管理业务、组织和行为。

14.1 开发方法发展的回顾

20世纪40年代出现的计算机,50年代用于管理。当时用于管理的目的主要在于代替大量的数据处理工作量,因而可以说是面向处理的。这时的系统也多叫做数据处理系统,处理实际上是依靠程序完成的。这时的数据是跟随程序的,即针对一个处理程序,就有一个专为它提供数据的数据文件跟随于它。这就是最原始的开发方法,即先了解处理功能,然后编写程序,再编写一个数据文件跟随于它。到60年代初出现了数据库。信息系统的建设方式也有改变,先建立数据库,然后再围绕数据库编写各种应用程序,这种方法可以说是面向数据的。实际上在这个阶段并没有注意到开发方法的研究。

从20世纪60年代开始,系统越来越复杂,人们已开始注意信息系统开发的方法和工具。到了70年代,系统开发的生命周期(life cycle)法诞生了。它较好地给出了过程的定义,也大大地改善了开发的过程。然而,问题的累积,成本的超支,性能的缺陷,加深了系统开发的困难。80年代以后,友好的语言和自动化编程工具的出现,使得开发方法又有些进步。90年代利用模块化和模块连接技术,大大降低了维护成本,提高了开发者的劳动生产率。90年代中期,由于Web技术的出现,开发方法又出现了新的机遇。下面我们根据时代的特点,介绍系统开发方法的演变。

1. 20世纪70年代

以前系统开发工作好像在做手工艺品。一个个匠人根据自己的经验和喜好,编出各种各样的程序,让数据像音符一样在计算机各部件间跳动。同样一个业务,有人用50条指令,有人只用十几条指令完成。程序难写、难懂,更难以维护,因而标准化成为用户和开发公司的愿望。当时的开发环境是:

(1) 第三代语言(如COBOL)用于编程;

(2) 已有数据库管理系统,用于数据管理;

(3) 联机处理和批处理混合使用;
(4) 主要针对主干机开发;
(5) 只由专业程序员进行程序开发;
(6) 利用标准符号来说明过程;
(7) 用户只在定义需求阶段和安装阶段介入开发;
(8) 试图用结构化的程序设计方法和自动化的项目管理。

这时系统开发方法依据著名的"瀑布模型",见图 14-1。

结构化的意思是试图使开发工作标准化,因而它可以减少随意性。结构化开发的目标是有序、高效、高可靠性和少错误。有序是按部就班,按规矩办事,相同情况得出相同结构,减少程序员的随意性,从而达到有纪律、标准化。结构化还要求建立标准的文档。当然结构化有其负面的影响,它可能妨碍程序员的创造性。但对一个大系统来说,只有纪律才能维护高的生产率,才能统一各种努力达到目标,才能组织开发者解决越来越大的问题。在每一个开发阶段,每一个分阶段,加强检查是提高可靠性、减少错误的主要方法。

由于开发不可能一条直路走到底,Glass 提出了蛛网模型,见图 14-2。它说明需求、设计、实现和测试要不断循环进行,然后达到全局成功。

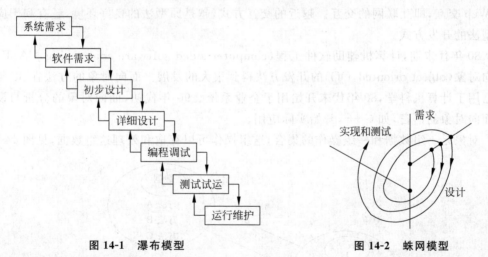

图 14-1 瀑布模型　　　　　　　　图 14-2 蛛网模型

70 年代后期,人们开始强调"初级阶段"的重要性。差错产生得越早,以后为纠正差错所花的成本越高。反过来说,纠正差错越早所花成本越低。如在需求阶段产生一个差错,在需求阶段纠正要花费 1 元,那么在设计阶段纠正就要花费 5 元,在实现阶段就要 10 元,到运行阶段就要 100 元。所以对错误应尽早发现,尽快纠正。为了较早发现错误,应用了一些方法,主要有两种,一种是数据驱动开发;另一种是合作开发,这在当时起到了一定作用。

2. 20世纪80年代

20世纪80年代初，一些开发环境逐渐成熟，其一是第四代语言（fourth generation language, 4GL）。这使得开发者有可能使用另一种系统开发方法，即原型法（prototyping）。原型法和生命周期法是完全不同思路的两种方法。生命周期法试图在动手开发前，完全定义好需求，然后经过分析、设计、编程和实施，从而一次全面完成目标；而原型法则相反，在未定义好全局前，先抓住局部设计实现，然后不断修改，达到全面满足要求。两种方法实现的最终系统应当是同功能的，但它们实现的轨迹却完全不相同。一种是单次的，一种是多重循环的。

4GL是一种面向问题的语言，而不是面向过程的语言。它不只是一种语言，而且意味着包含一种环境。这种环境包括关系数据库系统、数据字典、非过程语言、交互查询机构、报告生成器、排序和选取、字处理和文本编辑、图形处理、数据分析和模型工具、宏命令库、程序界面、复用程序、软件库、支持和恢复、安全和保密以及与其他数据库的联系等。只有在这些环境上应用4GL的开发，才能算做原型法。国内以前有人错误地理解，认为用汇编语言直接编程就是原型法，这实际上不是原型法，而是"原始法"。进行原型法开发要求4GL有很强的交互能力。我们知道，第一代的交互是主干机和终端的交互；第二代的交互是PC间交互；第三代交互是client/server，即客户机/服务器的交互；第四代交互是Web交互，即互联网的交互。越近的交互方式，越是原型法的良好环境，越有利于应用原型法的开发方式。

80年代末期，计算机辅助软件工程（computer aided software engineering, CASE）和面向对象（object oriented, OO）的开发方法得到很大的发展。面向对象的方法在80年代初已用于计算机科学，80年代末开始用于企业系统。90年代初，面向对象的分析与设计和面向对象的语言，如C++，开始实际应用。

对象是一组数据和一组操作的集合，这组操作可以存取和处理这组数据，见图14-3。

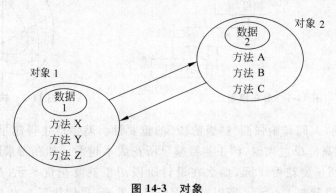

图14-3 对象

对象还可以组成分类（classes）。

面向对象的方法有以下特点：它把数据和操作绑扎在一起作为一个对象。这里数据是主动的,操作跟随数据,不像通常的程序,程序是主动的,而数据是被动的;面向对象的方法很容易做到程序重用,重用也较规范,不像传统程序,重用是很随意的;面向对象技术使新系统开发和维护系统很相似,因为二者均是重用已有部件。当用于企业管理时,面向对象的方法就像给出一个企业模型,模拟企业的运行,这时开发者和企业管理者的沟通用的是企业语言,如会计、顾客、报告等,而不是技术术语。面向对象的方法特别适用于图形、多媒体和复杂系统。

如上所述,20世纪六七十年代是结构化系统分析和设计时代,80年代初是原型法时代,80年代末是CASE和OO时代,那么90年代的特点是什么呢?可能是客户/服务器的时代,或基于Web的开发时代。这时客户宁愿买现成的软件包,甚至是整个系统,而不愿自己开发。用户买来许多软件部件,自己或请顾问公司把它们集成起来,这就是系统集成或基于部件的开发,在90年代中后期,这种趋势越来越明显。

14.2 系统开发过程中的认知方法

商务信息系统的开发是一个庞大的系统工程,对内它涉及组织的内部结构、管理模式、生产加工、经营管理过程、数据的收集与处理过程等各个方面;对外它涉及连锁或连营企业、企业的营销策略、采购系统、销售系统以及市场分析等各个方面。面对一个大型、复杂的组织机构和管理系统,我们应该如何去着手认识对象和开发电子商务信息系统呢?这就是系统开发认知体系所要研究的问题。

14.2.1 从需求分析到系统开发

我们暂时搁置信息系统开发中的问题,先从一般意义上来分析人们从事任何一项工程项目时的开发方法。

通常人们在做任何事情时,首先必须了解对象(即明确要干什么);其次在了解对象以后,则开始考虑怎样去干的问题;最后才是实际动手去做这件事情。这一过程可以形象地用图14-4左边的三个步骤来表示。

图14-4左边所表示的三个主要步骤是人们从事任何一项工程时所必须遵循的一般规律。信息系统的开发当然也不能例外。在信息系统的开发过程中上述三个步骤分别被称为系统开发过程的三个阶段,即系统分析阶段、系统设计阶段、系统实现阶段(如图14-4右边三个部分所示)。

在传统的系统开发方法中,由于计算机软硬件设备条件所限,系统开发方法的重心

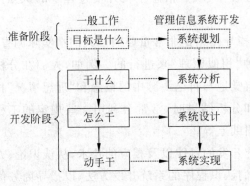

图14-4 从需求分析到系统开发

向下,重点在于研究和告诉人们如何才能有效地设计、编程并实现一个系统。

20世纪80年代以后,由于计算机速度越来越快,容量越来越大,应用软件的编程实现也越来越容易,使得原来强调应用软件开发方法的部分根基不复存在,原来开发方法中强调的一些技巧和手段已经没有了存在的必要。于是,系统开发方法的重心开始往前移。人们逐步发现系统调查和需求分析才是系统开发过程中最费时、最费力、工作量最大,而且目前各类软件工具无法支持和替代的一环。自80年代中后期以来,用什么样的系统开发认知方法体系来指导人们进行系统调查和系统分析工作就成了管理信息系统开发方法研究的重点。

14.2.2 认知方法论

认知体系一般是指人类认识和了解客观事物的规律和方法,是人们认识客观事物和获取知识的途径和实现方法。

迄今,人类了解客观事物的思维活动主要有两种,即抽象思维和形象思维。

抽象思维是以概念为基础的,形象思维是以具体的形象为基础的。从人们认识事物和获取知识的认知过程来看,无论哪种思维方式,主要是通过从一般到特殊的演绎方法和从特殊到一般的归纳方法来进行的。

多年来人们对抽象思维的研究已取得一系列的成果,对于形式逻辑、辩证逻辑和数理逻辑都已建立了有关演绎和归纳较完整的理论和方法体系。在形象思维中,这种演绎或归纳都是在形象间"相似"这一关系上进行的。当人们利用形象思维去认识事物和改造事物时,首先是利用"相似原理",对待研究的问题进行系统化的分类,分类之后再进行详细的解剖和分析,并在事物运动中去考察客观事物静态相似和动态相似的关系、宏观相似和微观相似的关系、纵向相似和横向相似的关系,以求尽可能全面地了解事物。最后再进行综合优化,制定出改造事物的蓝图和构想。如果将上述认识事物和改造事物的认识方法应用到对信息系统的调查、分析、设计和实现过程中,就是信息系统开发过程中的认知方法论。

在实际系统的开发过程中,认知方法论的指导作用是非常重要的。人们在实际调查、分析和记载一个调查分析结果时都是利用这种"相似原理"来进行的。例如,人们在分析企业经营状况和实际需求时往往会自觉或不自觉地与自己头脑中的概念和"理想情况"相比较;又如,人们在用工程化方法来表达调查和分析结果时,常常会利用一些规定的工程符号和"相似原理"将调查和分析结果绘制于图纸上等。

系统开发方法的基本任务就是要研究系统开发的规律以及相应的技术,从认识论、方法论、系统论的角度研究出一套符合现阶段人们认识程序的系统开发方法,以指导商务信息系统开发实现的过程。

14.2.3 分析事物的认知方法体系

要想调查、分析、了解进而设计、开发一个大型系统,首先必须从指导思想上确定如何去做的问题。只有这样才能尽快地了解对象,抓住问题的实质,进而合理地开发出信息处理系统。

要想了解一个系统,就必须调查研究。这事说起来容易,做起来很难。因为一个大型的系统往往头绪众多,涉及事物的方方面面,而且很多还被一些表面现象掩盖着,很难一下子就接触和了解到它们的本质。那么,面对一个大型复杂的系统应该如何展开系统调查和分析工作呢?这就是在系统开发中的认知方法体系所要解决的问题。

迄今,人类分析事物的认知方法体系归纳起来不外乎如下 6 种。

1. 系统分析法

系统分析法是以系统的观点和系统工程的方法与步骤来分析事物的。它的具体做法是,对系统开发过程中的每一步都严格按照先整体后局部、从一般到特殊的原则进行。系统分析方法的具体内涵可以简单地用下式表示:

$$系统分析=自顶向下+系统划分+关系结构$$

其中:自顶向下=先整体后局部+在整体最优下考虑局部

系统划分=层次化+模块化

关系结构=系统结构+相互关系

2. 功能分析法

功能分析法是在对实际管理功能进行详细的分析基础之上来了解和规范被分析对象的。它的具体做法是对系统调查所得到的资料,按管理功能进行分解,以了解每一个功能的作用、结构和内部处理细节。然后再对其进行优化处理。功能分析法可以简单地表示为:

$$功能分析=结构划分+功能分解+功能规范化$$

其中:结构划分=层次化+管理功能结构

功能分解=业务过程+处理功能+子功能+功能接口

功能规范化=规范功能行为+优化处理过程

3. 数据流程法

数据流程法是以数据在实际管理业务中的流动和处理过程来分析问题的。数据流程法以数据为主要对象,通过系统调查的资料,对实际管理业务中的数据流程进行分析,最终以数据指标和数据流程图的方式将它们规范化地确定下来。分析包括:了解业务流程、理顺数据流程和优化处理方法。数据流程法可简单地表示为:

$$数据流程分析=数据流程+指标体系+处理过程$$

其中:数据流程=业务过程+层次结构+数据流程图

指标体系=数据字典+管理指标+关系结构

处理过程=处理方法+结构模式+分析模型

4. 信息模拟法

信息模拟法是以机器模拟数据在实际管理业务中的作用而进行分析的方法。信息模拟法将事物分解成若干个实体，着重分析其信息属性和相互关系。目前信息模拟法的主要工具是实体关系图（E-R 图）。信息模拟法可简单地表示为：

$$信息模拟分析＝结构划分＋实体划分＋关系$$

其中：结构划分＝实体的分层结构＋指标的分层结构

　　　实体划分＝实体抽象＋属性指标

　　　关系＝数据关系＋实体关系

5. 抽象对象法

抽象对象法是信息模拟方法的进一步发展。在这里对象已不再是对事物本身的直接表述，而是事物的运行方式、处理方法和属性值的一种抽象表述。抽象对象分析法就是要在系统调查资料的基础上进行分类、整理和抽象。抽象对象分析法所要确定的内容可简单地表示为：

$$抽象对象分析＝对象＋类＋继承＋消息通信$$

其中：对象＝实体＋属性＋主题＋关系＋结构

　　　类＝对象＋子类＋类＋超类

　　　继承＝特化＋泛化＋继承集合运算

　　　消息通信＝信息联系＋方法＋处理模型

6. 模拟渐进法

模拟渐进法是以系统模拟和不断修改完善来完成分析和了解对象的过程。它的具体做法是在调查的基础上，基于系统开发工具立刻模拟出一个系统原型，然后与用户一道来不断修改和评价这个原型，直到双方满意为止。模拟渐进法可以简单地表示为：

$$模拟渐进法＝模拟原型＋评价修正＋系统规范化$$

其中：模拟原型＝归纳用户需求＋原型开发

　　　评价修正＝原型运行＋用户评价＋修正原型＋过程循环

　　　系统规范化＝确定处理内容＋功能规范＋系统优化＋程序和文档规范化

14.2.4　开发方法及其认知基础

系统分析和设计方法至今已有几十种，有些方法的基本思路不相同，有些方法则是相互间只有细小技术上的差别。首先根据两维坐标进行分类，一维是按时间过程的特点，另一维是按关键分析要素或建造系统的"抓手"。按时间过程来分，把开发方法分为生命周期法和原型法，这两种方法是这个轴的两头，实际上还有处于中间的许多方法，如阶段原型法、阶段生命周期法等。原型法又按照对原型结果的处理方式分为试验原型法和演进原型法。试验原型法只把原型当成试验工具，试了以后就抛掉，根据试验的结论做出新的系统。演进原型法则把试好的结果保留，成为最终系统的一部分。按照系统的分析要素，可以把开发方法分为三类：面向处理方法（processing oriented，PO）、面向数据方法（data oriented，DO）、面向对象方法（object oriented，OO）。

所谓 PO 就是系统分析的出发点在于搞清系统要进行什么样的处理。这里面又分为两种，一种是面向功能（function）的；另一种是面向过程（process）的。面向功能是由企业的职能出发，如市场、生产、会计和人事等管理功能出发。面向过程则是跨越企业职能，由企业运营流程出发，划分成一些过程进行处理分析。而 DO 是面向数据的分析方法，它首先分析企业的信息需求，建立企业的信息模型，然后建立全企业共享的数据库。而 OO 是面向对象的分析方法，首先分析企业的一些对象，把描述对象的数据和对象的操作放在一起，或者说对象的数据和操作内容是对外封闭的。如果多个对象可以共享某些数据和操作，共享的数据和操作就构成了对象类。对象类可以有子对象，子对象可以调用其他类所定义的数据和操作。

可以把以上的分类用表格来说明，见表 14-1。

表 14-1　系统开发方法分类

按时间过程	面向处理（PO）	面向数据（DO）	面向对象（OO）
生命周期法 LC	LC-PO	LC-DO	LC-OO
原型法 PROT.	PROT.-PO	PROT.-DO	PROT.-OO

现在十分流行的面向过程的系统分析方法，在概念上它是把功能与数据结合，因而从本质上可以认为是面向对象的方法。如果把面向对象的方法和面向过程的系统分析结合，将会对系统开发的方法注入新的活力。

上面对信息系统的开发方法进行了两维分类，实际上分类的维数绝不止两维。例如，可以根据参加的人员，分为专家开发、用户开发以及两者结合开发；根据使用或不使用工具开发，分为手工开发和计算机辅助开发（computer aided software engineering，CASE），以及使用商用软件包等。把这种三维分类用图 14-5 表示。

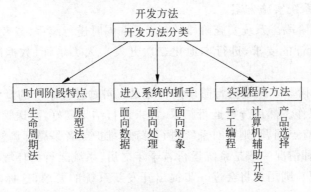

图 14-5　开发方法的三维分类

在以上方法中,真正称得上具有完整认知体系基础的信息系统开发方法目前只有3种,即结构化系统开发方法、原型化系统开发方法和面向对象的系统开发方法。下面介绍这3种最常见的系统开发方法以及它们与上述系统开发认知体系之间的关系。

1. 结构化系统开发方法

结构化系统开发方法是迄今最传统、应用最广泛的一种系统开发方法。结构化系统开发方法的基本思想是:用系统工程的思想和工程化的方法,按用户至上的原则,结构化、模块化、自顶向下地对系统进行分析与设计。

具体来说,就是先将整个信息系统开发过程划分出若干个相对比较独立的阶段。如系统规划、系统分析、系统设计、系统实施等。在前三个阶段坚持自顶向下地对系统进行结构化划分。也就是说,在系统调查或理顺管理业务时,应从最顶层的管理业务入手,即从组织管理金字塔结构的塔尖入手,层层逐步深入至最基层。如果在系统分析、提出新系统方案和系统设计时,应从宏观整体考虑入手,即先考虑系统整体的优化,然后再考虑局部的优化问题。而在系统实施阶段,则应坚持自底向上的逐步组织实施。也就是说,按照前几阶段设计的模块组织人力从最基层的模块做起(编程),然后按照系统设计的结构,将模块一个一个拼接到一起进行调试,自底向上,逐渐地构成整体系统。

1) 结构化方法的系统开发过程

用结构化系统开发方法开发一个系统,将整个开发过程划分为5个首尾相连接的阶段,一般称为系统开发的生命周期(life cycle),如图14-6所示。

(1) 系统规划阶段。系统规划阶段的工作就是根据用户的系统开发请求,初步调查,明确问题,然后进行可行性研究。

(2) 系统分析阶段。系统分析阶段的任务是:分析业务流程;分析数据与数据流程;分析功能与数据之间的关系;最后提出新系统逻辑方案。

(3) 系统设计阶段。系统设计阶段的任务是:总体结构设计;代码设计;数据库/文件设计;输入/输出设计;模块结构与功能设计。与此同时,根据总体设计的要求购置与安装设备,最终给出系统实施方案。

(4) 系统实施阶段。系统实施阶段的任务是:同时进行编程(或者是选择ERP产品,根据系统分析和设计的要求,进行本地化二次开发)、人员培训、数据准备。然后投入试运行。

(5) 系统运行阶段。系统运行阶段的任务是:同时进行系统的日常运行管理、评价、监理审计三部分工作。然后分析运行结果,如果运行结果良好,则送管理部门指导组织生产经营活动;如果有点问题,则要对系统进行修改、维护或者是局部调整;如果出现了不可调和的大问题(这种情况一般是系统运行若干年之后,系统运行的环境已经发生了根本的变化时才可能出现),则用户将会进一步提出开发新系统的要求,这标志着旧系统生命的结束,新系统的诞生。

这就是所谓的系统开发生命周期。

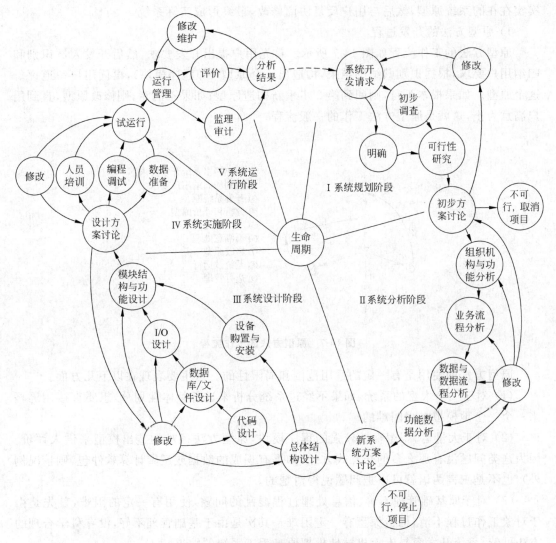

图 14-6　系统开发生命周期

2）结构化系统开发方法的认知基础

结构化系统开发方法的认知体系＝系统分析＋功能分析法＋流程分析法

2. 原型化系统开发方法

原型化系统开发方法是 20 世纪 80 年代随着计算机软件技术的发展，特别是关系数据库系统，在第四代程序生成语言和各种各样的系统开发生成环境产生的基础之上，提出的一种新的系统开发方法。与前面介绍的结构化方法相比，它扬弃了那种一步一步周密细致地调查分析，然后逐步整理出文字档案，最后才能让用户看到结果的烦琐做法。而是一开始就凭借着系统开发人员对用户要求的理解，在强有力的软件环境支持下，给出一个实实在在的系统原型,然后与用户反复协商修改,最终形成实际系统。

1) 原型方法的开发过程

原型方法的工作流程如图 14-7 所示。首先用户提出开发要求,然后开发人员识别和归纳用户要求,根据识别归纳的结果,构造出一个原型(即程序模块),再同用户一道评价这个原型。如果根本不行,则回到第 3 步重新构造原型;如果不满意,则修改原型,直到用户满意为止,这就是原型方法工作的一般流程。

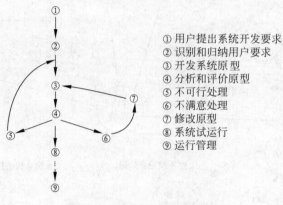

图 14-7 原型方法的工作流程

原型方法的使用是有一定的适用范围和局限性的。这主要表现在以下几方面。

(1) 对于一个大型的系统,如果不经过系统分析来进行整体性划分,想要直接用屏幕来一个一个地模拟是很困难的。

(2) 对于大量运算、逻辑性较强的程序模块,原型方法很难构造出模型来供人评价。因为这类问题没有那么多的交互式方式(如果有现成的数据或逻辑计算软件包,则情况例外),也不是三言两语就可以把问题说得清楚的。

(3) 对于原基础管理不善、信息处理过程混乱的问题,使用有一定的困难,首先是由于对象工作过程不清,构造原型有一定困难。其次是由于基础管理不好,没有科学合理的方法可依,系统开发容易走上机械地模拟原来手工系统的轨道。

(4) 对于一个批处理系统,其大部分是内部处理过程,这时用原型方法有一定的困难。

因此,在实际系统开发过程中,人们常常将原型方法与系统分析的方法相结合来开发系统,即先用系统分析的方法来划分系统;然后用原型方法来开发具体模块。

2) 原型化系统开发方法的认知基础

原型开发方法的认知体系=系统分析+模拟渐进法

3. 面向对象的开发方法

面向对象的开发方法是从 20 世纪 80 年代末各种面向对象的程序设计方法(如

Smalltalk、C++等)逐步发展而来的。面向对象(object oriented,OO)方法从另一个角度为我们认识事物,进而开发系统提供了一种全新的方法。

1) OO方法学的基本思想

OO方法学认为:客观世界是由许多各种各样的对象所组成的,每种对象都有各自的内部状态和运动规律,不同的对象之间的相互作用和联系就构成了各种不同的系统。当我们设计和实现一个客观系统时,如能在满足需求的条件下,把系统设计成由一些不可变的(相对固定)部分组成的最小集合,这个设计就是最好的。因为它把握了事物的本质,因而不再会被周围环境(物理环境和管理模式)的变化以及用户没完没了的变化需求所左右。而这些不可变的部分就是所谓的对象。

因此,以对象为主体的OO方法就可以简单地解释为以下几点。

(1) 客观事物都是由对象(object)组成的,对象是在原事物基础上抽象的结果。任何复杂的事物都可以通过对象的某种组合结构构成。

(2) 对象由属性和方法组成。属性(attribute)反映了对象的信息特征,如特点、值、状态等。而方法(method)则是用来定义改变属性状态的各种操作。

(3) 对象之间的联系主要是通过传递消息(message)来实现的,而传递的方式是通过消息模式(message pattern)和方法所定义的操作过程来完成的。

(4) 对象可按其属性进行归类(class)。类有一定的结构,类上可以有超类(super-class),类下可以有子类(subclass)。这种对象或类之间的层次结构是靠继承关系维系的。

(5) 对象是一个被严格模块化了的实体,称之为封装(encapsulation)。这种封装了的对象满足软件工程的一切要求,而且可以直接被面向对象的程序设计语言所接受。

OO方法如图14-8所示。

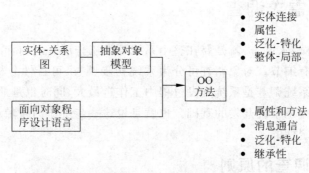

图14-8 OO方法

2) OO方法的开发过程

按照上述思想,可将用OO方法开发一个系统分为4个阶段。

(1) 系统调查和需求分析。对系统将要面临的具体管理问题以及用户对系统开发的需求进行调查研究，即先弄清要干什么的问题。

（2）分析问题的性质和求解。在繁杂的问题域中抽象地识别出对象以及其行为、结构、属性、方法等。这一阶段一般称为面向对象的分析，简称为OOA。

（3）整理问题。即对分析的结果作进一步的抽象、归类、整理，并最终以范式的形式将它们确定下来。这一阶段一般称为面向对象的设计，简称为OOD。

（4）程序实现。即用面向对象的程序设计语言将上一步整理的范式直接映射（即直接用程序语言来取代）为应用程序软件。这一阶段一般称为面向对象的程序，简称为OOP。

3）面向对象开发方法的认知基础

面向对象开发方法的认知体系＝信息模拟法＋抽象对象法

4. 上述三种开发方法的需求分析过程比较

对于同一个系统开发过程来说，使用不同的系统开发方法在其具体的操作过程上是有所区别的。

也就是说，如果用结构化系统开发方法来开发系统，其思路应该是先对问题进行调查，然后从功能和流程的角度来分析、了解和优化问题，最后规划和实现系统；如果用原型开发方法来开发系统，其思路应该是先请用户介绍问题，然后利用软件工具迅速地模拟出一个问题原型，再与用户一道运行和评价这个原型，如不满意则立刻修改，反反复复，直到用户满意为止，最后优化和整理系统；如果用面向对象开发方法来开发系统，其思路应该是先对问题进行调查，然后从抽象对象和信息模拟的角度来分析问题，将问题按其性质和属性划分成各种不同的对象和类，弄清它们之间的信息联系，最后用面向对象的软件工具实现系统。

14.3 对象/需求调查

对象调查（或称需求调查）就是要在整个系统开发工作展开之前，弄清楚对象生产、经营和管理过程的所有细节。对象调查可分为系统初步调查、可行性分析和详细系统调查三部分。其中详细系统调查是系统开发过程中工作量最大，同时也是最重要的过程之一。实事求是地全面调查是系统开发的基础。也就是说这一步工作的质量对于整个开发工作的成败来说都是决定性的。

14.3.1 系统调查的原则

系统调查必须有正确的方法。没有正确的原则指导，大规模的系统调查是很难进行的。所谓系统调查原则是指在系统调查过程中应始终坚持的方法、做法或指导思想。它对于确保调查工作客观、顺利地进行是至关重要的。系统调查的原则可分为下面5个方面。

(1) 自顶向下全面展开。系统调查工作应严格按照自顶向下的系统化观点全面地展开。首先从组织管理工作的最顶层开始，然后再调查为确保最顶层工作完成的下一层(第二层)的管理工作支持。完成了这两层的调查后，再深入一步调查为确保第二层管理工作完成的下一层(第三层)的管理工作支持。依此类推，直至摸清组织的全部管理工作。这样做的目的是使调查者既不会被组织内部庞大的管理机构搞得不知所措、无从下手，又不会因调查工作量太大而顾此失彼。

(2) 存在就有它的道理，先弄清它存在的道理再分析有无改进的可能性。组织内部的每一个管理部门和每一项管理工作都是根据组织的具体情况和管理需要而设置的。一般来说这个岗位和这项工作既然存在，必然有其存在的道理，否则早就在企业内部多年的管理实践中淘汰掉了。调查的目的正是要搞清这些管理工作存在的道理、环境条件以及工作的详细过程。再通过系统分析讨论其在新的信息系统支持下有无优化的可行性。所以在进行系统调查时，最好是保持头脑冷静和开放，实实在在地搞清现实工作和它所在的环境条件。如果调查前脑子里已经有了许多的"改革"或"合理化"设想，那么这些设想势必会先入为主，妨碍你接受调查的现实情况信息。这样往往会造成还未接触实质问题，就感觉到这也不合理，那也不合理，以致无法客观地了解实际问题。

(3) 工程化的工作方式。对于任何一个工业企业来说，其内部的管理机构都是庞大的，这就给调查工作带来了一定的困难。对于一个大型系统的调查一般都是多个系统分析人员共同完成的。按工程化的方法组织调查是可以避免调查工作中一些可能出现的问题的。所谓工程化的方法就是将工作中的每一步工作事先都计划好，对多个人的工作方法和调查所用的表格、图例、图纸都统一规范化处理，以使群体之间都能相互沟通、协调工作。另外所有规范化调查结果(如表格、问题、流程图、所收集的报表和分析图等)都应整理后归档，以便进一步工作的使用。

(4) 全面铺开与重点调查结合。如果是开发整个组织内部的信息处理系统，开展全面的调查工作是当然的。如果我们近期内只需开展组织内部某一局部的信息系统，这就必须坚持全面铺开与重点调查相结合的方法。即自顶向下全面展开，但每次都只侧重于与局部相关的分支。例如，我们只要开发企业生产作业计划部分，调查工作也必须是从组织管理的顶层开始，先了解总经理或厂长的工作、公司或工厂管理委员会的分工、下设各个部的主要工作、企业年度综合计划的制定过程以及所涉及的部门和信息，然后略去其他无关部门的具体业务调查，而将工作重点放在生产部的计划调度处和物资供应处的具体业务上，如图 14-9 所示。

(5) 主动沟通和亲和友善的工作方式。系统调查是一项涉及组织内部管理工作的各个方面、涉及各种不同类型人的工作。故调查者主动地与被调查者在业务上的沟通是十分重要的。另外创造出一种积极、主动、友善的工作环境和人际关系是调查工作顺利开展的基础。一个好的人际关系可能导致调查和系统开发工作事半功倍，反之则有可能根本进行不下去。

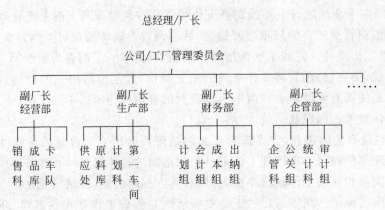

图 14-9 调查方式举例

14.3.2 初步调查与可行性研究

初步调查与可行性研究是系统开发工作展开前的前期准备工作,它决定了该系统能否立项,以及立项后大致按什么规模、什么模式进行开发。所以初步调查与可行性研究工作和后面将要介绍的系统详细业务调查不同,它主要是根据系统开发可行性的要求、企业内部对信息系统开发的实际需求、企业基础数据管理工作对于支持将要开发的信息系统的可能性、企业管理现状和现代化管理的发展趋势、现有的物力和财力对新系统开发的承受能力、现有的技术条件以及开发新系统在技术上的可行性、管理人员对新系统的期望值以及对新系统运作模式的适应能力等几方面的因素展开的。

1. 初步调查

信息系统的开发一般都是由用户提出要求开始的。而对于这种开发要求是否具有可行性,以及原有信息系统是否真是到了必须推倒重来的地步等,都需要在系统开发之前认真考虑。在没做这些考虑之前提前进入后续任何一项工作都是很不明智的。为了使系统开发工作更加有效地展开,有经验的开发者往往将系统调查分为两步,第一步是初步调查,即先投入少量人力对系统进行大致的了解,然后再看有无开发的可行性;第二步是详细系统调查,即在系统开发具有可行性并已正式立项后,再投入大量人力展开大规模、全面的系统业务调查。在第一步中,初步调查的范围大致如下。

1)用户需求分析

初步调查的第一步就要从用户提出新系统开发的缘由,以及从用户对新系统的要求入手,考察用户对新系统的需求,预期新系统要达到的目的。因为信息系统将会涉及组织管理工作的各个方面,故这里所说的用户指的是上上下下各级管理人员。他们对新系统开发的需求状况、新系统的期望目标、是否愿意下大力气参与和配合系统开发、在新系统改革涉及用户业务范围和习惯做法时,用户是否有根据系统分析和整体优化的要求调整自己职权范围和工作习惯的心理准备,上一层管理者有无参与开发工作、协调下一级管理部门业务和职能关系的愿望等,都是首先要着手了解的内容。

2) 现有企业的运行状况

现有企业的基本状况包括企业的性质、企业内部的组织结构、物流生产过程(对企业整体情况的了解)、厂区各办公楼或车间(或连锁商店总店与分店之间)的布局(为今后处理各种模型之间的关系和网络分布以及分布式数据库所准备)、上级主管部门、横向协作部门、下设直属部门等(了解系统的对外信息流通渠道)。这些都是与系统开发可行性研究、系统开发初步建议方案以及下一步详细调查直接相关。所以应该在初步调查中弄清楚。除这些现存的基本状况外,还有一点必须调查清楚的就是企业近期预计变化发生的可能性,它是今后制定以不变应"万变"措施的基础。这些可能的变化包括企业兼并、产品转向、厂址(店址)迁移、周围环境的变化等。

3) 管理方式和基础数据管理状况

现有企业的管理方式和基础数据管理状况是整个系统调查工作的重点,它与将要开发的系统密切相关。但是在初步调查阶段我们只需要对这些做大致的了解,并定性了解对今后系统开发能否支持即可。进一步深入的了解留待今后详细调查去解决。对管理方式的大致了解包括:企业整体管理状况的评估、组织职能机构与管理功能、重点职能部门(如计划、生产、财务、销售等)的大致管理方式,以及这些管理方式今后用计算机系统来辅助人的管理的可行性,可以预见得到的将要更改的管理方法以及这些新方法将会对新系统以及实现管理问题所带来的影响和新的要求等。

另外,我们在初步了解管理方式的同时还必须了解相应的基础数据管理状况,如基础数据管理工作是否完善,相应的管理指标体系是否健全,统计手段方法和程序是否合理,用户对于新系统的期望值有无实际的数据支持。如果没有的话,让企业增设这些管理数据指标和统计方法是否具有可行性。基础数据管理工作是实现信息系统和各种定量化管理方法的基础,如果不牢靠,后续各部分开发就无从做起。

4) 现有信息系统运行状况

信息系统是一个人机结合的开放式系统,广义地说它并不是因计算机和网络等应用而存在的。所以在决定是否开发新系统之前一定要了解一下现有系统(不论它是手工处理信息的系统还是计算机辅助人工处理的系统)的运行状况、特点、所存在的问题、可利用的信息资源、可利用的技术力量以及可利用的信息处理设备等。这部分调查是提出新系统开发设想方案以及论证这个方案在技术上是否具有可行性的原始资料。

2. 新方案设想及其可行性研究

初步调查的目的就是要事先了解一下系统的基本状况,为开发者构思并提出一个切实可行的新系统方案奠定基础。所以在对系统做了初步调查以后,开发者应根据实际情况对下述问题作出抉择:现在系统是否具有完全推倒重来的必要性,如果完全推倒重来的话系统应该按何种方式、什么样的规模开发,以及这些方案执行的可行性如何等。

1) 新建系统方案设想

初步调查和可行性研究要解决的问题就是新系统是否有必要立项开发的问题。如果经初步调查认为有必要立项开发，则下一步就要对新系统初步构想方案的可行性进行分析，分析新系统构想方案以及实现的技术路线是否具有可行性，如图 14-10 所示。

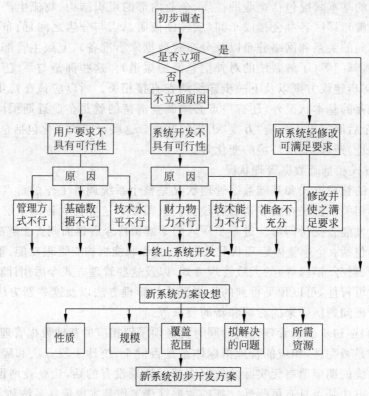

图 14-10　新系统方案设想的内容

新系统方案初步设想包括如下几个方面。

（1）根据用户要求，新系统应考虑是以覆盖整个组织的信息系统还是以某几个重点环节为主的局部环节信息支持系统。如果是覆盖整个组织的信息系统，应考虑是以解决日常信息处理业务为主(MIS)，还是以解决日常办公文档信息处理为主(OA)。

（2）新系统大致可按什么规模来开发。例如，有可能采用的计算机系统和网络系统、所覆盖的面积和业务主要有哪些、所需要的人力（包括系统开发人员、计算机硬件和软件技术人员、管理专业人员、基础数据统计人员等）和财力、可借用的设备（主要指原信息系统中的网络或计算机设备）以及子系统/模块等。

（3）新系统拟覆盖的范围，即新系统初步考虑可包括多少个子系统。工业企业的 MIS 系统有如图 14-11 所示的 9 个子系统。一般来说这 9 个子系统都是 MIS 应该覆盖的业务范围，但在实际开发工作中常常因工作量太大而被分步、分阶段地进行开发。这里所要确定的正是本系统目前首先要解决的是哪个或哪几个子系统，为下一步详细系统调查确定重点业务范围。

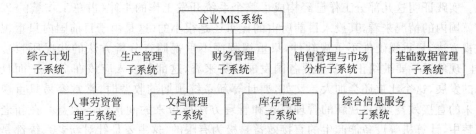

图 14-11　企业 MIS 系统的子系统

(4) 新系统拟解决的主要问题。这个问题一般都是根据用户要求和初步分析后得出的。例如,在生产管理子系统中,生产过程监控和生产计划的滚动式调整、生产计划与物料需求计划的衔接、生产计划与生产作业计划的制定等,主要解决这些管理控制环节中处理模型问题、处理精度问题或处理速度(时间)问题等。而这里所提出的问题一般都只是面上的,真正问题的确定和解决应该是详细调查和系统分析以后才能具体确定。

(5) 新系统预计的投入产出比。新系统开发预计的投入和预期的效益是系统立项能否通过的最关键一环。新系统的投入包括人力资源(开发人员、管理人员、软硬件技术人员、数据统计人员以及操作人员等)的投入、设备资源(已有设备和新增设备)的投入、财力资源(总共所需要的资金)的投入等。新系统的效益主要包括:拟解决哪些管理问题;可完成哪些原系统想做而又不可能做的事情;整个系统的工作质量(如成本、精度、速度、范围,以及分析的深度和广度等)将会有哪些提高,而这些工作质量的提高又会为组织的管理工作提供哪些间接的经济效益。

2) 系统开发的可行性分析

在对系统的基本情况已经有所了解的情况下,就可以开始对项目进行可行性分析。

可行性分析就是要根据系统环境、资源等条件,判断所提出的项目是否具有实际开发的可行性。

可行性分析可以从如下三个方面着手进行。

(1) 从技术上来考察。这就是分析所提出的要求在现有技术条件下是否有可能实现。例如,管理模型的要求、对定量化分析方法的要求、对处理精度方面的要求、对加快速度的要求、对存储能力的要求、对通信功能的要求等,都需要根据现有的技术水平进行认真的考虑。这里所说的现有水平,应是指社会上已经比较普遍地使用了的技术。不应该把尚在实验中的新技术和尚不确定的管理方法作为分析的依据。

(2) 从经济上来考察。它包括对项目所需费用的结算和项目效益的估算。这一点是非常重要的。如果忽略了它,就会造成很大的损失。通常,在估算费用的过程中常常容易估计过低,而在估算收益的过程中常常把收益估计过高。这是因为人们在考虑问题时经常忽略了一些重要的因素。例如,在考虑系统开发工作的投入时,常常容易忽略调查、分析工作和改变原有管理及统计工作方法的艰巨性,以致造成在投入的人力、物力、财力资源方面估计不足。实践证明这几部分工作已经构成了整个系统开发工作的主体(占总工作量的70%)。尽管就国内的情况来看,其投入目前所占的比重还是很小的(这是由于目前国内只重视实物不重视方法,只重视硬件不重视软件,只重视程序不重视调查分析方法的状况所致),这种"倒挂"现象迟早要被纠正。就世界各国发展趋势来看,这部分投入应该在70%。而且随着技术的发展,这个比重还会加大。又如,要计算新系统预期的收益时,常常容易只重视新系统带来的直接效益,而忽视新的管理模式和管理方法所带来的间接经济效益。在新老系统的交替中,计算机等设备能产生的直接效益是极为有限的(这主要是针对新老系统都是以计算机设备为基础的,如果老系统是手工处理系统,则变化可能稍大一些)。新系统的效益将主要反映在新的管理分析方法和新的信息处理模式将会给企业带来的经济效益上。这是新系统创造效益的主体,也是用户希望开发新系统的目的所在。

(3) 需要考察各种社会因素,才能确定项目是否可行。由于信息系统是在社会环境中工作的,除了技术因素与经济因素之外,还有许多社会因素对于项目的发展起着制约的作用。例如,与项目有直接关系的管理人员是否对于项目的开展抱支持的态度,如果有误解甚至抱有抵触的态度,那么应该说条件还不成熟,至少应该首先做好宣传解释的工作,项目才能开展。又如,有的企业的管理制度正在变动之中,这时信息系统的开发工作就应作为整个管理制度改革的一个部分,在系统的总目标和总的管理方法制定之后,项目才能着手进行。又如,某些工作环节的工作人员的水平比较低,在短期内这种情况不会有根本的变化,这时如果考虑大范围地使用某些要求较高文化水平的新技术,那是不现实的。所有这些社会因素、人的因素均必须考虑在内。

总之,我们需要从以上三个方面来判断项目是否具备开始进行的各种必要条件,这就是可行性分析。

14.3.3　系统详细调查

在系统开发正式立项后,就应该立刻着手对组织的管理业务工作进行详细的调查。详细调查是系统开发工作中的一项十分重要的工作,它是开发人员弄清实际情况、制定合理方案、开发信息系统的基础。同时它也是一项十分繁杂、工作量很大的工作,对此必须加以充分的重视。

1. 详细调查的范围

详细调查的范围应该是围绕组织内部信息流所涉及领域的各个方面。但应该注意的是,信息流是通过物流而产生的,物流和信息流又都是在组织中流动的。故我们所调查的范围就不能仅仅局限于信息和信息流。应该包括企业的生产、经营、管理等各个方面。

围绕上述范围可根据具体情况设计调查问卷,即问卷调查表的栏目和问题。总之,目的只有一个,就是真正弄清处理对象现阶段工作的详细情况,为后面的分析设计工作做准备。

2. 问卷调查方法

问卷调查是系统详细调查时常用的方法,而且也是一种行之有效的方法。如果问卷设计得当,又即时地对调查结果加以分析整理,在一般情况下,一次调查加上一至二次反复询问就可以将业务内容全部弄清楚。问卷调查的具体做法常常是提前几天将问卷交给被调查对象,请其先有针对性地准备一下,然后提问并记录调查的内容。

问卷调查中所问的问题既要能反映本系统的特点,又要能全面地了解本业务的内容。通过问卷调查,调查者要能够了解到促使该岗位业务成功的"关键成功因子"。问卷设计一般是根据初步调查的结果,先对组织的基本情况进行大致的分析,然后根据以往调查分析工作的经验来结合可能与所调查问题有关的方面,设计出问题和问卷。

问卷设计是一项很具体的工作,它常常是由设计者的工作经验所决定的。问卷调查表参见表 14-2。调查完后应将所有记录和收集的相应信息载体(如报表文件等)订在一起以便归档保存。

表 14-2 问卷调查表

问 卷 调 查 表		
1. 你所在的工作岗位是什么?		
2. 你的工作性质是什么?		
3. 你的工作任务是什么?		
4. 你每天的工作是怎样进行时间安排的?		
5. 你的工作结果同前/后续工作如何联系?		
6. 你所接触的报表和数据有哪些?满意程度如何?		
7. 你所在的工作岗位是否恰当?工作量如何?		
8. 你的工作计划不能合理安排的原因是什么?		
9. 你所在的工作岗位存在的问题是什么?(组织不力?规划不好?……)		
10. 你通常采用什么样的手段来提高工作效率?		
11. 如果增加激励(如新技术、培训等),部门的工作效率是否会有提高?		
12. 从有效组织生产的角度出发,你的权限是否适当?		
13. 你认为影响本企业经营效率的关键问题是什么?		
14. 从全局的利益出发,你认为现有的管理体制是否合理?		
15. 你认为提高生产产量的潜力在哪里?		
16. 你认为现存管理体制有哪些问题?		
17. 有效降低生产成本的途径有哪些?		
18. 信息系统的开发在本单位是否有必要?		
19. 你认为新的信息系统应该重点解决哪些问题?		
20. 你所在的工作岗位和你所接触的管理岗位的工作方式可用哪些定量化管理方法或模型来提高工作效率?		
21. 在你所了解的管理和决策工作中,哪些可用计算机来处理?哪些不能?		
22. 在你所了解的管理工作中,决策效益应从哪些方面去衡量?		
23. 如果建立计算机信息处理系统,你愿意学习操作并经常使用吗?		
_____先生: 您好,现将××××信息系统开发业务调查问卷表发给您。请您抽空准备一下。我们将于×日与您会面。谢谢合作。×××项目组	图号:×××××	制表人:×××
^	所属子系统	日期:×年×月×日

3. 问卷调查结果整理

通常在组织机构调查并绘制树状的组织结构图时，对每一个管理岗位（即树状组织结构图中的结点）都加以编号，而在设计其他图时也用这个编号来作为图号，以标识该表所记录的业务和在组织内部的相对位置。其目的，一方面是为了让整个调查工作按计划进行；另一方面就是为了在整理调查结果和分析具体问题时能很快找到相关业务调查的原始资料。

调查结果的整理工作就是将每个岗位业务调查的结果进行整理，弄清其自身的业务处理过程和它与前后业务工作的联系。其中包括数据之间的联系、业务分工和职权划分等。而最方便的查找相关调查资料的方法就是按图号和组织结构图来索引。查看调查工作是否有疏漏，弄清业务处理过程以及上下左右之间的联系是调查结果整理的主要任务。如果发现问题或是有没弄清的问题，则应立刻再回过头彻底弄清楚。整理结果的常见做法是另用一张纸来记述主要业务工作以及描绘该工作与其他工作之间的联系。

4. 业务流程调查方式

在详细业务调查中，为了辅助问卷调查清楚地反映出业务/数据流程的运行方式，笔者推荐如图 14-12 所示的业务流程调查方式。这种辅助调查方式是从 BSP 方法中演变而来的。在结合反映业务流程方面，它具有简便、全面、综合、准确的优点。这种方式的具体做法是：首先设计表格，然后根据问卷调查中所掌握的业务过程分发给用户，请用户填

业务流程调查							
作业名：年度更新改造投资计划(贷款部分)					图例	● 操作 ▶ 传送 ■ 检验 ▱ 延放 ▼ 存储	
单位：×××局技改处　　图号：A-1-02							
制图人：×××　　　　日期：×年×月×日							
序号	处理描述	方式处理	地点	传输距离	时间要求	并行相关作业	备注
1	计划处提出投资总规模	●▶■▱▼	A楼	20m	10月中	B-4,5	
2	银行提出技改贷款计划	●▶■▱▼	A楼	20m	10月中		
3	技改处通知各地报需求	●▶■▱▼	A楼	20m	10月底	B-5,1	
4	技改与计划、银行汇总	●▶■▱▼	A楼	20m	11月初		
5	局领导审批	●▶■▱▼	B楼	300m	11月中	B-6,2	
6	技改与各单位讨论	●▶■▱▼	A楼	20m	11月底		
7	初步方案报审	●▶■▱▼	B楼	300m	12月初		
8	各方会审、综合平衡	●▶■▱▼	A楼	20m	12月中		
9	上报并下达正式计划	●▶■▱▼	B楼	300m	12月底		
		●▶■▱▼					

图 14-12　业务流程调查

写后交回并以此来辅助开发人员了解业务发生、发展的全过程。实践证明，它是普遍适用并切实可行的。

在图 14-12 的表格设计中，序号和处理过程栏目的设置是为了让用户能够具体地描述该业务流程过程的每一步骤。处理方式一栏是 5 个已经印刷好了的图例，根据处理过程描述选择其一，将其涂黑并将它与上一步所选择的图例连接起来。地点、传输距离两个栏目的设置是为了今后考虑系统配置和建立局域网时所需。时间要求一栏一样是为了今后作为新系统处理该业务的时间流程做准备。并行相关作业一栏是让用户指出与该步操作有关的其他业务流程的图号（如果有的话），以便开发人员在开发此业务过程时兼顾到其他业务联系的需要。备注一栏是留给用户说明其他栏中的一些没有充分说明的问题。

5．数据/文件调查表设计

为了反映与业务过程相对应的数据报表形式和管理指标，数据/文件调查可设计为如表 14-3 的形式。

表 14-3　数据/文件调查表

业 务 数 据					
图号：******		业务过程名：*********		业务承担单位：*******	
填表人：***		填表日期：****		对应的业务流程调查表号：*******	
数据项说明					
序号	数据名称	字长描述	取值范围	数据来源	备注
1					
2					
3					
⋮					
后附报表说明					
序号	后附报表名	份数	传送部门	制表单位	用途	频率	其他
1							
2							
3							
⋮							

习题

1. 实际调查某个企业信息化建设的发展状况,说明开发方法在信息化建设中的重要作用。
2. 为什么说认知方法体系在信息系统开发过程中是非常重要的?
3. 试简述几种常用系统开发方法的相同和不同之处。
4. 试简述系统认知方法体系与几种常用开发方法之间的关系。
5. 信息系统的开发方法应如何分类? 试进行研究,并提出自己的看法。

CHAPTER 15
第 15 章

系 统 分 析

根据制定规划的要求展开系统分析,是 MIS 开发过程中非常重要的一环。

从方法论的意义上说,系统分析是对要开发的项目进行系统的、层次化的分析;分析企业过程的输入、处理、输出;提出用计算机改进业务流程和管理模式的思路和逻辑方案。从这个意义上说,它包含一些方法,如调查、访谈、资料整理、方案创意、报告编写等。

系统分析过程总体上分两步,首先应将业务或数据流程弄清楚,然后研究分析抓住主要问题,提出解决问题的思路,提出新系统拟采用的方案。具体可分为系统调查、组织功能分析、业务流程分析、数据流程分析、功能/数据分析和新系统方案提出等。

系统分析是项目开发的最重要的阶段。从事这项工作的人员要有敬业精神、变革思想、创新意识、协调能力,这种人的职业被赋予了一个光荣的名称——系统分析员。在当前就业困难时期,系统分析员却一直是缺人的岗位。关于系统分析员的知识、技能和修养我们将在后面讲述。本章将以一个企业的管理信息系统的开发为对象,讲述系统分析的主要步骤和主要方法。

15.1 系统调查

系统调查是系统分析工作中最重要的环节之一。全面真实的调查是分析与设计的基础,也就是说这一步工作的质量对于整个开发工作的成败来说是决定性的。同时系统调查的工作量很大,所涉及的业务、人员、数据和信息都非常多。科学地组织和恰当地展开这项工作是非常重要的。

15.1.1 系统调查方法

在系统调查过程中只有采用正确的方法和步骤,才能确保调查工作的客观性和正确性。系统调查的工作应该遵循如下几点。

(1) 自顶向下全面展开。系统调查工作应严格按照自顶向下的系统化观点全面展开。首先从组织管理工作的最顶层开始,然后再调查为确保最顶层工作的完成下一层(第二层)的管理工作支持。完成了这两层的调查后,再深入一步调查为确保第二层管理工作完成的下一层(第三层)的管理工作支持。依此类推,直至摸清组织的全部管理工作。这样做的目的是使调查者既不会被组织内部庞大的管理机构搞得不知所措、无从下手,又不会因调查工作量太大而顾此失彼。

(2) 全面铺开与重点调查结合。如果是开发整个组织的 MIS,当然是应开展全面的调查工作。如果近期内只需开展组织内部某一局部的信息系统,就必须坚持全面铺开与重点调查相结合的方法,即自顶向下全面展开,但每次都只侧重于与局部相关的分支。例如,只要开发企业生产作业计划部分,调查工作也必须是从组织管理的顶层开始。先了解总经理或厂长的工作、公司或工厂管理委员会的分工、下设各个部的主要工作、企业年度综合计划的制定过程以及所涉及的部门和信息,然后略去其他无关部门的具体业务调查,而将工作重点放在生产部的计划调度处和物资供应处的具体业务上,如图 15-1 所示。

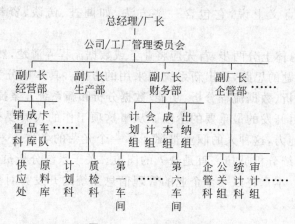

图 15-1 调查方式举例

(3) 先分析问题和原因,再设想有无改进可能。组织内部的每个管理部门和每项管理工作,都是根据组织的具体情况和管理需要而设置的。我们调查工作的目的正是要搞清这些管理工作存在的道理、环境条件以及工作的详细过程,然后再通过系统分析讨论在新的信息系统支持下有无优化的可行性。所以在系统调查时最好保持头脑冷静和开放,实实在在地搞清现实工作和它所在的环境条件。

(4) 遵循科学的步骤。对于任何一个工业企业来说,其内部的管理机构都是庞大的,这就给调查工作带来了一定的困难。对于一个大型系统的调查一般都是多个系统分析人员共同完成的,按结构化、工程化的方法组织调查可以避免调查工作中一些可能出现的问题,避免疏忽和遗漏。所谓工程化的方法就是将工作中的每一步工作事先都计划好,对多个人的工作方法和调查所用的表格、图例都统一规范化处理,以使群体之间都能相互沟通、协调工作;另外所有规范化调查结果(如表格、问题、流程图、所收集的资料等)都应整理后归档,以便进一步工作使用。

(5) 发扬团队精神,主动沟通,亲善合作。系统调查涉及组织内部管理工作的各个方面以及各种不同类型的人，系统分析员的组织应由各种人员组成，而不应只由计算机专家组成。对内大家要相互合作，对外要主动沟通，亲善服务，创造出一种积极、主动、友善的工作环境和人际关系是调查工作顺利开展的基础。好的人际关系能使调查和系统开发工作事半功倍，反之则有可能根本进行不下去。这项工作说起来容易，做起来却很难。它要求开发者具有相当的思想水平、行为修养和工作能力。

15.1.2 详细调查的范围

详细调查的范围应该是围绕组织内部信息流所涉及领域的各个方面，但应该注意的是，信息流是通过物流而产生的，物流和信息流又都是在组织中流动的。因此所调查的范围就不能仅仅局限于信息和信息流，应该包括企业的生产、经营、管理等各个方面。下面把它大致地归纳为 9 类问题：

(1) 组织机构和功能业务；
(2) 组织目标和发展战略；
(3) 工艺流程和产品构成；
(4) 数据与数据流程；
(5) 业务流程与工作模式；
(6) 管理方式和具体业务的进行方法；
(7) 决策方式和决策过程；
(8) 可用资源和限制条件；
(9) 现存问题和改进意见。

以上 9 个方面只是一种大致的划分，实际工作时应视具体情况增加或修改。围绕上述范围可根据具体情况设计调查问卷的问题或问卷调查表的栏目，总之目的只有一个，就是真正弄清处理对象现阶段工作的详细情况，为后面的分析设计工作做准备。

15.2 组织结构与功能分析

组织结构与功能分析是整个系统分析工作中最简单的一环。组织结构与功能分析主要有三部分内容：组织结构分析、业务过程与组织结构之间的联系分析、业务功能一览表。其中组织结构分析通常是通过组织结构图来实现的，是将调查中所了解的组织结构具体地描绘在图上，作为后续分析和设计的参考。业务过程与组织结构联系分析通常是通过业务与组织关系图来实现的，是利用系统调查中所掌握的资料着重反映管理业务过程与组织结构之间的关系，它是后续分析和设计新系统的基础。业务功能一览表是把组织内部各项管理业务功能都用一张表的方式罗列出来，它是今后进行功能数据分析、确定新系统拟实现的管理功能和分析建立管理数据指标体系的基础。

15.2.1 组织结构图

组织结构图是一张反映组织内部之间隶属关系的树状结构图,见图 15-2。在绘制组织结构图时应注意,除后勤(如食堂、修缮、医务室、幼儿园、小学等)与企业生产、经营、管理环节无直接关系的部门外,其他部门一定要反映全面、准确。为了表明企业的运行过程,我们往往也画出企业物流和管理组织关系图,见图 15-3。

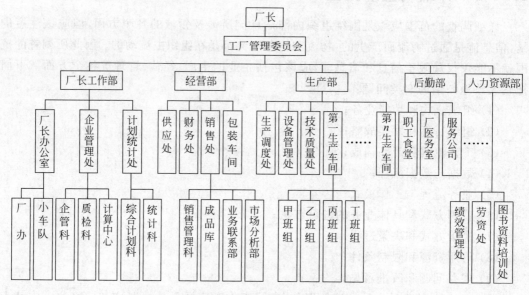

图 15-2 企业的组织结构图

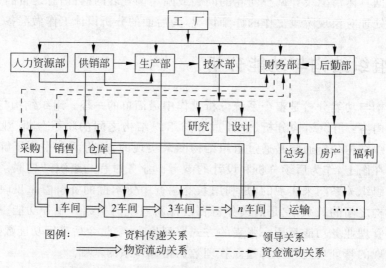

图 15-3 组织管理机构与物流的关系

15.2.2 组织/业务关系分析

组织结构图反映了组织内部和上下级关系。但是对于组织内部各部分之间的联系程度、组织各部分的主要业务职能和它们在业务过程中所承担的工作等却不能反映出来。这将会给后续的业务、数据流程分析和过程/数据分析等带来困难。为了弥补这方面的不足,通常增设组织/业务关系图来反映组织各部分在承担业务时的关系,见图 15-4。我们以组织/业务关系图中的横向表示各组织名称,纵向表示业务过程名,中间栏填写组织在执行业务过程中的作用。

序号	联系的程度业务\组织	计划科	质量科	设计科	工艺科	机动科	总工室	研究所	生产科	供应科	劳资科	总务科	培训科	销售科	仓库	……
1	计　划	*					✓	×	×					×	×	
2	销　售		✓											*	×	
3	供　应	✓							×	*					✓	
4	劳　资										*	✓	✓			
5	生　产	✓	×	×	×		*		×					✓		
6	设备更新					*	✓	✓	✓	×						
7	……															

图中:
"*"表示该项业务是对应组织的主要业务(即主持工作的单位);
"×"表示该单位是参加协调该项业务的辅助单位;
"✓"表示该单位是该项业务的相关单位(或称有关单位);
空格:表示该单位与对应业务无关。

图 15-4　组织/业务关系图

15.2.3 业务功能一览表

在组织中,常常有这种情况,组织的各个部分并未能完整地反映该部分所包含的所有业务。因为在实际工作中,组织的划分或组织名称的取定往往是根据最初同类业务人员的集合而定的。随着生产的发展,生产规模的扩大和管理水平的提高,组织的某些部分业务范围越来越大,功能也越分越细,由原来单一的业务派生出许多业务。这些业务在同一组织中由不同的业务人员分管,其工作性质已经逐步有了变化。当这种变化发展到一定的程度时,就要引起组织本身的变化,裂变出一个新的、专业化的组织,由它来完成某一类特定的业务功能。如最早的质量检验工作就是由生产科、成品库和生产车间各自交叉分管的,后来由于产品激烈的市场竞争和管理的需要,这时质量科产生了。对于这类变化,我们事先是无法全部考虑到的,但对于其功能是可以发现的,如果都以功能为准绳设计和考虑系统,那么系统将会对组织结构的变化有一定的独立性,将获得较强的生命力。所以在分析组织情况时还应该画出其业务功能一览表。这样做可以使我们在了解组织结构的同时,对于依附于组织结构的各项业务功能也有一个概貌性的了解,也可以对于各项交叉管理、交叉部分各层次的深度以及各种不合理的现象有一个总体的了解,在后面的系统分析和设计时切记避免这些问题。

这里所要制作的业务功能一览表是一个完全以业务功能为主体的树型表,其目的在于描述组织内部各部分的业务和功能。

我们仅列举某企业业务功能一览表中的一部分,来说明其具体的画法,见图 15-5。

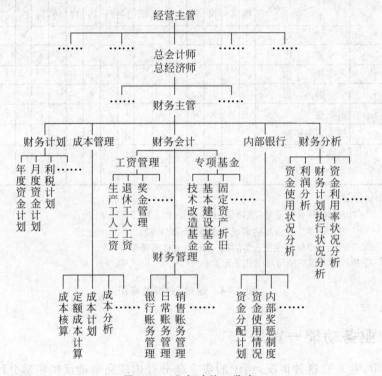

图 15-5 业务功能一览表

15.3 业务流程分析

在对系统的组织结构和功能进行分析时,需从一个实际业务流程的角度将系统调查中有关该业务流程的资料都串起来做进一步的分析,业务流程分析可以帮助我们了解该业务的具体处理过程，发现和处理系统调查工作中的错误和疏漏，修改和删除原系统中不合理部分，在新系统的基础上优化业务处理流程。

业务流程分析是在业务功能的基础上将其细化，利用系统调查的资料将业务处理过程中的每一个步骤用一个完整的图形串起来。在绘制业务流程图的过程中发现问题、分析不足，优化业务处理过程。所以说绘制业务流程图是分析业务流程的重要步骤。

业务流程图（transaction flow diagram，TFD），就是用一些规定的符号及连线来表示某个具体业务处理过程。业务流程图基本上按照业务的实际处理步骤和过程绘制。换句话说，就是一"本"用图形方式来反映实际业务处理过程的"流水账"，绘制出这本"流水账"对于开发者理顺和优化业务过程是很有帮助的。

有关业务流程图的画法，目前尚不太统一。但若仔细分析，就会发现它们都是大同小异的，只是在一些具体的规定和所用的图形符号方面有些不同，而在准确明了地反映业务流程方面是非常一致的。

业务流程图是一种用尽可能少、尽可能简单的方法来描述业务处理过程的方法。由于它的符号简单明了，所以非常易于阅读和理解业务流程。

1. 基本符号

业务流程图的基本图形符号非常简单，只有6个。有关6个符号的内部解释则可直接用文字标于图内。这6个符号所代表的内容与信息系统最基本的处理功能一一对应。如在图15-6中，圆圈表示业务处理单位；方框表示业务处理功能描述；报表符号表示输出信息（报表、报告、文件、图形等）；不封口的方框表示存储文件；卡片符号表示收集资料，欠量连线表示信息传递过程。

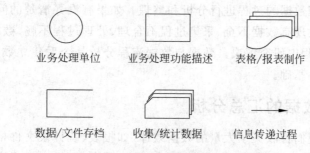

图15-6　业务流程图的基本图形符号

2. 绘制举例

业务流程图的绘制是根据系统调查表中所得到的资料和问卷调查的结果，按业务实际处理过程将它们绘制在同一张图上。例如，某个业务的流程可被表示为图15-7的形式。

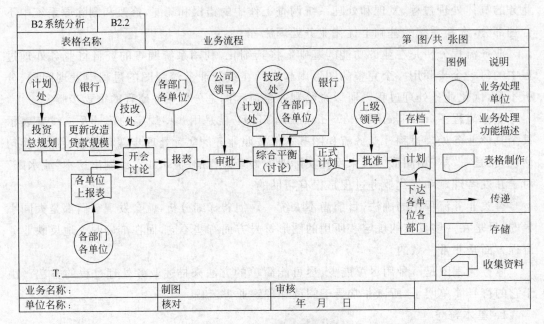

图 15-7 某业务流程图举例

15.4 数据与数据流程分析

数据是信息的载体,是今后系统要处理的主要对象,因此必须对系统调查中所收集的数据以及统计和处理数据的过程进行分析和整理。如果有没弄清楚的问题,应立刻返回去弄清楚它。如果发现有数据不全、采集过程不合理、处理过程不畅、数据分析不深入等问题,应在本分析过程中研究解决。数据与数据流程分析是今后建立数据库系统和设计功能模块处理过程的基础。

15.4.1 调查数据的汇总分析

在系统调查中我们曾收集了大量的数据载体(如报表、统计表文件格式等)和数据调查表,这些原始资料基本上是由每个调查人员按组织结构或业务过程收集的,它们往往只是局部地反映了某项管理业务对数据的需求和现有的数据管理状况。对于这些数据资料必须加以汇总、整理和分析,使之协调一致,为以后在分布式数据库内各子系统的调用和共享数据资料奠定基础。调查数据汇总分析的主要任务首先是将系统调查所得到的数据分为如下三类:

(1) 本系统输入数据类(主要指报来的报表),即今后下级子系统或网络要传递的内容;

(2) 本系统内要存储的数据类(主要指各种台账、账单和记录文件),它们是今后本系统数据库要存储的主要内容;

(3) 本系统产生的数据类(主要指系统运行所产生的各类报表),它们是今后本系统输出和网络传递的主要内容。

然后再对每一类数据进行如下三项分析:

(1) 汇总并检查数据有无遗漏;

(2) 分析数据,检查数据的匹配情况;

(3) 建立统一的数据字典。

1. 数据汇总

数据汇总是一项较为繁杂的工作。为使数据汇总能顺利进行,通常将它分为如下几步。

(1) 将系统调查中所收集到的数据资料,按业务过程进行分类编码,按处理过程的顺序排放在一起。

(2) 按业务过程自顶向下地对数据项进行整理。例如,对于成本管理业务,应从最终成本报表开始,检查报表中每一栏数据的来源,然后检查该数据来源的来源……一直查到最终原始统计数据(如生产统计、成本消耗统计、产品统计、销售统计、库存统计等)或原始财务数据(如单据、凭证等)。

(3) 将所有原始数据和最终输出数据分类整理出来。原始数据是以后确定关系数据库基本表的主要内容,而最终输出数据则是反映管理业务所需求的主要数据指标。这两类数据对于后续工作来说是非常重要的,所以将它们单独列出来。

(4) 确定数据的字长和精度。根据系统调查中用户对数据的满意程度以及今后预计该业务可能的发展规模统一确定数据的字长和精度。对数字型数据来说,它包括数据的正、负号,小数点前后的位数,取值范围等;对字符型数据来说,只需确定它的最大字长和是否需要中文。

2. 数据分析

数据的汇总只是从某项业务的角度对数据进行了分类整理,还不能确定收集数据的具体形式以及整体数据的完备程度、一致程度和无冗余的程度。因此还需对这些数据做进一步的分析。分析的方法可借用 BSP 方法中所提倡的 U/C 矩阵来进行。U/C 矩阵本质是一种聚类方法,它可以用于过程/数据、功能/组织、功能/数据等各种分析中。这里只是借用它来进行数据分析。

1) U/C 矩阵

U/C 矩阵是通过一个普通的二维表来分析汇总数据。通常将表的纵坐标栏目定义为数据类变量(X_i),横坐标栏目定义为业务过程类变量(Y_i)(图 15-8),将数据与业务过程之间的关系(即 X_i 与 Y_i 之间的关系)用使用(use,U)和建立(create,C)来表示,那么将上一步数据汇总的内容填于表内就构成了所谓的 U/C 矩阵。

业务过程类变量 \ 数据类变量	客户	订货	产品	工艺流程	材料表	成本	零件规格	材料库存	成本库存	职工	销售区域	财务计划	计划	设备负荷	物资供应	任务单	列号Y
经营计划			U			U						U	C				1
财务规划						U				U		C	C				2
资产规模												C					3
产品预测	C	U									U						4
产品设计开发	U	C	U	C			C					U					5
产品工艺			U	C			C	U									6
库存控制							C	C							U	U	7
调度			U	U		U								U		C	8
生产能力计划				U										C	U		9
材料需求			U		U		U								C		10
操作顺序					C									U	U	U	11
销售管理	C	U	U							U	U						12
市场分析	U	U	U								C						13
订货服务	U	C	U						U								14
发运		U	U						U	U							15
财务会计	U	U							U	U		U					16
成本会计						U						U					17
用人计划										C							18
业绩考评										U							19
行号X	1	2	3	4	5	6	7	8	9	10	11	12	13	14	15	16	

图 15-8 U/C 矩阵

2) 数据正确性分析

在建立了U/C矩阵之后就要对数据进行分析,其基本原则就是"数据守恒原理" (principle of data conservation),即数据必定有一个产生的源,而且必定有一个或多个用途(在15.5节中还将细分为完备性、一致性和无冗余性三条检验规则)。具体落实到对图15-8的分析中则可概括为如下几点。

(1) 原则上每一列只能有一个C。如果没有C,则可能是数据收集时有错。如果有多个C,则有两种可能性:其一,是数据汇总有错,误将其他几处引用数据的地方认为是数据源；其二，数据栏是一大类数据的总称，如果是这样应将其细化。

(2) 每一列至少有一个 U。如果没有 U，则一定是调查数据或建立 U/C 矩阵时有误。

(3) 不能出现空行或空列。如果出现有空行或空列，则可能是下列两种情况：其一，数据项或业务过程的划分是多余的；其二，在调查或建 U/C 矩阵过程中漏掉了它们之间的数据联系。

3) 数据项特征分析

(1) 数据的类型以及精度和字长。这是建库和分析处理所必须要求确定的。

(2) 合理取值范围。这是输入、校对和审核所必需的。

(3) 数据量。即单位时间内（如天、月、年）的业务量、使用频率、存储和保留的时间周期等。这是在网上分布数据资源和确定设备存储容量的基础。

(4) 所涉及业务，即图 15-8 中每一行有 U 或 C 的列号（业务过程）。

15.4.2 数据流程分析

有关数据分析的最后一步就是对数据流程的分析，即把数据在组织（或原系统）内部的流动情况抽象地独立出来，舍去了具体组织机构、信息载体、处理工作、物资、材料等，单从数据流动过程来考察实际业务的数据处理模式。数据流程分析主要包括对信息的流动、传递、处理、存储等的分析。数据流程分析的目的就是要发现和解决数据流通中的问题，这些问题有数据流程不畅、前后数据不匹配、数据处理过程不合理等。问题产生的原因有的是属于原系统管理混乱、数据处理流程本身有问题，有的也可能是我们调查了解数据流程有误或作图有误。总之这些问题都应该尽量地暴露并加以解决。一个通畅的数据流程是今后新系统用以实现这个业务处理过程的基础。

数据流程分析多是通过分层的数据流程图（data flow diagram, DFD）来实现的。其具体的做法是：按业务流程图理出的业务流程顺序，将相应调查过程中所掌握的数据处理过程，绘制成一套完整的数据流程图，一边整理绘图，一边核对相应的数据和报表、模型等。如果有问题，则定会在这个绘图和整理过程中暴露无遗。

1. 基本图例符号

常见的数据流程图有两种，一种是以方框、连线及其变形为基本图例符号来表示数据流动过程；另一种是以圆圈反连接弧线作为其基本符号来表示数据流动过程。这两种方法实际表示一个数据流程的时候，大同小异，但是针对不同的数据处理流程却各有特点。故在此我们介绍其中一种方法，以便读者在实际工作中根据实际情况选用。

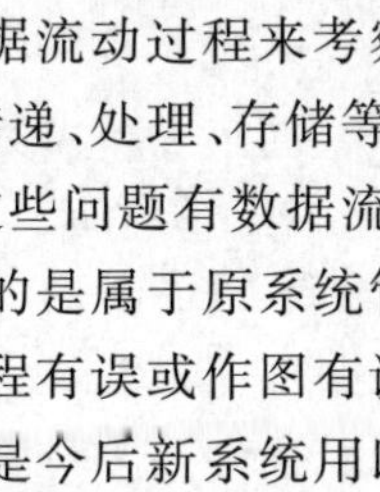

2. 方框图图形符号

方框图的图例符号及基本用法如下。

(1) 外部实体。外部实体用一个小方框外加一个立体轮廓线表示，如图 15-9 所示。在小方框中用文字注明外部实体

图 15-9 方框图图形符号

的编码属性和名称。如果该外部实体还出现在其他数据流程中,则可在小方框的右下角画一斜线,标出相对应的数据流程图编号。

(2) 数据流动。数据流动用直线、箭头加文字说明组成,例如销售报告送销售管理人员、库存数据送盘点处理等,详见图 15-10。

(3) 数据处理。数据处理用小方框来表示。方框内必须标示清楚三方面的信息:一是综合反映数据流程、业务过程及本处理过程的编号;二是处理过程文字描述;三是该处理过程的进一步详细说明。因为处理过程一般比前几种图例所代表的内容要复杂得多,故必须在

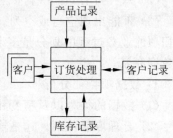

图 15-10 方框数据流程图举例

它的下方再加上一个信息注释,用它来指出进一步详细说明具体处理过程的图号。

(4) 数据存储。即是对数据记录文件的读写处理,一般用一个右边不封口的长方形来表示。同上述图例符号一样,它也必须标明数据文件的标识编码和文件名称两部分信息息,如图 15-11 所示。

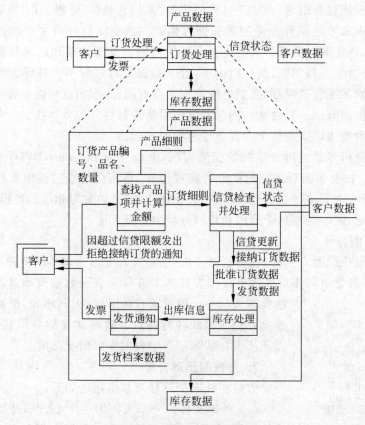

图 15-11 图 15-10 的展开图

由于实际数据处理过程常常比较繁杂,故应该按照系统的观点,自顶向下地分层展开绘制。即先将比较繁杂的处理过程(不管有多大)当成一个整体处理块来看待(如图 15-11 中的一个处理过程,俗称"黑匣子");然后绘出周围实体与这个整体块的数据联系过程;再进一步将这个块展开。如果内部还涉及若干个比较复杂的数据处理部分的话,又将这些部分分别视为几个小"黑匣子",同样先不管其内部,而只分析它们之间的数据联系。这样反复下去,依此类推,直至最终搞清了所有的问题为止。也有人将这个过程比喻为使"黑匣子"逐渐变"灰",再到"半透明"和"完全透明"的分析过程。

15.5 功能/数据分析

在对实际系统的业务流程、管理功能、数据流程以及数据分析都做了详细的了解和形式化的描述以后,就可在此基础上进行系统化的分析,以便整体地考虑新系统的功能子系统和数据资源的合理分布,进行这种分析的有力工具之一就是功能/数据分析。功能/数据分析法是 IBM 公司于 20 世纪 70 年代初的 BSP 中提出的一种系统化的聚类分析法。功能/数据分析法是通过 U/C 矩阵的建立和分析来实现的。这种方法不但适用于功能/数据分析,也可以适用于其他各方面的管理分析。例如用此方法我们就曾经尝试过解决岗位职能和人员定编等管理问题,同样取得了良好的效果。另外对于这种方法我们并不陌生,在前面就曾借用它来分析收集数据的合理性和完备性等问题。现在再来讨论用它分析新系统的逻辑划分和数据资源的合理分布问题,为下一步的设计工作奠定基础。

15.5.1 U/C 矩阵及其建立

要建立一个 U/C 矩阵对于一个实际的组织来说不是一件容易的事情。从理论上说,要建立 U/C 矩阵首先要进行系统化,自顶向下地划分;其次逐个确定其具体的功能(或功能类)和数据(或数据类);最后填上功能/数据之间的关系,即完成了 U/C 矩阵的建立过程。

15.5.2 正确性检验

建立 U/C 矩阵后一定要根据"数据守恒"原则进行正确性检验,以确保系统功能数据项划分和所建 U/C 矩阵的正确性。它可以指出我们前段工作的不足和疏漏,或是划分不合理的地方,及时地督促我们加以改正。具体来说,U/C 矩阵的正确性检验可以从如下三个方面进行。

1. 完备性检验

完备性(completeness)检验是指对具体的数据项/类必须有一个产生者("C")和至少一个使用者("U"),功能则必须有产生或使用("U"或"C"元素)发生。否则这个 U/C 矩阵的建立是不完备的。

这个检验可使我们及时地发现表中的功能或数据项的划分是否合理,以及"U"、"C"元素有无填错或漏填的现象发生。如图 15-8 中的第 7 列数据无使用者,故元素($Y=6$,$X=7$)的"C"改为"U"等。

2. 一致性检验

一致性(uniformity)检验是指对具体的数据项/类必有且仅有一个产生者("C")。如果有多个产生者的情况出现,则产生了不一致现象。其结果将会给后续开发工作带来混乱。

这种不一致现象的产生可能有如下原因:

(1) 没有产生者——漏填了"C"元素或者是功能、数据的划分不当。

(2) 多个产生者——错填了"C"元素或者是功能、数据的划分不独立、不一致,如图 15-8 中的第 7 列和第 13 列。故元素($Y=6$,$X=7$)和($Y=2$,$X=13$)的"C"应改为"U"等。

3. 无冗余性检验

无冗余性(non-verbosity)检验即表中不允许有空行空列。如果有空行空列发生则可能出现如下问题:

(1) 漏填了"C"或"U"元素;

(2) 功能项或数据项的划分是冗余的。如图 15-8 中就没有冗余的功能和数据。

15.5.3 U/C 矩阵的求解

U/C 矩阵求解过程就是对系统结构划分的优化过程。它是基于子系统划分应相互独立,而且内部凝聚性高这一原则之上的一种聚类操作。其具体做法是使表中的"C"元素尽量地靠近 U/C 矩阵的对角线,然后再以"C"元素为标准,划分子系统。这样划分的子系统独立性和凝聚性都是较好的,因为它可以不受干扰地独立运行。

U/C 矩阵的求解过程是通过表上作业来完成的。其具体操作方法是:调换表中的行变量或列变量,使得"C"元素尽量地朝对角线靠近,如图 15-12 所示(注意:这里只能是尽量朝对角线靠近,不可能全在对角线上)。

15.5.4 系统功能划分与数据资源分布

在本书中,U/C 矩阵的求解目的是为了对系统进行逻辑功能划分和考虑今后数据资源的合理分布。一般说来 U/C 矩阵的主要功能有如下 4 点:

(1) 通过对 U/C 矩阵的正确性检验,及时发现前段分析和调查工作的疏漏和错误;

(2) 通过对 U/C 矩阵的正确性检验来分析数据的正确性和完整性;

(3) 通过对 U/C 矩阵的求解过程最终得到子系统的划分;

(4) 通过子系统之间的联系("U")可以确定子系统之间的共享数据。

这里所要用的主要是后两点。

功能＼数据类	计划	财务计划	产品	零件规格	材料表	材料库存	成本库存	任务单	设备负荷	物资供应	操作程序	客户	销售区域	订货	成本	职工
经营计划	C	U												U	U	
财务规划	U	C													U	U
资产规模		U														
产品预测			U									U	U			
产品设计开发	U		C	C	C							U				
产品工艺			U	U	U											
库存控制						C	C	U		U						
调度				U				U	C	U	U					
生产能力计划								U	U	U						
材料需求				U		U				C						
操作顺序								U	U	U						
销售管理			U	U				U				C	U			
市场分析			U	U								U	C	U		
订货服务			U					U				U	U	C		
发运																
财务会计	U	U	U					U				U		U		U
成本会计			U	U										U	C	
用人计划																C
业绩考评																U

图 15-12 表上移动作业过程

1．系统逻辑功能的划分

系统逻辑功能划分的方法是在求解后的 U/C 矩阵中划出一个个的小方块，如图 15-13 所示。划分时应注意以下两点。

（1）沿对角线一个接一个地画，既不能重叠，又不能漏掉任何一个数据和功能。

（2）小方块的划分是任意的，但必须将所有的"C"元素都包含在小方块之内。划分后的小方块即为今后新系统划分的基础。每一个小方块即一个子系统。另外特别值得一提的是，对同一个调整出来的结果，小方块（子系统）的划分不是唯一的，如图 15-13 中实线和虚线所示。具体如何划分为好，要根据实际情况以及分析者个人的工作经验和习惯来定。

子系统划定之后，留在小方块（子系统）外还有若干个"U"元素，这就是今后子系统之间的数据联系，即共享的数据资源。我们将这些联系用箭头表示，如图 15-14 所示。

功能＼数据类		计划	财务	产品	零件规格	材料表	原材料库存	成品库存	工作令	机器负荷	材料供应	操作顺序	客户	销售区域	订货	成本	职工
经营计划	经营计划	C	U													U	
	财务规划	U	U													U	U
	资产规模			C													
技术准备	产品预测	U		U									U	U			
	产品设计开发			C	C	U											
	产品工艺			U	U	C	U										
生产制造	库存控制						C	C	U	U							
	调度			U					C	U							
	生产能力计划								C	U	U						
	材料需求			U		U					C						
	操作顺序								U	U		C					
销售	销售区域管理			U									C	U			
	销售			U									U	C	U		
	订货服务			U									U		C		
	发运			U					U						U		
财会	通用会计	U											U			U	
	成本会计														U	C	
人事	人员计划															C	
	人员招聘/考核																U

图 15-13　子系统划分

功能＼数据类	计划	财务	产品	零件规格	材料表	原材料库存	成品库存	工作令	机器负荷	材料供应	操作顺序	客户	销售区域	订货	成本	职工
经营计划	经营计划子系统														U	
															U	U
技术准备	U→		产品工艺子系统						U	U						
					U											
生产制造			U			生产制造计划子系统										
			U→U													
销售			U									销售子系统→				
			U													
			U													
						U							→|			
财会			U						U			→		U	1 →U	
人事																2

图 15-14　数据联系

注：1——财会子系统；2——人事档案子系统

2. 数据资源分布

在对系统进行划分并确定子系统以后,从图 15-13 可以看出所有数据的使用关系都被小方块分隔成了两类:一类在小方块以内;另一类在小方块以外。在小方块以内所产生和使用的数据,今后主要放在本子系统的计算机设备上处理;而在小方块以外的数据联系(即图中小方块以外的"U"),则表示了各子系统之间的数据联系(如图 15-14 所示),这些数据资源今后应考虑放在网络服务器上供各子系统共享或通过网络来相互传递数据。

15.6 新系统逻辑方案的建立

新系统逻辑方案指的是经分析和优化后,新系统拟采用的管理模型和信息处理方法。因为它不同于计算机配置方案和软件结构模型方案等实体结构方案,故称其为逻辑方案。

详细地了解情况,进行系统分析,都是为最终确立新系统的逻辑方案做准备。所以说新系统逻辑方案的建立是系统分析阶段的最终成果,它对于下一步的设计和实现都是基础性的指导文件。

新系统的逻辑方案主要包括:对系统业务流程分析整理的结果;对数据及数据流程分析整理的结果;子系统划分的结果;各个具体的业务处理过程,以及根据实际情况应建立的管理模型和管理方法。同时新系统的逻辑方案也是系统开发者和用户共同确认的新系统处理模式以及打算共同努力的方向。

15.6.1 新系统信息处理方案

在本章前面各节中已经对原有系统进行了大量的分析和优化,这个分析和优化的结果就是新系统拟采用的信息处理方案。它包括如下几部分。

(1) 确定合理的业务处理流程。将 15.3 节分析的结果在此正式提出来,其具体内容包括:

① 删去或合并了哪些多余的或重复处理的过程?

② 对哪些业务处理过程进行了优化和改动?改动的原因是什么?改动(包括增补)后将带来哪些好处?

③ 给出最后确定的业务流程图。

④ 指出在业务流程图中哪些部分新系统(主要指计算机软件系统)可以完成,哪些部分需要用户完成(或是需要用户配合新系统来完成)。

(2) 确定合理的数据和数据流程。将 15.4 节分析的结果在此正式提出来,其具体内容包括:

① 请用户确认最终的数据指标体系和数据字典。确认的内容主要是指标体系是否全面合理,数据精度是否满足要求并可以统计得到这个精度等。

② 删去或合并了哪些多余的或重复的数据处理过程?

③ 对哪些数据处理过程进行了优化和改动？改动的原因是什么？改动(包括增补)后将带来哪些好处？

④ 给出最后确定的数据流程图。

⑤ 指出在数据流程图中哪些部分新系统(主要指计算机软件系统)可以完成,哪些部分需要用户完成(或是需要用户配合新系统来完成)。

（3）确定新系统的逻辑结构和数据分布。将15.5节分析的结果分两部分绘出：

① 新系统逻辑划分方案(即子系统的划分)。

② 新系统数据资源的分布方案,如哪些在本系统设备内部,哪些在网络服务器或主机上。

15.6.2 新系统可能涉及的管理模型

确定新系统的管理模型就是要确定今后系统在每一个具体的管理环节上的处理方法。这个问题一般应根据系统分析的结果和管理科学方面的知识来定,在此无法给出一个预先规定的新系统模型或产生该模型的条条框框。但为了方便读者,示意性地给出若干新系统管理模型,以供借鉴和参考。

1. 综合计划模型

综合计划是企业一切生产经营、管理活动的纲领性文件。一个切实可靠的综合计划方案,基本上就奠定了企业生产、经营活动的基础。综合计划模型一般由综合发展计划模型和资源限制模型两大部分组成,到目前为止常用的综合计划模型有如下两种。

（1）综合发展模型,主要用来反映企业的近期发展目标,它包括利税发展指标、生产发展规模等。一般常用的有：

① 企业的中长期计划模型；

② 厂长(或经理)任期目标的分解模型；

③ 新产品开发和生产结构调整模型；

④ 中长期计划滚动模型。

（2）资源限制模型,主要是反映企业现有各类资源和实际情况对综合发展模型的限制情况。常用的限制模型有：

① 数学规划模型；

② 资源分配限制模型。

2. 生产计划管理模型

生产计划的制订主要包括两方面的内容：第一是生产计划大纲的编制；第二是详细的生产作业计划。它们分别包括如下几方面的内容。

生产计划大纲的编制主要是安排与综合计划有关的生产量指标。一般来说这部分涉及：

① 安排预测和合同订货的生产任务模型；

② 物料需求计划(MRP)模型;
③ 设备负荷和生产加工能力模型;
④ 量-本-利分析模型;
⑤ 投入产出模型;
⑥ 数学规划模型。

生产作业计划是要具体给出产品生产数量、加工路线、时间安排、材料供应以及设备生产能力负荷平衡等方面。具体方法有:
① 投入产出矩阵模型;
② 网络计划(PERT)模型/关键路径法(CPM)模型;
③ 排序模型;
④ 物料需求模型(MRP);
⑤ 设备能力负荷平衡模型;
⑥ 滚动式生产作业计划模型;
⑦ 甘特图(Gantt chart)模型;
⑧ 经验方法。

生产计划模型在选定了上述方法以后,根据单位的实际情况还会有很多具体的变化,这需要视系统分析的情况而定。

3. 库存管理模型

库存管理有很多不同的模型,如最佳经济批量模型等。但我们一般常用的却是下面介绍的这种程序化的管理模型。

1) 库存物资的分类法

据统计分析,一般库存物资都遵循 ABC 分类规律。即 A 类物资品种数占库存物资总数不到 10%,但金额数却占总数的约 75%;B 类物资这两项比例数分别为 20% 和 20% 左右;C 类物资则为 70% 和 5%。据此建立模型,所以库存管理首先得确定库存物资的分类以及具体的分类方法。

2) 库存管理模型

例如:把库存量的时间变动曲线画出,根据重订货点和经济订货批量等控制模型。

4. 财会管理模型

财会管理模型相对比较固定。确定一个财会管理模型主要有如下几方面:
(1) 会计记账科目的设定(一般第一、二级科目都由国家和各行业/部颁定,第三、四级由单位自定);
(2) 会计记账方法的设定(主要是借贷法和增减法);
(3) 财会管理方法(如计划、决策、调整以及具体的管理措施等);
(4) 内部核算制度或内部银行的建立以及具体的核算方法等;
(5) 安全、保密措施以及与其相对应的运行制度和管理方法;

(6) 文档、数据、原始凭证的保存方法与保存周期；

(7) 审计和随机抽查的形式、范围和对账方法等。

5. 成本管理模型

对于成本管理应考虑如下几方面的管理方法（或称模型）。

(1) 成本核算模型。产品的成本一般由几部分组成，故成本核算也必须考虑两方面的计算问题。

① 间接费用分配方法的选取。目前常用的方法有完全成本计算方法和变动成本计算方法。

② 直接生产过程消耗部分计算方法的选取。目前常用的计算方法有品种法、分步法、逐步结转法、平行结转法、定额差异法等。

(2) 成本预测模型。目前常用的有数量经济模型、投入产出模型、回归分析模型、指数平滑模型等。

(3) 成本分析模型。成本分析模型有很多种。一般常用的方法有：

① 实际成本与定额成本比较模型；

② 本期成本与历史同期可比产品成本比较模型；

③ 产品成本与计划指标比较模型；

④ 产品成本差额管理模型；

⑤ 量-本-利分析模型。

6. 经营管理决策模型

经营管理决策是一个广义的概念，它涉及企业高层管理人员围绕经营管理目标所进行的所有努力，它包括信息的收集，信息的处理（模型算法等），决策者的经验、背景和分析判断能力，环境条件的约束限制等多个方面。经营管理决策模型可以说是整个信息系统的核心和最高层次的处理环节，也是企业领导层（决策者）最为关注的内容。

确定一个有效的经营管理决策模型不是一件容易的事情，一般需要同用户（即决策者）在系统分析阶段进行反复的协商来共同确定。其研究的范围包括：

(1) 组织决策体系的研究；

(2) 确定适当的决策过程；

(3) 确定收集、处理、提炼对决策有用信息的渠道、步骤和方法；

(4) 确定适当的决策模型，对确定性的决策问题可得到具体的优化模型，对不确定性（半结构化）的决策问题得到的就不是某个具体的数学模型了，而是今后动态地构成这些决策模型的方式，如前面介绍过的模型库系统、知识系统、推理方式等；

(5) 确定和选择优化解的方式，对确定性问题得到的是唯一的解，但对不确定性问题得到的是若干不同的解，故必须确定选样和优化解的方式；

(6) 系统支持决策的方式；

(7) 模拟决策执行过程；

(8) 决策评价指标体系的研究以及反馈控制决策系统运行的方式。

7. 统计分析模型

统计分析模型常常是用以反映销售状况、市场占有情况、质量指标、财务状况等方面的综合、总量变化状况。这类模型在信息系统中常用各种分析图形的方式给出。常用的统计分析方法有：

(1) 产品市场占有率分析；
(2) 市场消费变化趋势分析；
(3) 产品销售统计分析；
(4) 产品销售额与利润变化趋势分析；
(5) 质量状况与指标分布状况分析；
(6) 生产统计分析；
(7) 财务统计分析；
(8) 企业综合经济效益指标统计分析。

8. 预测模型

预测模型同统计分析模型一样可以广泛地用于生产产量、销售量、市场变化趋势等方面。常用的预测模型有：

(1) 多元回归预测模型（如一元、二元、……）；
(2) 时间序列预测模型；
(3) 普通类比外推模型等。

15.6.3 系统分析报告

系统分析阶段的成果就是系统分析报告，它反映了这一阶段调查分析的全部情况，是下一步设计与实现系统的纲领性文件。系统分析报告形成后必须组织各方面的人员（包括组织的领导、管理人员、专业技术人员、系统分析人员等）一起对已经形成的逻辑方案进行论证，尽可能地发现其中的问题、误解和疏漏；对于问题、疏漏要及时纠正；对于有争论的问题要重新核实当初的原始调查资料或进一步地深入调查研究；对于重大的问题甚至可能需要调整或修改系统目标，重新进行系统分析。总之，系统分析报告是一个非常重要的文件，必须非常认真地讨论和分析。

一份好的系统分析报告应该不但能够充分展示前段调查的结果，而且还要反映系统分析结果——新系统的逻辑方案，这是非常重要的（特别是后者）。系统分析报告要包括以下内容。

(1) 组织情况简述。主要是对分析对象的基本情况做概括性的描述，它包括组织的结构、组织的目标、组织的工作过程和性质、业务功能、对外联系、组织与外部实体间有哪些物质以及信息的交换关系、研制系统工作的背景如何等。

(2) 系统目标和开发的可行性。系统的目标是系统拟采用什么样的开发战略和开发方法、人力、资金以及计划进度的安排，系统计划实现后各部分应该完成什么样的功能，某些指标预期达到什么样的程度，有哪些工作是原系统没有而计划在新系统中增补的等。

（3）现行系统运行状况。介绍以一些工具（主要是作业流程图、数据流程图）为主，详细描述原系统信息处理以及信息流动情况。另外，各个主要环节对业务的处理量、总的数据存储量、处理速度要求、主要查询和处理方式、现有的各种技术手段等，都应做一个扼要的说明。

（4）新系统的逻辑方案。新系统的逻辑方案是系统分析报告的主体，这部分主要反映分析的结果和我们对今后建造新系统的设想。它应包括本章各节分析的结果和主要内容：

① 新系统拟定的业务流程及业务处理工作方式；
② 新系统拟定的数据指标体系和分析优化后的数据流程，以及计算机系统将完成的工作部分；
③ 新系统在各个业务处理环节拟采用的管理方法、算法或模型；
④ 与新的系统相配套的管理制度和运行体制的建立；
⑤ 系统开发资源与时间进度估计。

习题

1. 系统分析的主要任务是什么？为什么说系统分析是管理信息系统开发过程中最重要的一环？

2. 目前有哪几种常用的系统开发方法？它们各有什么特点？主要适用于哪些系统？

3. 如何检查 U/C 矩阵的正确性？试用你身边熟悉的情况建立、验证并求解 U/C 矩阵，最后解释解的意义。

4. 按照本章所介绍的内容从头到尾分析你所在单位（或学校、系）的情况，绘出所有的图表，并写出系统分析报告和新系统逻辑方案。

5. 实际体会"系统分析实质上就是分析了解待开发系统的实际状况和进一步的管理需求"这句话的含义。

6. 通过实际例子体会加强基础管理工作对于系统开发的重要性。

7. 参考本章所给出的例子，设计出一套简单、全面、能尽快了解用户工作和想法，并能使其"open-up"的调查问卷。

CHAPTER 16 第 16 章

系 统 设 计

根据前一阶段系统分析的结果,在已经获得批准的系统分析报告的基础上,即可进行新系统设计。系统设计包括两个方面,首先是总体设计,其次是具体的物理设计。系统设计的主要目的是为下一阶段的系统实现(如编程、调试、试运行等)制定蓝图。在系统设计阶段,主要任务就是在各种技术和实施方法中权衡利弊,精心设计,合理地使用各种资源,最终勾画出新系统的详细设计方案。

到目前为止,系统设计所使用的主要方法还是自顶向下结构化的设计方法,但是在局部环节上(或是针对某些规模较小的系统)可能使用原型方法、面向对象的方法。这是目前比较流行的发展趋势。

系统设计阶段的主要依据是系统分析报告和开发者的知识与经验。系统设计的主要内容包括新系统总体结构框架设计、代码设计、数据库设计、输入/输出设计、处理流程及模块功能的设计。系统设计的结果是一系列的系统设计文件(蓝图),这些文件是物理地实现一个信息系统(包括安装硬件设备和编制软件程序)的重要基础。

16.1 系统总体结构设计

系统总体结构设计是根据系统分析的要求和组织的实际情况对新系统的总体结构形式和可利用的资源进行大致设计,它是一种宏观、总体上的设计和规划。系统总体结构设计的主要内容有子系统的划分(或称系统划分)、网络和设备的配置、设备选型、新系统计算机处理流程图。

16.1.1 子系统划分

子系统划分一般应在系统分析阶段完成。在不十分充分的系统分析情况下,也往往应用经验准则来进行划分,我们在此做些介绍。

1. 系统划分的原则

为了便于今后系统开发和系统运行,系统的划分应遵循如下几点原则。

(1) 子系统要具有相对独立性。子系统的划分必须使得子系统内部功能、信息等各方面的凝聚性较好。在实际中我们都希望每个子系统或模块相对独立,尽量减少各种不必要的数据调用和控制联系,并将联系比较密切、功能近似的模块相对集中,这样对于以后的搜索、查询、调试、调用都比较方便。

（2）要使子系统之间数据的依赖性尽量小。子系统之间的联系要尽量减少，接口要简单、明确。一个内部联系强的子系统对外部的联系必然很少，所以划分时应将联系较多者列入子系统内部。相对集中的部分均已划入各个子系统的内部，剩余的一些分散、跨度比较大的联系，就成为这些子系统之间的联系和接口。这样划分的子系统，将来调试、维护和运行都是非常方便的。

（3）子系统划分的结果应使数据冗余较小。如果忽视这个问题，则可能会使相关的功能数据分布到各个不同的子系统中，大量的原始数据需要调用，大量的中间结果需要保存和传递，大量计算工作将要重复进行。从而使得程序结构紊乱，数据冗余，不但给软件编制工作带来很大的困难，而且系统的工作效率也会大大降低。

（4）子系统的设置应考虑今后管理发展的需要。子系统的设置光靠上述系统分析的结果是不够的，因为现存的系统由于这样或那样的原因，很可能没有考虑到一些高层次管理决策的要求。

（5）子系统的划分应便于系统分阶段实现。信息系统的开发是一项庞大的工程，它的实现一般都要分期分步进行，所以子系统的划分应能适应这种分期分步的实施。另外，子系统的划分还必须兼顾组织机构的要求（但又不能完全依赖于组织，因为目前情况下我国在进行体制改革，组织结构相对来说是不稳定的），以便系统实现后能够符合现有的情况和人们的习惯，更好地运行。

（6）子系统的划分应考虑到各类资源的充分利用。各类资源的合理利用也是系统划分时应该注意到的。一个恰当的系统划分应该既考虑有利于各种设备资源在开发过程中的搭配使用，又考虑到各类信息资源的合理分布和充分使用，以减少系统对网络资源的过分依赖，减少输入、输出、通信等设备压力。

2. 系统划分方法的分类

有关系统划分的方法目前主要有6类，详见表16-1。按功能划分是目前最常用的一种划分方法。例如，如果我们在15.2.3节分析功能业务一览表时，完全是按规范化进行的，则这个划分就是按功能划分的；按业务处理顺序划分的依据就是15.5节中关于业务流程分析的结果，这种划分方式在一些时间和处理过程顺序特别强的系统中常常采用；按数据拟合程度来划分是指按数据而不是按该子系统内部尽量集中来划分子系统，这种划分方式的子系统内部聚合力强，外部通信压力小，例如，我们在15.5节中所划分的子系统就是按这种方式进行的；按业务处理过程划分子系统，严格地说这不是一种很好的方式，但在某些系统开发资源限制较大的场合，特别是要分段实现开发工作时，不得已而被采用；最后两种划分指的是按业务处理的时间关系或业务展开的环境条件来对系统进行划分，严格地说这也是不太合理的划分方法，但在某些特定的场合也有这种划分的情况。

表 16-1　系统划分方法的比较

序号	方法分类	划 分 方 式	连接形式	可修改性	可读性	紧凑性
1	功能划分	按业务处理功能划分	好	好	好	非常好
2	顺序划分	按业务先后顺序划分	好	好	好	非常好
3	数据拟合	按数据拟合的程度划分	好	好	较好	较好
4	过程划分	按业务处理过程划分	中	中	较差	一般
5	时间划分	按业务过程时间划分	较差	较差	较差	一般
6	环境划分	按实际环境和网络分布划分	较差	较差	较差	较差

表 16-1 中的比较指标是根据一般情况而言的。在实际对系统进行设计时仍应以具体系统分析的结果而定,不能笼统、绝对地去评价好坏。

3. 常用的系统划分方法

实际在开发一个系统时,常用的系统划分方法是一种以功能/数据分析结果为主,兼顾组织实际情况的划分方法。即以 15.2.3 节和 15.5.4 节分析结果为基础,然后再根据组织的其他情况(如办公室、厂区的物理环境、开发工作的分段实施情况、设备和人力资源的限制等),综合考虑并修订 15.2.3 节和 15.5.4 节所分析的结果。修订一般都在 15.2.3 节和 15.5.4 节的基础上进行,例如在图 15-5 的基础上对业务功能一览表中的树状结构局部地进行调整。值得注意的是,这种修订尽量不要破坏原分析的结构,否则会引出其他方法的各种问题。例如在原业务功能一览表的调整中,尽量不要改变其基本功能和结构,只是根据实际情况局部地调整树状结构。又如,在原 U/C 矩阵整理的基础上,尽量不要改变其行与列的位置(当然这也不是绝对的),而只通过改变子系统小方框的方法来修订系统划分的结构。

16.1.2　网络设计

如何将初步规划中的各个子系统用内部局域网连接起来,以及今后系统如何与外部系统相连接的问题,这就是网络设计问题。

特别要说明的一点是:我们所说的网络设计并不是去设计或开发出一个网络,而是根据实际业务的需要去考虑如何配置和选用一个网络产品。

网络设计首先要根据用户的要求选择网络的结构,然后根据系统结构划分的结果,安排网络和设备的分布,即什么地方要什么设备,哪些设备需要联网,网络的结构采用什么方式为好,选用什么网络产品等,然后再根据厂区内部的布局来考虑联网布线和配件。最后就是根据实际业务的要求划定网络各节点的级别、管理方式、数据读写的权限、选择相应的软件系统等。通常将其称为网络设计的三部曲。确定了这三步的内容并设计完整个系统后,就可以通知提供网络产品的公司,按要求建立起网络系统。

通常在一个组织的内部都是考虑建立一条(或几条)局域网(LAN)。故在信息系统开发过程中,考虑和使用最多的还是连接组织内部各子系统的 LAN。

为了更清楚地表示前面曾提到过的一些网络设备和后面将要涉及的一些网络部件在各级通信网络系统中的地位和作用,给出如图 16-1 所示的结构模型,图中右边的三个椭圆分别代表了几类不同单位的信息系统(如 MIS、EDPS、OA、DSS 等);中间的大椭圆表示所在城市(或总公司)的 MAN;左边的椭圆代表国家(或全球)的 WAN 系统。

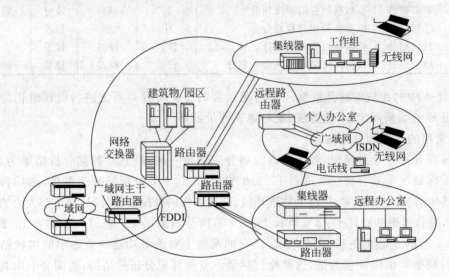

图 16-1 网络的综合应用举例

网络的结构或称网络的拓扑(topology)结构,目前有总线型(bus)、环型(loop)、星型(star)、树型(branch)、网型(net)等几种,但目前市面上常见的微机局域数字网一般都是总线型结构。如 Ethernet 网、3+网、Novel 网等,其他如中/小型机网络则总线型和环型两种都有,如 IBM 推出的 FDDI(fibre distributed data interface)系统就是以光纤环型网(fibre loop)为基础的高速数据网络。

选择网络结构以后,就要进行网络协议的选择。迄今,常见的通信协议标准主要有如下三类。

1. 公用数据通信网建议—— X 系列建议

X 系列通信协议是由国际电信联盟(CCITT)组织推荐,广泛用于 WAN、MAN 上的协议标准。部分 X 系列建议标准的命名及主要内容有:

X.10~X.15——业务和设施。

X.20~X.32——接口,例如 LAN 要想与 WAN 相连,则必须运行一个 X.25 的接口协议。

X.40~X.80——传输、信号和开关。

X.92~X.141——网络有关方面。

X.300~X.310——网络互联。

X.350～X.353——移动数据传输系统。

X.400～X.430——电文处理系统。

在所有X系列协议标准中,信息系统开发可能用到的有X.25和X.12等。使用的方式也不必涉及协议标准的内部细节,只需按照它的规定进行操作即可。一个商品化了的软件,操作和使用过程是极为简单的。

2. 局域数字通信网的802.X系列协议

802.X系列通信协议是国际电子电气工程师协会(IEEE)下属的802委员会推出的一系列针对LAN的协议标准。部分IEEE 802委员会制定的LAN协议及主要内容有:

802.1——资料、文档、术语参考模型。

802.2——逻辑链路控制(LLC)标准。

802.3——竞争总线标准。

802.4——Token Bus Standard。

802.5——Token Ring Standard。

802.6～802.7——MAN标准。

802.8——光纤环型网接口标准。

在上述802.X系列标准中,信息系统最常用的是802.3标准协议的LAN。而且这类LAN也很容易与WAN和MAN连接。连接时只需通过运行X.25接口系统即可。

3. 光纤数字环网的ANSI X3T9.5标准

ANSI X3T9.5是一套用于高速光纤环型网络上的协议。这种网络以光纤为传输介质,速率达到1 001Mbps,是LAN中高档产品。这种网络的典型代表是IBM公司20世纪80年代中后期推出的FDDI系统。

16.1.3 设备和网络的配置

在确定了系统的划分后,就可以考虑各子系统的设备(主要是计算机和网络设备)配置问题,以及如何将这些分布的设备和任务、功能、数据资源等集中统一管理。换句话说,就是到了应该考虑计算机系统结构和配置的时候了。目前比较流行的是分布式(即由若干微机和数字局域网络连接而成)系统或分布集中式(即由一台小型或中型计算机和若干终端构成集中式的主机系统,然后再辅之以若干微机,并用数字局域网络将它们联为整体)系统,而完全集中式(即由一台小型或中型或大型机为主机,其他都是通过终端与主机相连)的系统已经很少见了。

下面讨论在确定网络和设备配置时应考虑的问题和选择的指标。

1. 设备选配的依据

确定网络和计算机设备配置的原则最重要的只有两点:一是应完全根据系统调查和系统分析的结果来考虑硬件配置和系统结构,即管理业务的需要决定系统的设备配置;二是一定要考虑到实现上的可能性和技术上的可靠性,这是设计方案是否可靠的基础,也就是说根据实际管理业务和办公室地理位置来考虑配置设备。这是新系统考虑硬件结构的基本出发点。一般来说确定设备配置应考虑的有如下几点。

（1）根据实际业务需要考虑这个管理岗位是否要专配计算机设备（包括打印机、多媒体卡、光盘机等）。

（2）根据实际业务性质决定这个管理岗位是否需要配置微型计算机还是一个主机的终端设备。

（3）根据办公室物理位置分布和有无联机数据通信的要求，决定是否需要与网络连接以及连接的方式，例如，是传递磁盘/光盘或是联网，联网距离是多少；是否需要中继器；拟采用的网络传递介质等。

（4）根据调查估算的数据容量确定网络服务器或主机存储器的最低下限容量。一般将实际调查估算数据总容量的 3~5 倍作为网络服务器或主机存储器下限配置容量，而以 U/C 矩阵和数据分析中对通信频度的估算作为确定网络传输介质的最起码指标。

（5）根据实际业务要求和用户对软件工具的掌握程度确定新系统拟采用的软件工具。

（6）根据实际业务要求确定计算机及外部设备的性能指标，如速度、性能、功能、价格等。

2. 网络选择指标

购买网络时需选择的指标有多项，而选取这些指标的依据只能是实际管理业务的需求和开发者对这项技术掌握的熟练程度。下面简单地列出其主要指标项。

模拟网络最大的好处是方便、便宜、快捷。上午出门买几个 Modem，下午就可以用来通信了。但缺点是没有系统管理程序，所有细节都必须由开发者自己来考虑。数字网络是指直接传送数据信号的网络，它一般都是系统管理程序和分布式 DB 管理系统，使用方便，可靠性高，缺点是价格与安装工程量较前者都略大一些。如选用数字网络，还需考虑如下问题。

（1）网络的基本属性指标。网络的基本属性指标一般有三个方面，即按网络传输数据所用的频带、传输的范围、使用的范围来分。

① 网络所使用的数据通信频带，一般有基带网和宽带网两种。大部分用于传递文本数据的总线型微机局域网络都是基带型的。如果是考虑多媒体信息传输或是其他用途，则应考虑是否选宽带网。

② 网络的传输范围，一般有局域网和广域网两种。对于组织内部的信息系统而言，只要考虑本系统选用的局域网，以及如何通过广域网与其他系统相连的方式即可（例如，用网关等）。

③ 网络用途，一般有专用网和公共网两种。

（2）传输介质和速率指标。网络数据的传递速度一般是由传输介质所决定的。目前所使用的网络传输介质大致有三种，其平均数据传输速率如下。

① 同轴电缆(cable)：10～100Mbps。

② 光纤(fiber)：100～10^6Mbps(目前用于北美信息高速公路基础设施的大容量高速光纤可高达每秒上百万兆比特)。

③ 普通电线(双绞线)：1.5～10Mbps。

目前用光纤和同轴电缆的较多。另外如果用光纤作为传输介质，还应该特别注意光端机(一种加在光纤的两端，将电信号转换成光信号的装置)的传输速率与所配的光纤传输速率相匹配，否则光端机的速度将制约整个网络的传输速度。

(3) 网络的拓扑结构。

(4) 网络协议。

(5) 网络管理软件。网络管理软件是决定网络功能好坏的关键，一般网络管理软件包括分布式数据库系统、网络运行管理系统、文件管理系统、网络协议以及网络安全保密系统等。

(6) 网络的访问规则。网络的访问规则是指网络控制器如何询问网络上各工作站(work station)或节点有无通信请求的一种形式。常用的规则形式有：轮询(polling)；令牌方式，包括环型传送(ring token passing)和总线传送(bus token passing)；带有检测冲突的载波侦听多路访问(carrier multiple access with collision detection, CSMA/CD)等。

(7) 通信方式。通信方式是指网络内数据的传输方式，通信方式一般有如下三种。

① 广播(broadcasting)方式，即由网络中某一点向其他各点发送信息。例如，在国外的大学里就经常用这种方式通过电子邮件向所有学生发送通知。

② 点对点(point-to-point)方式，即由网络某一节点对另一节点的数据传递，通过Modem 的数据传送方式就是典型的点对点方式，另外，很多网络还可以提供在网络管理软件统一支配下的点对点数据通信。

③ 通过服务器进行数据交流，即在网络内部所有的数据交流都要通过网络服务器(server)来完成。如果某一个网络节点需要向另一个网络节点传送数据，则先将数据传到服务器上，然后接收者再去服务器上取。这种方式的网络，服务器和总线一般比较繁忙，但优点是系统开销比较小，而且价格较低。

(8) 网络配件指标。网络配件指标包括如下几方面。

① 接口。建议选择 RS232 的通信接口，即 RS232C，这是个常用的通信接口。

② Modem。目前市面上可供选择的 Modem 按数据传递的速度可分为 14.4kbps、28.8kbps、36.6kbps 等，用户可根据实际业务对通信的要求选购。

③ 中继器(repeater)。在你所选择的网络中，一般对网络的最大传输半径都有明确的规定(如 300m 等)。如果所设计的系统超过了这个距离，就必然在这中间安置中继器(实际上是一个信号放大器)，中继器不能无限地连接，一般规定必须小于 4 级，即最多只能连接 5 段电缆。

④ 网桥(bridge)。在所设计的系统中，如果涉及两个同类型的不同网络相连(例如同

样是微机局域总线结构的网络,同时用 802.X 协议),并且两个网之间操作系统一致,则可选用网桥来相互连接。

⑤ 网关(gateway)。用于两个不同类型网络之间的连接,例如,各子公司都设计有自己的网络,它们都需要与总公司的网络相连;各单位都设计有自己的网络,它们都希望与地区网络及国际网络相连等。如果需要在不同类型的网络之间连接就必须使用网关。

⑥ 集线器(hub)。如果设计的网络节点较多,则可考虑选用集线器。将同一子系统(如财务子系统的 4 台计算机,又如生产子系统的 8 台计算机等)的设备先连在一起,然后再集中上网。这样做可使网络系统结构合理,便于管理。

⑦ 路由器(router)。路由器比网桥更进一步,它可处理链路层不同的数据通信问题。如果所设计的系统涉及多种不同设备、不同开发系统平台时,则可选择路由器作为接口。

3. 设备选择的指标

在满足实际业务需要的前提下,只要资金许可,应购置技术上成熟的、性能好的和价格较高的计算机系统。由于目前计算机技术发展太快,名目繁多,何谓好,何谓成熟,都很难笼统下结论。一般根据如下几个方面来评定:

(1) 技术上是否可靠;
(2) 维修是否很方便;
(3) 新老系统能否兼容,本系统外系统能否兼容;
(4) 非标准的系列不宜选取;
(5) 选用用户对软件、硬件都熟悉的产品;
(6) 使用是否方便;
(7) 可扩充性,今后扩充系统或升级是否方便;
(8) 对工作环境的要求(如温度、湿度、防尘度等)是否很高;
(9) 性能价格比越大越好。

16.2 代码设计

代码设计问题是一个科学管理的问题。设计出一个好的代码方案对于系统的开发工作是一件极为有利的事情,它可以使很多机器处理(如某些统计、校对查询等)变得十分方便,另外还把一些现阶段计算机很难处理的工作变成很简单的处理。

16.2.1 编码的目的

代码就是以数或字符来代表各种客观实体。在系统开发过程中设计代码具有以下目的。

1. 唯一化

在现实世界中有很多东西如果不加标识是无法区分的,这时机器处理就十分困难。

所以能否将原来不能确定的东西,唯一地加以标识是编制代码的首要任务。最简单、最常见的例子就是职工编号。在人事档案管理中不难发现,人的姓名不管在一个多么小的单位里都很难避免重名。为了避免二义性,唯一地标识每一个人,因此编制了职工代码。

2. 规范化

唯一化虽是代码设计的首要任务,但如果仅仅为唯一化来编制代码,那么代码编出来后可能是杂乱无章的,使人无法辨认,而且使用起来也不方便。所以在唯一化的前提下还要强调编码的规范化。例如,纺织部关于纺织工业产品标准编码的规定,以2打头的表示纯毛类产品,其中21表示纯毛哔叽类产品,22表示纯毛华达呢类产品,24表示纯毛花呢类产品等。这样在查找或统计某一类产品时就十分方便了。如要查找纯毛类产品,只要将文件记录进行一次排序,显示出2字打头的一段即可。再要细分的话,就再限定第二位,如22打头的显示出来就是所有纯毛华达呢类产品的记录。

3. 系统化

系统所用代码应尽量标准化。在实际工作中,一般企业所用大部分编码都有国家或行业标准。例如,在会计领域,一级会计科目由国家财政部进行标准分类,二级科目由各部委或行业协会统一进行标准分类,而企业则只能对其会计业务中的明细账目,即对三、四级科目进行分类,并且这个分类还必须参照一、二级科目的规律进行。又如在产成品和商品中各行业都有其标准分类方法,所有企业必须执行。另外一些需要企业自行编码的内容,例如生产任务码、生产工艺码、零部件码等,都应该参照其他标准化分类和编码的形式来进行。

16.2.2 分类问题

编码问题的关键在于分类。有了一个科学的分类,系统要建立编码就很容易了。准确的分类是我们的工作标准化、系列化、合理化的基础和保证。

1. 分类原则

一个良好的分类既要保证处理问题的需要,又要保证科学管理的需要。在实际分类时必须遵循如下几点。

(1) 必须保证有足够的容量,要足以包括规定范围内的所有对象。如果容量不够,不便于今后变化和扩充,随着环境的变化这种分类很快就失去了生命力。

(2) 按属性系统化。分类不能是无原则的,必须遵循一定的规律。根据实际情况并结合具体管理的要求来划分是分类的基本方法。分类应按照处理对象的各种具体情况系统地进行。如在线分类方法中,哪一层次是按照什么属性来分类,哪一层次是标识一个什么类型的对象集合等都必须系统地进行,只有这样的分类才比较容易建立,比较容易为别人所接受。

(3) 分类要有一定的柔性,不至于在出现变更时破坏分类的结构。所谓柔性是指在一定情况下分类结构对于增加或变更处理对象的可容纳程度。柔性好的系统在一般的情况下增加分类不会破坏其结构。但是柔性往往还会带来别的一些问题,如冗余度大等,这都是设计分类时必须考虑的问题。

(4)注意本分类系统与外系统、已有系统的协调。任何一项工作都是从原有的基础上发展起来的,故分类时一定要注意新老分类的协调性,以便于系统的联系、移植、协作以及新老系统的平稳过渡。

2. 分类方法

目前最常用的分类方法概括起来有两种,一种是线分类方法,一种是面分类方法,在实际应用中根据具体情况各有其不同的用途。

1)线分类方法

线分类方法是目前用得最多的一种方法,尤其是在手工处理的情况下它几乎成了唯一的方法。线分类方法的主要出发点是:首先给定母项,下分若干子项,由对象的母项分大集合,由大集合确定小集合……最后落实到具体对象。分类的结果造成了一层套一层的线性关系,如图16-2所示。

线分类划分时要掌握两个原则:唯一性和不交叉性,否则分类后如果出现有二义性,将会给后继工作带来诸多不便。线分类法的特点是:

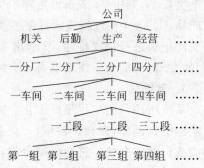

图 16-2 线分类方法

(1)结构清晰,容易识别和记忆,容易进行有规律的查找;
(2)与传统方法相似,对手工系统有较好的适应性;
(3)主要缺点是结构不灵活,柔性较差。

2)面分类方法

面分类方法与线分类法不同,主要从面角度来考虑分类。面分类方法的特点是:
(1)柔性好,面的增、删、修改都很容易;
(2)可实现按任意组配面的信息检索,对机器处理有良好的适应性;
(3)缺点是不易直观识别,不便于记忆。

16.2.3 编码

编码是指分类问题的一种形式化描述。如果分类问题解决得较好,编码问题就变成了一个简单的用什么样的字符来表示的问题。目前常用的编码归纳起来有如下几种形式。

1. 顺序码

顺序码是指以某种顺序形式编码。如在我国以政治经济重要性排序对城市进行编码,则北京001、上海002、天津003……在实际工作中,纯粹的顺序码是很少被使用的。这种编码的优点是简单易追加,缺点是可识别性差。

2. 数字码

数字码即以纯数字符号形式编码(严格地说顺序码也属此类)。数字码是在各类管理中最常用的一类编码形式。例如,我国目前使用的居民身份证就是采用一个18位的数字码,前6位表示地区编码,中间8位表示出生年月日,最后4位表示顺序号和其他状态(性别等)。再如,会计系统中所用的科目分类编码是一个7位的数字码,它的前3位是财政部会计制度司规定的总账科目,即一级科目,中间2位是部或行业规定的二级科目,最后2位是企业可以自定的三级科目。这种编码优点是易于校对,易于处理,缺点是不便于记忆。

3. 字符码

字符码即以纯字符形式编码(英文、汉语拼音等)。这类编码常见的有我们在程序设计中的字段名、变量名编码。例如在开发一个商业经贸性公司的信息系统时,在数据库中分别存储商品的进、存、销三个环节的价格、成本、资金占用等信息。为了区别可以规定:字段的前2位分别用 J-、C-、X-来表示进、存、销,用后5位数来代表价格、成本、费用、资金占用等。例如 J-price 表示进价。这就是一个典型的纯字符码。这种编码优点是可辅助记忆,缺点是校对不易,不易反映分类的结构。

4. 混合码

混合码即以数字和字符混合形式编码。混合码是在各类管理中最常用的另一类编码形式。例如 GB.XXX 表示国家标准的某类编码,IEEE 802.X 表示某类网络协议标准名称编码,中财会字 XXX 号文件表示中央财政部下发的有关会计制度的某类文件编码等。这种编码的优点是易于识别,易于表现对象的系列性,缺点是不易校对。

16.2.4 代码的应用

代码的应用范围很广,除了为某个人、某项工作、某个机械零件、某种加工要设编码外,还有很多其他的用途。这里列举其中几个,以便读者举一反三。

1. 图书情报检索

图书情报检索是代码用得最广的领域之一。以往的图书情报检索系统一般具有如下几种检索功能:

(1) 将书名、作者名、出版社名或出版日期中的一个或几个输入系统,则系统可帮用户检索出他所需要的资料;

(2) 将上述几个名称的局部输入系统,则系统可帮用户检索出他所需要的资料;

(3) 通过会议和文集的其他信息检索出所需要的资料。

值得注意的是,这类检索方式必须有一个前提条件,那就是你必须看到过这份资料或知道这份资料,否则怎么能知道书名、作者名等信息。这个前提与我们大多数科技工作者去查资料时的本意是不相符的。作为一名科技工作者,最希望的工作方式是去了解和查阅他的研究领域里迄今他还不知道的最新学术动向。而上述所说的功能却不能帮他做到这一点。所以要达到这一目的就必须对资料本身进行编码(亦称关键词或主题词)。例如,本书的关键词就可列为信息系统分析与设计、软件工程、系统开发方法学、计算机应用、管理信息系统、决策支持系统等。如果所有资料的关键词都以编码的形式输入计算机,就可以通过关键词检索出有关的资料。

2. 项目经济效益的统计

我们在开发我国技术改造项目管理系统时,遇到了一个棘手的问题:当时领导最关心的是效益问题,而恰恰在这问题上计算机无法统计。因为效益是各种各样的(如经济、技术、社会等),并有相当一部分是不可量化的。而计算机一时又不能识别定性化的语言,故无法统计。后来我们通过研究决定用代码来解决此问题。

(1) 效益问题的编码。我们解决效益编码问题如图 16-3 所示。具体做法是在关系数据库项目表下加了一个效益子表,专门用于存放效益码以及分类、索引和注释。

(2) 效益指标体系和主题词。效益编码的关键是要列出有关效益问题的指标体系,如图 16-4 所示,然后对具体指标给出一个主题词,并对主题词进行编辑,最后计算机对编码进行统计,即解决了面临的问题。

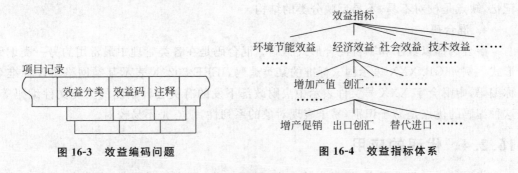

图 16-3　效益编码问题　　　　　图 16-4　效益指标体系

16.3　数据结构和数据库设计

信息系统的主要任务是通过大量的数据获得管理所需要的信息,这就必须存储管理大量的数据。因此建立一个良好的数据组织结构和数据库,使整个系统都可以迅速、方便、准确地调用和管理所需的数据,是衡量信息系统开发工作好坏的主要指标之一。

数据结构组织和数据库或文件设计,就是要根据数据的不同用途、使用要求、统计渠道、安全保密性等,来决定数据的整体组织形式、表或文件的形式,以及决定数据的结构、类别、载体、组织方式、保密等级等一系列的问题。

一个好的数据结构和数据库应该充分反映物流发展变化的状况,充分满足组织的各级管理要求;同时还应该使得后继系统开发工作方便、快捷,系统开销(如占用网络传输频度、磁盘或光盘读写次数等)小,易于管理和维护。

一般 DBS 提供了两种建立 DB 的方式:一种是用数据定义语言(data definition

language,DDL)来建立数据库结构；另一种是通过交互式的命令方式来建立 DB 结构。后者是比较流行的方式，它非常类似于 dBASE、FoxBASE 的建库方式。如果在建库时将其关系属性、视觉属性、存储属性等都省略（即用 default 的方式）的话，那么它就与 dBASE 和 FoxBASE 等几乎完全一样，目前 DB 技术的发展使得建立一个数据库在技术上是越来越简单，相对而言，分析和建立数据的整体结构工作却变得越来越重要了。

16.3.1 规范化地重组数据结构

建立一个良好的数据指标体系是建立数据结构和数据库的基础。指标体系中的一个指标类就是关系数据库中的一个基本表，而这个指标类下面的一个具体指标就是这个基本表中的一个字段。但如果直接按照这种方式建库，还不符合数据库设计规范。对于指标体系中数据的结构在建库前还必须进行规范化的重新组织。

数据组织的规范化形式是关系数据库的创始人之一——科德（E. F. Codd）首先提出的。早在 1971 年科德就提出了规范化理论（normalization theory），并在随后一系列的论文中逐步形成一整套数据规范化模式，这些模式已经成为建立关系数据库的基本范式。

在数据的规范化表达中，一般将一组相互关联的数据称为一个关系（relation），而在这个关系下的每个数据指标项则被称为数据元素（data element），这种关系落实到具体数据库上就是基本表（库文件），而数据元素就是基本表中的一个字段（field）。规范化表达还规定在每一个基本表中必须定义一个数据元素为关键字（key），它可以唯一地标识出该表中其他相关的数据元素。

在规范化理论中表是二维的，它有如下 4 个性质，如表 16-2 所示，而这 4 个性质又可以看成对前面基本概念的另一种解释。

表 16-2　二维表举例

合同号	甲方	乙方	…
851138	******	******	…
851244	******	******	…
830612	******	******	…
⋮	⋮	⋮	⋮

（1）在表中的任意一列上，数据项应属于同一个属性（如图中每一列都存放着不同合同记录的同一属性数据）。

（2）表中所有行都是不相同的，不允许有重复组项出现（如图中每一行都是一个不同的合同记录）。

（3）在表中，行的顺序无关紧要（如图中每行存的都是合同记录，至于先放哪一合同都没关系）。

（4）在表中，列的顺序无关紧要，但不能重复（如图中合同号和合同名谁先谁后都没关系,但二者不可重复或同名)。

在对表的形式进行了规范化定义后,科德还对数据结构进行了5种规范化定义,并定名为规范化模式,称为范式。在这5种范式中,一般只用前3种,对于常用系统就足够了。而且这5种范式是"向上兼容"的,即满足第五范式的数据结构自动满足第一、二、三、四范式,满足第四范式的数据结构自动满足第一、二、三范式。依此类推。

1. 第一范式

第一范式(first normal form,1st NF)就是指在同一表中没有重复项出现,如果有,则应将重复项去掉。这个去掉重复项的过程称为规范化处理。在本书所讨论的开发方法里,1st NF 实际上是没有什么意义的。因为按规范化建立的指标体系和表的过程都自动保证了所有表都满足 1st NF。

2. 第二范式

第二范式(second normal form,2nd NF)是指每个表必须有一个(而且仅一个)数据元素为主关键字(primary key),其他数据元素与主关键字一一对应。例如,在图 16-5 中如果将合同号定义为主关键字(其他数据元素中的记录数据都有可能重名,故不能作为主关键字),故只要知道了一个合同记录的合同号,就可以唯一地在同一行中找到该合同的任何一项具体信息。通常称这种关系为函数依赖(functional dependence)关系,即表中其他数据元素都依赖于主关键字,或称该数据元素唯一地被主关键字所标识。

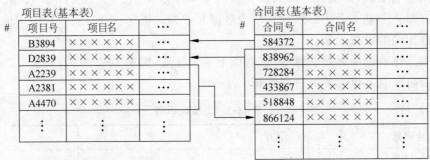

图 16-5 消除多对多关系

3. 第三范式

第三范式(third normal form,3rd NF)就是指表中的所有数据元素不但要能够唯一地被主关键字所标识,而且它们之间还必须相互独立,不存在其他的函数关系。也就是说对于一个满足了 2nd NF 的数据结构来说,表中有可能存在某些数据元素依赖于其他非关键字数据元素的现象,必须加以消除。

16.3.2 关系数据结构的建立

在进行了数据基本结构的规范化重组后,还必须建立整体数据的关系结构。这一步设计完成后,数据库和数据结构设计工作基本完成,只待系统实现时将数据分析和数据字典的内容代入到本节所设计的数据整体关系结构中,一个规范化数据库系统结构就建立起来了。

建立关系数据结构涉及三方面内容:确定关联的关键指标项并建立关联表;确定单一的父系记录结构;建立整个数据库的关系结构。

1. 链接关系的确定

在进行了上述数据规范化重组后,已经可以确保每一个基本数据表(简称为表)是规范的,但是这些单独的表并不能完整地反映事物,通常需要通过指标体系、整体指标数据才能完整全面地反映问题。也就是说在这些基本表的各字段中,所存储的是同一事物不同侧面的属性。那么计算机系统如何能知道哪些表中的哪些记录应与其他表中的哪些记录相对应,它们表示的是同一个事物吗?这就需要在设计数据结构时将这种各表之间的数据记录关系确定下来。这种表与表之间的数据关系一般都是通过主或辅关键词之间的连接来实现的。因为在每个表中只有主关键词才能唯一地标识表中的这一个记录值(因为根据第三范式的要求,表中其他数据字段函数都依赖于主关键词),所以将表通过关键词连接就能够唯一地标识出某一事物不同属性在不同表中的存放位置。

2. 确定单一的父系关系结构

所谓确定单一的父系关系结构就是要在所建立的各种表中消除多对多(以下用 $m:n$ 来表示)的现象,即设法使得所有表中记录之间的关系呈树状结构(只能由一个主干发出若干条分支,而不能有若干条主干交错发出若干条分支的状况)。所谓的"父系"就是指表的上一级关系表。消除多对多关系可以借助于 E-R 图的方法来解决,也可以在系统分析时予以注意,避免这种情况的发生。

消除这种 $m:n$ 情况的办法也很简单,只需在两表之间增加一个表,则原来 $m:n$ 的关系就改成了 $m:1,1:n$ 的关系了,见图 16-5。

16.3.3 确定数据资源的分布和安全保密属性

在建立了数据的整体关系结构之后,剩下的就是要确定数据资源分布和安全保密属性了。其中数据资源的分布是针对网络数据库(或称分布数据库系统)而言的,而安全保密属性的定义则是针对某些特殊信息而言的(如财务数据等)。如果是单机系统,并且没有保密和安全要求,则这一步设计工作可以不要。

1. 数据资源分布

如果所规划和设计的系统是在网络环境之下,那么数据库设计必须考虑整个数据资源在网络各节点(包括网络服务器)上的分配问题。否则下一步的网络建立、功能模块设计和系统实现工作就无法按预定方案进行。考虑数据资源分配的原则是:同一子系统的数据尽量放在本子系统所使用的机器上,只有需要公用的数据和最后统计汇总类数据才放在服务器上,在设计数据库和分配数据资源时一定要注意考虑这一原则,否则数据资源分配不当,将会造成整个网络系统数据通信紧张,从而降低系统运行效率。在实际做法上笔者习惯将网络服务器上的大硬磁盘定义成 N 盘或 F 盘,因此如果根据实际需要,需将某个表信息放入服务器的话,只要在整体数据结构图中将此表标注上"N:"字样,以提请后续开发时注意。

考虑数据资源合理分布的一个最好方法是以 15.5 节的分析结果为依据。即在加工整理以后的 U/C 矩阵中,将一个子系统(图中的一个小方块)内对应的数据放在本子系统的计算机设备上,而将在本子系统内产生(即要在小方块内有 C 的数据)而且又要被其他子系统调用(即在图中同一列还有其他若干处有 U)的数据项,在本子系统产生之后必须同时送到网络服务器上供其他各子系统调用。

2. 数据的安全保密定义

一般 DBMS 都提供给我们自己定义数据安全保密性的功能。系统所提供的安全保密功能一般有 8 个等级(0~7 级)、4 种不同方式(只读、只写、删除、修改),而且允许用户利用这 8 个等级的 4 种方式对每一个表自由地进行定义。

定义安全保密性的方法一般有如下几种。

(1) 原则上所有文件都定义为 4 级,个别优先级特别高的办公室(终端或微机的入网账号)可定义为高于 4 级的级别,反之则定义为低于 4 级的组别。

(2) 统计文件(表)和数据录入文件一般只对本工作站定义为只写方式,对其他工作站则定义为只读方式。

(3) 财务等保密文件一般只对本工作站(如财务科等)定义为可写、可改、可删除方式,对其他工作站则定义为只读方式,而且不是每个人都能读,只有级别相同和高级别者才能读。

16.4 输入输出设计

一个好的输入系统设计可以为用户和系统双方带来良好的工作环境,一个好的输出设计可以为管理者提供简洁、明了、有效、实用的管理和控制信息。

16.4.1 输入设计

输入设计包括输入方式设计、用户界面设计。一个好的输入设计能为今后系统运行带来很多方便。

1. 输入方式设计

输入方式的设计主要是根据总体设计和数据库设计的要求来确定数据输入的具体形式。常用的输入方式有键盘输入、模/数输入、数/模输入、网络数据传送、磁/光盘读入等。通常在设计新系统的输入方式时,应尽量使输入接近数据源,以减少重复输入次数。

1) 键盘输入

键盘输入方式(key-in)包括联机键盘输入和脱机键盘输入(一种通过键到盘、键到带等设备,将数据输入到磁盘/磁带文件中然后再读入系统的设备)两种方式。它们主要用于和业务处理结合的输入,如银行业务员的输入和少量控制信息的输入。这种方式不大适合大批中间处理性质的数据的输入。

2) 数/模和模/数转换方式

数/模和模/数转换方式(A/D、D/A)是一种直接通过光电设备对实际数据进行采集并将其转换成数字信息的方法,是一种既省事又安全可靠的数据输入方式。这种方法最常见的有如下几种。

(1) 条码(棒码)输入。即利用标准的商品分类和统一规范化的条码贴(或印)于商品的包装上,然后通过光学符号阅读器(optical character reader,OCR,亦称扫描仪)来采集和统计商品的流通信息。这种数据采集和输入方式现已普遍地被用于商业企业、工商、质检、海关等的信息系统中。

(2) 用扫描仪输入。这种方式实际上与条码输入是同一类型的。它大量地被使用于图形/图像的输入,文件、报纸的输入,标准考试试卷的自动阅卷,投票和公决的统计等。

(3) 传感器输入。即利用各类传感器和电子衡器接收和采集物理信息,然后再通过A/D、D/A 板将其转换为数字信息。这也是一种用来采集和输入生产过程数据的方法。

3) 网络传送数据

网络传送数据既是一种输出信息的方式,又是一种输入信息的方式。对下级子系统它是输出,对上级主系统它是输入。网络传送有两种方式:

(1) 利用数字网络直接传送数据;

(2) 利用电话网络(通过 Modem)传送数据。

4) 数据存储器传送数据

数据存储器传送数据即数据输出和接收双方按事先约定好的传送数据文件的标准格式通过活动硬盘/闪存 U 盘/光盘传送数据文件。

2. 输入格式

在实际设计数据输入时,常常遇到统计报表(或文件)结构与数据库文件结构不完全一致的情况。如有可能,应尽量改变统计报表或数据库关系表二者之一的结构,并使其一致,以减少输入格式设计的难度。现在还可采用智能输入方式,由计算机自动将输入送至不同表格。

3. 校对方式

在输入时针对数字、金额数等字段,没有适当的校对措施做保证是很危险的。因为从理论上来说,操作员输入数据时所发生的随机错误在各个数位上都是等概率的。如果错误出现在财会记录的高位,则势必酿成大事故。所以对一些重要的报表,输入设计一定要考虑适当的校对措施,以减少出错的可能性。但应指出的是绝对保证不出错的校对方式是没有的。

常用校对方式有以下几种。

(1) 人工校对。即输入数据后再显示或打印出来,由人来进行校对。这种方法效率太低,在实际系统中很少有人使用。

(2) 二次键入校对。二次键入是指同一批数据两次键入系统的方法。输入后系统内部再比较这两批数据,如果完全一致则可认为输入正确;反之,则将不同部分显示出来由人有针对性地来进行校对。该方法最大的好处是方便、快捷,而且可以用于任何类型的数据符号。尽管该方法中二次键入在同一个地方出错,并且错误一致的可能性是存在的,但是这种可能性出现的概率极小。该输入校对方式的缺点是工作量加倍。

(3) 数据平衡校对。这种校对方法常用在对财务报表和统计报表等这类完全数字型报表的输入校对中。具体做法是在原始报表每行每列中增加一位数字小计字段(在这类报表中一般本来就有),然后在设计新系统的输入时再另设一个累加值,系统可将输入的数据累加起来,与原始报表中的小计自动比较。如果一致,则可认为输入正确;反之,则拒绝接收该数据记录。这是一种非常有效的方法。但该方法也不是十全十美的,当同一记录中几个数同时输错,而累加后结果仍正确时,就无法检测出错误之处,这种情况在实际中出现的可能性也是很小的。

16.4.2 用户界面设计

用户界面设计应坚持友好、简便、实用、易于操作的原则,尽量避免过于烦琐和花哨。例如,在设计菜单时应尽量避免菜单嵌套层次过多和每选择一次还需确认一次的设计方式。菜单两、三级就够了。又如,在设计大批数据输入屏幕界面时应避免颜色过于丰富多变,因为这样对操作员眼睛压力太大,会降低输入系统的实用性。界面设计包括菜单方式、会话管理方式、操作提示方式以及操作权限管理方式等。

1. 菜单方式

菜单(menu)是信息系统功能选择操作的最常用方式。按目前软件所提出的菜单设计工具,菜单的形式有下拉式、弹出式、按钮式等。菜单选择的方式也可以是移动光棒、选择数字(或字母)、鼠标驱动或直接用手在屏幕上选择等多种方式,甚至还可以是声音系统加电话键盘驱动的菜单选择方式。

菜单设计时一般应安排在同一层菜单选择中,功能尽可能多,而进入最终操作层次尽可能少。一般功能选择最好就是一次,只有少数重要操作时,才提醒用户再选择一次确认。例如,选择删除操作,程序尚未执行完毕前执行退出操作等。

菜单设计时,在两个邻近的功能选择之间,可以考虑交替使用深浅不同的对比色调,以使它们之间的变化更加醒目。

在系统开发工作中,常常用下拉式菜单来描述第 15 章中所确定系统或子系统功能。例如,有关财务管理子系统分析和设计的主要功能就可以表示成如图 16-6 所示的形式。它既是系统分析和系统设计所确定的新系统功能,又是下一阶段系统编程实现时的主控程序菜单屏幕蓝图。

财务管理子系统					
账务处理	成本管理	财务计划	专项基金	销售利润	内部银行
日常账务处理	数据输入	财务计划	固定资产折旧	销售资金	年度资金分配
银行账务处理	成本核算	利税计划	设备改造资金	在途资金	资金使用情况
查询检索	定额成本	流动资金计划	基本建设资金	销售成本	借贷处理
文件维护	完成成本方法	计划执行分配	外资自留资金	应付税金	利率计划
科目设定	变动成本方法	资金分配计划	新产品研制费	征收应付账	资金调拨
账务平衡	成本计划				
往来收支账务	成本分析				
	系统修改				

图 16-6　财务管理子系统的功能菜单

下拉式菜单的另一个好处是方便、灵活,便于统一处理。在实际系统开发时,编制一个统一的菜单程序,而将菜单内的具体内容以数据的方式存于一个菜单文件中,使用时先打开这个文件,读出相应的信息,这个系统的菜单就建立起来了。按这个方法,只要在系统初始化时简单输入几个汉字,定义各自的菜单项,一个大系统的几十个菜单就都建立起来了。

2. 会话管理方式

在所有的用户界面中,几乎毫无例外地会遇到有人机会话问题。最为常见的有:当用户操作错误时,系统向用户发出提示性和警告性的信息;当系统执行用户操作指令遇到两种以上的可能时,系统提醒用户进一步地说明;系统定量分析的结果通过屏幕向用户发出控制型的信息等。这类会话通常的处理方式是让系统开发人员根据实际系统操作过程将会话语句写在程序中。

这里所要说的是另一类形式的会话管理,如在开发决策支持系统时常常会遇到大量的具有一定因果逻辑关系的会话。对于这类会话显然不能再像前面所说的一样，简单地将它们罗列于程序之中。因为这类会话往往反映了一定的因果关系，它具有一定的内涵，是双向式的，前一次人机会话的结果，决定了下一步系统将要执行的动作以及下一句问话的内容。对于这一种会话，常常将它们设计成数据文件中的一条条记录（一句话一条记录）。在系统运行时首先接收用户对第 i 句会话的回答，然后执行相应的判断处理。如果有必要，系统通过简单推理再从会话文件中调出相应内容的下一句会话，并显示在屏幕上。依此反复，直到最终问题得到满意的解决。这个过程如图 16-7 所示。

这种会话管理方式的另一个好处就是方便、灵活。与程序不直接相关，如果想要改动会话内容，不需改变程序而只需改变会话文件中相应的记录即可。它的缺点是，一般分析和判断推理过程较为复杂，故一般只用于少数决策支持系统、专家系统或基于知识的分析推理系统中。

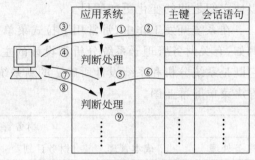

图 16-7 双向式会话管理方式

3. 操作提示方式与操作权限管理方式

为了操作方便，在系统设计时，常常把操作提示和要点同时显示在屏幕的旁边。这是当前比较流行的用户界面设计方式。另一种操作提示设计方式则是将整个系统操作说明书全输入到系统文件之中，并设置系统运行状态指针。当系统运行操作时，指针随着系统运行状态来改变，当用户按"帮助"键时，系统则立刻根据当前指针调出相应的操作说明。

与操作方式有关的另一个内容就是对数据操作权限的管理。权限管理一般都是通过入网口令和建网时定义该节点级别相结合来实现的。对于单机系统的用户来说只需简单规定系统的上机口令(password)即可。所以在设计系统对数据操作权限的管理方式时，一定要结合实际情况综合确定。

16.4.3 输出方式

相对于输入方式来说，输出方式的设计要简单得多，常用的只有两种：一种是报表输出，另一种是图形输出。究竟采用哪种输出形式，应根据系统分析和管理业务的要求而定。一般来说对于基层或具体事物的管理者，应用报表方式给出详细的记录数据，而对于高层领导或宏观、综合管理部门，则应该使用图形方式给出比例或综合发展趋势的信息。

1. 报表生成器设计

报表是一般系统中用得最多的信息输出工具。通常一个覆盖整个组织的信息系统，输出报表的种类都在上百种。这样庞大的工作量对系统开发工作的压力是很大的。所以在实际工作时常常是在确定了报表的种类和格式之后，开发出一个报表模块，并由它来产生和打印所有的报表。这个报表模块的原理如图 16-8 所示。该图分两部分,左边是定义一个报表格式部分,定义完后将其格式以一个记录的方式存于报表格式文件中;右边是打印报表部分,它首先打开文件读出已定义的报表,列于菜单中,供用户选择,当用户选中某个报表后,系统读出该报表的格式和数据并打印。

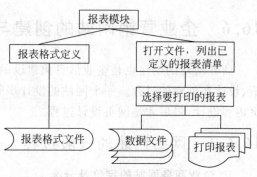

图 16-8 报表生成器设计

2. 图形方式

就目前的计算机技术来说,将系统的各类统计分析结果用图形方式输出已经是件很容易办到的事。大多数的软件编程工作都提供了作图工具或图形函数等。例如 BASIC 语言、C 语言、LOTUS、FoxGraph 等,利用这些工具就可产生出系统所需的图形。但是如用这些工具绘图,它要求开发者具有一定的技术基础,而开发工作量较大。根据我们的经验,特别推荐大家借用 Excel 来产生各种分析图形。

具体方法如图 16-9 所示。动态数据交换功能(dynamic data exchange,DDE),借用 Excel 来完成统计分析和图形输出的功能。

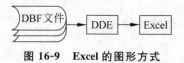

图 16-9 Excel 的图形方式

16.5 系统设计报告

系统设计阶段的最终结果是系统设计报告。系统设计报告是下一步系统实施的基础,它应包括本章各节的主要内容:

(1) 系统总体结构图(包括总体结构图、子系统结构图、计算机流程图等);

(2) 系统设备配置图(系统设备配置,主要是计算机系统图,设备在各生产岗位的分布图,主机、网络和终端连接图等);

(3) 系统分类编码方案(分类方案、编码和校对方式);

(4) 数据库结构图包括 DB 的结构(主要指表与表之间的结构)、内部结构(字段、域)、数据字典等;

(5) I/O 设计方案;

(6) 系统详细设计方案说明书。

从系统调查、系统分析到系统设计是信息系统开发的主要工作,这三个阶段的工作量几乎占到了总开发工作量的 70%。而且这三个阶段所用的工作图表较多,涉及面广,较为繁杂。系统设计阶段各环节以及它们与前面各阶段各环节工作的关系,参见图 14-6。

16.6 企业营销网站的创建与运作

商务网站的创建也是企业信息化建设的重要内容。本节介绍企业商务网站定位、分析、设计和创建的过程。一个网站的设计步骤包括两部分,先是需求分析和网站功能及网页内容设计,最后才是网页设计过程。

16.6.1 网站创建的一般过程

1. 企业商务网站的定位及分类

出于目的的不同,通常企业商务网站可分为以下几类,它们在面对的对象、设计思路、栏目内容、主题的选择等都会有很大的区别。

1) 公司网站

对象:公司员工、投资者、希望了解公司或想来公司就职的人、企业利益相关者。

主题:展示企业形象。

主要功能:宣传企业文化,建立对外信息沟通的桥梁。

特点:栏目、板块、内容都相对固定,有固定规律可循,创建比较容易。

2) 行业门户网站

对象:业内人士、投资者、希望了解或进入该行业的人、行业利益相关者。

主题:行业信息交流和展示的平台。

主要功能:展示行业特点、现状及发展趋势,建立行业信息沟通的桥梁,发布行业产品供需信息,建立产品或数据交换平台。

特点:栏目、板块、内容都相对固定,有固定规律可循,创建比较容易。

3) 购物网站

对象:消费者。

主题:展示商品和竞争优势。

主要功能:展示商品信息,强调竞争优势(价格、方便、信用、优惠等)、服务配套措施(在线支付、物流配送等)。

特点:栏目、板块、服务内容都相对固定,有固定规律可循。

4) 营销网站

对象:大众、客户和消费者。

主题:针对客户感兴趣的内容提供服务,抓住目标客户,并在此基础上,传播企业营销理念,促进销售。因此,营销网站的主题通常会因产品、行业、创意,因人而异,没有什么固定模板可循。

主要功能:提供有益于客户的信息、知识、娱乐、互动沟通平台,在服务客户、满足客户需求的前提下,传播企业营销理念,引导公众对产品或服务的关注。

特点:可以采用游戏、娱乐、参与、互动、活动、俱乐部、社区、品牌专区、咨询、营销网站等多种形式。通常没有什么固定的规律可循,要根据企业营销定位和策划创意而定。这是企业商务网站中最难,但对企业最有用的一类网站。

2. 商务网站创建的过程

企业建立自己的商务网站需经历如下三个基本过程:首先,申请网络域名;其次,设计网站页面内容;最后,设置网络服务器(或租用他人服务器上的虚拟空间)。

一般网站的创建过程相对比较简单,大致过程如图16-10所示。首先必须明确目的、确定网站类型;然后设计脚本和技术细节;最后是程序实现。

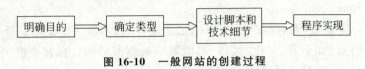

图 16-10　一般网站的创建过程

营销网站的创建过程较为复杂,它首先要明确目的;然后再根据营销策略和策划创意确定网站的主题;最后才是围绕主题展开网站设计(图16-11)。

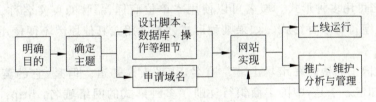

图 16-11　营销网站的创建过程

16.6.2　域名资产的注册与保护

域名(uniform resource location,URL)(也称为网址)是系统和网站识别并访问网站的唯一标识。国际统一规定的域名分类方式如图16-12所示。

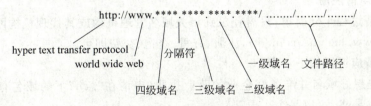

图 16-12　URL 标准分类方式

营销网站在推出之前必须到互联网域名管理机构(或其代理机构)申请并注册域名。域名与商标、品牌、Logo 等一样是企业无形资产(品牌资产)的一部分,企业一定要慎重选择并加以保护。

1. 域名创建的原则

域名是企业品牌在网络环境下的延伸和发展,因此创建一个好的域名对企业来说非常重要。通常,创建一个好的域名要掌握以下几点原则。

(1) 域名要尽可能地继承和保护企业原有的产品资产。因为,企业原有的品牌很有影响力,申请域名可以充分利用这种影响来宣传商务信息、展开电子商务。现今绝大部分企业都采取将原品牌名直接注册成企业域名的方法。

例如:美国通用汽车的域名为 http://www.gm.com/,福特汽车的域名为 http://www.ford.com/,美国通用电气的域名为 http://www.ge.com/,IBM 公司的域名为 http://www.ibm.com/等。

(2) 域名一定要短,而且有利于公众记忆。设计域名时,一定要分析企业产品市场和目标客户群的特点(如语言、文化、风俗、习惯等),根据市场和目标客户群的需求和记忆特点来综合设计域名,而且应尽可能短、有利于记忆。

例如,北大科技园早年曾申请域名为 www.pkusciencepark.com.cn。结果一通宣传后才发现,此域名形同虚设,根本没人能记得住。

(3) 域名可用多种形式。域名可以使用本单位商标、品牌的英文名称、汉语拼音、易记数字、中文字符等多种形式。如果某种形式已被占用或其他原因不便使用,则可考虑其他形式。

例如,中国工商银行在市场上非常有名,几乎人人知道。但是,它的英文品牌 ICBC 却很少有人知道。于是,中国工商银行注册了多种形式的网络域名:http://www.icbc.com.cn/、http://www.95588.com.cn/(95588 为中国工商银行的大众服务电话)、http://中国工商银行.中国/。

又如,由于一些通用、好记的域名,大都已被他人抢注,于是有人就开始使用谐音或多种文字/数字混合方式,例如 http://www.51job.com.cn/(招聘网站使用谐音"我要工作")、http://www.5i5j.com.cn/(租房/购房网站使用谐音"我爱我家")。

2. 域名申请注册

域名申请过程十分简单,只需登录到相关域名管理机构或其代理机构网站(如中国万网 http://www.hichina.com 等),注册、查重、登记、交费即可。

域名申请应遵循如下步骤。

(1) 事先想好域名并准备好企业的营业执照(申请在".cn"下的域名有此项要求;国际域名无此项要求,可以是个人申请)。

(2) 登录中国互联网信息管理或其代理机构的网站,了解域名申请注意事项并在线填报申请表格。

(3) 填写申请表格并通过网络查实有无重名。

(4) 提交申请表格并缴纳域名注册费。

3. 域名资产的保护

品牌资产是企业重要的商务资源。根据 1997 年 *Financial World* 杂志统计：Marlboro 的品牌资产高达 446 亿美元，CocaCola 的品牌资产高达 434 亿美元，McDonald's 的品牌资产高达 189 亿美元，IBM 的品牌资产高达 185 亿美元。而另一份著名的国际杂志《商业周刊》2001 年 7 月公布的全球十大品牌资产评估的结果：CocaCola 为 689.56 亿美元，Microsoft 为 650.7 亿美元，IBM 为 527.56 亿美元，GE 为 424.6 亿美元，Nokia 为 350.4 亿美元，Intel 为 346.7 亿美元，Disney 为 325.96 亿美元，Ford 为 300.9 亿美元，McDonald's 为 252.9 亿美元，AT&T 为 228.3 亿美元。这说明，一些强势品牌企业的无形资产规模已大大超过其实物资产价值。

而域名又是企业品牌资产在网络环境下的延伸和发展，投资注册保护域名资产非常重要。即使是不展开网络营销，也要实施保护性的域名注册。

下面介绍一些没有注意保护域名资产，被他人抢注，对企业经营造成影响的例子。

1) 品牌域名被他人抢注

自互联网和网络营销模式出现以来，在不同的语言、技术、商业环境下，域名被他人抢注的例子比比皆是。这些由于未注意域名资产保护而带来的问题，给企业的网络营销体系构建造成了很大损失。

2) 缺乏适当的域名资源对营销传播的影响

2000 年后，当时正值 ASP(application service provider)概念兴起。用友公司作为当时国内最大的应用软件企业，立刻想到了要用此种方式来服务于广大中小企业，于是成立了专门的部门来推广此项业务。

结果发现，用意很好，可惜晚了一步。www.asp.com、www.asp.com.cn、www.bsp.com.cn、www.bsp.com.cn、www.coo.com、www.coo.com.cn、www.myasp.com、www.myasp.com.cn、www.mycoo.com、www.mycoo.com.cn、www.mybsp.com、www.mybsp.com.cn 等域名都已被他人注册。无奈只得匆匆改用 www.asponline.com.cn、www.mynetasp.com.cn、www.wecoo.com.cn 等域名代之。

这些域名宣传运作起来非常困难，人们很难记住，阻碍了业务的正常发展。

3) 老字号遇到的新问题

由于我国在 20 世纪五六十年代进行了一次汉语拼音方式的改革，一些传统老字号企业在域名选择时也会遇到问题，即到底是沿引以往用老拼音注册的品牌名，还是遵照现代人的习惯，用现行拼音注册品牌域名的问题。

例如，中华铅笔，现在人们习惯的拼音方式是 Zhonghua，但它实际注册的汉语拼音商标却是 chunghwa。又如，青岛啤酒，现在人们习惯的拼音方式是 Qingdao，但它实际注册的汉语拼音商标却是 Tsingdao 等。

如果沿引以往老拼音注册的品牌名，则不便于宣传和公众记忆。如果按照现代人的习惯，用现行拼音注册品牌域名，则有可能导致原有的品牌资产流失，所以这是一个需要企业认真思考的问题。

4) 一些恶性诈骗案例

由于域名和网络营销的特殊性,一些不法之徒利用形似、音似等手段来注册一些虚假域名,实施诈骗。这些也是要特别提醒企业和消费者注意的。

例如：一些不法之徒注册 www.1cbc.com.cn 仿冒中国工商银行域名(www.icbc.com.cn),企图达到诈骗的目的。又如,一些不法之徒注册 www.bank-of-china.com.cn 仿冒中国银行域名(www.bank-china.com.cn),企图达到诈骗的目的。

4. 解决方案

以往的域名系统,一级域名只有 7 种分类：".com"、".gov"、".edu"、".net"、".org"、".mil"、".国名简称"。资源极为有限,特别是".com"成为人们争抢的焦点。为解决 URL 资源限制问题,2000 年以后互联网国际域名注册管理机构(ICANN)做出了许多努力。

(1) 域名系统的扩展。新增设了".biz"(商务)、".coop"(公司或合作社)、".info"(信息服务)、".museum"(博物馆)、".name"(姓名)、".pro"(程序)、".aero"(空间)、".me"(个人)等多个一级域名分类。

(2) 多语种域名。自 2003 年起,ICANN 推出多语言域名注册管理系统,允许使用包括中、英、日、韩、俄、希腊、阿拉伯、希伯来、法、德、丹麦、西班牙、巴西和葡萄牙文来直接注册域名。

16.6.3 营销网站设计

1. 营销导向的商务网站创建过程

企业营销导向的商务网站创建首先要解决的就是网站定位和性质的问题,即企业建立网站到底是要树立公司形象,还是要展开在线交易,或抓住消费者建立营销网站。

换言之,首先要解决的就是创建网站给谁看的问题,即给关心公司的人看(如公司员工、投资者、应聘者等),还是给关心产品的人看(如消费者和一般大众)。面对不同的对象,其实施方法、过程、所涉及的内容、采用的技术都有很大的区别。

创建营销导向的商务网站应遵循如下过程：

(1) 网站定位是营销网站、销售网站、公司网站、门户网站,还是行业网站等；

(2) 深入了解企业文化、经营理念、产品和市场特点；

(3) 按产品、市场、客户等因素细分市场,细分过程可从人口特征、地理变量、环境条件、行为动机、心理变量等多个角度展开；

(4) 明确营销网站的主题以及吸引客户、展开持续互动的切入点；

(5) 抓住客户,从消费者的需求和关注的热点入手展开服务；

(6) 组织内容,从客户需求和营销策略展示两方面综合考虑；

(7) 设计脚本(网络营销体系和具体实施方案)；

(8) 综合网络环境应用(网络＋移动＋话音＋服务)。

营销网站对市场必须具有吸引力,能增进企业与客户持续不断地交流,增进亲和力和品牌感召力,影响客户和市场消费趋势。只有这样才能实现企业营销目的。否则,单凭一个干巴巴模板"套制"出来的企业网站,是很难引发顾客兴趣,进而实现营销目的的。

2. 细分市场和网站定位方法

细分市场的过程可用图 16-13 来表示。企业通过确定市场变量、变量细分、选定目标市场、营销定位、产品研发、渠道建设和宣传策划来实现。

在图 16-19 中,关键是确定市场变量和各变量的细分过程。

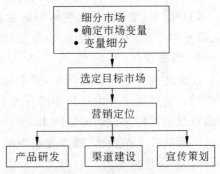

图 16-13 细分市场过程

1) 市场变量的确定方法

市场变量可根据企业产品的特点和市场环境情况综合确定。通常市场变量可从如下几个方面来分析。

(1) 人口变量:年龄;性别;家庭(婚姻、有无子女);收入;教育;职业;宗教;民族等。

(2) 地理变量:国家(地理、经济、政治、法律、文化);地区(东北、华北、华中、华南、华东、西北、西南、民族自治区域);城市规模(人口总数范围、人口密度、城市、郊区、农村);气候(北方、南方、东部、西部)等。

(3) 行为变量:购买时机(常规、特殊);寻求利益(质量、服务、经济、方便、速度);使用情况(不使用、曾经用、可能用、首次用、经常用);使用率(很少使用、一般使用、大量使用);忠诚度(强烈忠诚、一般忠诚、不忠诚);购买阶段(不知、听过、了解、感兴趣、希望买、打算买);品牌崇信(热情、肯定、无所谓、否定、反感)等。

(4) 心理变量:社会阶层(老板、高管、高工、白领、蓝领);生活方式(成功者、努力者、奋斗者);个性(冲动、爱交际、雄心勃勃、喜欢发号施令)等。

2) 市场细分

通常可以根据市场和客户特点从如下几个方面展开。

(1) 人群细分:按年龄(如麦当劳、路易威登、兰蔻、欧莱雅等);按性别(如各类手机、汽车的设计等);按收入(如雅诗兰黛、蜂花、大宝等)。

(2) 行为细分:按购买时机(如鲜花、巧克力(圣诞节、情人节等));按效益(如保健品寻求经济性、医疗作用、美容效果、口味等);按使用率(如频繁使用、日常使用、偶尔使用等);按忠诚度(如沃尔玛、航空俱乐部(积分、比较宣传、特价)等)。

(3) 地理细分:按区域特点(如星巴克等(营业时间)、服装业(档次定位)等);按地区气候(如服装、抽干机、加湿器等)。

3) 定位目标市场

进行市场细分后,企业就可以根据细分结果来定位目标市场。以与日常生活联系较为紧密的商品为例,通常可按如下几种方式定位。

(1) 广泛市场营销,如洋快餐、可乐型饮料对所有顾客一种服务模式、单一口味,适合于所有消费人群。

(2) 细分市场营销,如拉杆箱会根据商务、家庭、收入、用途(火车、飞机、托运、手提)等来研发不同的产品、制定不同的价格、使用不同的营销传播模式。

(3) 技术、知识、专业型的市场营销,如金融、保险、药品、保健品、教育产品、知识产品、服务类产品,采用个性化、专业化、人本化营销方式。

3. 脚本设计

在企业商务网站的设计中,脚本是网站设计的图纸,在网站设计过程中起着举足轻重的作用。它集系统开发过程中的开发思想、营销模式以及最终实现方案为一体。企业要围绕着营销策略来设计网站脚本,所以说,脚本是企业营销策略在网络上的延续。

下面从什么是脚本、脚本要表现的内容、脚本设计过程等几个方面来展开讨论。

1) 什么是脚本

"脚本"一词最早来源于影视作品及专题报道或纪录片的创作过程。众所周知,影视作品创作过程的第一步就是把所有的故事情节和主要画面构思写成剧本(也称脚本),然后再由导演、演员和摄影等在脚本的基础上最终完成影视作品的创作过程。所以说脚本是影视作品的根本,没有好的脚本就不会有好的影视作品。

在讨论营销网站脚本设计时,也是要用文字和图形来表达网站的主题、展现形式和要表达的内容。脚本是今后建立和开发网站的基础。

2) 脚本要表现的内容

脚本所要表现的内容实际上就是设计者希望网站所展示的全部内容。从对外宣传的角度来看,它是企业对外展示自己的一扇窗口,是企业形象、产品品牌、服务承诺等的综合体现;从营销的角度来看,它是企业营销策略和经营战略在网络上的实现载体;从使用和操作的角度来看,它是用户使用操作界面设计的具体模式。它通常包含如下几个方面的内容:

(1) 网站结构,包括系统主题、系统的划分、连接和调用的关系等;

(2) 屏幕形式,如屏幕风格、操作方式、主要图像画面等;

(3) 文本描述,如有关企业、产品、服务等内容的详细文字描述;

(4) 超文本链接,如定义所有文字描述、图形图像、按钮选择中的各类超文本链接;

(5) 活动策划、互动沟通、客户参与的形式;

(6) 信息的存储、管理和处理方式;

(7) 产品及文本内容的分类;

(8) 宣传(广告)和促销手段;

(9) 拟传播的理念以及与产品促销的关系等。

3) 脚本设计过程

脚本设计过程可分为如下几步：

(1) 确定主题；

(2) 明确对象；

(3) 设计角色；

(4) 安排情节；

(5) 设计结构；

(6) 确定处理过程。

4. 客户需求和营销展示构成营销网站内容

营销网站对客户和市场一定要有吸引力，可持续、不断地交流，能影响客户和市场消费趋势，增进亲和力和品牌感召力。为实现此目的，网站内容首先必须考虑满足客户需求，然后再考虑企业营销的展示。

所谓客户的需求是指要从市场和客户的角度来考虑问题，即要充分考虑到客户在浏览你的商务网站时，最看重什么、最忌讳什么、最关心什么。对于最看重的内容要充分展示给他；对于最忌讳的内容要设法打消他的顾虑；对于最关心的内容要通过网站充分满足他的需要，提供更多的客户服务、客户交流、娱乐和互动的平台。

所谓营销的展示是指当企业的营销人员在面对市场和客户时，你最想传递的营销理念是什么，如何表达受众才能接受，你最希望向客户展示的是什么，你最想回避的问题是什么，什么是对宣传产品和促销信息最有利的。

16.6.4 企业商务网站开发举例

A公司是一家以生产各种自行车为主营业务的民营企业，为了更好地与市场和客户沟通、宣传企业和产品、建立良好的品牌形象，决定创建企业商务网站。具体的网站设计及创建过程如下。

首先要深入企业内部。对企业的基本状况、营销策略和开发目的等进行系统的调查。然后确定系统开发的主要内容如下。

1. 确定主题

主题：介绍企业、产品宣传、网络营销。

子主题：企业简介、服务承诺、经营状况；产品分类、产品性能规格介绍；询盘、报盘、报价单、订购合同(单)、贸易磋商过程、信息反馈等。

2. 确定对象

对象：企业概况(中英文文字材料和图片)；产品品牌(注册商标、徽记(logo)、标识等文字和图像文件)；各种荣誉、获奖(产品获奖、质量认证、资信等级等的文件图片和文字说明)；产品(各类产品的图片和产品性能、规格等文字说明)；单证文件(询盘单、报盘单、报价单、订购单、信息反馈表等)。

3. 确定角色、情节、结构和处理过程

为了节省篇幅和简单说明问题,这里选择的是一个规模较小的系统。有关该系统的角色、情节、结构和处理过程设计在此不再一一列出。详细情况请见下一小节中的脚本设计内容。

4. 基础准备工作

确定上述内容之后,按照该企业营销策略的要求,开始系统地收集和整理下述资料:

(1) 公司所有的宣传材料;

(2) 产品信息及品牌广告;

(3) 各类商务单证文件;

(4) 服务措施和对社会的承诺;

(5) 公司、产品信誉或质量等方面的各种荣誉获奖文件;

(6) 先进的工艺或技术;

(7) 厂区、产品以及上述所有方面的图片资料。

按照网络营销策划的要求系统地整理所有的材料,这些工作包括:

(1) 重新整理所有的宣传、介绍材料;

(2) 将整理后的材料翻译成英文;

(3) 将所有的图片材料扫描成压缩图像文件。

5. 脚本设计

在上一小节的基础上,设计企业商务网络站点的脚本,如图 16-14～图 16-16 所示。在图中,本书只是示意性地给出了几个典型化的脚本。

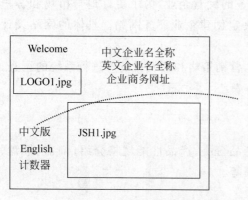

图 16-14 脚本设计首页

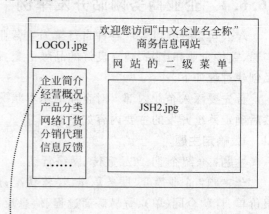

图 16-15 中文版脚本设计首页

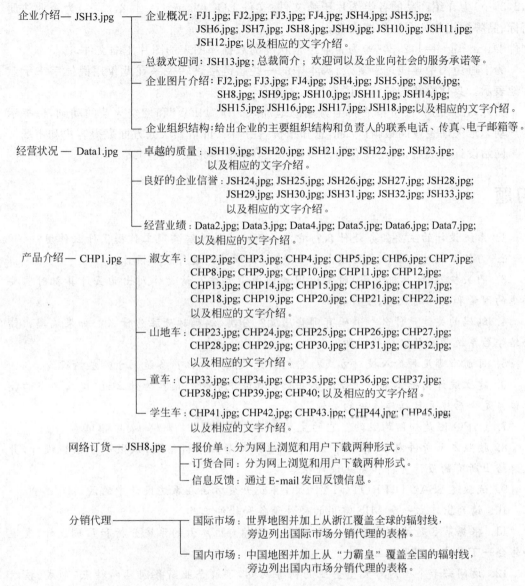

图 16-16　一、二级主题内部的菜单结构以及脚本形式

其中：文件 FJi.jpg(i＝1,2,3,…)为厂区或附近风景点的图片压缩文件；文件 JSHi.jpg(i＝1,2,3,…)为介绍企业、信誉或产品获奖的各种图片压缩文件；文件 CHPi.jpg(i＝

1,2,3,…)为介绍产品的各类图片压缩文件;文件 LOGOi.jpg(i=1,2,3,…)为企业注册商标、品牌徽记等的图片压缩文件;

文件 Datai.jpg(i=1,2,3,…)为企业经营状况的数据和图表的图片压缩文件。

为了避免图中连线过于复杂,脚本中的一些超链接跳转关系在此仅用黑体字来示意性地表示。具体跳转的情节请读者自己去体会。

另外,在产品和报价单的斜上方动态地加入一个"NEW"和燃烧火苗的动画,以提示客户动态地关注企业的最新产品信息和报价,在产品、价格和服务方面赢得客户和市场。

网站设计完成后,利用现有的许多软件工具可直接定义生成网站。

习题

1. 系统设计的主要任务是什么?它能为下一步的系统实现工作提供什么作用?
2. 为什么说系统设计需自顶向下地进行,必须首先进行总体设计?
3. 购买机器(计算机设备)时常出现的问题有哪些?请具体列出购买计算机时需要考虑的因素和具体的软件、硬件指标。
4. 编码的关键是什么?编码有哪些用途?分类、编码时应注意什么?如果编码出错会给今后系统带来什么样的问题?
5. 目前有哪几种输入校对方式?它们的优缺点是什么?各适用于哪些情况?
6. 建立统计指标体系对于今后建立数据库系统有何作用?为什么说"建立适当的指标体系是今后建立数据库系统的关键"?
7. HIPO 图是如何构成的?它的主要用途是什么?
8. 按照本章所讲内容,根据第 15 章习题第 4 题的分析结果,试做一个系统设计,并最终给出所有的设计资料和系统设计报告。
9. 试叙述 SSA&D、PROTOTYPING 系统开发方法在系统设计中的区别。
10. 请列出建立一个 MIS 常用的硬件设备和软件工具。
11. 根据第 8 题结果局部的编程,实践一下你自己所做的系统分析和系统设计,发现和体会一下其中的问题。
12. 访问若干个国内外大型企业的商务网站,了解企业商务网站的特点、形式、技术和重点宣传的主要内容。
13. 为什么说"商务网站是企业展示其产品和营销策略的主渠道和主窗口"?试用国内一些典型企业商务网站的实践来说明。
14. 为什么说"脚本设计是建立企业商务网站很重要的一环"?试通过国内一些典型企业商务网站来说明。
15. 应用 MS FrontPage 实际动手建立一个班级或个人网站。
16. 如果企业原有的品牌名不便于记忆或被他人抢注怎么办?

第 17 章

系统实施、评价与运行管理

现有的 MIS 实施方法有两种：一种是根据前面分析的结果，自编程序实现系统；另一种则是根据分析结果，选配一套现有的软件产品（如 ERP 等），导入本企业。前一种方法的程序设计和系统调试非常重要。后一种方法的本地化，对用户二次开发非常重要。

17.1 系统实施

系统实施是新系统开发工作的最后一个阶段。实施指的是将系统设计阶段的结果在计算机上实现，将原来纸面上的、类似于设计图式的新系统方案转换成可执行的应用软件系统。系统实施阶段的主要任务是：

(1) 按总体设计方案购置和安装计算机网络系统；
(2) 建立数据库系统；
(3) 程序设计与调试；
(4) 整理基础数据，培训操作人员；
(5) 投入切换和试运行。

在这 5 项工作中，第一项购置和安装设备只需按总体设计的要求和可行性报告对财力资源进行分析，选择适当的设备，通知供货厂家按要求供货并安装即可；第二项是建立数据库系统，按照数据库设计的要求建立起一个大型数据库结构。这些工作只要前序工作比较规范，均不太难。本节着重讨论后三项耗时较多、工作量较大的工作。

在前面几章中反复强调过自顶向下结构化系统设计思想，本章却是采用自底向上的逐步开发方法，即先开发一个个的模块，然后再结构化地逐步建立起整个系统。所以一些具体软件工程开发方法，如原型方法、结构化程序设计方法、面向目标的程序设计方法等均可应用。

17.1.1 程序设计与调试

程序设计的主要依据是系统设计阶段的 HIPO 图、数据库结构和编程语言。程序调试设计的目的就是要用计算机程序语言来实现系统设计中的每一个细节。值得注意的是：这部分工作与计算机技术的发展密切相关，随着技术的发展，当今的程序设计无论设计思想、方法技巧还是评价指标都产生了一些根本性的变化。例如，前些年所倡导的程序设计紧凑性、技巧性,目前已被"尽量写清楚,不要太巧"的观点所取代。另外由于目前系统分析、设计技术越来越成熟和规范,模块的划分越来越细(基本以单一处理功能为主),原来所强调的程序设计框图,已基本无人再画,原先强调的结构化程序设计方法也已变得毫无意义。这些都是值得我们在开发工作中注意的。

1. 程序设计方法

目前程序设计大多是按照结构化方法、原型方法、面向对象的方法进行。而且我们也推荐这种充分利用现有软件工具的方法。

编程的目的是为了实现开发者在系统分析和系统设计中提出的管理方法和处理构想。在编程和实现中,建议尽量借用已有的程序和各种开发工具,尽快尽好地实现系统。

1)结构化程序设计方法

结构化程序设计方法按照 HIPO 图的要求,用结构化的方法来分解内容和设计程序。结构化的程序设计方法主要强调三点:

(1) 模块内部程序各部分要自顶向下地结构化划分;

(2) 各程序部分应按功能组合;

(3) 各程序部分的联系尽量使用调子程序(CALL-RETURN)方式,不用或少用 GOTO 方式。

2)原型法的程序开发方法

首先将 HIPO 图中类似带有普遍性的功能模块集中。如菜单模块、报表模块、查询模块、统计分析和图形模块等,这些模块几乎每个子系统都需要。然后用工具生成这些程序模型原型。对一些特殊的功能和模型,再考虑编制一段程序。这样就可以很快地开发出所要的程序。

3)面向对象程序设计方法

面向对象程序设计方法一般应与 OOD 所设计的内容相对应。它是一个简单直接的映射过程。即将 OOD 中所定义的范式直接用面向对象程序(OOP),用 C++、Smalltalk、Visual C 等来取代即可。例如,用 C++ 中的对象类型来取代 OOD 范式中的类-&-对象,用 C++ 中的函数和计算功能来取代 OOD 范式中的处理功能等。在系统实现阶段,OOP 的优势是巨大的,是其他方法所无法比拟的。

2. 衡量编程工作的指标

从目前技术的发展来看,衡量编程工作质量的指标有如下四个方面。

(1) 可靠性。可靠性指标可分解为两个方面的内容:一方面是程序或系统的安全可靠性,如数据存取的安全可靠性,通信的安全可靠性、操作权限的安全可靠性,这些工作一般都要靠系统分析和设计时来严格定义;另一方面是程序运行的可靠性,这一点只能靠调试时的严格把关(特别是委托他人编程时)来保证编程工作的质量。

(2) 规范性,即系统的划分、书写的格式、变量的命名等都按统一规范,这样对于程序今后的阅读、修改和维护都是十分必要的。

（3）可读性，即程序清晰，没有太多繁杂的技巧，使他人容易读懂。在国外常常在程序中还插入大量解释性语句，以对程序中的变量、功能、特殊处理细节等进行解释，为今后他人读该段程序提供方便。

（4）可维护性，即程序各部分相互独立，没有调子程序以外的其他数据牵连。也就是说不会发生那种在维护时牵一发而动全身的连锁反应。

3. 常用的编程工具

目前工具技术的发展趋势是不仅数量和功能上突飞猛进，而且在其内涵的拓展上也日新月异。在当今的信息系统开发中，了解和选用恰当的工具是系统实现这一环节质量和效率的保证。

目前比较流行的软件工具为一般编程语言、数据库系统、程序生成工具、专用系统开发工具、客户/服务器型工具，以及面向对象的编程工具等。为了说明问题，在此先给出工具的典型系统，然后再将其中最常用的工具的性能特点分类列出，以供实际工作时选择。

1）常用编程语言类

常用编程语言类包括 C、C++、BASIC、COBOL、Java、PROLOG、OPS 语言等。

2）数据库类

目前市场上提供的数据库软件工具产品主要有两类，一类是以微机关系数据库为基础的 XBASE 系统，其最为典型的产品有 SQL、Access 等各种版本。另一类是大型数据库系统，大型数据库系统工具主要是指一般规模较大、功能较齐全的大型数据库系统。目前最为典型的系统有 Oracle、SYBASE、INGRES、INFOMAX、DB2 等。

3）程序生成工具类

程序生成工具是一种基于常用数据处理功能和程序之间对应关系的自动编程工具。

4）系统开发工具类

系统开发工具类是在程序生成工具基础上的进一步发展，它不但具有 4GL 的各种功能，而且更加综合化、图形化，因而使用起来也更加方便。目前系统开发工具主要有两类，即专用开发工具类（如 SQL、SDK 等）和综合开发工具类。

5）客户/服务器工具类

客户/服务器工具类是当今软件工具发展过程中出现的一类新的系统开发工具。迄今，市场上的客户/服务器类工具有：Windows 下 FoxPro、Visual BASIC、Visual C++、Excel、PowerPoint、Word，Borland International 公司的 Delphi Client/Server，Powersoft 公司的 Power Builder Enterprise，Sysmantec 的 Team Enterprise Developer 等。

6）面向对象编程工具类

面向对象编程工具主要是指与 OO（包括 OOA、OOD）方法相对应的编程工具。目前面向对象编程工具主要有 C++（或 Visual C++）和 Smalltalk。这是一类针对性较强，并且很有潜力的系统开发工具。这类工具最显著特点是：它必须与整个 OO 方法相结合。没有这类工具，OO 方法的特点将受到极大的限制；反之，没有 OO 方法，该类工具也将失去其应有的作用。

4. 程序的调试

在大型软件的研制过程中调试工作的比重是很大的,一般占 50%。所以对于程序的调试工作应给予充分的重视。

1) 程序调试的方法和应注意的事项

(1) 黑箱测试(black box testing)。即不管程序内部是如何编制的,只是从外部根据 HIPO 图的要求对模块进行测试。

(2) 数据测试(data testing)。即用大量实际数据进行测试。数据类型要齐备,各种"边值"、"端点"都应该调试到。

(3) 穷举测试(exhaustive testing)。亦称完全测试(complete testing),即程序运行的各个分支都应该调试到。

(4) 操作测试(operating testing)。即从操作到各种显示、输出应全面检查,检查是否与设计要求相一致。

(5) 模型测试(model testing)。即核算所有计算结果。

2) 程序调试的主要步骤

(1) 模块调试。按上述要求对模块进行全面的调试(主要是调试其内部功能)。

(2) 分调。由程序的编制者对本子系统有关的各模块实行联调,以考查各模块外部功能、接口以及各模块之间调用关系的正确性。

(3) 联调。各模块、各子系统均经调试准确无误后,就可进行系统联调。联调是实施阶段的最后一道检验工序。联调通过后,即可投入程序的试运行阶段。

实践证明这种分步骤的调试方法是非常奏效的。它得益于结构化系统设计和程序设计的基本思想。在其操作过程中自身形成了一个个反馈环,由小到大,通过这些反馈较容易发现编程过程中的问题,及时地修正,如图 17-1 所示。

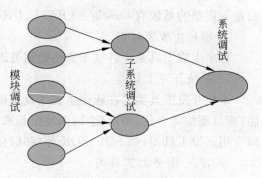

图 17-1　程序调试的主要步骤

17.1.2 人员以及岗位培训

用户培训也是信息系统开发过程中的一项工作。一般来说,人员培训工作应尽早地进行。本小节所要讲的培训主要是指系统操作员和运行管理人员的培训。

1. 人员培训计划

操作人员培训是与编程和调试工作同时进行的。主要原因如下:

(1) 编程开始后,系统分析人员已有空闲,有时间开展用户培训;

(2) 编程完毕后,如再不培训系统操作和运行管理人员,就要影响系统投入运行;
(3) 用户受训后能够更有效地参与系统的测试;
(4) 通过培训,系统分析人员能对用户需求有更清楚的了解。

2. 培训的内容

(1) 系统整体结构和系统概貌;
(2) 系统分析设计思想和每一步的考虑;
(3) 计算机系统的操作与使用;系统所用主要软件工具(编程语言、工具、软件名、数据库等)的使用;汉字输入方式的培训等;
(4) 系统输入方式和操作方式的培训;
(5) 可能出现的故障以及故障的排除;
(6) 文档资料的分类以及检索方式;
(7) 数据收集、统计渠道、统计口径等。

17.1.3 试运行和系统转换

系统实施的最后一步就是新系统的试运行和新旧系统的转换。它是系统调试和检测工作的延续。它很容易被人忽视,但对最终使用的安全、可靠、准确性来说,它又是十分重要的工作。下面大致地谈一下这步工作的要点。

1. 系统的试运行

在系统联调时我们使用的是系统测试数据,而这些数据很难测试出系统在实际运行中可能出现的问题。所以一个系统开发完成后让它实际运行一段时间(即试运行),才是对系统最好的检验和测试方式。

系统试运行阶段的工作主要包括:
(1) 对系统进行初始化,输入各原始数据记录;
(2) 记录系统运行的数据和状况;
(3) 核对新系统输出和旧系统(人工或计算机系统)输出的结果;
(4) 对实际系统的输入方式进行考查(方便性、效率、安全可靠性、误操作保护等);
(5) 对系统实际运行、响应速度(包括运算速度、传递速度、查询速度、输出速度等)进行实际测试。

2. 基础数据准备

按照系统分析所规定的详细内容,组织和统计系统所需的数据。基础数据准备包括如下几个方面的内容:
(1) 基础数据统计工作要严格科学化,具体方法要程序化、规范化;
(2) 计量工具、计量方法、数据采集渠道和程序都应该固定,以确保新系统运行有稳定可靠的数据来源;
(3) 各类统计和数据采集报表要标准化、规范化。

3. 系统切换

系统切换是指系统开发完成后新旧系统之间转换。它有三种方式，见图 17-2。

（1）直接切换，就是在确定新系统运行准确无误时，立刻启用新系统，终止旧系统运行。这种方式对人员、设备费用很节省。这种方式一般适用于一些处理过程不太复杂，数据不很重要的场合。其示意图见图 17-2(a)。

（2）并行切换，这种切换方式是新旧系统并行工作一段时间，经过一段时间的考验以后，新系统正式替代旧系统。其示意图见图 17-2(b)。

对于较复杂的大型系统，它提供了一个与旧系统运行结果进行比较的机会，可

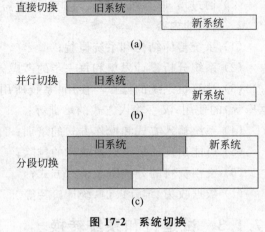

图 17-2　系统切换

以对新旧两个系统的时间要求、出错次数和工作效率给以公正的评价。当然由于与旧系统并行工作，消除了尚未认识新系统之前的惊慌与不安。

在银行、财务和一些企业的核心系统中，这是一种经常使用的切换方式。它的主要特点是安全、可靠。但费用和工作量都很大，因为在相当长时间内系统要两套班子并行工作。

（3）分段切换，又叫向导切换。这种切换方式实际上是以上两种切换方式的结合。在新系统正式运行前，一部分一部分地替代旧系统。其示意图见图 17-2(c)。一般在切换过程中没有正式运行的那部分，可以在一个模拟环境中进行考验。这种方式既保证了可靠性，又不至于费用太大。但是这种分段切换对系统的设计和实现都有一定的要求，否则是无法实现这种分段切换的设想的。

总之，第一种方式简单，但风险大，万一新系统运行不起来，就会给工作造成混乱，这只在系统小，且不重要或时间要求不高的情况下采用。第二种方式无论从工作安全上，还是从心理状态上均是较好的。这种方式的缺点就是费用大，所以系统太大时，费用开销更大。第三种方式是为克服第二种方式缺点的混合方式，因而在较大系统使用较合适，当系统较小时不如用第二种方便。

17.2　选择管理软件产品导入

上一节介绍的系统实现方法大都是针对自行编程和软件系统开发而言。但是，由于目前各类管理软件商品（如 ERP、GRP 等）功能越来越强大，覆盖范围越来越广。在绝大部分的管理信息系统开发时，很少再会有人去从头开始大规模设计模块、编写软件。现在

较为流行的做法是：根据系统分析和系统设计的结果，选购一套现有的管理软件系统商品；然后再按照系统分析、优化、重组业务流程，以及系统设计中的一些细节因地制宜地展开客户化、本地化的二次开发和系统初始化。

17.2.1 现行 ERP 产品

现阶段在中国市场上的 ERP 产品有许多，较为流行的国产产品有用友、金蝶、安易等；国外产品有针对大型生产制造型企业的 SAP R3 系统、针对中小型企业的 MySAP 系统以及甲骨文公司推出的 Oracle ERP 系统等。

下面仅以两个应用最广的国产 ERP 产品为例来简要地说明。

1. 用友 ERP/U8 企业标准套件

用友作为中国最大的管理软件公司，其产品从最早的会计系统、财务管理，到后来的 ERP 产品，在国内市场已经耕耘了 16 年，拥有 30 多万客户。

2004 年 4 月，用友公司在原用友 EPR/U8 的基础上，推出了适合于中小企业的"角色驱动、流程导航——用友 ERP/U8 企业标准套件"。

用友 ERP/U8 企业标准套件是在分析、总结中国中小企业业务运作与管理特性的基础上，针对中小企业不同企业管理层次、不同管理与信息化成熟度、不同应用与行业特性的信息化需求，通过 6 个标准应用套件的部署形式，借助先进的信息化管理模型，为中小企业提供的预配置的最佳管理与业务实践。

用友 ERP/U8 套件有五大管理特征：

(1) 信息化管理模型；
(2) 角色驱动，流程导航；
(3) 核心业务，集成应用；
(4) 成熟产品，快速交付；
(5) 产品套件化，实施标准化。

用友 ERP/U8 企业标准套件将管理信息化要素中的数据、规则、流程、职能、范围、角色、组织合理配置、有机组合，并适度固化与标准化，以整体实施的应用形式，来快速满足中小企业全方位的管理需求，降低信息化风险，是适合中小企业管理的模型化 ERP 软件系统。

用友 ERP/U8 企业标准套件是用友 ERP/U8 企业套件的核心组成部分，包括财务核算标准套件、工业企业标准套件、商业企业标准套件、建筑施工企业标准套件、管理会计标准套件、决策支持标准套件。

这 6 个标准应用套件既相对独立，又分别具有完整和细致的功能，能最大限度满足用户纵深管理的需要，又能融会贯通，有机地结合为一体化应用，来满足企业全方位经营的整体管理需要。

2. 金蝶 K/3 V10

同用友一样,国内第二大管理软件企业——金蝶公司的产品最早也是从会计、财务管理开始的,后来逐步发展到 ERP 产品(金蝶 K/3 V10)。

K/3 是成熟的 ERP 产品,拥有 3 000 多项功能、60 余个子系统、30 多个工具、10 余个跨行业的系统解决方案。

金蝶 K/3 基于企业绩效管理(BPM)的思想。金蝶 K/3 V10 战略企业管理信息化解决方案可分为三层:

第一层为业务运营管理层,包含财务管理、物流、制造、客户关系管理、人力资源、办公自动化等 ERPⅡ组件,提供企业日常业务的处理功能;

第二层为商业智能层,提供全面的商业分析与优化功能,包括财务分析、物流分析、制造分析、人力资源分析以及客户关系管理分析等;

第三层为战略企业管理层,通过提供企业战略管理和战略规划的各种工具与方法,来实现战略目标管理、业务规划、预算管理、管理监控、业务合并、投资者关系管理等功能。

金蝶 K/3 V10 的特点如下。

(1) 一体化的设计。它提供了丰富的业务处理功能,能满足中国成长性企业现阶段和未来全方位业务管理。采用先进的商业智能(BI)技术,具有全面的决策支持能力。

(2) 灵活的业务适应性。它提供了多种行业解决方案,适应大中型集团企业跨地域的多样化网络应用部署,能满足企业的各种管理和经营模式。

(3) 强大的业务扩展性。它针对中国成长性企业不同发展阶段的管理需求,可适应企业业务不断扩展,支持先进的集群应用技术,并提供丰富的集团级应用解决方案来满足大中型集团企业复杂多变的业务需要。

(4) 个性化管理。它提供了易学易用的人性化界面,支持最新的无线应用技术。通过使用强大的业务自定义功能和客户化工具包,来满足企业个性化应用的需要。

(5) 国际化管理。它支持全球化的应用部署和电子商务,提供了完善的跨国集团业务合并功能,支持多语言、多币制、多会计准则,实现了企业的国际化管理。

3. ERP 产品的一般功能

Gartner Group 提出 ERP 具备的功能标准应包括 4 个方面。

(1) 超越 MRPⅡ范围的集成功能。包括质量管理、试验室管理、流程作业管理、配方管理、产品数据管理、维护管理、管制报告和仓库管理。

(2) 支持混合方式的制造环境。包括既可支持离散又可支持流程的制造环境、按照面向对象的业务模型组合业务过程的能力和国际范围内的应用。

(3) 支持动态的监控能力,提高业务绩效。包括在整个企业内采用控制和工程方法、模拟功能、决策支持和用于生产及分析的图形能力。

(4) 支持开放的客户机/服务器计算环境。包括客户机/服务器体系结构,图形用户界面(GUI),计算机辅助设计工程(CASE),面向对象技术,使用 SQL 对关系数据库查询,内部集成的工程系统、商业系统、数据采集和外部集成(EDI)。

17.2.2　本地化二次开发的要点

利用现有管理软件实施企业信息化的过程中,本地化、用户化的二次开发非常重要,关系到整个系统开发的成败。本地化、用户化的二次开发的要点归纳起来有如下几个方面。

1. 实施规则

系统二次开发的实施规则是指,在项目的开发过程中,考虑到如下几个方面的问题:

(1) 在思想上要重视本地化二次开发问题,否则,再好的产品不适用也是一事无成;

(2) 在人力、物力、财力上要预留有本地化二次开发的投入,一般占系统总资金投入的15%~20%;

(3) 将系统调查、需求分析、流程重组、新系统方案与ERP产品选型、本地化二次开发联系起来综合规划。

缺乏实施规划、规划不合理或根本不重视本地化、用户化的二次开发实施问题是导致开发失败的原因之一。

2. 产品选择

产品选择一般应注意以下几方面的问题:

(1) 必须要根据系统分析和设计的要求来综合选择,并非越大、越贵、越有名就越好;

(2) 要根据本单位和优化、重组后的业务流程来选择最适合的产品;

(3) 既充分考虑到ERP产品的特点,又充分考虑到本地化二次开发的可行性;

(4) 考虑到产品自身的开放性、兼容性和未来的可扩展性。

3. 实施中的误区

现行ERP实施中存在许多误区,这是导致许多企业实施ERP或信息化战略失败的关键原因。弄清这些误区存在的原因,避免重蹈覆辙,是企业信息化实施成功的关键之一。

概括起来,这些误区主要存在以下几个方面:

(1) 只重视系统建设,忽视了基础管理和原始数据管理的重要性;

(2) 只重视产品和设备采购,忽视了系统调查和业务流程重组的重要性,没有意识到信息系统开发是由业务流程驱动的;

(3) 贪大求洋,误认为越"洋"、越大、越贵越好,忽视了根据系统分析,因地制宜地选择设备和产品的重要性;

(4) 只重视硬件、软件、ERP产品的先进性,忽视了客户化、本地化二次开发的重要性;

(5) 在客户化、本地化二次开发时,没有考虑到本单位的实际情况,没有根据系统分析和业务流程组的要求来展开;

(6) 在资金的投入方面，没有考虑到客户化、本地化二次开发的重要性。

17.2.3 二次开发或系统运行成功的标志

本地化、客户化二次开发成功与否可从以下几个方面衡量。

1. 系统的实用性

要考虑新系统是否能按预定开发要求运行，操作是否方便，功能是否实用。

2. 系统运行集成化

ERP 系统是对企业物流、资金流、信息流进行一体化管理的软件系统，其核心管理思想就是实现对供应链管理。软件的应用将跨越多个部门甚至多个企业。为了达到预期设定的应用目标，最基本的要求是系统能够运行起来，实现集成化应用，建立企业决策完善的数据体系和信息共享机制。

一般来说，如果 ERP 系统仅在财务部门应用，只能实现财务管理规范化、改善应收账款和资金管理；仅在销售部门应用，只能加强和改善营销管理；仅在库存管理部门应用，只能帮助掌握存货信息；仅在生产部门应用，只能辅助制订生产计划和物资需求计划。只有集成一体化运行起来，才有可能达到以下目标：

（1）降低库存，提高资金利用率和控制经营风险；

（2）控制产品生产成本，缩短产品生产周期；

（3）提高产品质量和合格率；

（4）减少财务坏账、呆账金额等。

这些目标能否真正达到，还要取决于企业业务流程重组的实施效果。

3. 业务流程合理化

成功应用 ERP 的前提是必须对企业实施业务流程重组，即意味着企业业务处理流程趋于合理化，并实现了 ERP 应用的以下三个最终目标：

（1）企业竞争力得到大幅度提升；

（2）企业面对市场的响应速度大大加快；

（3）客户满意度显著改善。

4. 绩效监控动态化

ERP 的应用，将为企业提供丰富的管理信息。如何用好这些信息并在企业管理和决策过程中真正起到作用，是衡量 ERP 应用成功与否的另一个标态。在 ERP 系统完全投入实际运行后，企业应根据管理需要，利用 ERP 系统提供的信息资源设计出一套动态监控管理绩效变化的报表体系，以期即时反馈和纠正管理中存在的问题。这项工作，一般是在 ERP 系统实施完成后由企业设计完成。企业如未能利用 ERP 系统提供的信息资源建立起自己的绩效监控系统，将意味着 ERP 系统应用没有完全成功。

5. 管理改善持续化

随着 ERP 系统应用和企业业务流程的合理化，企业管理水平将会明显提高。为衡量企业管理水平的改善程度,可以依据管理咨询公司提供的企业管理评价指标体系对企业管理水平进行综合评价。评价过程本身并不是目的,为企业建立一个可以不断自我评价和不断改善管理的机制,才是真正的目的。这也是ERP应用成功的一个标准。

17.2.4 系统初始化

系统开发的初始化是任何一个系统在开发或投入使用过程中不可缺少的一环。初始化主要包括处理模型的初始化、原始账务数据的初始化和系统控制变量的初始化三部分。前者在系统开发时一次性设置,后两者在系统开发和调试过程中会经常用到。

1. 处理模型的初始化

在进行本地化二次开发时,有可能会遇到以下两种情况需要对处理模型进行初始化:

(1) 对于一些原 ERP 产品没有考虑到的、特殊的处理模型或算法,需要启用系统的自定义函数功能,将这些特殊的模型和算法一次性地定义到系统中去;

(2) 对于系统已设置多种可供选择的处理模型,这时需要根据实际管理要求选定本系统所需要的处理模型。

2. 原始账务数据的初始化

任何一个账目或系统都有其连续性。所以,在二次开发和调试时,需要人为地输入整个系统的初始值,以使系统能够正常地运行。

3. 系统控制变量的初始化

为了确保信息系统能够有一定的防止误操作的能力,按预先设计的流程运行,通常会在系统中设置许多流程控制变量。例如,各部门基础数据没有到全之前,用几个变量控制,不能进行汇总,一旦基础数据到全了,所有变量控制都打开,系统进行汇总后,系统再设一个变量将其锁住,以避免各种误操作发生等。对这些流程控制变量,在二次开发和调试时需要人为地将其恢复到整个系统的初始状态(或局部某种特定状态),以确保系统能按预先设定的流程正常运行。

17.3 系统运行管理制度

系统运行管理制度主要是指一个信息系统研制工作基本完成后的工作。运行管理制度主要包括如下几个方面。

(1) 系统运行管理的组织机构。包括各类人员的构成、各自的职责、主要任务以及其内部组织结构。

(2) 基础数据的管理。包括对数据收集和统计渠道的管理,计量手段和计量方法的管理,原始数据的管理,各种运行文件、历史文件的归档管理等。

(3) 运行管理制度。包括系统操作规程、系统安全保密制度、系统修改规程、系统定期维护制度以及系统运行状况记录和日志归档等。

(4) 系统运行结果分析。就是要得出某种能反映组织经营生产方面发展趋势的信息，以提高管理部门指导企业的经营生产的能力。如系统已设计有市场预测功能，运行此功能即可得到未来市场变化的趋势，那么这个结果是否对实际经营管理具有指导意义？检查其拟合系数值的情况，如果很大，则可以用；如果不很大，还必须检查原始数据有无不能反映市场变化规律的值或是有无输入错误等。综合分析上述情况，写出分析报告。

17.4 信息系统的评价体系

一个信息系统投入运行以后如何分析其工作质量？如何对其所带来的效益和所花费成本进行分析？如何分析对信息资源的利用程度？如何分析对组织内各部分的影响？这是评价体系所要解决的问题。

17.4.1 信息系统质量的概念

所谓质量的概念就是在特定的环境下，在一定的范围内区别某一事物的好坏。质量评价的关键是要定出评定质量的指标以及评定优劣的标准。质量的概念是相对的。所谓优质只能是在某种特定条件下达到相对满意的。那么如何评价信息系统的质量呢？我们给出下列评价的特征和指标。

(1) 系统对用户和业务需求的相对满意程度。系统是否满足用户和管理业务需求，用户对系统的操作过程和运行结果是否满意。

(2) 系统的开发过程是否规范。包括系统开发各个阶段的工作过程以及文档资料是否规范等。

(3) 系统功能的先进性、有效性和完备性。

(4) 系统的性能、成本、效益综合比。

(5) 系统运行结果的有效性或可行性。即考查系统运行结果对于解决管理问题是否有效或可行。

(6) 结果是否完整。

(7) 信息资源的利用率。

(8) 提供信息的质量如何。即考查系统所提供信息（分析结果）的准确程度、精确程度、响应速度，以及其推理、推断、分析、结论的有效性、实用性和准确性。

(9) 系统的实用性。即考查系统对实际管理工作是否实用。

17.4.2 系统运行评价指标

信息系统在投入运行后要不断地对其运行状况进行分析评价，并以此作为系统维护、更新以及进一步开发的依据。系统运行评价指标一般有如下几个方面。

(1) 预定的系统开发目标的完成情况。

① 对照系统目标和组织目标检查系统建成后的实际完成情况。
② 是否满足了科学管理的要求？各级管理人员的满意程度如何？
③ 为完成预定任务，用户所付出的成本（人、财、物）是否限制在规定范围以内？
④ 开发工作和开发过程是否规范？各阶段文档是否齐备？
⑤ 功能与成本比是否在预定的范围内？
⑥ 系统的可维护性、可扩展性、可移植性如何？
⑦ 系统内部各种资源的利用情况。

（2）系统运行实用性评价。
① 系统运行是否稳定可靠？
② 系统的安全保密性能如何？
③ 用户对系统操作、管理、运行状况的满意程度如何？
④ 系统对误操作保护和故障恢复的性能如何？
⑤ 系统功能的实用性和有效性如何？
⑥ 系统运行结果对组织各部门的生产、经营、管理、决策和提高工作效率等的支持程度如何？
⑦ 对系统的分析、预测和控制的建议有效性如何？实际被采纳了多少？这些被采纳建议的实际效果如何？
⑧ 系统运行结果的科学性和实用性分析。

（3）设备运行效率的评价。
① 设备的运行效率如何？
② 数据传送、输入、输出与其加工处理的速度是否匹配？
③ 各类设备资源的负荷是否平衡？利用率如何？

习题

1. 系统实现应当包括的主要内容是什么？系统设计和系统实现接口上存在的主要问题是什么？
2. 三种切换方式是什么？在什么条件下用哪种方式较好？
3. 试比较买软件和自编软件的优、缺点。
4. 如何评价管理信息系统的经济效益？评价中的主要问题是什么？
5. 什么是一个好的系统运行？如何达到好的运行？

Part 5 第 5 篇

管 理 篇

第 18 章　企业信息管理
第 19 章　做一个优秀的系统分析员

管理信息系统并不是一个企业的主业，一个企业的主业可能是金融业、运输业或制造业等。信息系统和企业的主业关系密切，你离不开我，我离不开你，但信息系统也有一些不同于主业的特殊管理。一般的企业管理均可分为战略管理、运营管理和操作管理。越是高层的管理，信息系统和它们的关系越大。

管理信息系统是一个复杂系统，仅仅开发出一个好系统是不够的，还要管理好，这样才能使其效益发挥出来，为此信息管理是不可或缺的，企业信息管理日渐成为企业最重要的管理，和企业的运营管理、企业的财务管理并列成为企业的三大管理领域之一。分别由企业运营主管（chief executive officer, CEO）、企业财务主管（chief financial officer, CFO）和企业信息主管（chief information officer, CIO）负责。这三个O形成了总经理的日常运营企业的三个顶梁柱。

企业的信息管理可分为信息技术管理和信息内容管理。信息技术管理包括信息系统的规划管理、信息基础设施架构及运行于其上的业务模式的管理、信息项目管理、信息系统的运行管理、信息部门的经营策略管理、企业信息部门的组织管理以及信息人员的行为管理等；而信息内容管理则包括数据管理、资料管理和知识管理等。由于企业的信息管理的内容越来越丰富，已经成为在管理信息系统后的一门专业课。本篇不可能很深地涉及所有内容，只是作为一个引子，为以后的学习做些铺路的工作。

CHAPTER 18 第18章

企业信息管理

18.1 企业信息管理的内涵

信息管理实际上包含两方面的管理：信息内容的管理和信息技术的管理。信息内容的管理至今还很不成熟，而信息技术的管理相对发展得较好。至今讨论的许多信息管理均是信息技术管理。

信息技术管理的大部分内容已在以前各章讲述了，但是比较分散，这里我们加以概括和综合。信息技术管理主要涉及如何利用信息技术实现企业目标问题。它包括五个主题。

18.1.1 IS 战略规划问题

IS 的战略规划问题是安排 IS 的未来的问题，"未来的管理最重要的是未来管理""经理应当是明天的经理，而不是今天的经理，更不能是昨天的经理"。安排未来理应是最重要的问题，但这些话貌似易懂，做起来却非常难。究其原因，不外乎，一曰太忙，二曰不急，深层原因是怕失权失利，致使规划问题总也提不上日程，结果是事到临头，悔之晚矣，等着你的是危机。

国内建设的"一年一个样，三年大变样"，使战略规划问题有短现化和常态化趋势。就是说战略目标的实现时间越来越短，制定战略要经常化，制定战略的组织要常设化。国家设立了发改委，各大企业集团也陆续设立规划办，也都在不停地制定计划，修改计划，监督计划的执行。

制定企业的 IS 战略规划重要的三原则是：主要领导的亲自参加、有系统性的执行团队、遵循系统管理的步骤。

企业的战略规划要考虑 IS 的潜能，IS 的规划要符合企业的目标。企业战略和企业 IS 战略要紧密相连，要使 IS 成为企业竞争的差异器（differentiator）和使能器（enabler）。对不同的企业，IS 的重要性不同，对同一企业的不同部门，IS 的重要性也不同。注意战略关联，对发挥 IS 的潜能是十分重要的。这在第 13 章中已讨论很多，不再赘述。

18.1.2 IS 的架构问题

架构定义为分配计算资源的模式，包括硬件、软件、网络、和数据库的模式。它提供一个平台，使信息处理功能可以在它上面实现。IS 的合理的架构随信息技术的进展而不断变化，因而它本身是个动态过程。

架构问题不完全是技术问题，它也包括 IS 部门的人员组织问题，IS 部门应具有什么组织形式，应在哪个层次，常规的运行方式是什么，显然均是 IS 管理的问题。

当前，企业内的 IS 的架构的发展趋势是朝着四层架构发展，如图 18-1 所示。

未来的企业都是网络企业。网站是企业的门面，是企业的主要的出入口，业务大多数是通过网站办理的。在管理企业的信息架构时要特别注意不断地扩充网站的功能，开展好网站的建设和应用。

应用程序层是对企业数据进行处理的各种应用程序的集合，例如 ERP 等。一些共同

图 18-1　企业 IT 架构

的应用程序现在均以一个集成的软件系统出现，或者称之为软件套件。但不同的行业总有不同的需求，往往有特殊的软件系统，如航空业的登机系统。这些特殊的系统应当容易和其他的系统整合，做到流畅地衔接和处理。

数据仓库层是数据集合的大全。它包含全企业集中的基础数据库、企业各层决策所需要的决策数据库以及各种外部的历史的时间序列的数据，以便综合分析情况，作出正确的判断。数据仓库能保证它们平滑的存取，就像存取一个单一的数据库一样的方便，实现了全企业的数据的集成。按照信息的基础理论，收集到全部信息是不可能的，但在大数据的时代，使收集越来越多的信息成为可能，激发了收集"全信息"的欲望，尽管这是不能达到的，但收集越来越多信息已成为趋势。

IT 基础设施层是企业应用的计算机硬件和系统软件的总和。这些硬软件组成一个平台，让数据和程序在它上面顺畅地流动。先进的基础设施已和硬件和软件的品牌无关，任何厂家的硬软件均可接入，任何形式的数据和程序均可在其上运行。就像一个城市的水、电、气等公用设施，达到标准化，为用户提供每周 7 天，每天 24 小时便捷的服务。企业的 IT 基础设施也有像公用设施一样的发展趋势，变成一个城市的基础设施，不一定每个企业自己拥有，一个企业的 IT 基础设施也可提供给其他企业使用。云计算的发展为这种趋势提供了更好的条件。也为企业的信息管理提供了更多的机会和挑战。

18.1.3　项目管理问题

在有了 IT 规划、确定了 IT 架构以后，就要确定一些应用项目进行开发，就要进行项目管理。不同的项目应有不同的方法来管理。不同的项目应采用不同的组织结构、不同的用户接口形式、不同的领导风格和不同的计划和控制方法才是合理的。最合理的项目管理方式应顺应项目的天生特点。

确定哪个项目是企业的关键项目是企业信息管理的关键。两种项目最值得关注，一是关键项目，一是启动项目。对于启动项目，初战告捷，开局良好，对于后势是十分关键的，所以先要选一些相对较小、关系较简单、资源足够的项目先完成，争取得到一个好的开头。对于关键项目，它是能为企业带来较大效益或者需要较长时间才能完成的项目，就应当仔细策划，选择合适的开发方式、尽早开始，全程监控，以免影响整个项目的进行。项目是一个个战役，只有一个个战役的胜利，才能获取全局的胜利。

18.1.4 IT运行的计划和控制问题

计划是合理地调度资源去实现规划的任务。控制是保证实现进行在规划的轨道中。在IT管理中，计划与控制的重要问题有：用户和IT部门的费用和责任如何平衡？IT部门是作为企业的利润中心，还是成本中心？IT的预算是项目驱动的，还是总量驱动的？IT性能指标的确定和监控问题。

18.1.5 IT部门的经营策略问题

最早IT部门在企业中是作为一个研发部门，以后变为一个后勤服务部门。今天的环境又有变化，是要利用IT创造新产品和获取竞争优势。

经营就是如何对利用IT提高企业效率、效益和获得竞争优势的活动进行管理。是把IT部门作为一个职能部门，还是作为一个内部独立核算的企业管理，就是IT部门的管理策略问题。

18.2 信息内容管理

信息内容的管理远没有信息技术管理成熟，但越来越重要，也就是说过去更多的是强调对"T"的管理，现在越来越多的强调对"I"的管理。内容管理开始于数据管理，现在已进入知识管理领域，但离决策信息的管理还有很大的距离。我们示意地把信息内容表示在图中，如图18-2所示。

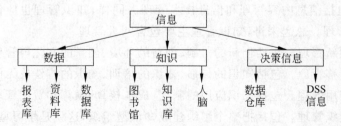

图18-2 信息内容管理

由图 18-2 我们可以看出,数据是信息的原料。原先,原始数据一般储存在报表或纸质文件上,把原始数据变成计算机可存储的符号,可以电子化地储存在电子文件和数据库上,叫数字化(digitalization),这并非数据化(datalization),数据是有事实之意。知识是人类对规律的认识,它是可重用的,也可以说是凝固了的信息。图书是知识的载体,这已为世人所公认。知识可以存放于电子文档和电子知识库中,而实际上最大量的知识还是存在于人们的大脑中,也就是分散地存在于众人中。决策信息是对数据和知识进行加工以后所得到的立即可为决策者使用的信息。它是动态的,一旦凝固就可作为知识或数据储存。决策信息一般只能储存在数据仓库或决策支持系统的信息库中。

18.3 企业知识管理

18.3.1 知识管理

什么是知识?可以说任何一个成年人都有自己的理解。但是关于它的定义,可以说至今没有一个完善的、为所有人接受的定义。例如:Wiig 认为知识包括一些事实、信念、观点、判断、期望、方法论与使用知识等;Nonoka 认为知识是一种被确认的信念;韦氏词典中定义的知识是通过实践、研究、联系或调查获得的关于事物的事实和状态的认识,是对科学、艺术或技术的理解,是人类获得的关于真理和原理的认识的总和。我们不打算严格地追究它们。就从字面上解释,中文的知识是由知和识组成。知者,要知道;识者,要认识。英文的 knowledge 是由 know 和 ledge 组成。know 者,知道也;ledge 有框架、结构之意,既要知道又要把它结构起来。所以我们认为知识就是人们对真理的认知。真理是自然界的规律,知识的发现就是要发现真理。由于没有统一的认识,许多人就由知识的不同侧面来描述知识。

有人由知识和数据、信息的区别来定位知识,认为数据是未经加工的原材料;信息是经过加工以后对决策者有用的数据。那么知识是什么呢?它就应当是经过使用证明是真理的信息,也可以说是固化了的信息。所以有学者认为,知识是信息的一个子集。我们也同意这种观点,所以讲述信息管理就应当包括知识管理。

信息管理包括信息内容管理和信息技术管理。同样,知识管理也应包括知识内容管理和知识技术管理。总起来讲,知识管理主要包含八大管理。

(1) 知识创新管理。包括创新的机制、创新的环境、创新的文化等管理。

(2) 知识转移管理。包括知识的传播、知识的培训、知识的有偿或无偿交换等。

(3) 知识应用管理。包括知识应用的制度、成本核算、预算和费用管理办法等。

(4) 知识组织管理。包括把整个组织建成知识型组织,这就是学习型组织、扁平化组织;也包括在传统组织中的负责知识管理的组织,如图书馆、信息中心、网站,一些非正式的组织,如知识社区、兴趣小组等。

(5) 知识人员管理。从事知识工作的人员和体力劳动者有许多不同点,因而这些人员的招聘、培训、上岗、考核、激励均有一些不同的方式。

(6) 知识资产管理。包括专利的申请和管理、知识成果的价值评价、无形资产的评估和转移等。

(7) 知识技术管理。包括知识管理系统的建设或开发等。

(8) 知识战略管理。包括企业相关的知识发展的预测,企业知识发展的目标、远景、策略,知识项目的规划等。

本书是管理信息系统方面的教科书,我们更关心知识技术管理方面的问题。近年来利用软件管理知识的系统有很大发展,逐渐达到实用阶段。

知识首先分为结构化知识(structured knowledge)和非结构化知识(unstructured knowledge);其次分为显性知识(explicit knowledge)和隐性知识(tacit knowledge)。

存放于数据库当中的知识是结构化的知识。它很容易查询、综合、共享和使用。存放于图书馆中的知识就只能算半结构化的知识,它有分类、目录,也可以查询,但并不容易综合和使用。而存放于业务文件、电子邮件等上面的知识就是非结构化知识。

所有文件化了的知识叫显性知识。存于员工头脑中的知识叫隐性知识。

不同类型的知识要求有不同的管理。管理结构化知识的最好方式是应用数据库;管理半结构化的知识可用数据仓库或决策支持系统;而管理非结构化的知识现在还没有什么好方法,期望智能决策支持系统、新研制的知识管理系统能对它有所帮助。

显性知识可以是结构化的,也可以是非结构化的;而隐性知识一般均为非结构化的。因为隐性知识存在于人的头脑之中,因而管理起来和人的行为有很大的关系。

为了要做好知识管理,企业需要进行一些投资。不仅投资信息系统本身,而且要投资于组织和管理。或者说,信息系统的组织管理投资是为实现信息系统价值而对企业过程、文化和行为的投资。有了这些投资的保证,知识管理项目才能回收最大化。

设立知识主管(chief knowledge officer,CKO)、知识经理(knowledge manager)和实践社区(communities of practice,COP)是一种知识管理和组织投资。CKO 是一个高级主管,负责公司的知识管理的全面工作,CKO 帮助设计发现新知识源和更好地使用在组织和管理过程中的现存知识的程序和系统。

实践社区(communities of practice,COP)是公司内外具有相似工作活动和兴趣的专家和雇员的非正式网络。这些社区的活动包括:自我和群组教育、会议、在线消息信件和日常解决实际问题的共享的经验和技术。许多大的公司,如 IBM 和世界银行鼓励发展几千个在线实践社区。COP 主要做四个方面的工作。COP 可以指引社区成员收集有用的文件,创建文件存储,帮助新来者选择信息;社区成员行动像个引导主持人,鼓励贡献和讨论;COP 可以缩短新成员的学习曲线,用的方法是提供和主题专家的接触和存取社区已建立的方法和工具;最后 COP 可作为新思想、技术和决策行为的孵化器。

18.3.2 企业范围的知识管理系统

图 18-3 提供了一个企业范围知识管理系统的技术和能力概况。它们包括储存结构化和非结构化文件的能力；在公司中发现雇员知识的工具；由主要业务系统，如企业应用系统和网站，获得数据和信息的能力等。它们也包括支持技术，如门户网站、搜索引擎和合作工具（电子邮件、即时信息、群邮件），用以帮助雇员寻找公司知识库和公司内外人员沟通与合作以及将存储的知识用于新情况。管理雇员学习的系统正出现作为另一类公司范围知识管理的支持技术。

经理和公司必然涉及许多不同类型的知识和知识问题。企业范围的知识管理系统有三种类型，涉及三种不同类型的知识。第一种是结构化的知识管理系统，如图书馆。第二种是半结构化的知识管理系统，如各种资料、影视、照片、录音、电子邮件和各种会议记录等。第三种知识管理系统是知识仓库，它能管理非结构化的知识，如它可以利用搜索引擎，搜索企业外部的知识。

知识网络系统（knowledge network systems），也被称为知识定位和管理系统（expertise location and management systems），也属于第三类的系统。员工通过网络可以很容易地在公司内找到合适的专家。某些知识网络系统可作为最佳实践或常问问题（frequently asked questions，FAQ）存储。

KPMG 是一个国际税收和会计公司，有 95 000 个专家，在 150 个国家有 1 100 个办公室。为防止由于雇员退休或离职引起知识损失、传播最佳实践经验和应对个别顾问工作过载等方面面临着许多问题，公司使用了名为 K-World 的知识库。

1995 年，KPMG 开始开发一个基于网络的知识环境，即"知识网络"，或 K-Web。K-Web 包含了围绕着顾问和伙伴们感兴趣的内外部知识领域组成的数据库。1999 年，KPMG 进行了 K-Web 的延伸，称为 K-World，其特点是集成了一组知识内容和合作工具，可在世界范围内使用。

K-World 是一个收集、分享和管理知识的在线环境。尽管它首先是一个文件仓库，但是它也提供为公司雇员进行合作的工具和一个内部报告系统。K-World 存有文本原稿、演示稿、最佳实践建议、文章、内部讨论、市场资料、合约历史、新闻供给、外部行业研究和其他智能资本。

可口可乐公司需要将所有过去创造的可口可乐品牌的影像保持在其世界各地的办公室，以免重复工作和歪曲标准品牌形象。

经理们需要建立一个数据库和技术平台，可以收集这些半结构化的信息，并将它们组织成为内聚的形式。一些供应商已经响应了这些诉求，用系统可以跟踪、储存、组织半结构化的文件以及较结构化的传统文件。

一个加拿大软件公司——Hummingbird，开发了"集成知识管理系统"，可以管理这些半结构化的资料，如图 18-4 所示。

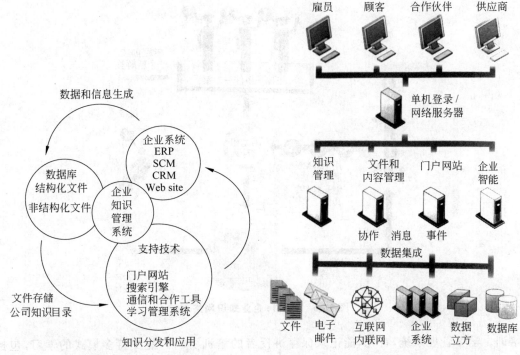

图 18-3　企业范围知识管理系统　　　　图 18-4　Hummingbird 集成知识管理系统

知识网络系统适用于知识存在公司中专家个人头脑中的情况。根据 KPMG 的调查，在《财富》500 强公司中，63%的雇员抱怨难以取到非文件化的知识是一个主要问题。由于知识不能方便地发现，雇员们花费了大量的资源去再发现知识。图 18-5 显示了收集"专家个人知识"的问题。

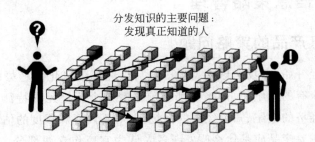

图 18-5　分发知识的主要问题

AskMe 公司生产了一个被广泛接受的企业知识网络系统。AskMe 企业系统，使公司能开发一个雇员知识的数据库，并有指导如何做的文件、最佳实践、FAQs，然后用任何一个公司所用的门户网站技术跨公司共享这些信息。图 18-6 显示了 AskMe 系统的工作过程。

学习管理系统(LMS)提供工具，用来管理、递送、跟踪和评估各种类型的雇员学习和

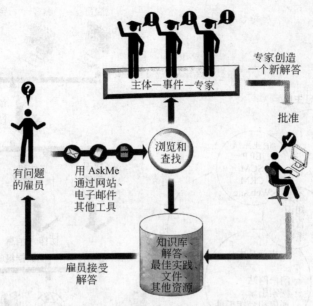

图 18-6 AskMe 企业知识网络系统

培训。学习管理系统,首先,能记录保存讲授者的培训资料。能支持多模式的学习,包括 CD-ROM、能下载的影像、基于网络的课堂、在教室或在线的实时指导,团队学习和在线论坛、交谈会议等。LMS 联合的媒体培训、自动化课程的选择和管理,汇总和递送学习内容,测量学习效果。如果一个公司有一个客户关系管理系统保持了电话处理时间的跟踪,即可检查顾客推广的效果。

18.4 企业信息策略管理

18.4.1 信息产品的策略问题

新的世纪已经开始,市场全球化、竞争激烈化、经济信息化的趋势已十分明显。人类进入了一个前所未有的新纪元,许多人都在预测着这个新纪元的特征,几乎一致认为 21 世纪是一个信息经济的世纪、知识经济的世纪,但对其内涵和程度的估计却千差万别。

信息经济的主要产品应是什么呢?许多人认为它应包含两部分,一部分是信息内容的产品;另一部分是信息技术的产品。信息技术的产品主要包括信息处理的设备,如计算机、通信设备等。生产这种产品的产业在我国成为信息经济的主要成分,在美国已把许多算为制造业。信息内容的产业则包括金融保险、软件业、媒体传播、教育、咨询业等。电信服务业、印刷出版业也可以属于这个范畴。严格意义上说,生产信息设备的产业和工业产业没什么太大的区别,信息经济更应当注意生产信息内容的产业。当信息产品的产值在全国 GDP 的成分超过 50%、就业人数超过 50%时,我们说这个国家就进入了信息经济的社会。这样在信息社会中大多数的企业都是生产信息的企业。因此在信息管理中讨论一下信息产品的策略是十分必要的。

知识经济又是什么呢?同理,在知识经济社会中生产的产品主要是知识产品,知识产品的产值占全国 GDP 的比例应超过 50%,从事知识生产的人员应占总就业人员的 50%以上。以产品中的知识含量来衡量知识经济是不妥的,因为知识含量是相对的,想当年蒸汽机才发明时,它的知识含量也是很高的。什么是知识产品呢?我们说"知识是关于客观事物的规律的认识"。生产知识就意味着产出"规律"。就是说它不是使用知识、应用知识去生产某种产品,这在农业经济、工业经济早已如此。我们认为产出知识意味着发现新知识,因而只有研发部门才算得上生产知识。生产知识的企业的产品是论文、专著、专利、技术发明、研究报告。按照这种理解,知识经济应当是以"生产知识"为主的经济,在这种经济环境中,大量的人力将投入创造性的劳动中,从事知识的发明工作。所有知识应用过程将被高度智能化和自动化,只占用很少的劳动力。

一种新的经济形式的产生,往往先寄宿于旧的经济形式中。在旧的形式中提高其成分,然后再剥离出来。随着信息产品在工业经济中比例的提高,就剥离出了专门生产信息的企业。随着知识产品在信息经济中比例的提高,也必将剥离出专门"生产知识"的企业。有时也可能将整个企业转化为新经济的企业,实现脱胎换骨。这时知识型的企业已不用靠知识应用的部分去养活它们,甚至反过来。显然知识型的企业是一种学习型组织,它的企业组织、工作方式均和现在的企业有很大的不同。这种企业可能不像现在的企业,而更像现在的研究所或学校。显然知识经济是经济发展的一个较远的阶段,是农业经济、工业经济、后工业经济、信息经济发展后的一个经济形态。这也许距我们还有几百年。

达到这种经济形态,最重要的基础是教育。现在所说的高等教育,已不再是高等,而是普及了。大学毕业成了劳动力的必备条件。独立从事研究工作的能力,成为工作能力的核心部分。知识成为主要的财富。社会物质生产高效化,社会物质财富极大丰富,真正的社会平等、民主才可能实现。也许人类最崇高的理想——共产主义只有在知识经济的基础上才能实现。信息产品,也包括知识产品有什么特点呢?主要有以下几点。

(1) 知识产品的研发成本很高;边际成本或销售成本接近于零。
(2) 知识产品的产量无限界;生产企业只有第一,没有第二。
(3) 追求第一,产品无限细化,最终导致个人化。
(4) 产品的价值不是取决于生产的成本,而是基于顾客的期望。
(5) 同样的产品可有不同的价格,极端至一个人一个价。

企业要学会信息经营,也包括知识经营。信息经营说到底就是"信息掠夺"。就是看会不会用信息去赚钱。在我国,由于某些限制,由于企业经营者不懂得信息经营,造成大量信息资源流失。企业要学会信息经营,参与世界竞争,以使企业得以发展。为发展信息产品,开始时企业要依靠其物质生产的收益,来支持信息产品的研发。要追求整个产品周期的价值最大化,就要学习信息经营的几个策略。

1. 信息投资策略

信息投资策略就是以信息作为资本,投资赚钱。人类社会的竞争由"武力掠夺"转到"商品掠夺",再转到"资本掠夺",现在已经到"信息掠夺"和"知识掠夺"。如果说"武力掠夺"是多本多利的话,"商品掠夺"就是少本多利,"资本掠夺"就是一本万利,那么"信息掠夺"和"知识掠夺"就是"无本万利"。例如,麦当劳在多国进行授权经营,靠品牌赚钱。Pearson 出版集团出售图书版权,靠版权赚钱。它们的边际成本已经接近于零,所有的利润均是无本得利。

2. 信息定价策略

信息定价策略包括个人化定价(personalizing),即同样的产品,对不同的人要不同的价。成组定价(grouping),即对不同类别的人定不同的价格。例如,同样的书,卖给教师一个价,卖给学生一个价;同样的杂志,对个人定一个价,对机构定一个价。版本化定价(versioning),例如,学生版、专业版,吸引不同顾客购买,还有普通版、标准版和黄金版等。总之,使购买最大化,使消费者剩余最小化。

3. 锁定策略

把顾客锁定(lock-in)在自己的产品或服务上,以求未来的资金回收流最大化。为达到锁定,可以在"初"产品和"主"产品上给予优惠价,采用主品损失辅品补,初品损失后品补。锁定策略追求达到整个产品生命周期的收益最大化,而非一时一事的得失。

4. 标准化策略

树立标准,抢占市场主导,掀起"正反馈",跨越数量临界点,扩大市场份额。

5. 外源化策略

最快、最大范围地联合集成优势资源去完成企业的目标。

这些看起来是一些零散的补丁政策,但正是它们使得知识企业在当今的世界市场上得以生存和发展,所有世界上最强的知识企业无一例外。

这是为什么呢?是不是由于信息产品不同以往,经济规律就改变了呢?其实不然,基本的经济规律仍然没有改变。这又得回到最基本的供求曲线,如图 18-7 所示。

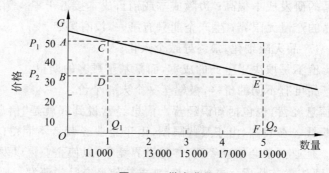

图 18-7 供求曲线

由图 18-7 可以看出，如果我们定价为 P_2，则有一部分愿意出高价买该商品的人，口袋里剩下了钱，这相当于 $\triangle GBE$ 的面积，叫作消费者剩余。这时卖出商品的总收益为矩形 $BOFE$。如果我们能让愿意出高价的人以 P_1 的价格购买，不愿意出高价的人以 P_2 的价格购买，则我们把消费者剩余降为两个小三角形之和，即 $\triangle GAC + \triangle CDE$，减少的消费者剩余量为矩形 $ABDC$ 的面积。为使一部分人愿以高价购买，高价商品必须伴以好的服务，使之买得方便、买得及时、买得体面、买得可靠等。这样才能得到的顾客期望最大化。由于信息产品的边际成本接近于零，因而按照成本定价已经失去意义，只能按顾客的期望定价。多重定价就很自然了。在信息经济的环境中，只有善于利用信息经济的策略经营，才能使企业立于不败之地。

18.4.2 企业 IT 部门的管理问题

关于 IT 的规划、开发、运行管理已在前面讨论过了，这里实际上主要讨论 IT 部门的经营问题。企业中 IT 部门的经营问题的根本在于搞清企业中 IT 部门的性质。企业中的 IT 部门是个利润中心还是个成本中心？是个职能部门，服务部门，还是个企业中的企业战略单位（business strategy unit，BSU）或独立核算单位？如果是个职能部门或服务部门，IT 部门的花费就应当分摊给其他单位。如果是个独立核算单位，那就应自负盈亏，给它的经费就应算投资。而企业内 IT 部门性质又和 IT 行业的性质有很大关系。

IT 行业有以下特点。

(1) 发展速度快。过去有个估计，每 18 个月 IT 技术的性能翻番。实际上现在一般 IT 产品三年降价一半。这就导致 IT 的资产贬值很快。系统的好用期必须和 IT 的适用期一致，保持动态的匹配，IT 的投资才能收到效益。即使是很好的技术，如果时机不对，无论是超前还是滞后，均将无效。这样 IT 部门的很重要的工作就是动态规划，不断地观察三年以后应当怎样。

(2) 技术复杂。技术复杂就意味着人们难以掌握，所以要求 IT 人员学历高，学习掌握的时间长。这也导致它的惯性大，出现锁定现象和切换成本问题。

(3) 需求增长无止境。各个企业一旦启动 IT 应用以后，一般需求均是不断上升，各应用部门所提出的应用申请排成长龙，IT 部门应接不暇。这是因为 IT 的网络经济性质，它是需方拉动的规模经济，不是供方推动的规模经济。

(4) 初始投资大。IT 的投资呈现台阶性质。起始投资必须超过一定限度，才能产生效益。一段时间以后，又需要再一个台阶的投资，才能保证你的 IT 投资继续有效。初始投资很大，回收期又很短，分析好情况和掌握好策略就是非常重要的。

(5) 竞争激烈。尽管 IT 行业的经营难度大，但它仍然是个高投入和高产出的行业。尽管有高风险，但也有很高的回报，因而吸引着很多企业投入，形成了 IT 行业竞争激烈的局面。你有的点子，别人很快就有；你有的技术，别人很快就会模仿。因而争夺时间的比赛尤显重要。领先一步，获得收益，应当马上考虑转移。

这些情况对企业中的IT部门的经营问题产生了很大的影响。企业中的IT部门管理可能有三种模式：作为企业的职能部门；作为服务部门；或者作为企业内的独立核算单位或BSU。不同的模式，就有不同的长处和短处。

作为企业的职能部门，IT部门就像会计科或生产科那样，是个管理部门，成员拿固定工资，吃"皇粮"，花销分摊到其他单位。这时IT部门的主要职责是掌控IT规划，策划利用IT改造企业，监控IT项目的实施和运行等。至于IT的具体开发或运行也可能下属一个单位进行，也可以外包给外单位执行。这种组织形式利于IT在企业中的整体应用，而不利于具体的执行。它所管辖的具体的IT执行单位，往往积极性不是很高，对用户的服务不够好。

IT部门作为服务部门，企业以服务部门的要求考核它，每年按预算拨给经费，服务往往能上去，但容易只做表面，不计长远，容易造成IT的目标和企业的长期目标不一致。

现在有许多研究把企业内IT部门当成一个企业内的企业来进行研究，看能否得到一个较好的模式。我们下面就对这种情况加以分析。

我们把企业内的IT活动当成一个独立的"企业内的企业"，就可以应用一些市场组合的概念来分析它。用这种类比我们可以说，企业的战略相当于IT的市场组合，而IT的信息委员会就相当于企业董事会，首席信息官（CIO）就相当于企业的首席执行官（CEO）。我们利用这种相似讨论IT部门和企业内其他部门的关系问题，把它们当成外部关系。

IT是一个高技术、快速变化的行业。我们的特殊的"IT企业"也可能是增长快、不稳定。它的领域包括开发、维护、运行所有信息技术，以支持企业达到其目标。由于项目实现的复杂性，工作量的增加以及人力资源的缺乏，IT企业已由过去生产东西变成识别和分配东西。它的很大一部分工作已转为识别和寻求外部资源，以供其顾客使用。为此要改变其自身的计划与控制。

根据这种观点，我们应首先给出IT企业的全貌。IT活动不仅包括公司IT中心的活动，而且应包括其顾客网络。这些活动包括如桌面设备、分布式系统开发活动、外部公司的软件合同、计算机支持服务等。许多用户有权选择外面服务，而不选本企业IT部门。

这种类比有利于我们深入观察和应用管理原理和理论。也有利于IT委员会成员和总经理了解IT的实际任务。当然这种类比也应当注意，有许多地方这种"企业中的企业"毕竟不是真的企业。例如，"IT企业"的筹资不同于独立公司的市场筹资，它是直接由母公司得来。"IT企业"的顾客也不是完全独立的。还有，"IT企业"未直接受到法律和政府的约束，因为它不是独立的法人。例如，平等就业机会的法律是对全公司的约束，而不直接约束到"IT企业"。

18.5 企业信息部门的组织

作者曾受邀参加了深圳某个电信设备制造集团的战略研讨会,而后,走访了该集团,据介绍,它的 IT 部门只是一个小组管理,隶属于总裁办公室。我感到困惑,于是小心地提出建议,"你们的 IT 部门应当和总裁近一些。"得到的回答是:"很近很近,就在总裁室隔壁的隔壁。"

上海烟草公司的 IT 部门,在帮助他们进行规划前,属于设备处,原因在于他们经常买设备。我不禁深深感到,IT 部门的位置,反映了一个企业 IT 管理的深度。

随着 IT 管理重要性的增加,IT 部门的位置在不断地提高。由部门下属到和部门平级,由平级到高半级,再由高半级到进入总裁级,即由一位副总裁级的 CIO 负责企业 IT 事务的全面管理,如图 18-8 所示。

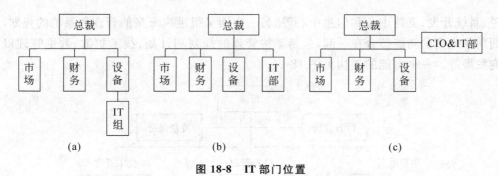

图 18-8 IT 部门位置

IT/IS 部门的内部组织因企业的规模不同而差别很大,例如一个小企业的 IT/IS 部门的内部组织如图 18-9 所示。

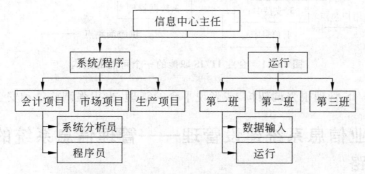

图 18-9 小企业 IT/IS 部门内部组织

一个大企业的 IT/IS 部门的内部组织如图 18-10 所示。

近来信息管理更加强调面向顾客的服务,就将面向用户的功能组织在一起,包括交付

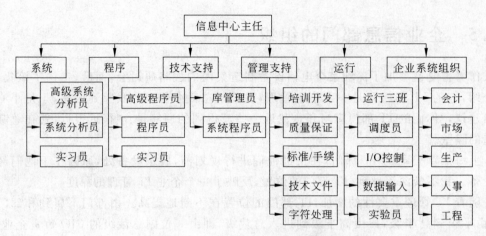

图 18-10 大企业 IT/IS 部门内部组织

服务、系统开发、支持中心和信息中心等；另一方面又很重视未来的管理和系统的规划，就把面向供应商的功能整合在一起，包括架构管理的规划和计划、技术扩散、数据管理以及研究发展等。一个可能的架构见图 18-11。

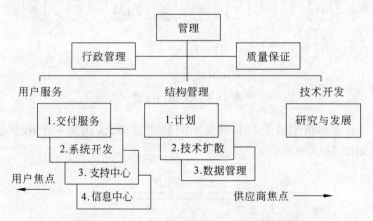

图 18-11 企业 IT/IS 职能的一个可能的架构

未来的 IT/IS 管理很强调架构，或者说平台的管理，也很强调质量和安全的管理。

18.6 企业信息系统建设管理——管理信息系统的成功之路

世界上从来没有任何一项技术像管理信息系统那样引起人们如此不同的议论，有人把它说成推行管理现代化的灵丹妙药，有人则把它说得一无是处。这究竟是什么原因呢？只能从管理信息系统的性质上找出答案。

18.6.1　管理信息系统是个什么系统

当前管理信息系统无用论本质上是对管理信息系统的性质认识不清。任何企业，无论有无计算机，只要有信息，就有管理信息系统存在。管理信息系统只有好差之分，不存在有无问题。国内流行的"计算机辅助企业管理"和管理信息系统不是一回事。管理信息系统是利用信息进行管理的系统，是由人和计算机组成的人机系统。它不仅要考虑技术问题，而且要考虑组织问题和人的行为问题。因而我们说管理信息系统是个管理系统，是个社会系统，或者更全面一点地说，它是社会-技术系统。它具有社会系统的所有特点，其中主要的是开放系统的特点，又具有系统的性质，我们绝不可以只从技术上来推行它。

18.6.2　推进管理信息系统是一场变革

管理信息系统是个社会系统，推进管理信息系统犹如推进社会变革，它本质上具有社会革命的性质。尤其当应用信息技术引起系统功能巨大提高和管理模式巨大改变时，对企业来说的确是一场革命，现在国外把它纳入"信息革命"的范畴。如果说工业革命是机器代替了人的笨重的体力劳动的话，那么信息革命就是用信息技术代替人的烦琐的脑力劳动。

今天我们国家面临着前所未有的大好发展时期。经济蓬勃发展，社会日新月异，正是管理信息系统大展身手的好机会。从本质上讲，管理信息系统是落实科学发展观和推行先进生产力的有力工具。可惜我国还有许多干部没有把管理信息系统和科学发展观、先进生产力统一起来。

管理信息系统的推进要引起社会变革，必然要引起企业组织的变化和企业中各层人员工作方式的改变。一般情况下，对基层的影响是工作方式的改变，是效率的提高和人员的减少；对中层的影响是引起组织结构和权力结构的改变，以及职业的转移；对高层来说，可能引起管理幅度的扩大和决策方式的改变。基层应用的是数据处理系统，用以提高效率；中层用的是信息控制系统，以提高效率和价值增值；高层用的是决策支持系统，主要用来提高效率和寻找机会。推行管理信息系统对不同的层次将会有不同的影响，因而也有不同的阻力。

基层的担心显然是担心系统代替人的工作，引起自己的失业或工作负担过重，也有的是不愿学习新知识和不愿放弃旧的工作方式。有了这种思想就会在行动上有所表现，他们或者采取不合作的态度，不交出自己的手工作业程序和经验，或者他们不愿承担新的信息收集工作，采取消极怠工的态度。在国外还发现有故意错报信息，破坏信息系统威信，甚至采取更为敌对的行动。总之，克服这种阻力可能是有困难的。但只要领导的决心大、方法对，这种阻力是可以克服的。因为这里面有许多误解，事实上从总体上讲，任何一个先进的生产力给职工带来的都不是工作岗位的减少和生活的降低，而只是工作岗位的转移。尤其在我国，工人觉悟高，能吃苦耐劳，遵守纪律，富于牺牲精神，当他们了解到事业的需要时，他们是会合作的。只要领导决心大，基层的阻力不是主要的。

来自中层的阻力是最可怕的。中层最担心的是组织和权力结构的变化,管理方式的改变,以及自己在这种变革中所受到的影响。他们随时在想是否能跟上和适应这种变革,或者是退下来作为变革的代价。他们开始不赞成变革,继而表现为观望等待,他们情绪低落,有失落感。由此造成"上面通,下面畅,中间有个顶门杠"的局面,致使令不行,禁不止,行政工作不到位。在管理信息系统发展的初级阶段,有所谓"中层管理消失的说法"更加剧了中层的恐惧感。其实这种担心根本没有必要,二十多年的实践证明,信息技术的发展,中层管理不仅没有消失,反而加强了。中层组织的数目减少了,但相对人数增加了,临时性组织增加了,组织的变动加快了。对一个企业来说,一线工作人员大大减少了,约占企业的10%;市场和管理人员占20%~30%;研究与开发人员占60%~70%。产品的升级换代大大地加快了。中层管理人员只有认识到社会的发展趋势,树立变革和进取的思想,才能从大局出发,发挥积极性,才能适应管理发展的需要。实际上管理信息系统给中层管理带来的是施展才华的广阔天地。

对高层来说,恐惧心理是少有的,高层不担心信息技术会给他们造成失业。所以高层主要是认识问题,是如何认识这种变革的重要性,是如何处理眼前利益和长远利益的矛盾,还有如何克服阻力的问题。当然管理信息系统对高层的决策方式也有影响,出于这种情况,高层管理一般表现有三种。第一种是漠不关心,甚至采取回避态度。第二种是空有热情,把管理信息系统开发当成一般技术开发,只是找个技术负责人,对他说:"给你几十万元,过半年拿出点名堂给我看看。"他没有把管理信息系统的开发当成一次社会变革和管理变革。第三种就是亲自参与领导,懂得把管理信息系统的开发和管理模式的变革结合起来,能抓住关键问题。虽然他们并不懂很多管理信息系统的技术,但他们会领导管理信息系统的开发。这种领导善于提出目标,组织动员群众,善于分析利用各种矛盾,因势利导,善于变消极因素为积极因素,扫清前进道路中的障碍。在这样的领导下,管理信息系统的开发没有不成功的。

18.6.3 管理信息系统的成功之路

首先,我们介绍西方走过的曲折的成功之路。

西方的这条路可以用诺兰的六阶段论描述。诺兰在调查了大量企业以后得出一种推测性结论或假说,他认为无论从微观(一个企业)或宏观(整个国家)上看,管理信息系统的开发均经过了六个阶段,即初装、扩展、控制、一体化、数控管理、成熟阶段,见图18-12。

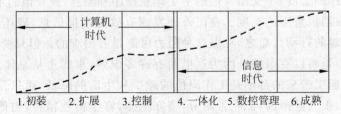

图18-12 诺兰六阶段

西方所走过的这条弯弯曲曲的道路,耗用了大量的资金和人力。在某些阶段也有过较大的失败。例如,在从事一体化时大约有50%的系统失败了。但总地来说,是渡过了困难,走进了自如的天地,信息系统的总收益已远远超过损失。

看到西方所走过的弯路,中国应怎样走自己的路呢?尤其是现在,中国还不富裕,我们不可能用那么多钱去铺路。1983年我国也曾掀起研究世界新技术革命的高潮,我国一些信息工作者包括笔者在内,力主中国不要重复西方的老路,不要经过工业化的所有步骤,跨越阶段,直接步入信息社会。当时我们想,中国的计算机已比美国当年强多了,中国的技术人员与管理人员数量不少,水平也不低,中国的领导及管理也有一定的经验,也有许多成功的例子,例如长江大桥、大庆、高铁、火箭和原子弹、飞机等项目的成功。但是经过几年的实践经验证明,我们总是跨而不越,这是为什么呢?关键在于全体人员的行为与素质,在于管理的落后。20世纪80年代末有人评价中国的信息系统是80年代的硬件、70年代的软件、60年代的系统、50年代的应用、40年代的管理。此话听起来有些刺耳,但却是苦口良药。事实上我国许多地方连定额管理也没做到。管理落后,人员素质差,思想观念上保守,喜旧厌新,以及大环境没有理顺,造成中国初期的管理信息系统应用大部分失败了。当时有两个80%的估计,即80%的系统失败了,或没有达到设计要求;80%的原因在于管理。当然也有少数企业成功了,成功之处主要在于以下两点。

1. 正确地认识自己的环境

系统工程的观点认为,从企业的实际出发,确定合适的目标,取得合适的进展,而不是追求某种理想的境界这就是成功的环境。对环境的分析应注意以下几个方面。

(1) 信息系统对企业带来的好处;

(2) 管理人员的改革意识和管理水平;

(3) 职工的文化素质和企业的管理基础;

(4) 技术力量情况;

(5) 资金情况。

认识环境,要分析动力何在,如何激励。开发信息系统的动力主要来自两方面,一种是内力驱动,一种是外力驱动。

内力驱动是来自内部提高效率或改进技术的需要;外力驱动则是市场驱动或上级驱动。当前中国不能不说行政驱动仍是一种有效的动力。行政驱动有时会出现一些假象,例如某些企业为了上"等级",搞一些规划和买一些计算机,当花瓶摆样子,这是应当改进的。

2. 选择合适的道路

针对自己的情况选择合适的道路是成功的关键。成功的企业大致有以下几种模式。

(1) 渐进式开发。在一般调查的基础上,按急需、有限的原则排序,不断开发;或有个长远规划,分步实施。这种方式风险较少,但见效也较晚。做得好的以前开发的系统以后还有用,做不好的可能全盘推倒重来。

(2) 自上而下全面开发的方式。这种方式一般是列入上级规划,得到上级立项支持。一般起点高,采用内外结合的方式。

采用这种方式的企业首先都是建立以企业领导为首的领导班子,美国称此为领导参与原则,苏联称此为第一把手原则。然后进行总体规划,明确系统目标,选择精干的技术队伍,最后按照系统工程步骤按部就班地严格执行。

(3) 全面引进的方式。在引进信息系统的时候不仅引进硬件和软件,而且引进全部管理系统和管理方式。上海飞机制造公司按照美国麦道公司的要求引进 MRP-2 系统,就是典型的例子。全面引进不仅能提高设备水平,而且能大大提高我国的管理水平,这种方式效果好,但实现难度大,外部条件、内部人员素质以及资金要求均较高,这也许是可以跨越阶段的方式。

(4) 建立全新的工厂、全新的系统。美国和日本越来越多地采用这种方式,就是在建立全新的生产线的同时,也建立全新的管理系统,信息系统的投资列入基建成本,相比起来经费就较充裕。新厂运行时就将老厂关闭,甚至新老厂分设两地。这种生产更新的方式效果较好,干扰较少,但投资高,多数企业难以办到。对新建的一些实力较强的工厂或企业,应当采用这种做法。现在一些在中国的外商独资或合资企业也有采用这种方式的,如 CHP 公司、长城饭店等。当办公室盖好时,管理信息系统也已同时装上。各种方式的投资效益曲线比较见图 18-13。

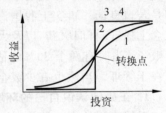

图 18-13 四种开发方式的效益曲线

从图 18-13 中可看出,第 1 种方式虽然见效较早,但久久不能达到期望值;第 3、4 种方式,系统未建成时没有收益,一旦建成收益即达最大;第 2 种方式介于两者之间。每种方式均有一个收益转换点,也就是说只有投资超过一定数量,收益才会明显增加,这个点的位置因企业不同而差别很大。对于具体企业来说,究竟采用哪种方式,取决于企业的实际情况,包括技术情况、组织和行为情况。也许在我国推行管理信息系统过程中,人的行为和管理问题更为重要。只有认真开展管理信息系统的思想工作,管理信息系统的发展才能健康和顺利。

习题

1. 信息管理主要内涵应包括哪些方面?各方面管理有哪些问题和挑战?
2. 信息内容的管理应包括哪些方面?当前发展的水平如何?讨论理想的信息内容管理的远景。
3. 什么是知识、知识经济、知识管理?知识管理对当前企业发展的重要性如何?
4. 当前知识管理的主要模式是什么?理想的知识管理环境应当怎样?
5. 当前企业最值得注意的信息策略有哪些?讨论一种策略问题,例如外源化策略,阐述该策略的内容、长处和短处、问题和挑战以及如何使用好该策略。
6. 企业 IT/IS 职能的组织架构的发展趋势是什么?为什么?
7. 如果你是个企业的一把手,你如何领导企业的信息系统走出一条成功之路?如果你作为一位高级系统分析员,你如何做才能达到让信息系统沿着成功之路达到成功?

CHAPTER 19
第 19 章

做一个优秀的系统分析员

我们国家的信息化建设和信息管理需要成千上万的信息化领军人才,众多企业和组织的信息系统建设和管理需要许多优秀的系统分析员。一方面人才奇缺,另一方面,信息系统专业的大学毕业生却又很难找到满意的工作,甚至找不到工作,这是为什么呢?我们又得回到管理信息系统的性质的基本问题。管理信息系统是个社会-技术系统,推行管理信息系统是一场社会变革,领导推行管理信息系统的人应当是信息革命的领军人才,他们的职业名称为系统分析员。社会上缺少的是一批这样懂得技术的管理人才,而不是那种不懂管理的技术人才。

信息系统分析员是技术和管理之间的桥梁,是领导和员工之间的沟通渠道。他又是先进技术和先进管理模式的代表。系统分析员应有系统深入的专业知识、实用广泛的社会知识,要有计划、协调、组织、控制和监督的工作能力,更要有大公无私、廉洁自律、坚持原则、灵活机动、信守承诺、认真负责、谦虚谨慎、密切联系领导和群众等修养和作风。其核心是:一要正;二要能。正,是指德高;能,主要指能知、能做。以下我们简要阐述。

19.1 系统分析员的知识架构

信息系统分析员的知识结构包括企业基础知识、IS 基础知识、IS 理论、信息技术等。其知识能力可以用模型表示,见图 19-1。

这里,我们要有一个正确的观念,正像钱学森先生所说,系统工程人才不是一个专家,而是一个杂家。他们善于综合利用各种知识,找出最佳或最适的解决方案,并且把它组织实施。这也可以说是具有另一种类型的知识,即在各种知识之上(或背后)的综合分析,构筑概念,搭建结构的知识。凡事要善于总体分析,综合分析,深窥研究,系统思考。

图 19-1 系统分析员的知识结构图

19.2　系统分析员的能力和修养

系统分析员是现实的革新者,他应能提出变革现实的方案,而且要善于处理矛盾,因势利导,组织实施。他应具有很强的执行力,不仅要懂管理,而且要懂技术,他不仅要善于说服领导,争取领导,而且要善于动员群众和组织群众。通过他们把技术与管理、领导与群众结合起来,完成企业的管理变革和信息系统的应用。

19.2.1　系统分析员的"四会"

系统分析员最基础的能力元素是看、听、说、写。

看,是人类知识80%的来源。要深入了解,就要亲自去看。不能走马观花,也不能满足于下马看花,而要蹲下来看花。一个有经验的系统分析员,到一个企业从头至尾参观一遍,看看企业的厂容,看看职工的工作精神和工作秩序,再看看企业的报表,了解一些数据,就可以对企业了解个大概。看的能力在于会看。有些人就是视而不见。理工科的学生缺乏新闻工作者观察事物的敏锐眼光,往往抓不住重点。系统分析员应当具有新闻工作者的眼光。对于基于技术的系统分析员来说,应该花更大的工夫培养这种能力。

听,是系统分析员知识来源的第二个渠道。系统分析员应当永远给人一个印象就是"乐意听"。只有你乐意听,别人才乐意讲。系统分析员的听,不仅会听正式场合的讲话,还要会听非正式场合的话,如"午餐邪说"。善于听好听的话,也要善于听反面的话。系统分析员耳朵要灵,对于在过去那种"两耳不闻窗外事,一心只读圣贤书"的环境下成长的技术人员来说,听的锻炼是又一个艰巨的任务。系统分析员的听,不是简单的记忆存储。要根据说者的态度、说话的环境,判断说者的真实含义。俗话说"听话听声儿,锣鼓听音儿"就是根据声音来判断别人说的话的真实意思。

下面有一段对话,你能清楚地解读它的意思吗?

一个员工给他的上司去送礼。上司见到了,说:"这是什么意思?"

员工:"没什么意思。意思,意思。"

上司:"你真不够意思。"

员工:"小意思,小意思。"

上司:"你这人真有意思。"

员工:"没什么意思。"

上司:"那我就不好意思了。"

员工:"其实是我不好意思。"

说,是系统分析员开展工作的第一重要的本领。如果你不说,谁知道你想要做什么?有些根本就不愿说话的人,却要选择系统分析员的职业,这可能是职能错位,是选错了行。系统分析员离不开说:在你说服领导设立信息系统项目时要说;在项目开始前培训时要说;讨论方案时要说;组织群众实施时更要说。系统分析员不仅要说,而且要会"见什么人说什么话"、"在什么场合说什么话"。如果你不分对象乱说,不仅没有效果,反而产生很大的副作用。当你见到企业领导时,大谈计算机中很深的技术,一大堆专业术语,弄得人家头昏脑涨、不知所措,这是不行的。中国有句古话"对牛弹琴",似乎是对听者的嘲笑,但实际也是对说者的讽刺,既然已知它是牛,为何还要对它弹琴,白费力气呢?对于一个信息系统分析员来说,应有"说"的意识,也就是认为任何场合均是机会,任何机会都只有依靠"说"才能得到,而且要说得得体,说得切题,说动人心。"说"是系统分析员必备的才能,一个好的系统分析员"说"要有内容,能抓住重点,条理性逻辑性强,而且要有鼓动性、趣味性、艺术性。系统分析员还要有很强的反馈能力,根据听者的情绪不断调整自己的内容。

写,是系统分析员又一重要能力。系统分析员离不开写:申请课题要写申请报告;了解情况要写调查报告;系统分析要写分析报告;设计要写设计说明书和使用说明书;系统使用运行还要写运行报告;鉴定验收也要写报告。尤其在现代网上办公、协同工作的时代,文字沟通增加,写的重要性更加突出。系统分析所写的报告主要是客观描述的报告,因而要求真实、确切、详尽、简练等,也有些报告如规划报告等则要求有新鲜感,能振奋和鼓舞人心。

看、听、说、写,简称"四会",可以说是系统分析员的基本操作技能,是和服务对象的接口。虽然它是操作层面的东西,但是我们不应当忽视。有的分析员不善于动员,本来企业员工很高的信息化热情,经过他的"动员",熄火了,项目失败了。有的老师讲课就是讲不好,学生听课比他讲课还"累",他就是不理会。应当说这种基本的技能只要下决心,什么人都是能达到的。

19.2.2 系统分析员的"四能"

比这些层次更高一层的能力,是管理能力。主要的管理能力有以下几项。

首先,目标能力,即抓住目标的能力。要能认识到目标的重要性、关键性、可达性等。这是一种需要与可能的综合判断能力。目标定得过高,努力也达不到,丧气;目标定得过低,不费力就达到,泄气。只有经过努力能达到的目标才是好目标,才神气。系统分析员要善于根据环境状况、掌握资源状况、企业文化状况作出综合判断。切忌只考虑自己技术能行,就制定过高的目标,这也许是大多数信息系统项目都拖期的原因。

其次,资源能力,即组织资源的能力。它是根据目标的需要估计和收集这些资源的能力。这些资源包括管理资源、经济资源、技术资源、知识资源、人力资源等。要知道这些资源由哪里供应,善于打通供应渠道。保证当用到某种资源时,资源能及时到达,做到资源可用可取。并且,要具有很强的联想能力,从看似无关的东西中发现联系,从而找到资源。

再次,动员能力,或称为"造势"能力。动先造势,势在必行。就是要作好思想动员,作好舆论准备。做到绝大多数的人均同意这个项目,支持这个项目,大家齐心协力决心完成它。让反对的话、泄气的话没有空间,把该不该上的争论推入历史,从现在起大家一门心思搞建设。动员领导出面,参与、支持、领导和动员信息系统建设是信息系统分析员的一种基本功。信息系统分析员要善于"装药",让领导"点炮"。领导的行政资源是信息系统的最后保证。不要以为自己伶牙俐齿、嗓门大就能造成好势,只有内容正确,安排合理,领导坚决支持,才能造成基础巩固、热情高涨、持续时间长的盛势。

最后,是计划和控制的能力。计划的主要功能就在于将已有的资源针对目标匹配,排出进程。在进程中定立几个标杆,标杆所在时刻就是关键点和关键时刻。在关键点要对系统进行检测,用检测标准进行控制,发现问题及时纠正。对完成任务好的要给予奖励,奖罚分明。安排计划一般在最开始时要"留有余地"。让人们"有产可超"。一旦进入状态,就不断加速,一气呵成,完成得干净利落,不留尾巴。要注意最后的扫尾工作不要拖,像建筑业的工地清理一样,编写好信息系统的说明、组织鉴定等是信息系统的工地清理。

我们可以把这一层次的能力称为"四能"。

以上两层的能力,"四会四能",可以认为是策略层的能力,更重要的是战略层的能力。一个大型信息系统项目建设宛如一场战争。战争的胜负按中国古代军事家孙子所说,取决于"一曰道,二曰天,三曰地,四曰将,五曰法"。"道"者,正义、正确、科学的意思。"天"为天时,"地"为地利,也就是说你是否占有天时地利,是否有时空的环境条件和自己的资源条件。"将"者,人才也,你是否有各路人才,包括管理人才、技术人才等。把合适的人用在合适的地方也许是管理的最大艺术。"法"就是规范、制度。有了法就有法可依,执法要严、赏罚要分明,就能保证项目的顺利进行。更高一层的能力是关于"道"的能力。

一个企业的领导愿意接受系统分析员的建议,根本还在于他相信你,相信你有知识,有能力,更有诚信。清华大学的校训是"自强不息,厚德载物";澳门科技大学是"意诚格物";广东精神是"厚于德,诚于信,敏于行",都将诚信作为重要原则。系统分析员要让人感到是可信赖的人,最亲的,最可敬的人,那样你才能和客户结成共赢的战略联盟,从而达到合作项目的成功。诚信铸成了信誉,哈佛大学认为学校最重要的是声誉,声誉,还是声誉。声誉是长期铸就的最高的无形资产。企业有了良好的品牌声誉,就不愁没有生意。信息企业最大的资产就是一批良好声誉的人才。

19.2.3 系统分析员的修养

信息系统分析员需要锻炼自己的修养。道德修养就是系统分析员的第三层的能力。这些修养主要体现在以下几方面。

1. 远大的理想和正确的信念

远大的理想和正确的信念可以说是正确的世界观、价值观或人生观。符合科学的观点和观念就是正确的,就应积极支持,努力贯彻。不符合科学的,就要努力把它变成科学的。相信科学也就是相信真理,相信真理最终一定能战胜谬误。科学发展观基础巩固的人,就绝不会弄虚作假,欺上瞒下。

远大的理想就是对未来有美好的憧憬、美好的愿景。愿景就是长远要达到的美好的境界。心里怀有大目标,人知方向不瞎跑,就不会在做事的过程中东闯西摸、摇摆不定。过去的志士仁人心里有着共产主义的大目标,投入为穷人翻身的革命斗争,抛头颅洒热血,毫不动摇,这就是理想的力量。今天我们从事信息化的事业,也是一场革命,如果我们也有对美好愿景的执着，就不会为一些暂时的困难所动摇。

2．不断进取和勇于奉献的精神

信息化事业是未来化事业，是走在时间前面的事业。只有进取，才能达到未来。安于现状、墨守成规、只求平稳、不求上进绝不是一个信息系统分析员的素质。进要思变，变要思进，才能打通未来的道路。系统分析员要有敏感的"触角"，甚至要有一点理性的"不满现实"和"喜新厌旧"。看出问题是解决问题的前提。如果一切都看得完美，那就不用什么变革了。有了远大的理想和雄心壮志，有了进取精神和变革思想，还需有奉献精神。

最高尚的道德首先表现为奉献，自古至今，无论社会制度如何，被推崇为道德高尚者，最重要之处均在于奉献。当一个系统分析员到企业开发信息系统时，要有为企业兴旺奉献的精神，把企业的事业看得比自己的事还重要，他才具有最强的号召力和最广的感染力。

3．顾全大局和团结协作的精神

任何一项信息系统的工作都是一项团队工作，绝不是一个人能够完成的。人多意见多，就会有分歧。现在许多任务完不成，大多是因为不团结所造成的。有学者研究描述说："一个创业的小企业的7~8个创始人，如果他们能经得起一两次濒临倒闭的困难仍不散伙，以后定能成功。"使团队树立起团结的精神，对完成信息系统开发的工作是十分重要的。要团结就要求团队中的每一个人能识大体、顾大局，事事处处想着集体，想着项目。

讲团结不那么容易，很多人认为"你讲他不讲，讲也白讲"。实际上，中国古代已经提到了许多关于这方面的修养。中国当代也有许多座右铭，如"从团结的愿望出发，达到团结的目的"。古人讲要战胜对手首先战胜自己，"治人以服，不是治人以死"。别人不服你，要从自己找原因，大多是自己做得还不够好，或跑得还不够快。当你甩开矛盾，把距离拉得更大时，问题自然就解决了。古代还特别强调"忍"的修养，这对系统分析员修养锻炼也是一条很好的路。

4．助人为乐和乐观热情的精神

系统分析员另一个道德形象，甚至可以说是习惯，就是助人为乐。助人为乐不仅要有思想，而且要有习惯。经常遇到的一些事，对你来说是举手之劳，对别人却是为其排忧解难，你没损失什么，或损失很少，别人却得到很大的益处，何乐而不为。经常助人为乐，就能树立良好的形象，也能获得更多的信息，系统的开发就会有很好的环境。

有了这四种精神，就有了当代"正人"和古代"君子"的一些优秀品德。继承我国古代的优秀文化传统，发扬当代的科学革命精神，就一定能造就成千上万的信息化领军人才。

19.3　建造企业良好的道德和法律环境

道德是关于事物或行为的对或错的信念习惯。道德是历史的习俗，它有一系列规则。这些观念和习俗是从小不断地学习积累所得到的。如"不要浪费粮食"、"不要随地吐痰"、当自己冒犯了别人时要说"对不起"等。

伦理是指引信念、标准、理想的框架，它渗透到个人、群组、或社会。和道德不同，伦理可能因不同地区或国家而有很大的差异。法律是引导行为的至高无上的正式规则，也可以说是道德的底线，它是由政府强行实施的。

计算机犯罪的第一个案例发生于1966年。一个程序员输入了一个信号，使他的信用卡上有了超额存款，导致他在亏空情况下仍可继续开支票。由于法律上没有条文，所以只能按错误输入来惩罚他。后来又有学生贷款数据库被许多企业用来作为促销商品的工具，对学生带来了很大的骚扰。再后来，美国一个13岁的密苏里州的女孩，被网络攻击而自杀，说明了网络攻击对小孩的危害有巨大的影响。由于没有合适的法律治罪，法庭选用了"跨州欺诈"条款定罪。许多法律专家怀疑这个条款包含这个案例的事实是有问题的。

信息道德主要涉及隐私问题、正确性问题、产权问题和存取权问题。

1. 隐私问题

要树立标准，在什么安全保障条件下，关于个人或单位的什么信息必须由他们自己发布，什么样的信息他们自己可以保存，可以不被强迫发布。

大多数美洲和欧洲的隐私法律是基于公平信息实践(fair information practice，FIP)。FIP的主要原则如下：

（1）通知/知道（核心原则）。网站在收集信息前，必须向用户告知相关事项。包括收集者的身份识别、数据的用途、数据的其他接收者、收集的性质（主动/被动）、自愿或要求状态、拒绝的后果、保护隐私和数据质量的措施。

（2）选择/同意（核心原则）。必须要有一个选择机制，允许消费者去选择和决定，他们的信息如何被用于其他目的。

（3）权利/参与。消费者应该可以评价和争议他们的信息的正确性和完整性。

（4）安全。数据收集必须采取负责的步骤，保证消费者的信息的正确和安全，排除非授权使用。

（5）增强。必须有一个机制增强FIP原则。包括自规范、给消费者合法的受损赔偿的立法，或其他相关法令和法规。

在欧洲，隐私保护比美国更严格，未经本人事先同意，企业不得使用个人标识信息。

2. 产权问题

谁拥有信息？信息交换的公平价值是什么？谁拥有传输信息的渠道？如何分配这些稀有的资源？这些均涉及信息的产权问题。信息产权现在主要由知识产权来界定。知识产权是指被个人或公司创造的隐型资产。知识产权又包括三部分：作业秘密、复制权和专利。

3. 正确性问题

谁有责任保证信息的权威性、可信性和正确性？谁来统计错误并解决它们？

4. 存取权问题

什么人对什么信息有特权取得？在什么条件有什么安全保障？

法律问题和道德问题不同。一般来说,道德规定方向,法律规定界限;道德定性,法律要定量。法律问题一方面要加强法律观念教育,另一方面要按照法律条文严格执法。道德问题只能通过长期的潜移默化的教育。往往是在道德问题形成一致观念后,再以法律形式固定下来。

在处理信息技术以及其他新技术所带来的道德问题时,有四项道德原则。

(1) 匀称原则。新技术所带来的好处必须超过其损害或风险。不能再有别的比其更好而损害更少的方案。

(2) 获许原则。对新技术的影响应当事先知道,并同意接受风险。

(3) 公正原则。必须公平地分配技术的好处和负担。谁得到利益谁就应当承担风险的公平份额。谁没得到益处,就不应当承受更大的风险。

(4) 风险最小原则。即使以上三原则均被接受,技术的实现也应尽可能避免不必要的风险。

道德上的公正也有利于法律的执行。考虑道德问题对决策的影响,是每个企业领导者责无旁贷的任务。

企业要兴旺发达,就要很好地建立企业的道德文化。尽管企业道德文化的建立有各种各样的形式,但也有一些一般性的规律。为建立企业道德文化,企业领导一般自上而下执行三个步骤,一直到每一个职工,见图19-2。

(1) 信条:公司希望提倡的反映公司价值观的简明的语言。

(2) 道德活动程序:有一些活动主要用来进行道德精神教育,如新员工培训等。还有道德审计,审核各部门如何落实公司信条等。

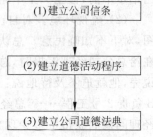

图 19-2 建立企业道德文化过程

(3) 道德法典:在公司法典中划出一部分专门用来规定道德标准。有些专业的信息组织也规定了这些道德准则。

一些信息专业组织,如数据处理联盟(Data Processing Management Association,DPMA)、美国计算机协会(Association for Computing Machinery,ACM)等,定立了自己的道德准则。主要的内容包括:

- 不错误地表达和删除源于实情的信息。
- 不企图利用业主的资源获得自己的好处,或做任何未经正式批准的事情。
- 不利用计算机系统的弱点得到个人的好处或达到个人的目的。
- 不利用他人缺乏经验和知识去占便宜。
- 支持、尊重和服从地区、州和联邦法律。

一个企业有了好的法律和道德环境,人人遵纪守法,个个道德高尚,并形成一套习惯规则,逐渐就形成了企业良好的、积极向上的文化氛围,企业的成就就有了良好的保障。

19.4 妨碍成长的一些道德的窘境

往往有些偏见,会影响人的道德水平的提高和事业的发展。这使得信息系统专业的毕业生进入职场很慢,进入后又不能适应岗位,不能到达信息系统分析员的角色。可以说,大部分不适应的原因,不在于学习的专业知识不够,而是由于自己的道德修养不够。主要的现象有以下几种。

(1) 高估自己。许多学生刚一到工作岗位就认为自己被大材小用了。因为职场的现实总是和你的理论不一致。而对职场的用人者而言,却都有"小材大用"之感。他们大多都感到达到要求的人几乎没有,只好凑合着先选一个试试。任职后提拔时,亦是同感。

高估自己的人,在和同事竞争升职提薪时,总拿自己的优点和别人的缺点相比。虽然理解古人云"战胜对手,首先战胜自己",但不能自控,也不懂得只有自己超前对手足够大的距离,才能使对手服气,才能使自己真高。这种盲目的自大,成了进步的阻力,从而使自己踏步不前,甚至一生平庸。这种自我感觉良好的癖性,实为道德修养之大敌。

(2) 疏视环境。对自己所处环境不了解,不能合适地定位自己,对上不了解领导意图,对下不知晓民意。总认为自己运气不好,没有遇上好领导。例如,一个子公司的经理在给总公司经理汇报时,总经理说:"你们要抓紧项目落实,抓深抓细……"还没等总经理说完,他就迫不及待地说:"是的是的,正像您说的,我们早已做了安排,A 负责 1 号工程,B 负责 2 号工程……"总经理说:"那好,那就等秋天看你的成果了!"数月以后的秋天,总经理问他们获得了多少现金收入。因为他分文未获,只有瞠目结舌。原来总经理想强调一下现金收入的话被他打断了。自己本想表功,结果是把自己丢进了困境。年末,由于他的执行力不强被调离了。今天的不了解上级意图,不了解民意,就是明天失败的祸根。

(3) 不敢担当。有些人看别人清清楚楚,说别人头头是道,而他的另一面就是不敢担当。当领导询问一个任务谁愿担当时,他往往是缩头。不敢担当,就没有机会,没有机会就难有成就,那就不要心存不平,不要眼馋自己的同学升官发财,而怨自己没有"大官老子",没有机遇。要知道世界越来越趋向于公平,机遇总是和担当联系在一起的,机遇总是给准备好的人。

(4) 抓不住重点。抓住重点好像不是道德问题,但它非常妨碍道德修养的提高。提高自己的道德修养水平也是要抓住重点的。抓不住重点的人往往看不清方向,选错了道路,从而迷茫。从上到下,从大到小,都要择重而行。人生只能做几件要事;兴办一个企业只能做好几个品牌;念书只能读透几本书;一门课只能讲透几个要点。要时刻提醒自己"抓住重点,抓住重点,还是抓住重点。"讲课讲得不好,写文章写得不好,"摘要摘要,没摘到主要,摘的净是皮毛。"明辨是非,抓住主要,是为人生之最要。

(5) 不自觉地采用了不正当的手段。当今的商业社会竞争激烈,商战中充满了不正当竞争和手段,充满了诱惑。弄虚作假,损伤顾客,制造谎言,伤害对手,有的已到了触犯法律的程度。尤其在信息领域这种问题更为严重。实际上这种不当的行为自己稍加冷静思考就可以判断出它的不妥。往往短期占了点小便宜，而损坏了自己的声誉，以后十倍的努力也难偿还。当你稍感不妥时，就要"己所不欲，勿施于人"。做得多点，要得少点；对人宽些，对己严些。

19.5 小结

（1）道德是关于对或错的信念的习惯，伦理是指引信念、标准、理想的框架，法律是引导行为的至高无上的正式规则。

（2）信息技术主要影响的道德问题有隐私问题、犯罪问题、健康问题、工作条件问题、个性问题、雇用问题等。

（3）信息道德主要涉及隐私问题、正确性问题、产权问题和存取权问题。

（4）信息系统分析员应有系统的、深入的专业知识，实用广泛的社会知识，要有计划、协调、组织、控制和监督的工作能力，更要有大公无私、廉洁自律、坚持原则、灵活机动、信守承诺、认真负责、谦虚谨慎、密切联系领导和群众等修养和作风。

（5）系统分析员应当使人感到你是最认真的人、最负责任的人、最信守承诺的人、最可信可亲的人。

（6）系统分析员的知识能力结构图，见图19-1。系统分析员具体行为的基本功就是看、听、说、写。

总之，信息系统分析员的职业是个未来型的职业，是具有挑战意义的职业。中国信息化的建设需要十千万万个优秀的信息系统分析员。希望我国有大批的德才兼备的青年投入这个行列，尽快成熟起来，担负起祖国信息化的重任。

习题

1. 发展信息系统为什么要建设信息道德文化？
2. 道德、伦理和法律有什么区别？
3. 信息道德的主要内容是什么？试分析目前信息道德方面所存在的问题。
4. 如何建设我国的信息道德文化？
5. 系统分析员为什么需要很高的修养？应注意哪些方面的修养？
6. 系统分析员的能力为什么那么重要？主要应具有哪些方面的能力？
7. 你如何锻炼自己，使自己成为一个好的系统分析员？能否制定一个五年计划？

参考文献

(一) 书目

1. Gordon B Davis, Margrathe H Olsen. Management Information Systems: Conceptual Foundations, Structures and Development[M]. 2nd ed. McGraw-Hill Book Company, 1985.
2. James A O'Brien. Introduction to Information Systems[M]. IRWIN, 1997.
3. 黄梯云. 管理信息系统导论[M]. 北京: 机械工业出版社, 1985.
4. 陈国青, 李一军. 管理信息系统[M]. 北京: 高等教育出版社, 2005.
5. 薛华成. 管理信息系统[M]. 第6版. 北京: 清华大学出版社, 2012.
6. 薛华成. 管理信息系统导论[M]. 上海: 复旦大学出版社, 1991.
7. 薛华成, 陈晓红, 刘兰娟. 信息资源管理[M]. 北京: 高等教育出版社, 2008.
8. [美]肯尼斯·C. 劳顿, 简·P. 劳顿. 管理信息系统[M]. 第11版. 薛华成, 编译. 北京: 机械工业出版社, 2011.
9. [美]詹姆斯·马丁. 战略数据规划方法学[M]. 耿继秀, 译. 北京: 清华大学出版社, 1994.
10. 杨善林. 智能决策方法与智能决策支持系统. 北京: 科学出版社, 2005.
11. [美] Bruce R. Kingma. 信息经济学[M]. 马费成, 等, 译. 太原: 山西经济出版社, 1999.
12. Shapiro Varian. Information Rules[M]. Harvard Business School Press, 1998.
13. Kroenk. Davis. Experiencing MIS[M]. 2nd ed. Prentice Hall, 2010.

(二) 网站

1. www.is.world.org
2. www.prenhall.com
3. www.tup.com.cn
4. www.baidu.com
5. www.google.com
6. www.erpassist.com
7. www.sap.com
8. www.ufida.com.cn
9. www.kingdee.com
10. www.intranet.com
11. www.ctrip.com
12. www.elong.com
13. www.ups.com
14. www.tools.com
15. www.brint.com
16. www.datawarehousing.com

(三) 管理信息系统领域的期刊

1. Management Information Systems Quarterly (MISQ)
2. Information Systems Research (ISR)
3. Management Science (MS)

教师服务

感谢您选用清华大学出版社的教材！为了更好地服务教学，我们为授课教师提供本书的教学辅助资源，以及本学科重点教材信息。请您扫码获取。

▶▶ 教辅获取

本书教辅资源，授课教师扫码获取

▶▶ 样书赠送

管理科学与工程类重点教材，教师扫码获取样书

 清华大学出版社

E-mail: tupfuwu@163.com
电话：010-83470332 / 83470142
地址：北京市海淀区双清路学研大厦 B 座 509

网址：http://www.tup.com.cn/
传真：8610-83470107
邮编：100084